完形治療——
觀點與應用

卓紋君　校閱

蔡瑞峰、黃進南、何麗儀　譯

Gestalt Therapy

Perspectives
and
Applications

Edited by

Edwin C. Nevis, Ph.D.

校閱者簡介

卓紋君

學歷：美國德州大學奧斯汀分校教育心理系哲學博士
經歷：嘉義大學家庭教育研究所專任副教授
　　　嘉南藥理學院嬰幼兒保育系專任副教授
　　　兼高雄縣社會局約聘心理諮商師
　　　兼台南師範學院兒童諮詢中心心理諮商師
現職：高雄師範大學輔導與諮商研究所專任副教授
　　　兼學生輔導中心輔導老師

譯者簡介

蔡瑞峰

學歷：高雄醫學大學學士後醫學系畢業
　　　美國德州大學奧斯汀分校電機工程研究所碩士
經歷：高雄仁愛之家附設慈惠醫院主治醫師
　　　高雄長庚醫院精神科住院醫師
現職：花蓮佛教慈濟綜合醫院身心醫學科主治醫師

黃進南

學歷：高雄師範大學諮商與輔導研究所博士候選人
　　　彰化師範大學輔導研究所碩士
經歷：高雄市社會局兒童與家庭諮商中心諮商心理師
　　　高雄縣社會局諮商心理師
　　　高雄師範大學諮商實習課程督導
　　　屏東師範學院諮商實習課程督導
　　　國軍各級心理衛生工作專業督導老師
現職：和春技術學院學生輔導中心主任

何麗儀

　　學歷：國立台灣師範大學心輔所博士研究

　　　　　國立台灣師範大學心輔所碩士

　　經歷：國立政戰學校心理系兼任講師

　　　　　耕心協談中心完形治療訓練課程顧問暨講師

　　　　　宜蘭戒治所物質濫用防治課程講師

　　　　　台北市立療養院心理科外聘督導

校閱者序

　　決定再投入這一本《完形治療》的翻譯校閱工作，仍是一秉著希望將完形治療介紹給任何對它感到好奇、有興趣，或有心想進一步了解它並且深入學習它的人。就內容的廣度與深度來看，此書可說是繼《完形治療的實踐》之後，有關完形治療理論與實務應用上進階的讀本。當然，它也是一本適用於研究所層級的教科書。

　　這一本書的完成首先要歸功於三位翻譯者的貢獻，他們在各自的選擇與協調下，以份量相近的原則決定了章節，並為此負起責任，在我不斷的提醒下完稿。真是要感謝他們的配合與忍受我的催促。值得一提的是，由於各章作者書寫的風格不一，在翻譯的口吻上要求一致便較為困難，這點還望讀者見諒。另外，對於某些章次需要再另做說明的也加了校閱註來補充。

　　我也非常感激心理出版社的總編輯為此書爭取到版權，以及對期限的寬容，另外還有編輯工作團隊的協助；沒有他們的付出，此書是無法順利付梓的。而最後，我也要對於完形治療抱持一份推廣使命感的自己表達欣賞與慰問。投注於此書為時近大半年的翻譯校閱工作，讓我有機會再次溫習，為完形治療的寬廣與創意且興且嘆！最後在校閱者序的撰寫中，走完這樣一個經驗循環圈。阿彌陀佛，我終於完形

了！

　　接下來，就看各位讀者如何享受在你自己閱讀此書的經驗裡囉！

卓紋君

2005 年 5 月於高師大

目錄

導論

❋*Edwin C. Nevis* 博士

完形治療提供了專業助人者在實務上的概念和方法學上的基礎，是一直很豐富的，這本書即證明了這一點。其中的貢獻者是一個具有不同背景及多元工作方式的團隊。他們代表了那些被完形治療創建者所影響的所有世代，同時還包括了 Fritz Perls、Laura Perls、Paul Goodman，以及 Isadore From 的徒子徒孫們的四種新的聲音。此外，這本書反映了完形治療允許實務工作者表達他們個人風格的自由。從 Bob Goulding 校閱註 1 開始，分享他獨到、如「智慧老者般的洞察力」，接著 Joseph Zinker 慣用詩意的、隱喻式的強調，到了 Joel Latner 和 Gordon Wheeler 的聰明敏銳，再到 Ilana Rubenfeld 個人化的、關懷的工作方式以及她對於過程的分享——還有在此其他的聲音——我們在在看到了其中豐富的多元性。

先簡短地看看完形治療出版品的歷史或許有助於透視這本書的重點。創建者最初所著的書籍是《自我，飢餓與攻擊》（*Ego, Hunger, and Aggression*）（Perls, 1947）及《完形治療：人格中的興奮與成長》（*Gestalt Therapy*）（Perls, Hefferline, & Goodman, 1951），這兩本著作是以非常不同的方式來看待事物且具有重要革命性的論述。經驗豐富的心理治療師與學生，以及其他初學者都對這些書，還有這些書的作者們所帶領的工作坊及專題研討會深感興趣。隨著 Fritz Perls、Laura Perls、Isadore From、Paul Goodman 以及他們同儕的發現，他們廣被邀請去帶領訓練工作坊，接著開始在紐約、克里夫蘭、及洛杉磯等地建立了訓練機構，同時還帶出一股流行來落實這個新治療的「運動」。

　　而有趣且值得注意的是，近二十年來幾乎沒有關於完形治療的新書出版。到處都有文章、簡短的專題論文，以及在各種會議中發表的論述，但就是沒有成冊的書籍。而且這些論述本身大多關心的不外是努力解釋完形治療是什麼，或者是讚揚它的優點。

　　及至 1970 年開始，這現象才有了戲劇性的改變，而且許多書出現了，大多數是紐約小組的第一代學生以及一些這些學生的學生所寫的。看來認真的實務工作者花了好幾年，終於進展到可以把他們自己的一些東西說出來給別人參考的地步。我沒有把那個時期所有的書都列出來，但值得注意的有 Fagan 及 Sheperd（1970）的《現在的完形治療》（*Gestalt Therapy Now*），Polster 夫婦（1973）的《完形治療整合了》（*Gestalt Therapy Integrated*），Latner（1973）的《完形治療之書》（*Gestalt Therapy Book*），Smith（1976）《完形治療的成長邊緣》（*The Growing Edge of Gestalt Therapy*），以及 Zinker（1978）的《心理治療中的創造性過程》（*Creative Processes in Psychotherapy*）。1978 年《完形期刊》（*The Gestalt Journal*）創刊，為開始出現愈來愈多的嚴謹論文提供了一個發表的園地。

　　整體看來，這一系列的工作顯示出完形治療已經取得它做為一個備受矚目之心理治療方法的地位。此外，這些書也展示了作者們獨特的標記，而且也突破那些創建者在他們的早期著作與教導中所留下的內容。這些作者們聚焦於完形個別治療的基本議題，但他們也加上了我們的了解與我們的實務。

　　這些出版品以及世界各地完形治療研究訓練機構的成果是，新世代的治療不但承襲自原有的完形治療，同時還已經把它應用於個人治療以外的領域。我們現在有對配偶及家庭、團體、機構等等工作的訓練規畫。雖然有些人，尤其是 Isadore From 和 Joel Latner，質疑完形治療超出它個人成長與發展之模式的應用性，然而很多不只是在做個別治療的私人執業環境的實務者卻已採用了完形治療的概念及方法來改進他們的工作效能。簡言之，過去的十五年可以視為「應用時期」，而這本書正是試圖將這之中某些比較重要的討論集成一冊。它是完形

機構克里夫蘭出版社所發行的幾本應用書籍之一，專給那些想要知道
如何應用與推廣完形治療的人參閱。

聚焦於應用並不表示對檢討及改正完形治療的基本概念沒有興趣。
事實上，隨著第三、四代學生小組的成熟，他們已經重新修改了一些
基本概念並且考慮可以怎樣去澄清困惑或是弱點。此外，我們現在也
有一些發展得很好的是把完形治療與其他取向整合用在治療和自我發
展上。這些擴展了實務工作者的視野，並且豐富了理論與應用之間的
領域。這部分有些會在本書中被討論到。

本書分為兩部分。第一部分，觀點，始於對完形治療理論的精采
敘述。Joel Latner 以他慣常的、簡明扼要而淵博的方式，帶領我們走過
完形治療的核心面。他傳達了這一套方法的力量，並且同時要我們注
意理論中的某些弱點以及再探討這些弱點的必要性。這一章可以做為
初學讀者的導論、介紹，而對完形治療較有認識的讀者則是一個刺激
的提醒與回顧。Latner 在這一章以優雅而清楚的文筆傳達了很多有用
的材料。

在這一章之後則是從完形觀點看診斷的概念。Joseph Melnick 及
Sonia Nevis 在第 2 章處理一個早期完形治療師傾向於忽略或是貶低的
議題。此時此地，是完形治療過程所強調的，這個概念導致很多實務
工作者相信不需要投入於傳統的診斷訓練，或是認為把典型的疾病分
類學放在完形的架構中是沒有太大的意義。Melnick 及 Nevis 舉了一些
案例來使人相信臨床診斷不只是與完形方法相容，而且對於治療的工
作也很有用。尤其，他們以失功能的感官覺察運作來呈現、探討邊緣
型人格，可說是一項真實的貢獻。

第 3 章呈現了一個以貫穿整個發展過程的關係來看待治療的模式。
這模式強調針對和一般典型的完形治療個案（諸如還可以做到覺察以
及一般專業階級的人士）完全不同的一群人，如何能有效地在治療的
初期階段應用完形治療。Norman Shub 指出典型完形治療中幾乎毫無
結構的覺察工作對所有案主並非都是合適的；很多案主，像是邊緣型
的個案，必須在他所謂的治療「初始階段」好好地預做準備〔在這個

重要的領域我們將會看到更多；最近John Masterson（1988）的一本書則是從精神分析客體關係理論的觀點來處理相同的議題〕。隨後，Shub處理治療的中期階段，他認為處理內攝是其中最主要的一項工作。

　　接下來的章節提出了一個重要、但相形之下卻是在最近被忽略的議題，完形理論中的價值或倫理議題。Gordon Wheeler，一個文筆細膩的新聲音，藉由說出我們強調了過程的倫理卻迴避了在實質內容上的表態來提出這個問題。他把原本強調以良好圖像形成過程為主的倫理，轉移到以景（ground）的結構來定義完形倫理。他的結論是所有的圖像或者過程都不相等。他以蘇格拉底式（Socratic-like）的對話來帶領我們思索某些在定義倫理觀點時最困難的議題，結論是解決兩難之鑰在於圖像與景的相關性。

　　Bob Goulding 的一章反映了一位有智慧的、天才的大師級治療師可用的從容及力量。溝通分析與完形治療兩者的概念及方法學基礎支持了他的工作。其總結性的論點乃是一種流動性以及敏銳地注意一些需要堅守的原則。此外，我們也瞥見了 Goulding 自身在場的力量如何帶給案主能量。他的工作看似簡單，但這可是來自於他經年累月所鍛鍊發展而成的、柔韌且剛強的基礎。

　　Ilana Rubenfeld個人化且經常是感人的敘述，顯示了在整合完形治療與複雜的身體工作方法的力量。任何曾與 Laura Perls 一起工作過的人都知道注意身體是最早期完形治療所重視的一環；我們被教導去注意身體上我們所正在做的，還有我們對自己所做的點點滴滴。同樣地，Fritz Perls 也要確認我們是否都熟悉 Wilhelm Reich 的工作，以及壓抑的肌肉理論如何是他模式中一塊重要的礎石。現在我們有了新一代的實務工作者，他們已經完成了數年辛苦的研究，以及在 Alexander Technique、Feldenkreis Method、Polarity 治療等等的訓練，這些使我們在方法學上更邁向以身心真正整合的方法來工作。Ilana Rubenfeld是一個最好的例子，而且還是這運動的先鋒之一。這一章讓我們可以仔細看看她如何工作以及這個方法的潛力。

　　Janette Rainwater，早期接受 Fritz Perls 訓練的人之一，他討論心理

整合這一個強而有力的方法，它在幾年前相當普遍，但現在沒有得到它應有的注意。部分原因是由於它的創始人 Robert Assagioli 的低調風格，還有他以及他的追隨者對應地缺乏改變，因而在美國沒有發展出重大的運動。在 1960 年代一些這個方法的學生在克里夫蘭的完形機構研習，而克里夫蘭小組所做的幻想（fantasy）工作大大地受到引導幻遊（guided imagery）的影響。可能是隨著時間的消逝，行動取向的方法變得比以病人、內在為導向的心理整合方法更為普遍。而且，如同 Maslow 在幾年前所指出的，很多心理整合的價值來自於處理更高層次的成長與發展——相對於治療匱乏的需要（deficiency needs）——而且它在擴展覺察及更高層次的洞察力比減少症狀更有效。希望 Rainwater 在此所提出的展望會啟發他人去研究心理整合，並且將它的方法與概念整合到他們的工作中。

第二部分的焦點轉到了應用部分，並且探討了資深的完形治療師經由使用完形概念和方法而提昇其工作的六個領域。這些作者為我們指出這些特殊情況的特徵或條件，而後他們示範了如何從完形治療的觀點來處理這些情況。有三章聚焦於個人層次並處理困難的族群：酗酒者、精神病患，以及兒童。其他三章則以多數為單位來處理人們，反映了在走向「超過一個人」——配偶、團體，以及環境治療——的實質興趣。

Carlock、Glaus，以及 Shaw 討論了在與酗酒者工作中巨大而敏感的議題。他們非常詳細地展示他們的治療策略，分享他們一路上每一步的假設與關切。他們運用完形的經驗循環來解析酒癮者是一種在自我調節（self-regulation）上的疾患。同時值得注意的是，他們在這樣的探討中也包含了利用戒酒者匿名協會來做為治療酗酒者的一個整合的面向。本章的概念及例子很豐富，的確，他們的工作可做為此主題廣博的總結。[1]

Cynthia Harris 討論與精神病患工作的那章，將心理治療工作置於了解精神病患之照護的背景中，並且示範它如何融入整體治療之中。她用一個案例來說明藥物的重要性，而把心理治療視為使用精神藥物

的輔助。之後，她隨即展示了完形取向如何增強對這群人的工作。她處理接觸及覺察的議題，顯現了一個真正人道而非謙卑的方法來幫助病患維持人的感覺。其中所呈現的有用概念之一是對「黏膠」（glue）與「溶劑」（solvent）間之差異的討論。神經質病患或許需要溶劑來幫助他們變成「不被卡住」，但是 Harris 用一個很好的案例來強調精神病患的膠合。因此，她指出與精神病患的覺察工作必須很小心，還有再保證及撫慰性（comforting）介入的價值。

　　與兒童工作的那章是由 Violet Oaklander 所提供，她是這領域中最重要的實務工作者之一。即使許多完形治療師早已在他們生涯中的某些時刻與兒童工作，今日他們大部分只是把與兒童工作當成家庭治療的一部分。Oaklander 發展出了一個以兒童為中心的方法，而把父母帶入做為輔助。這裡她處理負面的內射以及憤怒的表達，那是在與兒童工作時最困難的議題。治療師—兒童之間對話的詳細呈現向我們展現了她的方法的力量，同時也告訴我們和兒童的工作是可以有一席之地的，那可以輔助、甚或取代將兒童包含在家庭之工作方式的地位。

　　下一章我們討論跟夫妻的工作，由 Joseph Zinker 執筆。這總結了某些 Zinker、Sonia M. Nevis，以及他們在克里夫蘭完形機構中親密系統研究中心一些夥伴的研究與執業。他所強調的是融合、分化的概念，以及互補與中間背景之創造性的觀念。這方法幫助配偶看到把他們結合在一起的事物，還有聚焦於那可能使他們分離的困難。Zinker 以他獨特的抒情風格，展現了一個可以對健康有所覺察的架構，以及一種人們處理絕望的方式，俾使他們能找到更好的解決困難之道。

　　Huckabay 所寫的關於與團體工作的那章展示了在這個領域的努力，他試圖綜合一般系統理論、團體動力，以及完形治療的觀念而成為一個比任何一種這些思想學派單獨所能提供的更有彈性與力量的方法。這三個規條都大約在五十年前同時興起，而且從那之後曾經接觸過它們的實務工作者已經朝向整合方式來工作了。晚期的 Richard Wallen 值得在此一提，因為他同時是國立訓練實驗室（National Training Laboratories, NTL）的早期成員之一，也是在 1954 年成立克里夫蘭完形機

構的人。他教導我們結合這些方法所具有的力量。在 1960 年代初期之前，受過完形訓練的人是在緬因州的 Bethel 做 NTL 的工作坊，而受過團體動力訓練的人則是在不同的完形治療機構和其他中心從事研習與教學。

Huckabay 這一篇編寫嚴謹的論文乃是以一種簡潔而激勵的方式，總結了這些年完形團體的研究及應用的主要成就。她澄清了我們現在已經把我們的方法拓展到團體，並且能夠在得以促進真正豐富之學習經驗的所有層次上工作。在讀這章時，我才了解到在我廿年間的專業生涯中我錯過了多少與團體的工作。

這本書以 Claire Stratford 討論「完形思考」應用於治療性的環境氛圍（milieu）做為結束，她花了數年在組織與協助指導一個高度創新而成功的環境方案。Stratford 重新引導我們去把環境，而非個人，所提供的互動模式視為圖像做為開始。從這個觀點，她概述了以健康環境做為有效治療之主要基石的方式所需要的到底是什麼。我們看到日常生活技巧之教導與支持變成所有環境設置中的核心部分。如同英國版的中途之家（half-way houses），個人心理治療占了一個次要的位置。這些日子我們很少聽到關於環境治療，可能是因為精神病患照護大多已去機構化（deinstitutionalization）了。然而我相信 Stratford 所討論的強力思考方針適用於所有各種環境。我們還有很多照顧身體不便者、精神遲滯者，以及老人等團體的機構。所有這些的管理都可以從這個方法獲益。

那麼這是一本多元而供給豐富的書，其中所談的觀點與應用都是那些活躍的、當今的實務工作者從很多領域中，呈現出完形治療的力量。比應用範疇更值得注意的是舊知識的修正與拓展：我們不是正在內攝我們被教導的；當我們持續學習時我們也在增加和改變。這本書告訴我們，在我們邁入二十世紀的最後十年時，完形治療還活著而且還活得很好。

完形治療——觀點與應用

註解

🌸 1　其他完形治療被應用的領域有與家庭以及教育和商業組織的工作。
這些包含了 Brown（1971）在教育界；Herman 與 Korenich（1977）、
Nevis（1987），以及 Merry 與 Brown（1987）在組織的領域；還有
Kempler（1974）、Papernow（1992），以及 Zinker 與 Nevis（付印
中）在家族治療的領域。

🌸校閱註 1　Bob Goulding 與 Robert Goulding 為同一人，大家習慣叫他
Bob。

Brown, G. I. (1971). *Human teaching for human learning: An introduction to confluent education.* New York: Viking Press.

Fagan, J., & Sheperd, I. (1970). *Gestalt therapy now.* Palo Alto, CA: Science and Behavior Books.

Herman, S. M., & Korenich, M. (1977). *Authentic management.* Reading, MA: Addison-Wesley.

Kempler, W. (1974). *Principles of Gestalt family therapy.* Oslo: Nordahls Taykkeri.

Latner, J. (1973). *The Gestalt therapy book.* New York: Julian Press.

Masterson, J. F. (1988). *The search for the real self.* New York: Free Press.

Merry, U., & Brown, G. (1987). *The neurotic behavior of organizations.* Cleveland: Gestalt Institute of Cleveland Press. Published and distributed by Gardner Press.

Nevis, E. C. (1987). *Organizational consulting: A Gestalt approach.* Cleveland: Gestalt Institute of Cleveland Press. Published and distributed by Gardner Press.

Papernow, P. (1992). *Becoming a step family: Stages of development in remarried families.* Cleveland: Gestalt Institute of Cleveland Press.

Perls, F. S. (1974). *Ego, hunger and aggression.* New York: Random House, 1969.

Perls, F. S., Hefferline, R. F., & Goodman, P. (1951). *Gestalt therapy.* New York: Dell.

Polster, E., & Polster, M. (1973). *Gestalt therapy integrated.* New York: Brunner/Mazel.

Smith, E. L. (1976). *The growing edge of Gestalt therapy.* New York: Brunner/Mazel.

Zinker, J. (1977). *Creative process in Gestalt therapy.* New York: Brunner/Mazel, 1977.

Zinker, J., & Nevis, S. M. (In press). *Changing small systems: Gestalt theory of couple and family therapy.* Cleveland: Gestalt Institute of Cleveland Press. Published and distributed by Gardner Press.

第 1 部分

觀點
Perspectives

第1章　完形治療的理論

❀ *Joel Latner* 博士　著

❀ *蔡瑞峰*　譯

> 我們相信完形的展望是以原始的、未被扭曲的、自然的方式來接近生活。

—— Perls, Hefferline 與 Goodman，《完形治療》

完形治療的理論有兩大核心觀念。第一是「心理學的正確焦點乃是在體驗性的當下」。相對於一些著眼在未知、甚或不可知的取向，我們的看法是要活在此時此地。第二個觀點是「我們無法自外於與所有事情的關係網中」。只有當我們存在於與其他事情的關係中，才可能真正地了解我們自己。

這兩個攣生的觀點，當下的覺察及互動的場域，界定了完形治療的主旨。它的理論提供了一個觀念系統，用覺察到的關係來描述生活的結構與組織。它的方法學、技巧和應用性把這樣的見解聯結到完形治療的實務中，而這正是本書其餘章節的主題。其成果是一種豐富而具有獨特觀點的心理學方法，包括對於日常的生活、生命中所包含的深度與困難，以及「我們所能企及的高尚且最富創造力的極致」。完形治療師相信他們的方法是唯一能夠回應生活的困難與挑戰的方法，因為它兼具緩解我們苦難的能力以及能顯示出我們所能達成的一些最好結果的方法。

完形治療的起源與發展

　　完形治療的理論有三個主要來源。第一是精神分析，它提供了有關內在生命的主要原理。以個人經驗及日常生活為中心之人本的、整體的、現象學的和存在主義的著作則構成第二個來源。完形心理學，則是第三個來源，它帶給完形治療的比以它來命名的多更多。雖然完形治療不是它的直接應用或延伸，但是完形心理學徹底地著重互動和過程，它的許多實驗觀察與結論，以及它對於「人的心理學包括人類經驗」的堅持，都帶給完形治療靈感並且賦與它生命力。

　　完形治療是從兩位德國的心理治療師，即 Frederick Salomon Perls 醫師與 Lore Perls 博士的臨床工作中發展出來的。F. S. Perls，許多他的學生稱他為 Fritz，所接受的是精神科醫師的訓練。他在調查第一次世界大戰退伍軍人的腦傷效應時，跟 Kurt Goldstein 這一位整體心理學派（holistic school of psychology）的主要人物一起工作。之後，在 1920 年代，他接受 Karen Horney 及 Wilhelm Reich 的精神分析訓練。Laura Perls 到了美國之後，她的名字改採英語拼法，則是跟隨存在主義哲學家 Martin Heidegger 研習，並因而獲得心理學的博士學位。她最重要的老師是完形心理學家 Max Wertheimer。F. S. 及 Laura Perls 在 1933 年納粹攻擊之前逃離西歐，前往南非的約翰尼斯堡，他們在那裡執業直到 1945 年敵對結束。

　　《自我，飢餓與攻擊》就是在這段期間寫成的。這本書在 1947 年以 F. S. Perls 之名在倫敦出版，它的副標題是「精神分析之修正」。它包括了幾章重新評估精神分析對攻擊的觀點。其中的論述指出 Freud 以及他的跟隨者都低估了牙齒、吃飯，及消化之發展的重要性，而這發展的分水嶺事實上跟其他 Freud 所注意到的一樣重要。這些論點可說是自我心理學之發展的早期貢獻。這本書的內容也包含了取自整體與存在的觀點，以及介紹治療性的活動（exercises）。這些活動是設計來促

進身體的覺察而非洞察，當時被稱做專注治療（concentration therapy）。

隨著戰爭的結束，Perls 夫婦移民到美國。他們在紐約市定居，那是一個藝術家及精通哲學、心理學、醫學，以及教育的知識份子群聚的社區。與這個團體的成員合作多年造就了第一代完形治療師的訓練，包括這個新方法的完整理論說明、方法學及實務，還有一本描述它的書。這本書名為《完形治療：人格中的興奮與成長》（*Gestalt Therapy: Excitement and Growth in the Human Personality*），由 Julian 出版社於 1951 年發行出版（以下簡稱為《完形治療》）。作者的榮耀歸於 F. S. Perls、還有 Ralph Hefferline（哥倫比亞大學的一位心理學教授），以及作家 Paul Goodman，也許最為人所知的是他後來的一本暢銷書《荒謬成長》（*Growing Up Absurd*）（1963）。這本完形治療的書有一半是來自 Hefferline 對他的學生實施覺察活動的結果報告。另一半則是他們對這個新方法的論述。這部分是 Goodman 根據 F. S. Perls 的手稿寫成的，而它也反映出這些共事者所達成的共同主張。Goodman 敏銳而多產的心靈——他寫了三十多本書，以及數百則短文（小說、戲劇、詩、文章、短篇故事，還有文學、心理學、哲學、社會及教育評論領域之短文的書）——正反映在此書中。他對於 Otto Rank 心理學的許多貢獻，也許特別是在了解日常生活之藝術及藝術家的重要性，對於 Reich，還有對於共產主義哲學家如 Kropotkin 的特別尊崇，也在《完形治療》一書中占有一席之地，而本書之完整與影響力也大多要歸功於他。《完形治療》一書仍是完形治療之理論與實務的基礎書籍、完形方法的基石。

覺察關係

♣ 此時此地：當下的首要

完形治療，無論在它的理論、方法學、實務及應用上，都是一種

「以當下為中心」的方式。完形治療基本的兩個中心概念——覺察，以及場域——只有在當下才有意義。所有支持完形治療著眼於現象學及覺察問題的主流哲學、精神、政治、科學，以及心理學的思想都有此共通性，雖然有的將之視為理所當然，而有的則是大力提倡與呼籲。

例如：完形心理學關切的是感官經驗的本質及結構。這項工作無可避免地是以當下為中心：就定義而言它是關於當下所知覺到的。許多探索性的以及知識的領域，例如：物理、化學、生物學、建築學及護理學，也是如此地以當下為中心。相反地，其他諸如天文學、社會學、人類學及政治學則大多回顧過去，而另外有一群——當然歷史本身，還有地質學、古生物學、法律、考古學——也是強調過去不亞於現在。近似於完形心理學的整體主義是另一個科學及哲學的領域，它對於完形心理學的兩個中心概念都有重要的貢獻。它正如完形心理學也是以當下為中心的，因為要理解整體觀點而不聚精會神於當下是不可能的。

現象學也是如此。現象學的主要重點在於研究我們所覺知到的物體和事件，以及發展出徹底而完整的方法來觀察和檢驗它們。存在主義這個哲學派別的主要考量是現代的，並且也是以當下為中心的，關於生、死，以及人類關係之本質和意義，還有我們與權威，包括跟神之關係本質的問題。甚至連精神分析中諸如移情和反移情，它們也都是心理治療在當下的特徵現象，還有在他們目前所感興趣的所謂治療中的「真正的關係」的概念中，也洩露了承認此時此地的重要性。而Reich關於特質分析（character analysis）的研討分析工作，其中治療乃是以當下的身體及身體經驗為中心，這又更往以當下為中心的方向跨了一步。

何謂「以當下為中心」？就本質而言，它意謂著重要的是實在的（what is actual），而非潛在的或過去的。實在，就時間而言，它就是現在；以位置來說，則是此地，就在我們面前。這就是「此時此地」這個耳熟能詳的慣用語。在這個觀念背後的是「研究、描述及觀察現在我們所能擁有的足以讓我們了解它」的信念。Kierkegaard 的名言：

「生命不是一個有待解決的問題，而是一個等著被經驗的現實。」一個專注於當下的方法有別於歷史性的方法，乃在於當下被視為是過去原因的後果。歷史性的觀點無可避免地立足於當下來回顧過去。一個以當下為中心的取向是立足於當下，注視著此時此地。

　　就一個歷史性觀點而言，重要的鼓舞力量是問題：為什麼？什麼導致了這些目前的情況？答案與過去的事件有關。這必然會把人的眼光從當下移開。Poulet 寫道：「去了解幾乎就是存在的相反。」以當下為中心的方法提出不同的問題：如何？什麼？這是什麼？這個的經驗是什麼？它包含了什麼？這對我來說如何？這如何組織？以此觀點，過去就是此時此地，它被嵌入於當下。當下包含了所有事情，記憶、夢想、反省都是當下的活動。它們發生於此時。它們關係著另一個時間發生的事件，就像期待、計畫、準備。但是回想起（remembering）是在當下被完成，計畫是在當下被完成，反省是在當下被完成。否則便不可能。

　　在完形以當下為中心的取向中，我們對於回想經驗與覺察的興趣並不亞於所回想起的內容。以當下為中心的方法導致包含當下、圍繞著它、欣賞它的嘗試，多過於對於過去的疑問（即使是當下的過去）。以當下為中心的心理治療幾乎無可避免地變成一種盡可能好好地接受當下，以及闡明我們如何設法遺漏這麼多當下的方法。某些以當下為中心的哲學變成絕望地了解到我們當下的生活就那麼一些些。這可能是一篇忠於完形治療的文章——或也許只是一份對於我們自己人類本性看法的深切承諾——如果我們完全地與當下調和並浸潤在其中，當下就已經足夠。它使我們得以過著一種不但是在此環境中所能擁有的最好的生活，而且同時也允諾某種程度的優雅環境，這就夠了。

❀ 覺察的本質與形狀：覺察即創造

　　我們通常把覺察想成是一種沒有分別的、隨機的，及被動的過程——接觸到我們眼睛的光波，接觸到我們耳朵的聲波，以及我們對事件與人的覺察乃是受到它們抓住我們注意力的方式所控制。就我們的

觀點而言，這只是對覺察之特性的部分描述而已；它是被動面的描述。完形治療師認為覺察是個人與環境兩者都參與的交互作用；兩者輪流各有主動與被動。

　　看看下面這個例子。你開始對你的工作失去興趣，開始覺察到你餓了。當你開始想著冰箱裡的東西以及本地的披薩外賣店是否還開著的時候，你的教科書及論文，你的桌椅都從你的覺察中逐漸消失。打開冰箱的門，你用你的手和眼搜尋裡面的東西，移動著瓶瓶罐罐。注意對你重要的東西是如何影響你的覺察，而你如何依此塑造你的真實。你看到現在你所感到興趣而且對你是重要的，在此時——這個飢餓的時刻——你用眼睛伸入了這個場域：你向外搜尋而且看到了冰箱，而不是洗碗機；看到了一罐罐豆子，而不是家具亮光蠟。相反地，此時對你不重要的東西——你的研究、你的家人、你的性慾——在現象學上是不重要的。此時，它們不存在；你使得它們消失了。

　　或者看看這個不同的例子。現在是清晨，你昨晚熬夜，過了那個你可以睡個好覺的時候。當你的鬧鐘響起，它一定會打斷你的好眠而把你折磨到醒。從你的觀點，你的覺察突然被你的鬧鐘聲音所喚醒，好像它刺入你的人中或是揪住你的衣領在搖晃著你。在此，從現象學的觀點，環境是主動的——如此地有力。而你，在這個特別的個人與環境的交互作用中，是被迫正向地隨著這股阻撓力量而動。

❖ 什麼是覺察

　　覺察有五個不同的特性。它們是接觸、感知（sensing）、興奮、圖像形成，以及整體性（wholeness）。

　　接觸是差異的相會。對我們而言——也就是從我們自己經驗的觀點——它起於對抗他物，那與我們所思、所感、所經驗者是不同的（這會在下一節中討論）。

　　感知決定覺察的本質。近的感知是身體感覺、碰觸或情感；遠的感知是視覺及聽覺。雖然最後兩種是我們器官的功能，它們是在一個距離外被經驗到的。雖然幾乎大部分近的和遠的感知都發生在我們之

外，它也能發生在我們之內，被稱為「本體感覺」（proprioception）；這包括思考和夢，還有身體的感覺和情緒。

　　興奮包含了情緒和心理興奮的範疇，從最鬆散的幸福低吟，到比較尖銳的警醒和興趣，到最刺耳而專注的事物。如果我們在街上轉頭看到某個人讓我們想起一位密友，我們的覺察包括接觸這個我們所看到的人，這環境裡的陌生人。它還包括了我們的記憶，以及概念和情感的本體接觸。我們的興趣也是一種興奮的形式，它可能只是一種注意的溫和低語，或者它可以是一種靜止的膨脹，感覺就像深呼吸或滿足，微顫或者臉紅，或是一種想要行動的衝動。當我們談到我們的經驗，它指的通常是這些特質、覺察、感知，及興奮，還有我們所指的圖像形成。

　　圖像形成指的是覺察被塑造及發展的方式。在上述看到一個陌生人的例子中，有個引發興趣的中心焦點浮現。這就是圖像形成第二階段的特徵。圖像形成會在本節接觸之後再做討論。

　　覺察的最後一個基本性質是整體性。或許完形心理學最為人所知的名言是：「整體大於部分的總和」，它使整體的原則具體化。「大於」這個詞指的是性質上的，而非數量上的。整體比你將各部分湊在一起所包含的更多，它們是不同的。看看我們手的各個組成功能——五根手指、手掌、手背——不足以告訴我們全體是什麼。一隻手是一個聯合，一個整體，雖然是由各個部分所組成，卻只能以總體才能被充分了解。事實上，除非被視為一個整體，否則它完全無法被實在地了解。

　　何謂「整體」（whole）？首先，它是德語「完形」的鬆散翻譯，代表某種東西雖然由個別部分所組成，它被經驗為一個單體（singularity）。「完形」這個詞在德文中比它的英文同義字：整體（whole）、輪廓（configuration），及圖像（figure），所意指的更豐富。結果，在我們自己的語言中，即使在完形治療及完形心理學之外，它仍被用來指經驗的整體。

　　任何以一個整體被經驗的事物都可以是一個「完形」。一個人可

以是一個整體，雖然他／她有心臟、心靈、歷史。然而，在另一時間，一個人可以是一個整體的一部分，一個婚姻、或是一個班級、或是一個球隊、或是一個音樂團體的一部分。在這些情況下，每個集合體就是整體，而個人他們自己只是部分。完形可以由領域中的任何部分所組成。一隻手是肉體部分的群集，身體也是。整體可以是概念的群集：人權是一個例子；婦女權是另一個例子。整體可以是由過去的事件所組成的，例如中世紀或者美國革命的歷史。整體可以結合不同種類的部分；例如美國、愛、佛教，以及革命。

這些例子也說明了這些整體是如何在我們的經驗本質中被賦與出來。事實上，「整體對我們而言是本來就存在的」是完形思想的基礎（由完形心理學帶過來的）。我們在生活中無法不形成經驗的整體。完形治療也在其他方面涉及整體性：整體性用來界定健康生活的一個特質；身、心、靈的整合（個人的完整性），以及生態學的整體性，我們與我們所在之環境的合而為一。

❖ 場域的觀點

完形治療還有其他的原則不但是完形心理學的基礎，同時也是完形治療理論架構的基礎。它們來自於現代物理學而且是我們所知道的場域理論的一部分。場域的觀點認為所有的現象乃是無法單獨抽出而又彼此地聯結著，也就是被稱為場域的這一個巨大互動網絡的一部分。

場域觀點以場域的互動本質為核心。由此觀點，特別的事情，不管是物體、生命、概念，最先都因彼此的互動以及它們與整個場域的關係這兩者的特點而存在著。當然，也必須知道這些事物本身的特質，然而這些事物總是在場域的環境中，其本身是無法單獨地、抽象地被考慮。

當這概念被應用在完形治療時，《完形治療》的作者們這麼說：

> 不論任何心理的探索，我們一定要從有機體與其環境的互動
> 著手。每一個人類功能是有機體／環境之場域、社會文化、

動物和身體的交互作用。不論我們是如何架構關於衝動、驅力等的理論，我們所指的總是一個互動的場域，而非一隻單獨的動物。（Perls, Hefferline, & Goodman, 1951, p.228）

　　完形治療的互動基礎無可避免地將它的心理治療聚焦於治療會談中，發生在每個當下的互動。根據定義，治療中，不論是個人、配偶、團體或者家庭，或是與更大的團體如機構、工作團體、組織、城市或國家工作，人的關係都是治療工作的主要焦點。

　　場域包括那些研究或觀察他的人。既然場域的所有面向都是相關的，所以除非身在其中，成為它的一部分，否則無從了解此一場域。因此，研究場域意謂著你自己也包含在你的研究當中。場域的部分只能透過他們之於我們的關係、我們之於他們的關係去了解，當然還透過我們藉以與其相會並研究它們的工具，包括使用的儀器及敏感度。在場域理論中沒有客觀性，因為你不能使任何東西客觀，你無法令任何東西置身事外。你與任何事物都有關；每件事都不同，因為你就存在於與它的關係當中。既然沒有客觀性，也就沒有主觀性——你不可能只有其一。取而代之的，只有不同的觀點，不同的位置。

　　在場域中的研究包括了研究者自己這個工具和觀點。治療也包括治療師。在治療中所發生的是治療與前來治療的人所共同創造出來的，而治療工作就是在晤談室裡所有個人所做的工作。這些原則奠定了完形治療師們共同的信念：技巧和理論知識對於所謂的完整而徹底的完形治療師訓練是不夠的；它還需要加強個人的治療。既然治療師是治療工作的一部分，有效的心理治療要求治療師對自知（self-knowledge）有最充分的評量，如此才能完全了解他自己對治療的貢獻。

　　在廿世紀，場域觀點已經開始取代了從西方文明啟蒙時代初始所浮現的牛頓式或機械式的科學觀點。以它們來做對比是有用的。牛頓式的宇宙是一個由主觀經驗及真實所組成的宇宙，包含了像撞球般、像一部機器的零件似地聯結著的物體。它們是透過裝置和碰撞來聯結的，這樣的聯結會促成變動但並不會在其他方面改變它們。這種觀點

的真實是獨立存在於我們的經驗之外的，是在我們之外的。它是客觀的真實，撞球間，上帝的觀點──置身事外的。因為真實是客觀的，事實──對與錯──及客觀的真實在這宇宙中是可能的。

相反地，在相對性的宇宙──這是來自於首先定義新物理學的相對論──「事實」被依情境而變的或然率所取代。客觀性消失，因為沒有獨立的客體（object），沒有在場域之外的觀點。

場域的部分依它們相對於其他事物的位置而改變。沒有什麼東西是獨立的。在相對性的宇宙中，我們是我們所正在觀察、描述或者測量的一部分。在牛頓式的宇宙中，強調的是物體及其性質。在相對性的宇宙中，強調的是互動，而物體及其性質是不可分割的並且只能在它們被發現的不同背景中來被了解，客體被視為整體及整個事件的一部分。

雖然在現代科學中舊的機械取向已經被取代，讀者會發現大多數西方文明的人們，包括我們自己，還是以這種方式在看這個世界。自然而然，大部分心理學理論也是屬於這類。它們尋找個人及個人的心理特質，自我狀態、認知、自我實現或個人化的傾向。這些是客體，就像是牛頓式宇宙中的行星。另一種的新觀點則是，注意著時空交錯的向度以及歷時性（over time）的相關效應。它的術語反映著相關性。例如，在場域中的重要整體被描寫為模糊的或者滲透的、若隱若現的或深遠的、聚集的或分散的、直接地或複雜地牽連著。這與其相對的機械性的用語，例如包括核心精神官能症中的「核心」、「深層的」；早期創傷中的「早期」；高功能的「高」與「低」──形成對比。後者的模式是歷史性的而非以當下為中心，並且是三度甚至二度空間及物體導向的，而不是四度空間的（第四度空間是時間，在這個脈絡中指的就是過程）。

完形心理師的主要結論顯示了互動的場域觀點，以及現象學和覺察的取向如何結合。他們的實驗指出了組織我們的經驗是我們神經系統本來就存在的。在我們正在感受或感知的當下，我們組織了我們所經驗到的。我們過著的生活已經是被組織過了的。

　　如果存在的事物是依它被理解的方式而被塑造、創造的，場域是我們覺察的一部分；而我們的覺察也是場域的一部分。交互作用是最主要的；真實和經驗是不可分割的；兩者不可能分得開。這並不是說我們建構了真實，因為那意謂著真實是存在的且在我們之外，而且是我們建構了它；反而它指的是，只有我們所了解的真實，我們的經驗所組織的真實。場域也是我們自己；我們與環境。它是一個由我們與環境所組成的整體。完形心理師試著要去界定我們的經驗是跟場域中的其餘部分互動所建構出來的這一類的原理。完形治療做的便是使每一個人透過專注於覺察、關係的重要，以及他們的統合，來親自體驗與呼應這樣的原理。

接觸

　　完形治療對於場域中覺察的興趣導致了對場域中各部分之關係性的注意。從我們個人的觀點，而非從場域中另一個位置來看，我們之於環境的關係才是焦點。我們稱之為會心（encounter），或者相會（meeting），甚至是對話，但是我們主要還是稱它為接觸。

　　我們可以用它獨特的特徵，它的位置，還有它的主要向度來描述接觸。它的獨特性就是差異的相會。它的位置我們稱為接觸的界線（contact boundary），而接觸的基本組織性質我們則稱之為圖像／背景（figure/ground）。接下來的段落會描述接觸的本質、組織、企圖、富創造性的向度與經驗。

❖ 差異的相會

　　平常，「接觸」代表聯結、相會或者連接。我們會說「3-2-1 接觸」，也會說某人跟另一個人有良好的接觸。我們說，就像在這首具有悟性又好戰的歌曲中：「你以為我這麼傻／認為我會聯絡／與那個企圖隱藏他不知要如何開始的人？」完形治療師使用接觸的方式包括

這種相會的意思並改良它。

接觸是一種涉及碰觸差異的覺察特質。從現象學的、第一人稱的觀點來看，接觸是差異的體驗。沒有差異，就沒有接觸。如果你碰觸你自己的手指，你的一隻手指會感覺到另一隻手指的壓力。如果你不碰觸，你不會感覺到相會——沒有接觸。要有接觸，一定要有差異的經驗。以人們之間的關係這個角度來思考：人們為了相會，他們必須在他們的相異處接觸。不知道我們怎樣不同，就沒有關係存在，因為關係必定涉及雙方（這概念其他的應用是：一對彼此試圖都要像對方的夫妻其實是在避免接觸，逃避關係）。

有的時候場域並不是這樣被區分的，分成完全不同而有意義的部分——例如，就像海天連成一線而沒有突出之物的風景。如果沒有差異，沒有接觸，沒有相會，那麼還有什麼？除了接觸還剩下什麼？只剩下覺察到沒有分別的場域，沒有任何相異事物的經驗——或者，既然這些明確的說法是體驗性的，那麼沒有事物會造成差異就意謂著沒有事物是要緊的。有時候它是融為一體，互為歸屬，成為整體的一部分的經驗。在場域被分為前景與背景之前，它被稱之為未分化的，沒有焦點。如果我們接觸另一個人，我們經驗了我們之間的差異（這差異是在我們之間，而它也連接了我們。事實上，更精確地說，根本完全沒有「之間」，只有差異的碰觸）。如果我們沒有經驗到差異，我們就不曾相會；而是我們或許只感覺到他人的一部分，或者我們感到疏離。

接觸的明顯標誌是興奮。它伴隨著相會，就像太陽的光與熱兩者如影隨形一般。這不是因果關係。興奮是接觸的一個面向。它暗示著感覺與關心，能量的反應或行動，也可能是歡愉、好奇，及動員。它是無動於衷的相反。它並不等同於歡愉，而圖像形成也不該與追求歡愉混為一談。即使當愉悅出現，它也不是圖像形成的重點。「愉悅並非目標，」Goodman寫道，「伴隨著重要且在進行中的活動的是感覺」（1960）。

❖ 接觸的界線：接觸的集合點（Venue）

　　Scarborough Fayre 是一首有將近千年淵源的英國民謠，但是它仍然活在英語民族的文化中。在 1960 年代它以流行歌曲的面貌再度浮現。它是一首關於背叛愛情，優美又苦澀的歌曲。

> 你要去 Scarborough Fayre？
> 香菜，山艾，迷迭香，百里香
> 代我問候一位住在那裡的人
> 他曾經是我的真愛

　　但他不再是真愛了，他不忠實，他不會像歌者記得他一樣記得歌者。在下一段中，歌者給了那不忠實的愛人一項任務。那任務說明了歌者的痛苦及處境的絕望。

> 叫他為我買一畝田
> 香菜，山艾，迷迭香，百里香
> 在海水和海岸之間
> 而他將會是我的真愛

　　他永遠都無法成真，因為在海水和海岸交會之處根本沒有陸地。在水和沙之間空無一物。然而，在這海與沙的交會處所發生的，正是完形治療的核心。讓我們來看看這裡面存在著什麼。

　　在水和沙之間沒有東西——沒有「**東西**」。那裡沒有像沙和海一樣的實體。除了海和陸地外沒有東西。但是，那裡有海岸線，海水與海岸交會於此處。

　　那麼，如果海岸線不是一個實體，它是什麼？海岸線是一個邂逅，一個相會，一個現場——「聚集之處」，根據《韋氏辭典》（*Webster's Dictionary*），源於中古法文及拉丁文「到來」（to come）。

當海水覆蓋海灘時，沙接受海水，它們正在相會。如果說海岸線不是實體，它是什麼？它是一個「經驗的整體」，那種我們在場域理論下所討論的互動。我們通常把這種發生的事實稱為一個事件（event），或是一個過程（process）（注意看！我們不看海岸線。我們看那連接。它是一個沒有接縫的相會）。

凡是在海水接觸到沙的任何時間、地方，我們都找得到海岸線。海岸線的存在需要海和沙，還要它們相會。沒有這些，就沒有所謂的海岸線一事。如果沙接觸到沙，我們叫它做沙，或者沙丘，或者有時是沙灘。如果水接觸到水，我們叫它做海洋、湖、河流。只有沙接觸到海水時，我們才能稱之為海岸線（有時候我們用「海灘」來描述沙和海水的聯合，但那是一個全然不同的整體——完全不是相會。並非所有的完形都是相會）。

這相會包含著兩種不同東西的碰觸：水和沙。在完形治療中，差異的相會稱為接觸。所以，這沙和海的相會是接觸。這差異的相會所創造的事件稱為接觸的界線。在這個例子中，接觸的界線是海岸線。

接觸的界線同時涉及了相會的部分之間的差異以及它們相會的聯合，它所創造的整體。接觸的界線總是有它的二元性：一是它承認差異，否則就沒有接觸。二是它承認那個把兩個差異聯合在一起的東西，否則便沒有完形，沒有經驗的整體。這是「界線」這個字的特殊用法，它通常只暗示了分離。在完形治療中，它同樣強烈地暗示著聯合（union）。

界線並不屬於某一邊或是另一邊。它既不是沙的界線也不是海的界線。它是相會所共同努力創造出來的。界線屬於它自己，屬於相會，而非屬於任何單一部分——沙或是海。在完形治療中，我們說它是相會的一項功能。其他心理學也使用涉及界線這名詞的概念與片語，例如：自我的界線（ego boundary）。或者我們說：「他試圖超過我的界線。」接觸的界線不是那種界線。它屬於相會，而非個人或自我。另外一個不同點是界線屬於場域中所有的相會，即使是那些與人無關的——例如，海水與海岸。還有另一個差別是接觸的界線只有在界線事

件本身存在時才存在。當相會結束時它就解散。而且，再重複一次，
界線是一個事件，一個集合點，而不是一個實體。

以下這個老故事捕捉了接觸界線的特性。

一位禪宗大師，喬達摩佛（Gotama Buddha）下傳的第十七代
法師，與他的弟子在走路時，問了關於掛在寺廟屋頂四角的
風鈴。「是什麼在動？」他說：「風動還是鈴動？」弟子說：
「風沒有動，鈴沒有動，心在動。」
道堅（Dogen），一位後來首位在日本教導禪學的大師，評論
此事道：「風動，鐘動，氣動，鈴聲動。」

❖ 前景與背景：接觸的第一個分野

就體驗而言，場域通常由中央與邊緣組織而成。中央是前景，圖
像或是完形；邊緣被稱之為背景或是場地；而這主要的結構就是「圖
像／背景」。前景包含著在當下是中心的、重要的、焦點的、有意義
的。背景包含著在當下是不相關的、不重要的、無形的。因為接觸需
要差異，「圖像／背景」是接觸的一種功能。如果沒有接觸，場域就
沒有分別；也就沒有圖像和背景。

場域是依著我們和場域中其他部分的興趣而組織的。它如此組織
是因為我們的神經系統只能這樣做。這是我們體驗的方式。當我們產
生興趣，背景和前景就出現了。在圖像的發展過程，每一個改變，每
一個逝去的瞬間，場域——前景和背景一起——不斷地被重新組織。
這個過程稱為圖像的形成。這在下一節會提到。

在這一刻，你，讀者，可能已經形成了一個圖像，包括你正在讀
的書，這一頁的文字，你曾經讀過與心理學相關的觀念，或許還有你
正在做的筆記以及鉛筆所發出的沙沙聲。或許你也覺察到，雖然可能
比較不在中心，你坐的位置及書上的照明品質，這些大部分是圖像的
覺察，你注意的中心。或許某些——也許，燈光、鉛筆的聲音、你的

姿勢──是在近處的背景，以及諸如你現在在重力場中的接觸，包括你正調整著你的姿勢以及你呼吸的本質及性質（慢或快、深或淺、焦慮或緊張或放鬆等等）。它們可能在你讀這一段時變成圖像了。

更進一步進入背景，那兒有著許多被同化的和部分被同化的經驗以及尚未發展的能力，從你剛出生的最初幾天直到最近，從學校的學習到人際關係，包括對自己的感覺，你住的地方，你對未來的想法，你了解自己母語的能力，可能還有其他語言、音樂以及體育的天分。這部分的背景包括了概念、結論、記憶、態度、感情及信仰。這些可能是真的或假的，準確或不準確的；我們的經驗可能包含了對於我們所見所聞的扭曲，而且一定包括了完全虛構的部分（也可能來自於書籍、戲劇、電影）。任何時刻，這些構成了背景的實質部分。

上述某些的成分一直留在背景中，基本上是不可提取的：例如，學講話的記憶，或是漸漸地愛你父母的記憶，又或者你所發展出對你祖國或城市之情感的方式。它們是如此徹底而全面地埋藏於那最悠遠的背景之中，以至於只有在你基本的生存感完全被挑戰時才會被帶出到覺察的層面。1960 年代許多美國人為國捐軀，那也就是越戰的後果，就是一個例子，而它也是深度（thoroughgoing）心理治療中的典型情形。

大部分，背景是在我們的覺察之外的。在完形治療中，它取代了大部分其他心理學通常所謂的「潛意識」。背景，我們當下沒有覺察到的場域部分，是動態而且有組織的。背景是一個場域的觀念，而非個人化的，如同潛意識一樣。它是一個人部分的自己與非當下圖像之部分環境的結合（unification）。

背景也沒有暗示著惡意或者未知以及不可知的潛意識內涵。相反地，背景是接觸的基礎，它一直存在著，它架構出也支持著我們當下的經驗。它包含著圖像，並且在圖像浮現及發展時能被用於覺察。不知不覺中，我們持續地接觸著背景的各個層面。這可由睡覺的人調整他們姿勢的方式看出來，他們會考慮床的大小及蓋著的毯子。一個更鮮明的例子是，遇到緊急狀況時，背景自己會蹦到前景來，就像我們

在半夜聽到屋中不好的噪音懟地醒來，又或者像一個母親在熟睡中因為聽到寶寶呼吸模式改變而警醒過來。

❖ 創造性的適應：接觸的設計

接觸是我們改變及成長的方式，它是我們如何掌握我們的生活的方式，組織場域以便使最好的成就以及它所支持的解決之道得以實現。同時，接觸是使我們適應環境（即場域的其餘部分）的方式。我們稱這所有的互動為創造性的適應，因為結果是同化和成長，也因為這適應的過程是互相的。在創造性的適應中，我們的成就和解決之道是我們自己造就的，但同時也由我們獲得；它就是在我們和場域其餘部分這樣一個富有創造性夥伴關係的施與受中進行著。適應也是創造性的，因為它無法墨守成規。它必須依據每一個機會獨特地來完成。我們的成就和解決之道必須是新奇的，如果它們要在每一情況下都盡善盡美的話。

當我們活著的時候創造性的活動是老天給我們的一項禮物，它是活生生的。出自於我們的需要和慾求、我們的願望和渴望、我們的好奇，我們遭遇環境並對它一再地下工夫以使它符合我們自己的利益。而且，出自於環境的需要和慾求、願望和渴望，它遭遇並塑造我們，結果是一個真實的宇宙生態。

從我們第一人稱的觀點，創造性適應是有機體的自我調節，我們用我們與生具有的本能來改善任何的情況。這種把我們的生命想成創造性適應的方式雖然在心理學中不常見，卻也不是完形治療所獨有的。自 Freud 以降的心理學家們就對藝術家富有創造力的生命感到著迷。Otto Rank，Freud 的一位摯友同時也是精神分析早期發展的重要貢獻者，他對於藝術家的創造性過程與平常人的日常活動兩者之間是有所關聯的發現，可說是非常重要。基於這個理由，再加上其他原因，他對於完形治療的發展具有重大的影響。

所有的接觸都是創造性適應，而不僅只限於產生新的解答與遠景的接觸。所有的接觸都是有機體的自我調節，我們在當下的環境所能

夠做得到的最好情況——雖然其中有些是一點也不好。自由運作的活力所含蘊的世界可以遠離冷淡和疏離的沉悶，也可以遠離那種充滿令人非常不滿的行徑、具有被迫性質的特殊緊急性。但是每一個個人都在盡其所能，即使是一直逃避生命中其他可能性的人——例如，某個可以點金成石，能把任何東西都變成廢物的人。雖然缺乏活潑的、獨特的隨機應變及自由運作的反應，相反地，取而代之的是例行規律的和刻板式的接觸，這也是一種創造性適應（你一定認識某些堅持走向毀滅之路的人，把所有的可能性都轉向相同結論）。創造性可以提供很多結果。

在完形治療的詞彙中，創造性適應取代了傳統的名詞「抗拒」。抗拒是個人看來不願意改變或成長、或接受治療師指導的一種常見的心理特徵。它意謂著在治療中抗拒的人應該停止這麼做。但是抗拒是一種創造性的適應，也是有機體的自我調節。它與個人生存在這個世界的方式是息息相關的，而且沒有一種方法可以要求一個人丟下他們的一部分不管而還能臻至整體式的解決之道。完形治療以及任何整體的取向的目標即是整合——或者在此例中是重新整合——而非切除。

依循這個原則，還有在本書中後面的章節將會看到的，完形治療的實務乃是以鼓勵和探索這些創造性適應的過程，來取代傳統所強調的克服、打破，或者忽略抗拒。透過認真看待它們、將它們帶到覺察的層面，個人可以與他們自己的衝突角力，並且發現他們自己的方式，好將這些看來相反的慾望整合成為一個新的整體。

完形的形成

❖ 圖像的形成：接觸的形狀

接觸，是我們跟環境一起工作以創造最滿意結果的方式，有其特別的組織結構。受完形心理學所影響，完形治療詳細描述世界上所有

的經驗和行動是自然地相生相成的。它是塑造我們現象場的一種組織。它被稱為完形的形成，或圖像形成；或者更完整的，完形或圖像的形成與破壞。

　　完形心理師在試圖了解圖像的形成時，他們辨認出許多主控視覺圖像如何形成的特徵。一位研究者能夠找到一百一十四條這種法則，但基本的也許只有十來個。這些包括好的組織、明確的輪廓、滿意的（好的）形式、封閉、穩定、平衡和比例。這些公式化的描述本質上具有美學的特徵。為了不僅只是落在知覺方面的描繪，完形治療師採用這些法則並且加以修整，以便可以把經驗的整體性深刻地描述出來。因此，完形治療師也會說具有力量、生動、精力、聯合、清楚的圖像，那豐富、引人注目的、令人滿意的、完整的圖像。好的圖像即是充分或豐富地具有這些特性；而壞的圖像則較少有這些特性，或者完全缺乏。在某些時候，這些特徵的缺乏把差的圖像變成不存在的圖像。或許以下這些說明可以澄清這點。

　　任何一群人──一個班級、一個治療團體、一個專業的協會、一個國家──豐富地聯結而且經常是透過互動及互相交換，在成員間有強烈感情或者他們都投入一項工作，可說是一個好的圖像：清楚地定義、活生生的、良好組織的、凝聚的。而一個情感淡漠的，沒有很多共同目標的團體，則不是。甚至在極端的情況下，一個情感淡漠的團體根本不算是一個團體，那只是一群個體的聚集──屬於場域中的一部分，但根本不是圖像。

　　像一個聚集體般地行動是一種團體──或許因為你認為你應該加入他們，縱使你並不在乎，但那卻會造成壞的圖像。

　　如果你不喜歡你正在看的那部電影而且對它不感興趣，那伴隨的經驗圖像將會開始失去焦點，缺乏清楚的輪廓及活力。或許它開始會缺少完整的連貫性。你開始想著要走出去或溜進其他的幻想情境，或想一些你寧可去做的事情。勉強你自己回神注意並不是解決之道；說來是矛盾的，那會強迫到原本的圖像（一個分裂的圖像，而非統一的）。

婚姻的概念是一個好的圖像，是界定清晰而且充滿活力的，雖然輪廓並非總是清楚的，而且對許多人而言它不見得是一個有趣的圖像。一個特殊的婚姻可以是一個好的或是一個壞的圖像。一個「壞的」婚姻可能是一個壞的圖像：定義不清、陰暗的、同時是僵化的，但即使有很多的對立和困難，它也可以是充滿興奮、活力、定義、好的輪廓等等。

❖ 圖像形成：健康與缺乏健康

大自然中一隻令人討厭的毛毛蟲轉變成一隻可愛的蝴蝶。但是在人類，則是反其道而行：一隻可愛的蝴蝶轉變成一隻討厭的毛毛蟲。

──Chekhov

我們認為形成與破壞好的圖像的能力主要繫於健康與否。能夠創造活生生的、成形的、定義清楚的圖像，以至於能對場域中的資源妥善運用的能力就是健康本身。這就叫做自由運作（free functioning）。稱它為自由運作乃是因為我們伸展到場域中的任何地方，透過我們所有的能力、知識、經驗、還有環境中出現的每一件事物，來找尋那些最可能使圖像浮現的蛛絲馬跡。我們的自由包括不能自由地選擇只符合我們自己想要的，因為掌控圖像如何清楚地浮現與形成的不僅只是我們個人的需求、慾望、渴慕與興趣。圖像的需要決定了最佳圖像。自由運作是找出任何有助於圖像浮現之蛛絲馬跡的自由，是為圖像所需的任何條件完全付出的自由，以及允許圖像帶領我們到任何地方，把我們自己完完全全地奉獻好讓它得以運作的自由。

相反地，健康差（ill health）就是運作不自由。它指的是場域中圖像形成太過貧乏以至於不可能有好的圖像；或者，它是在一個有希望的場域之中圖像即將形成──但在此中我們卻無法自由地擷取，因為我們必須要逃避或者忽視場域中其他對浮現出的圖像同時也是非常必要的部分。我們與我們的必要部分切割開來，而非成為整體。我們變成分裂為二，包括我們能夠認知的部分，以及被我們壓抑及否認的部

分。而且我們也以相同的方式來看待這個世界。有好也有壞，天堂與
地獄，道德與不道德，我們與他們，肉體與心靈，黑與白，混濁與單
純，猶太人與阿拉伯人。然後我們強化這一類的破碎分裂以便維持它，
一直忽略那些跟我們看法不合的觀念，並且有時候還自欺欺人好繼續
支持它。如果我們夠聰明，我們最終的結果就會是不去看那些正出現
在我們面前的事物。作家 Saul Bellow 絕妙地表達出這種荒謬的矛盾，
他說：「當我們深切地需要錯覺的時候，大量的智力就可以被投入於
忽略。」

　　結果是不完整的圖像。要不是它們本身不完整，因為每一階段的
要求未被滿足——它們不是被跳過或忽略——就是因為場域中能構成
適當圖像的要素並不夠充分。結果是未完成的圖像，未竟事件。如果
健康是以好圖像的創造及毀滅為標記的整體性，那麼所謂健康的欠缺
就是指我們整體性的喪失，以及這些分裂、貧乏的圖像，還有未竟事
件的出現。

　　我們對圖像形成的了解給與我們一個用來判斷經驗的深度和真實
的標準，它既不獨立於社會價值，也非由社會價值所決定。我們存在
於一個社會與文化的場域，但當圖像是虛弱的、陰暗的、不優雅的、
困惑的，我們知道其中有某些困難。相反地，展現出好圖像之性質——
確定、一致及凝聚、活力、優雅，還有其他的圖像——標示了健康。
我們不需要去看別處——例如社會習俗或者《聖經》的指示——就
能得到這個結論。

　　這樣一個自主的標準，構成好的圖像，提供了其他我們藉以決定
誰健康而誰生病的另類思考。心理學家或其他專家所定義的正常未必
是健康；立法委員、你的老師或你小孩的老師、或是宗教或政治權威
所定義的社會適應也不是。而相反地，偏離社會上或政治上或道德上
他人所能接受的，未必代表著我們有什麼錯。

　　其他完形觀點的相關向度需要在討論健康時一併提出來。我們認
為它們有著同樣深遠的關聯。自由運作的損害被稱為疾患（不—安）
（dis-ease），精神官能症，病態，瘋狂，還有靈魂飢渴，無法無天，

瘋狂,而有時被誤認為是正常,等等不一而足。這些失功能阻斷、抑制了在場域中自由運作的作用,而且束縛了我們的創造能力。我們願意把這領域的探索及臨床工作標示為異常心理學,如果讀者完全明白這裡處處所指的都是一種場域的觀點。這些阻斷、抑制以及束縛都是場域的現象,同樣地自由運作也是。沒有一件是完全由我們自己所造,即使它們可能主要是由我們自己所創做出來的。

我們身在場域之中,但不是由它所造。我們和環境透過允許某些可能性並且排除其他可能性,這一種創造性力量的互動,來一同存在於場域之中。我們在與我們調和的情境中比在局限的情境中更能夠自由地運作。要能廣泛地領略場域的豐富性需要各式各樣的可能性。在貧乏的環境中,我們的圖像可能是貧瘠的──即使是盡可能達到最佳的狀態以及不滿意的結果兩者都一樣。瘋狂的時候使頭腦清楚變得困難──雖然不是不可能;然而,它們卻不可能完全如此或叫人放心。

在一個友善的環境中失能且遇到麻煩是有可能的,而且在一個煩擾的環境中,我們所能實現的當然也有某種程度的限制。在任何環境下,對健康有一些準則是必要的,那可以適當地重視我們天生的結構。這些觀察對完形治療而言是不可或缺的,因為它們是來自於完形治療最深的關切;由於治療師常遊歷於我們自己不自知和未被實現之自我的暗潮洶湧中,它是在主流之外的;因為我們習以為常地只注意地面上的風景,假裝地面下空無一物;還因為在任何文化中所有的心理治療都太輕易且常常成為主要族群的附庸。如果想想諸如納粹德國以及共產獨裁等「病態社會」,在那裡誠實而無辜的人被關而暴徒主政,讀者便可能很容易理解並接受這點。但是在美國日常生活的陰暗空虛、從眾性、情緒的屈服、隱晦的暴力、對於情感及智能的冷漠、膚淺的興奮,以及物慾的橫流,比我們所知的還更多。

自由運作是如何喪失的?假如創造性的傾向是我們的天賦人權,我們是如何造出差勁的圖像,活出如此絕望或毀滅性地破壞,或者根本是渾渾噩噩的生命呢?

上述的討論暗示了答案裡重要的部分──最大的一部分。我們學

著與它失去接觸。「怎麼會小孩子們都這麼聰明而大人這麼笨呢？」Alexandre Dumas 詫異地問。「那一定是教育造成的」我們教導我們的年輕人以及我們自己的一種生活方式，這種忽略圖像形成的必要性而且逃避我們本身與環境中重要部分的生活方式。有的時候，我們的感情先行（「別哭；你沒有受傷」），然後我們的完整性（「別跟 Julie 打架；分享你們的玩具」）接著很快被圍攻。而有的時候，我們的創造性直接受到攻擊（「下定決心──就是現在！」）。雖然圖像形成是我們的一種天賦，甚至在剛出生時就具有，但我們形成適當圖像的能力必須在我們成長的過程中有機會得以發展才行。如果沒有，我們便無法成熟到可以面對未來所提供的更多挑戰，而我們最終也會失去足以讓我們去利用、開發環境所需的天賦。

　　Perls、Hefferline 及 Goodman 強調的就是個人的破碎和自我疏離，使得自由運作及良好圖像變成不可能，他們曾如此說過：

> 平常人，被養育在充滿分裂的氣氛中，已經喪失了他的整體性，他的整合。他必須治癒他個人的、思考的及語言的二元性才能再次重整。他慣於將對比想成對立的實體，結果能夠化解這樣一個二元思考方式的一元觀點就被埋藏了。（1951, p. viii）

　　這個對我們參與圖像形成能力的攻擊會暗中破壞我們好好體驗失去自我感的意願，而這份意願正是創造良好圖像的必要部分。這個現象（在討論圖像形成與自我時會再敘述）就成為對我們存在基礎的攻擊。它在我們身上創造了懷疑和害怕，而我們無不試圖以堅持我們自己的存在來反抗它。為了致力於創造我們仍存在著的經驗，我們變得無時無地的任性，而因此在不對的時候也顯得任性，同時我們還盡其所能來逃避那些瀰漫著失去自我感的圖像成形過程。結果是，我們變成失能的。Amiel 說得好：「在現代人的心底總是存在著對忘掉自己及自我抽離的極度渴望……，而因此他迴避所有那些可能使他想起他

其實是毫無自我的問題與深淵。」

　　但是為什麼？我們相信父母是怪獸而我們生活的社會是不人道的？我們知道父母通常要為他們子女的疏遠負責；就兒童發展而言，他們通常是唯一且最重要的影響來源。我們知道文化所鼓勵的價值常常取代了尋找我們自己的羅盤。甚至也有可能在我們種族對於社會和諧之新興而與日俱增的需求以及個人實踐之間存在著無法妥協的衝突。所有這些相互競爭的要求都是極難去調和的。

　　另一方面，我們創造有意義整體的原始天賦也包括了，在找尋我們自己最佳解答過程中能夠調整這些要求的能力。某些養育孩子的方式肯定比別的好。它們允許我們比較接近我們自己的最佳衝動。而某些對待彼此、共同生活的方式也會使我們的承諾更加可能實現。同時，即使是我們所能創造的最佳情況也有似可避免的不快樂成分，雖然它通常看似是無可逃避的。我們巨大的能力把我們遠遠地拋在完美後面。神經質顯然與圖像形成一樣是我們人類的情況，而且比自由運作還超出得多。

　　在我們生命的過程，所有人都會不快樂、失望及煩惱，比我們希望的還多。這種狀況對我們而言是存在的；它是活著的一部分。例如，我們會選擇去愛，雖然我們會因失去所愛而受苦──無可避免地。而且更有甚者，我們相信我們每個人都可以忍受生命中另一個巨大的失望、痛苦及悲哀，那似乎遠遠超過人類情況所許可的。這似乎是無法逃避的結論，根據這個星球上的人類生活，會超乎這個的期望的大概是天堂似的渴望吧，那包括了一部分企盼我們潛能得以實現的渴望，以及另外一部分體認到我們都會因我們的潛能常常無法實現的巨大失落而產生的痛苦。或許要求我們居住的世界支持我們到足以癒合我們的傷口，我們天賦的失落不是無可挽回的，還有我們所有人擁有內在的力量來熱情而勤奮地追求我們自我的實現，這樣就夠了。

❖ 完形形成的階段

　　完形或圖像的形成及解構可能最好把它想成以一種螺旋的方式在

進行。而圖像形成的階段來回地循環著——最後一個階段接著第一個
——任何一個圖像形成及解構過程之特別循環的終點就是成長，某些
被同化的新東西。因此，另一個新圖像的起點不同於之前已經存在的
任何事物。而且，它不單是被成長所改變的個人。場域是一張聯結各
種元素的網；在場域這個觀點中的任何改變即意味著整個有機體／環
境領域是新的。

　　圖像形成的四個階段是接觸前，接觸，最後的接觸和接觸後。在
接觸前並沒有圖像，雖然場域的部分出現了。說所有都是背景也不正
確，因為背景暗示著前景。反而該說場域還未分化成圖像和背景。接
觸並不存在，因為它尚未把場域分成與將要浮現的圖像有關的及不相
關的兩大部分。接觸前並沒有引人興趣的焦點，而如此說乃是因為沒
有重要的事物，沒有事物存在。

　　下一個階段，接觸的階段，圖像開始形成然後發展。未分化的場
域落入主要的兩極性，即圖像／背景。場域中的某些部分被認知為即
將是興趣的核心並被納入其中，它們開始貢獻出能量以形成圖像。其
他的部分，不同於形成中的圖像，則留在背景中，成了有機體／環境
領域的剩餘部分。

　　接觸階段的特徵是愈來愈昇高的興奮，打雷伴隨著正在浮現完形
的閃電。新奇啟動了這個階段。它透過啟動接觸與覺察而激起了圖像
的浮現。一般而言，那些需要、驅策、慾求、好奇、痛苦、渴望、希
望、要求、環境都是新奇的。它們可能源自於場域中的任何地方，包
括來自個人或環境中。

　　成形中創造性合成的動量在這所謂的最後接觸階段達到最高潮。
在此，圖像獲得了它成熟的形像。定義圖像的特徵完全可以被了解。
因為了解到這點，這階段有時被稱之為完全的接觸——但完全的是圖
像，而不是接觸。它是接觸的最後階段，因而以此命名。在這個階段，
當圖像在發展時，背景便變得比較不重要。它退到後面，有時在經驗
中完全消失。此時，我們完全被圖像所吸引，而我們自己的自我感退
後甚至消失。

　　第四個階段是接觸後'。它是圖像被摧毀的階段。新的成長被整合了，被用完的就被丟棄，而且場域也在適應新的情況；這就是同化。在新陳代謝的層次，它是攝取、吸收和排泄，同時把那被經驗及達成的轉變成養分。這階段的早期可以包括某些覺察的體會以及重新評價，但大部分的接觸後是在不知不覺中進行的，因而以此命名。它指的是在興奮消散而且通常也是行動退去的時候。大部分的接觸後是不隨意的。當我們說，讓我把問題留待第二天再解決吧，那代表著我們知道我們內在的智慧將會整合那些剛被體驗到的，而帶給我們全新的、源自於成長與學習的觀點。雖然整個圖像形成都與學習有關，我們在這階段才開始了解我們學到了什麼。那圖像的過程也許是令人激動的、強烈的；現在，在這第四個階段，它在其網絡背景中被看見，重要但已不是全部的景象。同時，圖像的結局可能也是有病態或悲劇。如果那正在毀滅中的圖像是與某個剛過世的人的關係，哀悼（這圖像本身）可能變得扭曲了；此時存在這樣的議題又會在背景中開始重新運作，進到了覺察面。

　　把圖像的形成與解構想成出生與死亡的過程是有用且恰當的，有點像是季節的轉變。它具有區隔的連續性，而同時，每一個季節有它自己的性質。有時很難知道一個季節何時結束而另一季開始。春天在夏天之前，播種到結果，各階段有時會重疊——然而春天象徵著新生的意義與夏天的青蔥繁茂卻是完全不同的。有些年頭夏天好像完全沒有來過，或是很難分辨十二月是秋天，還是冬天到了。某些地區則是一點都找不到冬天的蹤跡，好像永遠都是夏天。

　　圖像形成的工作比較接近啟蒙遊戲而非問題解決。「驚喜、懷疑，正是了解的開始」自發性、冒險及好玩是它的標誌。雖然它的結果是成長，圖像形成並不指向任何結果。而是，像Kant說得好，我們「懷著一種目標的感覺，而沒有目標」地前進。在形成與摧毀圖像時，我們帶著我們存在的整體來到它的面前。不只是我們的腦袋，而是我們自己全部：心、身、靈、心理、智力。或許它可以被想像成以整個身體來思考。

　　圖像形成的每一階段本身就是一個圖像,而它包含許多圖像,每一個圖像有它自己的接觸前、接觸、最後的接觸以及接觸後階段。生命是一個圖像,而在它裡面是較大的圖像,例如冒險、創造性的行動和生涯;以及較小的圖像,例如一天、一場音樂會,和一次會心——圖中有圖。

接觸界線的干擾

　　接觸的創造性。我們不是被動地和環境相會。我們挑選而同時也被挑選。雖然這互動是複雜的,它只是我們參與組織我們經驗的部分方式。另一種我們建構我們經驗的重要方式,乃是透過操控接觸的界線來改變我們的經驗。這可由許多方式來完成。它的位置可以被改變,所以相會是在不同於它出現之處的某個地方。界線的本質本身可以被改變,它的特徵被改變、或是界線消失或是被忽略。接觸的界線會有干擾。

　　融合（Confluence）**與投射**。稍早之前在討論圖像形成的第一階段前接觸時,曾敘述一個融合的例子。讀者回想一下,那時場域在那個階段是未分化的,意味著當時場域的部分是個別的,沒有部分是突出的。在那種情況下,沒有接觸,沒有圖像,也沒有邊界。當界線不存在時,所有成分是融合在一起的。

　　另一個例子是在描述圖像形成的第三階段,接觸時,所提到的。在那裡,個人被圖像所吸引,而非（像第一階段中）被場域所吸引。在被完全吸引時界線就消失了。我們通常喜歡說界線消失是圖像形成階段的功能。

　　融合是沒有差異,沒有接觸,且沒有相會（因為沒有差異）的經驗。即便如此,它也是一個經驗。事實上,某些我們最重要的經驗都有這樣沒有界線的面向。融合是當我們覺得與宇宙、或者與神、或是我們的愛人合而為一的時候,這種我們稱之為浩瀚經驗中的接觸界線。

界線在這種不分離的經驗中崩解；界線的崩解提供了不分離經驗的條件。它在嬰兒期常會發生，這時小孩經驗差異相會的能力比我們更少。稍長，它是同理經驗中典型的接觸邊界的干擾，因為我們也正有同樣的經驗，所以我們知道另一個人的體驗是什麼；而且或許，在背景中，融合促成了同儕感覺，因為在那樣的時刻我們與他人的關係是最富人性而且特別的。

如果我們不自覺地透過消除接觸的界線來創造融合，我們就製造了一個分不清楚我們自己與他人的情況。我們可能無法分辨我們自己的想法、態度、感情與別的事物或別人。這種現象構成了群眾及暴民的心理基礎，而它在人際關係之中也很常見。我們可能以為我們有接觸，而其實並沒有。

投射時，我們沒有消除界線；而是我們重新定位它。例如，看著風景、陽光普照的山坡，我們一般會把相會的界線設在景色與我們自己之間。但是，如果那山坡是空著的，而我們想像著我們也許會想要蓋個房子在上面，我們看見的房子就是由我們心眼所投射到山坡上的。投射時，我們改變了邊界的位置。我們注視的是倚靠在山坡背景的我們自己的願望，而不是空著的山坡。在那條邊界上，我們與我們自己的想法或感覺相會，某些我們內在的事物。如果我們可以看見我們正在做這件事，就是覺察到投射；如果沒有，如果我們相信房子就在那裡，我們就沒有覺察到我們不只是在捏造界線而且還在操控它。

在融合中，我們是不能分別的而且界線是不存在的；在投射時，我們是同時在我們所創造之界線的兩邊。我們造成了一個屬於我們自己部分的環境，然後我們與它相會。如果在過去某個時候，你被一位朋友惹火了而你當時並不知道你的感覺，後來你可能碰巧遇見你的朋友，並且看著你的朋友，相信他／她還在生你的氣。這麼做的時候，你混淆了你們之間的接觸界線；重新定位它，如此你才可以看見你自己的憤怒。你投射你自己的感覺到朋友身上。雖然對你而言似乎是那條界線聯結了朋友和你，但其實不然。你只是跟你自己相會〔當然，你同時也會看見你朋友那個突顯的部分（那令你生氣的事）；界線干

擾只和你擁有且正投射出的憤怒有關〕。

　　內攝（Introjection）**及迴射**（Retroflection）。做為創造性的合成，圖像的形成會根據目前情況的需求來重新組織場域，以利成長。用我們的新陳代謝為例，我們的轉變乃是透過從環境中選擇、攝取某些東西並將它們送進消化的過程。內攝則以不同的方式來對待消化；它逃避消化。內攝，我們攝取環境中的部分而沒有消化它。既然我們沒有消化它，它還是保持原狀（雖然它是在一個新的背景脈絡中）。

　　如果我們模仿我們在一部電影中曾看過的手勢，那表示我們內攝了它。我們沒有把它變成我們的——我們只是吞了它。如果我們試圖成為我們父母所希望的那種人——比方說，一個做事負責並且完成他的太太、老闆以及同儕所期待的、負責任的丈夫——我們並沒有對這些目標和態度做出自己的選擇，就讓它們成為我們自己的，那我們就是根據我們所內攝的來行動。

　　內攝是整個吞下去；內攝物則是我們所吞下的東西。覺察到內攝就是會去試用某些東西。未覺察到內攝就是在不知不覺地扮演某一個角色。模糊地感知到我們的內攝物，我們就像「錢巷」（*Penny Lane*）中的漂亮護士一樣，「而雖然她覺得好像她在戲中／總之，她是在戲中」。

　　當我們內攝時，就如同我們投射時一樣，我們保留了界線的本質把它當做是差異的相會，但我們把它擺得更遠。那些屬於環境的——那些價值，或那姿態——似乎在我們裡面。那麼，我們逃避那具有攻擊性的消化作用，逃避那些可以把事物變成我們自己的方式，包括撕裂、分解，以及摧毀。我們應該以我們自己的價值、需求，和情況來評估我們所遭遇到的事物，我們讓這樣的義務溜掉了。我們反而照單全收，不管是鉤子、線，以及水槽都來者不拒。正如投射，內攝並非把界線設在我們自己與環境之間，而是我們自己的一部分與另一個部分之間。

　　如果我們是根據我們所內攝的來生活，我們的行為很可能是模糊而沒有色彩的，我們的圖像若不是根據我們自己的羅盤，那麼就會失

去自我引導式的機靈與確定。在別人看來我們變得似乎不再真實，而我們也的確是如此。我們幾乎是值得相信的；我們的一言一行都是近乎真心的，但事實卻不全然（如同所謂的「超我」代表了併入這種潮流的價值，我們視之為內攝的聚集）。

如果我們咬緊牙根以免攻擊那冒犯我們的人，如果我們因為跟某人發生性行為似乎是不恰當的，我們就想辦法讓自己興奮或自慰，我們就是在迴射。類似地，如果我們把強力網球競賽的刺激控制住，並將其疏導成我們的打擊和策略，這種阻抗我們想要大力擊球或把球拍甩到空中的衝動，代表著我們正在迴射。當我們咬著我們的臉頰內側，而不知道我們正在生某人的氣、也不願意痛罵他們，我們就是不知不覺地在迴射。在所有這些迴射的例子中，我們允許保有邊界的本質──例如，它沒有崩解──但我們透過改變它的位置來干擾那些我們所遭遇到的事物。界線，一般是界於我們和環境之間──那使我們惱怒或產生快感的人──反而被放在那使我們成為我們自己的環境的地方。然後，我們對我們自己做某件事。我們在界線的兩邊，對我們自己做出想對別人做的。

自我中心（Egotism）、偏離（Deflection），以及其他接觸界線的干擾。你一定曾遇過某些人說話是為了聽見她自己在說話，或者讓你知道她有多聰明。或者某些人，看來似乎在傾聽你，傾聽只是為了準備他的下一個回應，或者是要使你相信他對別人的真誠或關心。這些人際事件涉及完形治療師所謂的自我中心這種接觸界線的干擾。自我中心是一種不同於目前我們所曾介紹到的界線干擾的層次。自我中心的界線既不曾重新定位，也不曾崩解。而是，接觸界線的某個特徵被消除了，那個特徵就是相會的互動。

接觸的界線是差異相會的位置，在那裡因相會而互動的部分促成了圖像的形成。在自我中心有接觸界線的事件，相會。那造成圖像的人只專心在他自己對於相會的貢獻。這其中的互相性是缺乏或是非常少的，那邊界似乎只有一邊，因為在這裡所唯一在乎的大概只是個人的自我感。因此，沒有互動，沒有給與和接受。自我中心的人如此地

專注於他們自己的聲音、想法、行動或感情，以至於他們在前進時完全不知道他們所正在相會的人或事物。

　　我們可以這種方式但是帶著覺察地來操控界線，例如在一個我們不被歡迎的情況下，仍堅持我們被聽到的權利；或者當我們需要在一段漫長的準備期及成熟期，而又要做出過早的承諾時，我們阻止了我們自己。但是自我中心這種接觸界線的干擾，並不是把更廣而多元的焦點放在相會的全面性，而是一直注視著自己。結果是你和場域中自己以外的部分完全沒有任何接觸。

　　大體而言，自我中心在接觸的過程中會造成了圖像形成、圖像的品質，還有個人態度的死硬及僵化。拋棄，或者只是彈性，都比自我中心者還需要更多的敏感度，如此才能與另一方相會。自我中心也不可能有真正的自發性，因為那也需要接觸，而不只是衝動。唯一可能的事情就是自我中心本身沒有任何想要接觸的衝動，而那就是它的衝動性。

　　這五種《完形治療》一書作者所描述的接觸界線的干擾並沒有囊括所有可能接觸界線被操縱的方式。除此之外，主要被提出來的其他干擾還有一種叫做偏離，那就是個人重新定位了界線而變成是另外跟其他個人、主題、想法或感覺——即場域中某些其他部分做接觸。如果你被你的老闆惹毛了而回家踢狗，你藉由在你的狗和你自己之間創造一條界線，而把原先想對老闆的行動轉向到狗身上。如果你不允許你自己知道你已被你老闆激怒了，寧可相信你的狗一直撲到你腿上而那正是你踢牠的唯一原因，你正在不知不覺中地偏離。如果當你的老闆對你不公平地咆哮時你咬牙切齒，然後回家並因對老闆的挫折而踢狗，那表示你的迴攝（咬牙）以及偏離（踢）都被覺察到了。在偏離中，衝動指向環境中的替代品。你可以拿物替代，就像那隻不幸的狗的例子中（物體偏離）；或者你可以用主題來替代，比如當一個小女孩抱怨她的一天將會被浪費掉時所發生的，「媽，我今天不想去見那些蠢蛋」，而媽媽卻把主題改變成她表達自己的方式來做回應，「親愛的，不要這樣說妳的阿姨和舅舅」（主題偏離）。

接觸界線干擾的清單無疑是不完整的。當完形治療師繼續注意接觸界線的事件，無庸置疑地還會找出新的結構。例如，另一種界線的干擾，暫時稱之為迴射 2（conflection）校閱註1，包含對自己做你自己所想要做的。一個例子是那種無所事事的撫弄——用他們自己的手搓揉著他們的臉或手臂或手指——那種當人們有時在談論他們自己會做的動作。此時慾望不是去撫摸別人，那是前面所說的迴射；而是要別人來撫摸你。在這個例子中，界線就像在迴射中一樣被重新定位，從本來應該在你和他人相會之處被轉移到使你與你自己相會。你造成了一個環境，那個是你自己的他人。某些形式的自慰便是這種例子，好像一個女人對和她做愛的人說話時的動作一樣，透過指導，「這裡，這樣撫摸我」，並且撫摸自己來說明她所說的話。

界線的干擾在良好圖像的形成中扮演重要的角色，它們可以用在創造性的想像以及健康的、自由的運作上。然而，當界線被不知不覺地干擾時，這些創造性的能量就會變成糾纏在那些包圍著我們的殘疾與悲慘之中。它們使我們得以逃避場域中的種種，然後使我們建構出不恰當且不滿意的、痛苦而具破壞性的解決方式與成就，它們正代表那些悲慘與殘疾。然而，在接觸界線的干擾中，用「干擾」這個名詞是想暗示只有正常的界線功能被打擾或改變，而非意指個人有精神病。

自體（Self）

接觸的整體性

很多完形治療的實務包括了小心地檢視接觸、圖像的創造與解構（創造性的適應），以及這些體驗性的部分。而完形治療有一部分則是關切上述這些面向在個人屬性的表現，這一部分稱為自體理論（theory of self）。

自體是改變的代理人。它是以全然的方式在當下做出接觸的一個

有機體，隨時在圖像形成與解構的各個階段所貫穿的創造性適應的過程中保持覺察，並且成長。「自體」這個名詞指的是在任何當下的接觸系統以及我們組織我們自身經驗的方式。這些不同的組織系統被稱為自體的結構或觀點。自體存在於任何接觸發生之處，它不是心靈的另外物體（就像它在傳統的心理學一樣），而且是個人內在圖像形成的過程。當我們所指的不是任何特定的界線接觸而只是概指當下或者就是當下，就如同這裡所討論的，那麼自體只是一種體驗性的潛能或記憶。《完形治療》一書的作者這麼說，「不能把自體視為一個不變的機構；它隨時隨地存在於事實上有邊界互動的地方。自體是在接觸的情境中圖像／背景轉換的過程」（p. 373）。

　　這就像是那個「六個盲人與大象」的故事一樣，對那些看不見的人而言，自體的觀點就是對應到每個盲人抓到尾巴、腳、身軀、皮膚時各自以為的不同體驗。事實上，自體就是那個整合的力量，那可以看見整體的明眼人。

　　自體常被討論的是在圖像形成的不同階段以及不同情況下，它所出現的形態。這些形態稱為結構。它們是自體的部分架構，就好像在不同種類的情況下，我們也會變得不同一樣。在聆聽某些我們感興趣的事情時我們是有思想且敏感的，而在回應時我們是精力旺盛而主動的。這些自體的結構有本我（id）的功能、自我（ego）的功能，及人格的功能──另外還有一項不同本性的架構，中間模式（middle mode）。

　　雖然上述前三項的我可能有類似的名稱，它們在此已經被以現象學的精神所改造，而成為自體根據創造性適應的特定目的和情況所發展出來的覺察架構。從個人是一個有覺察力的有機體的觀點來看，它們是圖像形成的主要階段。

❖ 自我功能（Ego function）及本我功能（Id function）

　　圖像形成第二階段的特徵是自我功能，也是個人接受那些跟圖像浮現所需的場域元素並且拒絕其他與圖像無關的部分。常常，在形成

圖像的過程中，不僅只是由興趣的自發支配性來決定哪些要納入和哪些要排除，而是還有更多個人所做的謹慎選擇。第二階段正是個人覺得他／她們自己才是行為者，那圖像的製造者的時候。你不只是注意的，你專注；你聚精會神，你組織材料和時間，你把東西依序放好。這階段的工作特別需要健康的深思，限制特定的活動並且完全地注意別人。

在體驗上，自我功能在圖像形成時給個人一種有用的感覺。你覺得你自己是使事情發生的人。在這個階段，你氣勢洶洶地趨向環境，使用並主控場域中的元素（elements）而非只是跟它們合作。從現象學的角度，這給你一個是你造成圖像的感覺，而在其他時候你比較不起作用，比較像是企業的合夥人，在它的形成中與其他部分共同參與。因此，在自我功能中有一種分離的感覺，那不同於你正在控制及命令場域中的元素。接觸界線這個隔離者的角色在此時明顯地被保留；分化是最重要的；參與則比較少被注意到。

與此相抗衡的是本我功能，在此我們體驗到自己是被動的，被我們外在的事物所牽動。我們的情緒經驗就是這一種，如同休息與放鬆、模糊地組織且沒有問題的情況，還有許多我們跟自己的身體、本體感覺接觸的這類情況也是。這種本我功能的經驗當然在某些特定的時候是熟悉的——在睡覺及想睡時，在某些做愛、休息、被按摩的時候。本我功能的語言都在訴說著：我們被愛，我們被感動得落淚，我們疲倦了，我們感動，我們興奮，我們入睡。

這樣的描述是圖像形成第一個階段與結束時的典型經驗。雖然它們遍存於圖像形成的每一階段，本我功能在這些時候是特別顯著的。例如，如果有接觸與互動，自我功能在第二階段的接觸會與回應性（responsive）的本我功能交替，如此一來我們行動的效果可以被感覺到，而且任何超過我們所控制的也可以被注意到。本我功能的自我覺察是不定的、渙散的、隨之反應的。這裡的界線在整個世界都靜止時，可能幾乎完全不會被感覺到；或者只有當我們同時感應到而且也正在接收時，它才可以被清楚地感覺到。

❖ 中間模式及人格

　　中間模式是一個被語言研究所啟發而產生的名詞。它指的是一個聲音，中間的聲音，介於主動與被動聲音之間而同時具有兩者的性質。那主動的聲音是自我功能的聲音，而被動的聲音是本我功能的聲音。在英文中沒有中間聲音（和不及物動詞並不完全相同），但是也許它會出現在像是「我們正在走著」（We are taking a walk）這樣的慣用語中（不同於「我們正在走路」（We are walking）的主動聲音）。或是，「我不會使自己免於……」（I would not have kept myself from...），或「我過得很好」（I am having a good time）。讀者或許會發現這種中間模式的敘述很難理解，但中間模式的經驗卻很常見。中間模式就是自發性。它是當主動性與被動性二者達到平衡時的體驗，也是在我們放開自己而投入一項我們在意而且關係密切的活動時，我們所經驗到的體驗。它是在我們跳脫技巧與期待時的做愛經驗。它是我們沉浸於閱讀，全然忘我的體驗。它是演奏音樂或玩牌，或活力十足的交談，當我們超越了我們對於自己之表現或所造成之印象的擔心時，還有當自我懷疑的心神干擾消失時。

　　它是最近運動員漸漸稱之為「那地帶」（the zone）的經驗，當一切都平順簡單地進行的時候，我們覺得合一，平衡，完整，徹底地與我們正在做的、我們所關切的調和。自我及本我功能平衡；我們既不做也不被做，而同時我們做，也被做。它是中間的某處，包含了兩者。結果是一個新的完形，不是自我及本我功能的總合，而是一個具備它自己特性的新功能：中間模式。就投注性（engagement）而言，我們可以稱結果為不偏不倚（impartiality），或者用東方的用詞「不執著」（nonattachment），或者古老的名詞「無私的」（disinterested），熱情而不偏頗。感覺上沒有失去自己，但自己在互動中；立即、具體、完完全全在當下。「一個球員的效能直接與他就在此時此地做此事的能力有關，」經驗豐富的職業四分衛 John Brodie 寫道。「他不可以擔心過去、或未來、或群眾、或者其他一些外在的事。他必須能夠在此時

此地做反應」。

中間模式在與自體的關係中占有一個特殊的地位。相對於自體的其他特定的面向，諸如本我、自我功能和人格都是自體中分離而獨特的面向，而中間模式也是但卻不止於此。一方面，它是自體的一個個別的面向，其經驗上的性質明顯地區隔了它和其他的面向。另一方面，它又和本我及自我功能兩者的性質相似。此外，中間模式可說是包含了本我及自我功能兩者的一種比較不偏頗、比較廣泛的自體性質。

Perls、Hefferline 和 Goodman 稱中間模式為「主動性及被動性之前（以及之後）的聯合，包含兩者」（1951）。某部分，他們暗示著它的名字，中間模式，也意謂著中間模式平衡了自我功能其操縱性的游移以及本我功能之順應性的投注，也平衡了自我功能的侵略性以及本我功能的接受性，從而完全地創造出另外某個東西。他們也指出中間模式的另一項特性：它的廣泛性（pervasiveness）。中間模式同時是本我和自我功能平衡的一種特別的經驗性質，它本身也是一個自發性的自由運作，包含且包容了大部分我們所感覺的自我及本我功能。

人格功能，做為自體的一個結構，包括了對於我們自己的態度、信念、信服、及假設之組織系統，還有當我們被要求說明我們自己時我們所指的人類作用。它也是一個人的自我覺察，自我研究，當下的自我反射，及自我指涉。人格同時是我們自己在語言上的產物──「自體的語言分身」，Perls、Hefferline 和 Goodman 寫道──及研究和複製我們自己的自我意識活動。

人格涉及到提及自己；因為說是一種社會行為，因此它以我們與他人的關係而存在：我們對別人說（當然，我們也對自己說；這也是人與人之間的，因為我們造出我們自己這個物體）。當我們不與我們自己及世界的面向接觸時，人格充滿了被誤解的想法、扭曲及內攝。我們以為我們知道我們自己，但其實不然。在健康的狀態下，當沒有東西被隱藏時，它是準確的（就它而言；而它的限制即是我們的創造性，以及所有能夠用言語表達的部分），人格是負責的──我們覺得我們能為我們所知道的負責──因為如果我們徹頭徹尾地知道我們自

己，我們就能夠對某事堅定地表明我們自己的態度。我們可以說：「是的，我想要試試湍流泛舟；我喜歡那類的東西。」

我們把形成圖像的過程中，特別是在圖像形成的第二階段，我們對自己和世界的想法，稱為促進圖像浮現及發展的方式。同時，因為我們喜歡其他類似的東西，喜歡湍流泛舟的想法就像是吃菜單，而非晚餐。這不是**它**，而只是想著它。人格有時是菜單，一條通往創造性合成（synthesis）的捷徑，但它不是創造性合成本身。

就像「意識」，自我的覺察，自體的人格功能是健康生活的一部分。然而，大部分，它只有在那些圖像形成發生時特別困難，還有涉及重新考慮我們自己──包括心理治療──的時候才重要。一般而言，在健康的、自由的運作時，我們認為人格是本體的一個次要的面向。事實上，完形治療師相信日常生活中思考的重要性是被高估了。大部分我們所謂的思考完全不被認為是思想，而是喃喃式的語言，對自己講話。幾乎所有有用的精神活動必須在覺察之外持續著，在那裡它可以運作得最好以做為目前圖像所需的工具，並且在不需要它的時候不會擋到我們其他的能力。相信持續覺醒的精神活動很重要是人類的毛病，也許特別是受過教育的人。這種信念在我們過度依賴的邏輯與精神中扮演很重要的部分，但那卻常讓我們缺乏實踐力。每一個當下的獨特性需要那份通常被人格所排除的彈性。依賴它以取代不確定性甚至創造性過程的祕密竟是劃記（painting by number）。而這種心靈的習慣使我們無法變得徹底專注在我們生命的當下。「我們應該小心，」Einstein心存此念而寫道，「不要把智力當成我們的神；當然，它有強力的肌肉，但沒有人格」。或者，像常被引述的美國哲學家說過的，「你如何能同時思考與出手？」

我們以自體的一個觀念來做為結束，那就是，除了自體本身只是一種成長的力量外，它幾乎沒有恆定性或規律性。而且，不同於自體一般所被認為的那樣，它通常很少或完全沒有自我感。矛盾的是，在健康的狀態下，我們也常常忘掉我們自身。在心底，我們可以說，我們實際上不存在，實際上是無我的，因為我們在本質上和經驗上的多

樣性。「人類的真正價值，」Einstein說，「主要是取決於一個人從自體獲得自由的方法和意義」。之前在本節中提到的健康與其欠缺，指的就是這個自體的性質：對於那些並不擔保我們存在的經驗的一種害怕。所謂的威脅是指：若是缺乏我們是有能力去造成及破壞圖像的堅強信心，我們會死。還有，以某種方式，我們必須死。我們必須為我們自己或翌日憂傷。如果我們要完全地參與圖像形成，那我們就必須隱沒我們自己。很多藝術家，神聖的人物，還有其他人都為它做了見證。「在我們生命的每個部分及角落，失去自己就會成為勝利者；而忘我就是快樂」。

性格（Character），精神病理學，與發展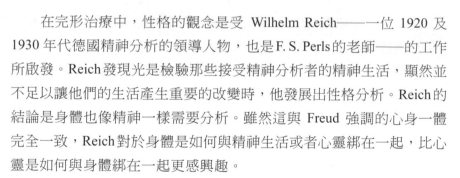

在完形治療中，性格的觀念是受 Wilhelm Reich──一位 1920 及 1930 年代德國精神分析的領導人物，也是F. S. Perls的老師──的工作所啟發。Reich發現光是檢驗那些接受精神分析者的精神生活，顯然並不足以讓他們的生活產生重要的改變時，他發展出性格分析。Reich的結論是身體也像精神一樣需要分析。雖然這與 Freud 強調的心身一體完全一致，Reich對於身體是如何與精神生活或者心靈綁在一起，比心靈是如何與身體綁在一起更感興趣。

性格分析是一種注意在治療中個人身體向度的方式──身體：移動、呼吸、肌肉系統、語言、姿勢。身為全人主義者，完形治療師視身／心為一體，而且把我們自己帶入到個人的身體層面，正如我們對情緒的、精神的及認知的層面般地感到興趣一樣。Reich的方法，它專注在治療室中個人的當下，已經被完形治療師們所採用並加以修改。

從完形觀點來看，性格是我們做事的特徵。也就是說，它是我們在情緒、身體、智能、精神功能運作的典型方式。我們每一個人都有特別的走路，說話，對於睏倦的反應，被激起「性」趣，認識新人，使用我們眼睛及聲音，了解問題的方式。性格就是我們的特徵。

　　性格的概念是以當下為中心的。當然，我們的特徵的確是我們在背景脈絡中所學到的以及和我們所被賦與的——也就是我們長成了什麼什麼樣子——兩者的互動。同時，我們並不是說性格是使我們以某一特定方式來行事的內在事物。那是機械式的思考，需要引擎來驅動機械。它創造了一個個人額外的部分，「性格」，它使我們行動。相反地，在完形治療中，我們是什麼和我們做什麼是密不可分的。性格即我們是什麼和我們一般所做的。

　　在健康時，很少有性格，正如很少有人格一樣。自由運作的一個指標是彈性。不論現在與過去的情況多麼相似，當下是獨特的。你不是從前的你——你不可能是——而且因此情況也絕不會是相同的，即使其他條件看來一模一樣。相反地，習慣性的行為是在接觸之外的。要對獨特的情況有所回應就是要能跟你以前所做的有不同的反應。這就是自由運作，而且它也意味著性格會限制我們的反應。

　　另一種較通俗的說法，性格蘊含了整合與區隔。在這種意義下，性格是很健康的。整合與區隔是自由運作的重要向度，因為自由運作要求我們找出*我們*自己對於目前環境的獨特反應，那個最能正確地實現的反應。

　　完形治療師以一個奠基於圖像形成及接觸界線干擾的心理學理論來工作。當接觸界線干擾在覺察之外，我們就無法像邊界未被改變般地去完全區分場域；我們可能會把一件事誤認做另一件，而完全疏忽了其他所有的事。對於每一時刻圖像的浮現、發展及被破壞是如何發生所做的小心而透徹的敘述，構成了完形觀點中錯與對的了解。它是對於圖像形成的了解；它可以被應用在很多的環境，因為它正是這些情況，也就是我們日常生活、還有值得注意的特殊時刻的結構。這是當梵谷在寫下：「如果某人是某事的主宰並且非常了解它，那他同時也洞察、了解許多事情」時，心裡所想的。

　　雖然完形治療師知道當前的精神病理學觀念，有幾個原因使他們和精神病理學不同調。在完形治療中，我們強調發生在當下的絕對獨特事件，以及對於個人問題的個別解決之道，這導致了著眼於加強心

理治療特殊事件——例如，在方法上聚焦在完完全全當下的學習——而非會導致精神病理學理論的那種普遍化。完形治療師因他們的訓練而偏向把治療過程中的病理當成突然顯現的，當它出現時才被遇到的，而不是之前就有的。這種做事的方式——相對於一般的方法，它們在治療一開始就根據測驗及會談對個人做出評估——降低了發展一種精神病理學理論的價值。最後，我們相信人類，實際上是我們所有人，既是我們自己不幸的建築師，同時也是我們自己療癒的主管。精神病理學本身，具有它伴隨的疾病內涵（外來的痛苦）及治療（以產生精神病理學的醫學模式而言，是來自外在的一種應用），並不在我們的觀點之中。

相反地，我們偏好一種小心的、時時刻刻檢驗的方式，人們以此在治療情境中創造圖像。這是透過利用接觸界線干擾及圖像形成的概念架構來完成的。如果我們在任何圖像被創造及毀滅時來檢視它，我們可以看見那創造的過程是否在任何階段被打斷或傷害，還有接觸界線是如何被操縱地做出這件事。

有很多可能。或許一個人逃避在接觸前階段本來就有的不確定性而強迫圖像／背景分化，沒有花時間去找出在場域中可資利用的以及他有興趣的東西。或許人們藉由降低慾望而非用感覺到它們來這麼做：「我一定是餓了——該吃飯了」或「我當然愛你！如果我不愛你就不會跟你結婚」。或許她依原則行事，不論它適不適用於這個情況：「我當然信任你，醫生——你是專業人士。」或許他甚至在沒有慾望的錯覺下進行：「我知道我必須在這裡。我老婆和我所有的朋友都這麼說。」

在接觸時，第二個階段，她是笨拙而貪婪的、或敏銳的、或不夠好奇、或害怕撕裂東西且咬碎他們的行為所需要的侵略性：「我不要讓任何人受任何一點傷害。我不會把我想的說出來；這可能會傷害他。」他能夠咬斷東西，從它們所屬處撕裂而仍然與它們還有分割部分的經驗保持接觸嗎？「我知道我需要找他談。他已經為我工作兩年了而仍然做不來，但是我不忍開除他」。或者「是的，我不滿事情進

行的方式，但我不敢說出來。我不想造成任何麻煩」。

在圖像形成的最後接觸階段，他害怕放手，害怕真的全心投入，害怕走到我們無法控制的地步嗎？她是性冷感嗎？當他和朋友在一起時，他總是一定要擔負起責任嗎？相反地，是她不願等到熱情高漲嗎？是她在不確定他值不值得她愛，就陷入新戀情嗎？

在倒數第二的接觸後階段，她容許足夠的時間來沉思圖像的結束嗎？或者她在工作完成後就立刻抽身而退？例如，在治療中，她哭了一會然後伸手拿了面紙，說：「夠了，現在。我知道我在哭什麼。」他抓著那正在逝去或已經逝去者不放，一位女友或是大學時代或是五〇年代：「我想我應該去找別人，但是說實話，我試過了。沒有其他人對我有興趣，我寧願想著她。」或者，相反地，一旦舊人表現出結束的徵兆（「抱歉——我必須回去工作了」），她是否就一頭栽進一項新活動，雖然它還沒有到真正結束的時候？

每一個這些觀察都是根據我們對於圖像形成的了解。我們開始是觀察那些跟能夠創造最佳圖像不一致的階段。我們可以注意場域的重要部分在哪裡被避開了。有時這些部分是自體的層面，就像當一個女人因為不想去體驗在某一情境下要負起責任，而避免肯定她自己。之後，我們對於接觸界線干擾的知識引導我們的觀察，讓我們學習去看看這些對自由運作的干擾是如何達成的。如果沒有高潮，你如何達成這些？你感覺得到釋放的漲潮並且藉由緊縮陰道的肌肉或括約肌來對抗它嗎？或是你退出，開始想著其他的事情呢？如果你在不餓的時候吃東西，你是在逃避你的焦慮，或是對你老師所做之事的憤怒嗎？兇狠地嚼著你的食物其實是想痛罵她嗎？

焦慮，一個出現在頭兩個階段的困境，它特別值得一提，乃是因為它發生的頻率，同時也因為完形治療對它有出色的對治方法。它出現在這個接觸階段而有時較早，在接觸前階段，當浮現中的圖像因為被分割而無法進一步發展時。圖像／背景並未自未分化的場域浮現，而是分化以「兩部分都重要卻無法連接在單一圖像中」的形式呈現。既然圖像形成要求單一圖像浮現並且發展，那過程就會持續卡在這個

點。當一個人的興趣是分裂或不清楚時，或者像這種情況，當進入前景的重要部分對彼此而言是有爭議的，圖像分裂了。

　　焦慮是這樣的一個特別情況。當個人焦慮時，那正要浮現的圖像就會被一種張力所分割，而那張力乃是源自於通常伴隨著（甚或有時宣告了）完形而愈加高張的興奮。這種肌肉式的張力常被體驗成費力的呼吸、或快而淺的呼吸，警戒而窄狹的視覺，自體意識，手臂柔軟內側的刺痛，及表面肌肉的全面緊繃。情緒上，主要的經驗是害怕或是與它相關的感覺：坐立不安、畏懼、恐慌。讀者會承認這些身體的反應是害怕的徵兆。Perls 等人（1951）稱焦慮為一個人自己勇敢的害怕，而現在它變得比較容易了解了。焦慮是起源於當我們陷入我們對某事的興趣以及我們對它的害怕之間的衝突。我們想要在課堂上大聲地說出來因為我們有話要說，但我們又怕說了一些蠢話。我們想要在房子裡向某人自我介紹，但我們不想顯得容易受傷。焦慮的範例是舞台恐懼感：我們想站上舞台，我們準備好了要站上舞台──但是足足一個小時布幕卻不拉開。所以我們焦慮，對我們自己有爭議。

　　進食以及它的輔助功能──食慾的發展，搜出食物，把它吃進來，品嘗並咀嚼它，隨後消化並排泄──是圖像形成中熟悉而深刻的例子。F. S. Perls，在《自我，飢餓與攻擊》一書中，發展並把它推廣，超越了它當下的環境而變成所謂心理的新陳代謝（mental metabolism）的概念。前面段落的某些例子使用到它。我們有對於陪伴、睡眠、有意義的工作、了解、誠實的慾望。我們文化中的民間智慧早就知道這一點，例如有這樣的說法：「讓我考慮（chew on）一會」，「我需要更實質的東西──某些我能全心投入的東西（get teeth into）」，「你令我作嘔」，以及「你期待我忍受（swallow）那個？」

　　心理的新陳代謝揭露了完形理論的一個重要發展層面。它暗示著具侵略性而創造性地處在這世界的能力，那是在嬰兒期被賦與的，出生第一年的後半有了牙齒而向前躍進一大步。從有了乳牙開始，孩子們不再受限於含及吞的東西，並且比較不需要環境中所提供的容易消化的產品，像是牛奶，或是其他需要搗碎及磨好的食物。孩子們開始

有較多變化且富技巧的方式來處理他們的環境，並將之轉化成他們自己的興趣。年幼的孩子可以遭遇更多的場域，因為他們的牙齒能撕裂並咬掉一塊比較不一樣的，並且處理它困難的部分，然後在吞嚥之前完全地咀嚼這些東西。這樣的結論被新近的兒童心理學研究，還有分析理論的修正版所支持——它賦與嬰兒在創造他們生命經驗中一個更核心的角色。身為完形治療師，我們不得不去看即使是最年幼的小孩在塑造他們自己經驗時是多麼的主動，而它支持了我們「我們跟被我們自己所創造而過的生活是密切相關」這樣的信念。

完形治療夢的理論

　　完形治療師以多種方式看待夢。F. S. Perls 首先在《完形治療》一書中詳細表達對夢的觀點，並賦與它們投射的特徵。他所發展之夢的工作，做夢者把夢的部分加以演出，就是用來讓做夢者得以重新整合那被投射的部分。後來，他把它們當做「存在的訊息」，是關於做夢者目前的生活或平時生活狀況的綜合敘述。這裡，夢的演出即是要企圖澄清這些部分的總和。

　　許多完形治療師像他一樣地在研究夢。其他人認為夢可能是治療會談中——大部分是對治療者的反應——或對前一天所發生事件的反應的一種迴射。一個例子是在夢中一個女人背對著那正在夢著她的男人。他的治療師可能會問是否做夢者覺得不被她所理會而沒有說出來，或者是否做夢者覺得不理她而沒有說出來。當完形心理師把對於圖像／背景過程的了解化為概念且把它應用在夢上面時，夢中的材料就被當做是組織的一種逆轉，可以讓背景的材料轉變成前景（最廣為人知的逆轉圖像就是，華麗的高腳酒杯可以在視覺上被逆轉，而使它變成兩個側面的剪影，面對面）。夢也被視為想要完成稍早被啟動之圖像的一種未滿足的企圖——說它是未滿足，乃是因為圖像在睡眠的情況下是無法被滿意地完成。在這個情形下，夢的工作包括了在做夢者醒

時繼續這個夢，一如做夢者的創造性幻想。

夢是存在的訊息這樣的概念，如此正確地被指出來，是與完形治療不同調的。它引導我們離開現實，離開夢的現象學，而導向某些它被認為所指示的事物。而且，就像詮釋一般，它排斥揭露做夢者做這個夢的意圖，以便於內攝有關於對這個夢的既定結論。

因為這些原因，還有其他原因諸如在完形治療中詮釋通常是要避免的。詮釋會鼓勵未覺察的內攝。它也鼓勵治療中治療者與個人之間的關係，從中前者鼓勵後者的內攝。這種安排提高了治療者的權威及當事人的服從，而且這樣的工作也違背了治療所堅持的意圖：促進個人的成長。最後，詮釋還會失卻了個人為他／她自己發掘每一個特殊而唯一的夢境所具有的真確本質的過程。

這些限制會出現在夢的本身以及做夢的所有特徵。但是相反地，如果我們能假設任何一個特定的夢境其本質是豐富的，而且在治療中或治療外可以檢視它或探索它，那麼這些特徵在治療工作中可以是，而且也真的是非常地有用。除此之外，完形治療師通常都一致地將夢視為自發性遊戲的精華範例，它或許比大部分我們在清醒時所能創造出的生活還來得充分。雖然好的圖像也許比較容易在夢的背景中形成，但它們也因此清楚而有力地對我們訴說，而使我們相信我們原始智能中的創造性能力是具有藝術性與豐富性的。

完形理論的現代趨勢

完形治療由許多概念和個人交織合作在一起而形成，而在 1951 年《完形治療》一書的出版，可說是完形治療這一個清楚定義的理論與實務的代表。在廿年間，它已經成為美國心理治療這個專業中最常被提及的，精神分析以外的另一種選擇。它最廣為人知的實務工作者，其中卓然超群的有 F. S. Perls 的敘述與著作，以及完形技巧的有限範例，不僅是為專業人員所熟知，連其他很多人也都耳熟能詳。

　　後來幾年大眾注意的焦點移離了完形治療，正如它普遍地在 1960 年代及 1970 年代早期移離了對心理學的偏好一樣。然而，當完形治療進入它的第五個十年時，它仍持續成長著。一些在美國歡迎它的狂熱人士也可以見於中歐及東歐、加拿大及拉丁美洲，這些地方有數十個機構正在訓練完形治療師。

　　同時，某些完形治療的觀點與實務也被消化，進入很多學派之心理治療師的工作中。其中主要的是更加強調在當下，以及準備好將治療過程攤開來加以檢驗。完形治療師涉入了某些最早的視聽記錄及會談的謄寫，這在今天愈來愈普遍，而且他們已經做了大部分這類的事。同樣也很重要的是，對於場域觀念的更多了解，承認治療的過程包括治療室之外的環境，在治療中治療師更願意承擔一個更為主動而突顯的角色，以及同樣願意去要求當事人在他／她自己的成長上面要更為主動。隨後對於策略及家庭治療的興趣，心理學自助書籍的成長，還有想要促進個人成長的工作坊，與其他活動的普遍，都反映了來自完形治療的不同影響。

　　完形治療理論發展的單一最大趨勢，就是遠離在本質上只單單依賴 Frederick S. Perls 他這一個人、他的說法及工作，而趨向更能徹底且嚴謹地遵循他與其他人在《完形治療》一書中所創造的理論。F. S. Perls，這位直到他死於 1970 年前，一直都是能見度最高的完形治療師及非常有效且具領袖魅力的老師，當然是孕育和促成完形理論的中心人物。在 1960 年代晚期到 1980 年代早期之間，他成為傑出而具決定性的完形治療的論調、實務與架構。但他的著作、演說、教學工作坊，及治療示範是同時為了促進及教導目的而設計的。在這樣情況下所出現的簡化，幾乎不可避免地造成了許多人可能對完形理論或原理所產生的曲解或誤解，以及與其理念不一致的治療方式。

　　例如，F. S. Perls 對於做心理治療的「工作坊方法」，其中治療師對個人的工作，而兩者同時被其他人所觀察著，雖適合示範，但實際上卻忽略了互動的場域現象，而且它煽動了「完形治療只是個人治療，它不適用於團體及家庭工作」的觀念。另外一個例子是 Perls 曾宣稱健

全的人是要「喪失他們的心靈而讓他們的感官知覺主宰」。這直接違背了完形治療的整體觀點，即相信個人對於所浮現中的圖像會盡其所能地貢獻任何事物：包括智力的、精神的、還有身體的以及情緒的。在這宣言中所提供的背景及方式，它也成為對於時間的共同信念，那是Perls所促進卻又同時駁斥的，也就是重要而持久的成長可以快速而簡單地獲得。

雖然Perls他自己被廣泛地閱讀，而且對於與他興趣一致之智力的影響很敏感，他對於智性的反感有時被擴展成完全不鼓勵認真的思考。他的態度及行動有時鼓勵他的學生模仿他，仿效他的方法，並且不經過思考就重複他的話，將他內攝而犧牲了尋找他們個人的，對他所教導的且考慮過的反應。同時，其他人也跟隨他的範例，他們自己決定是什麼構成了完形治療，而並未區分概念與口號。

把這些完形治療的態度只歸咎於反智、個人的自負及誤解並不正確。它也反映了某些根本的事情。完形治療師一向不相信正統，並且鼓勵每一個人去發掘他自己做事的方式。這些態度，與它的理論緊密聯結，反對任何存在完形治療中想要為它的理論與實務設立標準的衝動。雖然更加重要的是位居完形治療中心的矛盾。一方面，它是一個包含了植基於來自哲學與科學之重要心理學理論、方法及實務的心理學。這些來源直接反映在它的語言措詞及它認定的影響。同時，它也是根據這些重要的起源之外的某些東西，某些與它們平行並存且即使不了解完形治療的理論或實務也能夠獲得的東西。

《完形治療》一書的作者在它的介紹中承認了這點。

> 無法避免地——為了本書的寫成及徹底了解——是做為事實上遍及本書的內容及方法的一個理論的一種態度……作者並未發明這樣一個心理狀態。相反地，我們相信完形的觀點對於生命而言，也就是對於人的思考、行動、感覺……是原創性的，沒有扭曲的，自然方式的；統合的觀點……被埋藏但並未被摧毀，而且如我們所想要展示的，能以整體的優勢被

重新獲得。（p. viii）

　　他們指的是圖像／背景，圖像形成，接觸界線的干擾，及自體的內在過程。在 F. S. Perls 的晚年，他經常講同樣的話。「完形就如同這世界本身一樣古老」他評論道。「這世界，而且特別是每一個生物體，維繫了它自己本身，而唯一滿足的定律是完形的形成──整體，完整。」

　　但是如果完形方法是原創性的、自然的生活方式，它就不需要以 Perls、Hefferline、Goodman 及他們的同儕所發展的術語來談論。在《完形治療》之前就有經文可以發聲──想起了《道德經》，道家的經典──它們示範甚至教導這個方法。那麼，完形治療就是這原創性的古老方法的特別展現。在《完形治療》一書中，Perls、Hefferline 及 Goodman 從現代心理學及哲學引用詞彙及觀念而產生了一個關於它的綜合敘述，這在寫書當時是成熟複雜而現代化的。他們的敘述是針對受過教育的，有思想的聽眾，而且大多是專業人士所講的。

　　在《完形治療》一書出版後的四十年間，心理學書籍的顧客群隨著普遍的、一般的，以及專業教育之價值與標準的改變，而有了戲劇性的變化。很多專業人士發現這本書超過了他們的程度。但那些難以了解這本書的人在了解完形方法時可以宣稱是依據不同於《完形治療》的權威，他們所根據的是對於原創性方法的直接理解。雖然不經由 Perls、Hefferline 及 Goodman 的原文，他們仍然把他們所了解的稱為完形治療，或許因為它是一個在心理學中原創性方法的現代居所。某些完形治療師會以這種方式來表現 F. S. Perls 的特性。其他在完形治療中的人已經使用這些相同原理好些年了，縱然有時似乎不如在《完形治療》一書中所使用的清楚及準確，而且未能令人信服地展現他們完全地了解這本書甚或這方式。結果是完形治療師的價值分歧而且衝突、矛盾與困惑。完形治療的完形已經變得分散，比較不像那完形治療師所偏好的充滿活力，輪廓嚴謹的圖像。

　　最近十年一個主要的趨勢被導向承認、修補，並解決這樣的情況。

許多完形治療師變成相信完形治療，它的實務工作者，以及用它來工作的人們，會從那較佳的完形理論知識所容許的嚴謹，聚焦及準確中獲得益處。當然，這是關於圖像的基本課程：當任何整體是一致、清楚、密合時，便更具有衝擊力及生命力。

這個趨勢的後果包括了對於完形理論本質的更多討論，及更清楚的區分、看待完形治療的不同方式。在過去六年出現在美國完形治療專業期刊，《完形期刊》的很多文章處理了理論，或從理論到實務的關係，在在展現了完形治療師如何試圖緊抓著他們的理論基礎（本章本身就是此一趨勢的反映，包括某些完形治療師會在某些它的公式上破例的可能性）。

這個趨勢的另一結果是完形治療師之間，更多討論關於完形心理治療與其理論的關係，以及嘗試要擴大並改善理論與實務兩者。這最後之中主要是想要創造與完形觀點一致的診斷性命名法的計畫，以及嘗試充實由圖像形成與破壞、還有心理新陳代謝所組成的發展理論。

註解

✿校閱註1　由於許多完形治療的專書並未提出 "confluence" 這一個詞，而就本章作者的說明，此詞的意義和 Goodman 對迴射所做的界定非常接近，但為了可以區別作者所言與文中之前提到的 retroflection 是不同的，故以「迴射2」稱之。

Goodman, Paul. *Growing Up Absurd.* New York: Random House, 1960.

Kohler, Wolfgang. *Gestalt Psychology.* New York: NAL Books, 1975.

Latner, Joel. *The Gestalt Therapy Book.* New York: The Julian Press, 1973. Highland, New York: The Center for Gestalt Development, Inc., 1988.

Perls, F. S. *Ego, Hunger and Aggression: A Revision of Psychoanalysis.* London: Allen and Unwin, 1947; New York: Random House, 1969.

————. *Gestalt Therapy Verbatim.* Lafayette, California: Real People Press, 1969; Highland, New York: The Center for Gestalt Development, Inc., 1988.

————, R. Hefferline, P. Goodman. *Gestalt Therapy: Excitement and Growth in the Human Personality.* New York: The Julian Press, 1951.

Polster, Erving, and M. Polster. *Gestalt Therapy Integrated.* New York: Brunner/Mazel, 1973.

Rank, Otto. *Truth and Reality.* New York: W. W. Norton Co., 1964.

Reich, Wilhelm. *Character Analysis.* New York: Farrar, Straus, and Giroux, 1949.

Winokur, Jon. *Zen To Go.* New York: NAL Library, 1989.

Goodman, Paul, *Growing Up Absurd*, ... 1960.

Nature, Wholeness, Gestalt ...

Laura, Isadore, The Gestalt ...

Hobbs, Nicholas ... Reason ... 1962.

Rogers, Carl, *On Becoming* ... 1961.

Huxley, Aldous, *The Doors of Perception* ... 1954.

Simkin, James, ... 1965.

Rhine, J. B., *New World of the Mind*, New York, W. B. Morrow Co., 1958.

Reich, Wilhelm, *Character Analysis*, New York, Farrar, Straus and Giroux, 1949.

Watson, Goodwin, *The Rage to Live* ... 1960.

第 2 章

診斷：為一個有意義的典範而努力

❀*Joseph Melnick*博士　著

❀*Sonia March Nevis*博士　著

❀蔡瑞峰　譯

　　「診斷」這個詞喚起了大多數心理治療師複雜的情感和影像。對某些人而言，它暗指一種可以預測治療中要做什麼及不必做什麼，這樣一個強勢的評估形式；而對其他人來說，它則意指一種前見的（prejudicial）標籤，而且是診斷者本身的偏見多於關於被診斷者的偏見。然而，不論一個人對於正式診斷效力的信念是如何，他一直在做評估。簡而言之，一個人無法不診斷。

　　此外，在理論領域及個人的考慮之外有很多強制性的影響，迫使心理治療師以一種更正式的方法來做診斷。這些力量包括醫療保險公司堅持要根據《精神疾患診斷及統計手冊》第三版的修訂版（*Diagnostic and Statistical Manual of Mental Disorders*, DSM-III-R）來做的正式診斷、治療計畫及預期治療結果[校閱註1]。此外，健康維護組織（health maintenance organizations, HMOs）及專業供給者組織（professional provider organizations, PPOs）的激增，也都在威脅著心理治療的自主性。藉由要求與保險公司所要求類似的診斷標準，這些組織正迫使所有專業及理論學派的治療師盡力解決診斷的兩難困境。

　　本章試圖由完形治療的理論觀點來探討這個兩難困境。首先，我們會定義診斷而且呈現使用它的道理。其次，會比較其他的診斷系統與完形治療。第三，完形治療的「經驗循環」（參考 Polster & Polster, 1973; Zinker, 1977）會被用來做為診斷系統的基礎（圖 2.1）。而最後，《精神疾患診斷及統計手冊》第三修訂版中的特別診斷公式（邊緣型、

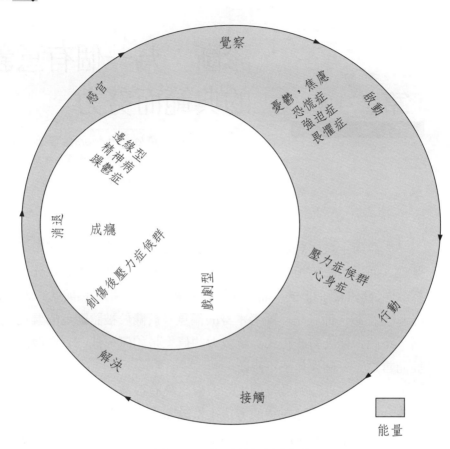

圖 2.1　完形的經驗循環

恐懼症、戲劇型，及創傷後壓力症候群）會被分析，而且介入的策略
也會有清楚的說明。另外，經驗循環的消退期在此處會被特別強調，
因為它最少被完形理論家注意到。

什麼是診斷

　　診斷是第一個且最重要的一個描述性的敘述，它清楚說明了在當
下所正在被注意到的。然而，或多或少它同時意謂著超越當下，暗示

著一種模式以及預測。此外，診斷可以包括也可以不包括一種因果的概念。那麼，下診斷就是試圖擴大那形像，從可被觀察的移動到不容易被注意的。它包含了一個不只要去注意什麼、還有它是*如何*被觀察的基模。

　　一個完形治療師與其他人如何診斷的主要差異就在於因果的觀念上。完形理論並不指向原因系統。完形治療師相信因果，但視之為天生不可知的。身為系統的擁護者，他們知道加諸在任一特定系統的影響數目是何其多，而這就不太可能會有一個對於有關原因的完全且有意義的描述，如果不是絕無可能。

　　總言之，診斷是試圖從無限的經驗中找出意義——把一個模式加諸於某個本質是不可知的東西上。以此觀點，下診斷是跟自己玩一個遊戲。而且只有在沒忘記它是虛幻的，去玩這樣的遊戲才可以被接受。

為什麼要診斷

如果診斷「只是一個遊戲」，一個人被迫緊抓著這問題，那又為什麼要做診斷？這事實上是個假（pseudo）問題，因為一個人必須診斷以便組織衝突的資料。我們人會慣常地從毫無組織的經驗中先構成模式，然後推論其意義。然而，身為系統治療師，完形主義者知道這種「意義的推論」是隨意武斷的，因為它是選擇性的，而且還包含了診斷者和環境場域兩者，還有病人的行為。

　　假使一個人必須下診斷，一個比較有收穫的問題就可以改成：為什麼要以一個正式而有系統的方式來做診斷？這有幾個原因。首先，診斷給人一張地圖，並描述一個人如何能夠發展的可能性。因此治療師從一個結構——那就是，一個有助於組織資訊及提供一個方向的線索，並且在資料的廣大場域中通過的羅盤——中獲益。

　　其次，診斷的過程使得治療師得以控制焦慮。藉由將他自己從資料中移開，治療師可以在等待圖像浮現時保持冷靜。那麼診斷的過程

就會變得紮實（grounding），而使治療師免於在等待時輕率地跳入那個無限。簡言之，它讓人有事可做。

以較正式的方式來做診斷的第三個原因是它是經濟的。藉由將完形理論聯結到其他的診斷系統，向臨床工作者開展了大量的研究及理論。此外，就治療者不必每次都必須等待資料由立即性的經驗中浮現就能夠做出預測而言，它也是有效率的。

第四，完形治療師特別需要奠基於可以包括過去和未來這種更為寬闊的觀點。這是因為他們的取向，那就是靠近病人的立即性經驗，可能導致一種不連續的感覺。片刻，不管多麼有力，必須與其他部分聯結才能形成恆久的圖畫（Miller, 1985）。

最後，做診斷可以使完形治療師不致變得孤立於其他不同理論取向的人。結果，即使是在辯論關於過程對上結構（process versus structure）的議題時，完形理論者仍然會使用例如精神分裂症、自戀型及邊緣型等傳統的診斷標籤（參考 From, 1984; Tobin, 1985）。那麼，雖然使用診斷分類可能不完全與我們的理論一致，但我們還是可以拿它們來跟別人溝通。

完形治療如何異於其他系統

雖然完形治療師可能利用較為傳統的診斷名詞，他們從一個基本上不同的觀點來接近診斷。完形診斷本質上是從當下搜尋，從而提供介入、人際過程及改變的關鍵。因為這個觀點，重要的是去注意在一開始完形理論便伴隨著治療師的評估過程，然後使治療師成為診斷的一部分。

這不只暗示治療師的確影響了那正在被觀察的，同時那正在被觀察的也引發了治療師的反應，從中因而創造了一個獨特的系統經驗。完形理論家 Perls、Hefferline 和 Goodman（1951）相信自體其實是「接觸的系統」，而且接觸是有機體與環境的相會。因此，我們所要說的

關於病人（被觀察者），對於診斷者（觀察者）及環境場域其實也同樣成立。

　　儘管這樣一個過程取向以及對有治療者這個角色的認定，完形治療師在做診斷時還是只針對病患做出正式的敘述。治療師因此選擇了只處理有機體／環境方程式的一部分，好像臨床工作者及環境成分可以被凍結而病人則從互動中獨立出來一樣。雖然這樣的觀點被公認是有其限制而且是不完整的，它卻和人們體驗及詮釋這個世界的方式相當一致。

　　在診斷時，完形系統與其他系統的一個主要差異乃是在於它聚焦於當下的變動過程，而不是給長期的、持續的而固定的特徵貼標籤。完形治療師會注意一個人在過程中的障礙（也就是逃避免察或接觸），並將之描述成干擾或神經質的自我調節——投射、融合、迴射、內攝與偏離。這種此時此地的評估在治療上是一種樂觀的態度，它支持了人們可能會有的改變，相較於那些較為傳統、有歷史而不變的診斷形式而言。當下的診斷使人開放而得以看見可能性，並且提供了在病人系統中的新意義及改變的線索。當然，這種哲學方法的負面暗示是治療師可能無法了解或知道人們陷入一種行為模式的程度有多少，如同那些較傳統的診斷者一樣。病人可能注定因而對這種樂觀主義及疏忽感到失望。

　　跟聚焦於此時此地的改變一致的是，完形傾向於以動詞而非名詞來下診斷。以一種主動因而潛藏著改變的方式來看這個世界，臨床工作者會選擇強調行為的字眼。那麼，敘述是「正在捕熊」而不是「捕熊的人」，是「強迫地想著」而不是一個「強迫性思考的」。一旦用了名詞，那個人還有他那個行為就都被特徵化了，而且喪失了一些希望，因為診斷不只是對當下的一個描述，而且也是對未來一種微妙的預測。因此，完形治療的方法是找出行為模式而非性格缺陷，可說是為 Freud 學派的決定論者提出另一個恰當且樂觀的對立觀點。

　　因為完形治療的過程取向，個人被視為是連續地在有開始、中間及結尾這些一系列重疊的經驗中移動。因為這些現象的複雜性，一個

人可能會被卡在這些連續經驗中許多不同的點上。因此,診斷工具的價值在於幫助臨床工作者發現病人的困難點,並以恰當而適合的技巧在正確的層面(例如,感官、覺察、動員能量、行動)來介入。

其他治療的取向通常傾向只針對循環圈的一部分來介入。例如,身體的方法便是聚焦在去除感官障礙,使得覺察得以提昇而後導致動員、接觸、消退及解決。行為取向則常強調帶有希望的行動,其範圍的擴展會導致進一步的接觸。最後,在精神分析系統中,治療常聚焦於消退,舊經驗被反覆咀嚼、消化,並整合以形成一個新的圖像(Melnick & Nevis, 1987)。

完形治療師,因為他們的過程觀點,冒的一個風險是忽略了他們當下的評估事實上就是診斷。為了避免此一失察,所需的是要認識在完形架構中診斷的本質,以及健康地納入較為傳統的診斷式的取向。後面這個建議指出了稍早曾經提過的,治療太固著在此時此地而未能了解病人的習慣性行為模式的陷阱。因此,藉用其他治療的原則以拓寬完形的診斷觀點事實上是有用的。但是最後,不論一個人如何定義診斷,重要的是要記住:它只是一個改變的工具。它的目的不是以局限性的及不可治療的標籤,來加重病人或治療師的負擔,而是要促進病人的覺察、成長及健康。

完形治療師如何做診斷

傳統上,完形治療師是透過注意當下的現象來做診斷。在某些點上,行為的一個面向變得有趣,某些東西突顯出來,而一個模式浮現。這模式可能引致一個診斷性的敘述,如「這病人看來正在迴射」。在會談中剩下的治療工作可能會聚焦在那個迴射上。說這種診斷形式是有價值的有以下幾個原因。首先,行為容易觀察。其次,簡述如何對治迴射的技巧是清楚而直接的。還有第三,診斷定義了一部分的治療工作,而它也常能在一次的治療會談中圓滿完成。應該被點出來的是,

完形治療師並不是以單一方式，來處理在面對壓力情境時某人特徵性地——也就是說，比正常更經常地——迴射能量的現象。此外，我們沒有一個理論來預測，是否持續在迴射上工作將會導致影響個人背景的某種持久的改變。這背景包括了經驗的軌跡、歷史，以及包含於那生動圖像躍然而出的更大、更深鴻溝的生理機能。如果一個人能夠去體驗一種較為恆久的改變，那麼這個背景最終必會受到影響。

　　完形作者很注意去增強圖像的形成，但其實忽略了把此時此地的經驗整合成為更持久的模式這項更為困難的工作。圖像可以相當容易地被改變及操弄，就像 LSD ^{校閱註 2} 的研究、減重計畫、會心團體，以及有領袖魅力的宗教運動所指示的。然而，長期的改變是更微妙且更難以達成的。完形治療師必須參與背景形成，並學習盡可能地去將健康的圖像併入一個更豐富、更有活力、有反應的及支持性的場域。

　　此外，過分強調快速形成圖像已經導致人們變得較不易接受他們是誰，而較易相信只要他們可以找到對的方法或是對的治療師，根本的改變就有可能。愈來愈多感覺到被誤導和受騙的病人對治療師所提出的法律訴訟，就是這種對希望作出天真承諾的不幸結果之一。這承諾的第二個悲哀的結果是人們較不願意掙扎地接受他們自己就是如此，雖然已經夠好了。那麼，自我接受，心理治療的主要目標之一，正在一個誤導病人相信「他們能夠變成他們想要變成的任何人」這種情況中搏鬥著。不幸地，臨床工作者制定出流行的治療多得像流行的飲食一樣，而這常導致不良的長期結果。

經驗循環與性格（Character）

　　健康的、有組織的運作可以用圖像的形成與解構，這樣一個「經驗循環」來加以定義（Zinker, 1977）。循環在歷史上被用來描述一個經驗的單位。應該點出來的是，經驗循環是一個只由個人觀點來描述關於個人與環境相會之圖像形成及解構的有限比喻。儘管有這個限制，

本章的剩餘部分將會進一步延伸這個比喻──用來描述性格的概念。

性格源於希臘字的雕刻（engraving），而且傳統上被定義為包含「那些行為思考的廣泛特徵，而這些特徵是深深地銘刻並且終其一生相對不變的」（Milan, 1981, p.81）。本質上，這個定義將性格呈現為個人組織他們經驗的獨特方式。那麼，性格就是相當於一個人的心理簽名；那些使一個人得以被認出的部分。而且就像一個人的簽名一樣，有無限的變異性。

關於經驗循環，健康的運作涉及輕鬆地移動經過個別的階段，也就是，沒有太多的阻礙或是太快。運作不良不是涉及多餘的卡住，就是重覆地、太快地走過那循環，而導致缺乏個人或他人所定義的完整性和滿意感。

經驗的完形循環

在本節我們的假設會依著循環的使用來做敘述，隨後會概述個別的階段。然後一個 DSM-III-R 的診斷會列出來，藉以反映在特定階段的不良功能。最後，會描述一個看來與我們的分析一致的治療方法。這是以一種探索的方式來完成的，並不帶有要提供一本心理治療方法食譜的意圖。相反地，它的確肯定根據經驗循環而來的心理治療理論，那是可以同時包含一種評估的成分及一種治療的形式，而且這兩者是彼此一致的。

❖ 循環的使用

關於完形經驗循環，我們做了以下的假設：

1. 經驗循環的階段實際上是經驗的連續、流動單位的一種人為的區分；因此，階段是重疊的。

2. 能力（competence）它跟圓滿地揭示與完成每一階段所需的技能及能力直接有關（Zinker & Nevis, 1981）。而最終，能夠完成

一個循環，清楚地創造及摧毀一個圖像，則界定了健康的功能（Wallen, 1957）。

3. 雖然循環原來是企圖描述瞬間的經驗，它可以被擴展成包含更大期間的時間。

4. 循環的階段反映了發展的進展。在循環中干擾發生得愈早，經驗就愈傾向(1)包含很古老的且根深蒂固的模式；(2)主要是生理上而非行為上的影響；以及(3)別人比較難於觀察，也因此比較不易達到治療性的改變。

5. 某一循環階段的干擾將會影響所有接下來的階段。

6. 了解循環便足以明確表達治療的策略與介入。利用其他理論來解釋因果，雖然可能有效，卻不是必要的。

7. 雖然一個人可以在循環的稍後階段來做介入而得到某些成功，性格只能在原來干擾產生的階段來做介入才能有根本的影響。

8. 在持久的改變發生前必須有很多次的介入。

❖ 循環的個別階段

感官／覺察。 循環的第一個階段，感官／覺察涉及被感官帶入的所有經驗。個人必須能夠從內外在影響感官的很多刺激中整理出覺察。感官包括一個人所看見的、碰觸的、聽到的、聞到的，和嚐到的每一件事物，並且包含所有的生理的、本體的，及肌肉的知覺。它們也包括諸如價值、語言，及慾望之類的影響。這個階段的完成導致說明清楚覺察的能力，也就是，一個人藉此準確地建立並且準確地反映個人的知覺經驗。

能量／啟動。 第二個階段是能量／啟動。當覺察被確定了，一個人的興趣及能量開始成長，最後組成一個想望，一個慾望。那麼，當能量被投入到一個主要的內容時，其他競爭的圖像就退到背景中（Zinker & Nevis, 1981）。這個階段的工作是要在豐富且變動的背景中形成輪廓清晰的圖像。

移動或行動。 移動或行動的階段是建立在感官／覺察以及能量／

啟動之上的。因為對他人而言，這是第一個清楚明顯的階段，在頭兩個階段的阻礙最可能在這裡顯露出來。這個階段涉及移向一個有吸引力的物體，或是離開一個沒有吸引力的物體的能力。

接觸。循環的第四個階段是接觸。根據Zinker及Nevis（1981），接觸「是能量／啟動階段的果實。想望或關切已經被融入而成一個新創造的整體——一個不同於它的部分的整體」（p.10）。強烈的接觸是奠基於被充足能量所支持的一個清楚的覺察。接觸也產生並加強能量的喚起。這個階段持續加強一個引人注目的圖像。接觸的階段也大部分可被其他人觀察到。

解決／聚合（Closure）。解決／聚合階段涉及回顧，也就是，一個人經驗的總結、反映及品嚐。它同時涉及欣賞現在存在的以及思念那所不能存在的。這是一個緩慢的階段，因為大部分的能量已經從圖像流出而個人在心理上把他自己安置在一個放手、消退的位置，而最終轉向一個新的知覺。

消退。消退表示一個新循環開始之前的一個循環結束的最後階段。它是一段個人邊界在靠攏，且用於接觸環境的能量變得極小的期間。在我們這行動取向的社會中，有很多人可能視這個階段為無聊，而因此疏忽了這個整合階段的重要性。解決／聚合和消退兩者在本質上主要是內在的，而不容易被別人觀察到。

圖2.1說明了經驗的循環。能量由感官處堆積到接觸，然後消退。個別階段被置於圍繞著循環內部，而各種不同疾病被安排在靠近那反映出它們假設性來源的階段。應該注意的是這圖解是嘗試要整合循環及診斷分類的一個開始。

❖ 感官／覺察階段：邊緣型人格疾患

DSM-III-R 中所描述的邊緣型人格疾患是一個卡在感官／覺察階段的例子。診斷要件包括：

> 始於成人早期之前，在各種環境背景下表現的一種情感、人

際關係、自體形象不穩定的廣泛模式，表現於下列至少五項以上：

1. 不穩定且緊張的人際關係模式，特徵為在過度理想化及否定其價值兩極端之間變換。
2. 至少兩方面潛藏著自我傷害的衝動性，如花錢、性、物質使用、扒竊、魯莽駕駛、暴食（勿包含準則 5.涵蓋的自殺或自傷行為）。
3. 情感不穩定：明顯地從平常情緒轉成憂鬱、易怒或焦慮，通常僅持續數小時，極少會超過幾天。
4. 不合宜的、強烈的憤怒或對憤怒難以控制，如：常發脾氣，持續的憤怒，一再的肢體打架。
5. 重複的自殺威脅、姿態或行為，或自傷行為。
6. 明顯而持續不穩定的認同障礙，表現於有關下列兩項以上的不確定性：自我形象、性別取向、長期目標或生涯選擇、想要的朋友類別、偏好的價值。
7. 慢性的空虛或無聊的感覺。
8. 瘋狂努力以避免真實或想像中的被遺棄（勿包含準則 5.涵蓋的自殺或自傷行為）。（p.347）

　　正如一個人可由以上的診斷條件來做歸結，邊緣型病人的感官穩定性是很差的。用完形名詞來說，邊緣型病人可以利用的背景不具支持性，導致連最小的刺激都無法承受。那無法準確組織感官的個人常常被貼上精神分裂或邊緣型的標籤，而且苦於諸如幻覺及妄想的感官扭曲。無論它是對感官的一種扭曲的攝受，或是個人無法將感官刺激編碼轉變成一個可處理的形式，或者是超過負荷的刺激干擾了圖像形成，都是比較屬於理論上的辯論。而可以確定的是，有的人無法輕易地承受、處理，或將這些感官刺激轉譯成可接受且可處理的形式及圖像。

　　該指出的是，感官對我們所有人而言都是困難的。就有機體可以接受的程度而言，我們大部分的感官胃口都太大了，因而我們必須去

學習如何管理的技巧。然而，大部分人並不需要去處理在感官知覺上的變異、擴大，還有巨大的扭曲，這是那些特別被綁在這個階段的人所必須要奮鬥處理的工作。

與邊緣型患者的治療工作就是要幫助他們管理感官，這必須透過同時在內在與外在的層面，降低並限制其感官的知覺。一旦感官是可以處理的，覺察就能夠浮現，而循環的流動方得以繼續。傳統主要的介入是使內在刺激降到最低的藥物，以及結構化和窄化外在經驗的各種不同形式的住院安排。

在心理治療中，主要的任務就是教導這些病患透過降低輸入，或是在前者不可能達成且刺激超載發生時，經由支持性與非破壞性的表達形式，以便疏散那已啟動的能量來管理感官。第一項工作涉及學習放慢輸入，使個人減少被淹沒的危險。需要把感官知覺變得細小一點，好讓一個圖像就能夠圓滿完全地形成。這是透過幫助病人聚焦在他們的經驗，並為之貼上標籤來完成的。

增加感官的技巧，例如空椅的使用，是有潛在危險的（From, 1984），還有面質式、行為的，以及矛盾式的介入方式也是，這些都容易產生額外或模糊的感官輸入。另一個重大的治療錯誤是，教導邊緣型患者那些假定他們的感官機轉可以正常工作的管理或擴展表現劇本（repertoire）的技巧。他們基本的問題都不在於不恰當的行為劇本上。

當氾濫發生時，治療工作便涉及到要教導病人以一種非破壞性的方式來排出能量。在這個例子中，可以透過一種「柔軟、純淨的接觸」的治療態度，來把刺激超載減到最少。在這裡安慰（soothing）的概念是重要的。如果治療師變得煩躁——例如，變成啟動或增加他／她的感官——它將會加到病人已經過多的刺激上。治療師必須學習以自我安撫來保持低的內在刺激，而最終能教導病人撫慰的技巧〔有趣的是，這個治療邊緣型的方法與自體理論者所言，以及 Tobin（1982）和 Yontef（1983）所簡述的是一致的。然而，跟這些理論者不同的是，如假設 5 所述，完形理論者不相信為了要能描述一種介入就必須假定一個原

因，例如，因某一種特定形式的不恰當母職所致〕。

❖ 啟動能量：單純恐懼症

　　經驗循環的第二個階段發生於圍繞著感官的能量準備產生。如果能量被束縛在身體內而沒有肌肉放鬆，焦慮就會發生。個人處理這種被束縛之能量的方式向來被貼上精神官能症，而最近則是焦慮症的標籤。DSM-III-R 中列在這類的疾患諸如強迫症、恐慌症，還有各種不同的恐懼症像是聚集恐懼症（agoraphobia）及單純恐懼症。每個人也可以把一大堆由於這種慢性的能量阻塞所造成的心身問題加進來。

　　單純恐懼症被挑選出來說明能量／啟動的失功能。其特徵如下：

> A. 對某種特定刺激（物體或情況）的持續害怕，而非害怕恐慌發作（如在恐慌症）或是害怕在特定社交情境下的羞辱或困窘，其觸發是由於物體或情境（如在社交恐懼症）。
>
> 注意：勿包括屬於伴有聚集恐懼症之恐慌症，或未伴有恐慌症病史之聚集恐懼症中一部分的害怕。
>
> B. 在干擾的某些階段中，暴露於特定恐懼的刺激幾乎必然引發立即的焦慮反應。
>
> C. 逃避某物體或情境，或懷著強烈焦慮而忍耐。
>
> D. 害怕或逃避行為嚴重干擾此人的正常常規或通常的社交活動或與他人的關係，或是對此害怕有顯著的壓力。
>
> E. 此人能理解自己的害怕是過度或不合理的。
>
> F. 此恐懼的刺激與強迫症的強迫性想法的內容或創傷後壓力疾患的創傷無關。（p.244-245）

　　恐懼症涉及投入太多能量在一個恰當的圖像（一個人因為害怕毒蛇而不到南方），或對著一個錯誤的覺察啟動能量（一個人不曾有相關的創傷經驗卻避免所有的高處）。在第二個例子中，感官被賦與不正確的意義，因為個人系統無法承受那個感知到的正確標籤。給感官

貼上標籤是界定「意義」的一種方式。恐懼症涉及逃避可導致循環之完成且適合此感官的準確意義。取而代之的是，賦與了感官一個扭曲的（象徵性的）或不正確的意義。

　　恐懼症是適應不良的，因為它們不會導致圓滿的完成。然而，它們卻常用來釋放或偏離能量，從而暫時地控制它，好讓人能夠忍受。例如像上面所述，一個人可能把某些感官（心跳加速，胸口緊緊的，出汗的手掌等等）標記為「懼高」。這種意義的不正確歸因，使得個人能夠以一種相對地免於焦慮的方式來運作，只要能避免高處就對了。然而，如果治療會產生對於這些感官是依附於逃避親密的了解，那麼這病人就面臨了一個衝突的兩面性。現在靠近而與另一人有情感的親密是可能的，但是唯有覺察到那高漲的張力時，這種親密才可以被創造出來。

　　恐懼症有兩個主要表現，一是就一般而言遠遠超過對於一個應該害怕的物體（例如毒蛇）的一種扭曲或誇大的反應，以及一種在比喻、象徵或心理上與那恰當感官極少、或者根本毫無關聯之物體的扭曲或誇大的反應。治療涉及了象徵地或實際地把正確的圖像跟刺激配對，而使完成得以發生。既然很多我們所謂的心理治療都在處理上述的事情，我們最好把方法簡要地分類。

　　某些特定技巧可以導致焦慮減少，而使人能夠重新體驗那情境，並且把正確的意義附加在那個感知上。這些包括了許多減敏感及認知的方法。其他的，像是冥想及呼吸的技巧，幫助個人容忍那種感知，而讓扭曲的意義較不會浮現出來。還有其他的方法提供了支持，使得人們不必獨自承受他們的痛苦及焦慮，這幫助他們完成那循環。我們的社會開始提供給越戰老兵以及在性與心理虐待的受害者，在金錢的、心理的及意識形態的支持，就是這種支持的例子。應該注意的是，如果某一特定的意義浮現，那麼這樣的病患可能會被診斷為苦於創傷後的壓力，這會在最後一節中加以陳述。

　　總而言之，走過循環的啟動階段意謂著釋放那被困住的能量，使得那開始要被接觸的圖像可能走到完成的階段。如同其他階段一樣，

那工作必須一做再做，以便讓那能量可用在產生適合而恰當的接觸上。

❖ 接觸階段：戲劇型人格疾患

經驗循環的第四階段發生在恰當能量所支持的覺察導致了一種自體與環境彈性而有意義的相會，通常以另一個新的形式在進行。在現象學上，相會不僅暗示著我看見，而且我也被看見；不僅我為了觸及到你而說話，而且我也被聽到。在這時刻，每一個人都注意到有個「我們」，而且是各自獨特不同的「我們」。

接觸的干擾導致了未能落在「夠好」（good enough）範圍內的經驗，對一特定環境脈絡而言不是太少就是太多。一個例子是，一個要不就太少能量而且不夠溫暖的，要不就在此環境情境中不恰當的熱情的擁抱。兩個極端都是不調和而不相容的，並且無法形成彼此聯結的經驗。兩種極端都是脈絡上的干擾，因為跟他人、還有整個現象場域之關係的評估太少或太多了。「太少能量」的表達，通常涉及到從另一人拉回，一向被標記為迴射，而「太多能量」在傳統上則被稱為歇斯底里或戲劇性的。

該注意的是接觸的干擾，可能是行為表現劇本不足的一種作用，而非反映性格上的議題。傳統上，不恰當的表現劇本已經藉由教育的管道，包括行為矯正，而被加以分析與擴增了。再者，擴充表現劇本直到最近才開始被認為是落在心理病理學或者心理治療的範疇。如果治療的困境不是一種不足，而是一種限制及窄化一個人與環境接觸能力的固著表現，那麼這樣的行為就算是落在疾病診斷的指導原則內了。

戲劇型人格疾患是接觸邊界干擾的例子，如 DSM-III-R 所敘。診斷的要件包括：

始於成人早期之前，在各種環境背景下表現一種過度情緒化及尋求被注意的廣泛模式，其表現在下列各項中至少出現四項：

1. 持續地尋求或要求再保證、認可，或讚美。

2. 外表或行為上不合宜的性誘惑或性挑逗。

3. 過度關心身體的吸引力。

4. 以不適當的誇張表現情感，例如，過度熱情地擁抱偶遇的人，在輕微感傷的場合無法控制地哭泣，發脾氣。

5. 當處於他／她不是外界注意焦點的情境時會不舒服。

6. 情緒表現快速轉變與膚淺。

7. 自我中心，為立即的滿足而行動；無法忍受延遲滿足的挫折。

8. 說話風格過分給人空泛的印象而缺少細節，例如，當被要求描述母親時，無法比「她是個美麗的人」還更明確詳細。（p.349）

　　戲劇型運作的刻板典範就是愛現、誇張的演員。很不幸地，這種刻板印象通常是真的，戲劇型性格希望被看到、被聽到、被欣賞，及被稱讚，而且對於更深入複雜地去了解他人並不太感興趣。所以，如果一個治療師試圖過早為病人創造一個比較具有接觸性的經驗，那麼這治療師可能最好的情況會碰到冷淡，而最糟的結果就是會遭遇到困難。

　　戲劇型患者的能量是內在決定的、沒有紀律的、誇張，而且與環境場域不同步。他們不斷地行動而未在廣闊的覺察中獲益。那麼，與戲劇型的人進行存在性的工作（existential work）就是要能幫助他們承受他們過大存在的事實。他們命中註定要占據很大的空間、說很多的話，而且做很多的事。即使他們可能苦於一種能量的干擾，企圖直接教導他們覺察或改變他們的能量將會是一種錯誤。戲劇型的人們對覺察沒什麼興趣，因為那會使生活複雜化而又讓它變得比較不刺激。

　　那麼治療師的兩難是如何去幫助這些病人慢下來，而同時又能變得對環境場域感興趣。直接處理放慢行動的實驗，例如在點菜之前把菜單完全看完，或是行動之前先數到十，可能可以用。此外，要病人學著在行動之前先進入內心，可以提高將要出現的行動是真正有接觸

的可能性。那麼，指導病人注意緊張，呼吸等等，那最終他們也許可以把動作放慢下來。

即使在最佳的情況下，要幫助這些患者用比較複雜的取向來面對這世界，來替代他們所企盼的簡單化是困難的。然而，教導他們注意環境的脈絡，包括他人等的實驗是有益的。實例包括要患者問治療師問題，同時要一邊注意且清楚地說出身體及心理的界線。

❖ 休息復原（*Demobilization*）階段：創傷後壓力疾患

最後一個階段被標記為休息復原階段，因為它同時包含前面討論過的解決／聚合以及消退兩個經驗循環的階段。休息復原的目的是使經驗的吸收得以進入到個人的背景，而使它不會不適當地被引出。

如同循環的其他階段一般，當個人的經驗與個人處理它的能力之間有一種合力（synergy）時，休息復原會以一種平順而優雅的方式進行著。這人能夠從經驗中脫離而來咀嚼它，並且吸收而消化它。最終，個人以一種微妙的方式變成有點不一樣，而且變得更有智慧。如果經驗太大以致無法輕易地吸收入背景中，那麼一種排除或用盡過剩能量的形式必須被啟動。這如果沒有被完成，那麼舊圖像就無法被正確地整合，而將會在目前及未來的個人經驗中，產生一種不斷扭曲及不成比例的效果。

這種休息復原的需求是一個大多被社會、還有完形治療師所忽略的複雜過程。社會藉由教導人們相信阿傑（Horatio Alger）的故事，還有像「小火車做到了！那我也可以」（*The Little Engine that Could*）的性格，來支持文化偏見以對抗休息復原。向物體及目標移動是一種西方的理想。一個離開或放棄的人是要冒著被貼上無數負面標籤的危險。此外，文化上我們不重視單獨及向內心移動。當一個人動員時，它是朝向接觸的皮膚外移動。然而休息復原則涉及向內移動到一處自己單獨一個人的非公開的地方。

完形治療師在說清楚休息復原的過程時，也曾經忽略及遭遇到困難。在過去，它被教成是在經驗循環中比它實際上還更小的一部分。

要了解這過程的困難跟它的大部分是屬於內在精神的本質有關。對他人而言是更難看得見的。那麼，就像經驗循環的感官階段一樣，這個人的過程必定是被推論而非實際被觀察到的。

此外，休息復原通常是令人不快的。尤其是大而負面的事件，所經驗到的會是一個悲傷的反應。如此，休息復原跟死亡、疾病、離婚，和失敗有關。然而，休息復原也可以是一個正面的過程，例如入睡、作夢、幻想，及慶祝。

假設，休息復原可以被分解成四個次階段：轉變方向、同化、遭遇空虛，以及承認。透過將經驗循環描述為反映個人生命中的較大經驗，一個人擴展了原先將瞬間經驗的敘述界定為循環的定義。希望以次階段來描述復原是有用的，即使會扭曲及延伸了經驗循環。

第一個次階段所涉及的不是轉變方向（例如：停止喝酒），就是被迫從一個能量仍在投注的圖像中（例如：配偶的死亡）轉向。在我們的社會中，一旦小孩逐漸長大，父母便需要減少他們對小孩的興趣，這是一個常見的轉變方向的經驗。親子的關係始於融合，進而小孩內攝父母的理想與價值。在某些文化中，小孩可能在他們一生中的大部分時間持續著內攝，但是在我們這重視自主及獨立的社會中，比較喜歡親子之間愈來愈多的心理分離。為了小孩得以發展整合——也就是說，清楚乾淨地體驗界線——他們必須與父母分離並創造其他的興趣。當一個小孩離開，父母也必須自己保持距離，否則他們將被迫面對兩種同樣悲哀的選擇之一：不是硬生生地打破親子界線而導致相互的創傷，就是限制成熟發展這種致命的融合。成熟的一個面向是可以從容地從一個界線移開的能力。

要一個還有能量的人轉變方向需要很多的支持。它可以從很多方式進來，以自我產生或外在支持的形式。要自我支持，單單依賴一個人自己的資源是困難的，而且還違反了我們會往環境中有能量的物體移動的自然傾向。自我支持不止包括一種在智力及情緒上對價值的內攝，它也包含了以一種內在韻律做為行動的依據，可悲的是我們社會中很多人沒有。自我支持的例子包括為了要有信心，握住自己的手，

從容地搖晃並對自己輕聲細語，理想上所涉及的是內攝了好的、滋養的親職表現。

外在支持的產生常常涉及在轉變方向的過程中，把自己擺在一個提供高度詳細程序的結構中，以便能引導個人的生活。因此選擇，還有誘惑，就會減少。戒酒匿名會及類似處理成癮行為的組織就是這種結構的例子。這些組織同時清楚說出那轉變方向過程中的技巧及潛在的陷阱。

另一個運用於轉變方向的外在選擇牽涉到要創造一個大而引人注目的圖像，以便移轉未消耗掉的能量。愛的反彈以及某些重生式的宗教轉變，是這類圖像替換的不幸例子。太快移向某些大且誘人的事物的問題在於，它並不允許休息復原過程的下個次階段，同化，發生。因此，最後很少東西被學到，而那人也可能毀於從一個所愛或宗教經驗跳到另一個。

同化所涉及的是一再咀嚼經驗以排出能量。這過程對很多治療師是困難的，因為這工作可能看似冗長而無聊。此外，因為我們社會低估了咀嚼經驗所需的時間，病人可能被迫面對的，不止是進行那困難的工作，而且還必須處理由於情感的強度以及他們非常長期仍持續著某個興趣所產生的困窘。將這經驗常態化並支持這過程，是治療師的工作。然而，如果病人對情感強度和持久性的不安加入了治療師的無聊，那麼阻滯可能隨之發生。

第三個次階段，遭遇空虛，會是可怕的。我們的社會並不重視或者提供很多關於感到缺乏興趣、關心、圖像等經驗的訓練。空虛包含一段沒有什麼重要事情的時間。通常我們透過創造諸如自言自語以及無所謂接觸的活動等人為的忙碌來逃避它。最終，對於未知的害怕使很多人被鎖在不是痛苦就是毫無營養的圖像裡。而正是這種無法從那老舊的、痛苦的，以及毫無營養的圖像轉向未知的無能為力，而容易導致今天我們的社會充斥著許多「成癮」，像是工作酒癮狂、愛癮，及相互依賴。

第四個次階段，承認，涉及一種柔軟，細微能量以及對於經驗已

經如何改變個人的一種接受。也就是在此時個人能夠從經驗中去清楚地說出所學到的，包括好的及壞的，而且表達出來，並且在他們的生活中活出改變。那麼病人便能獲得一些智慧，並且能夠以一種新鮮而更深刻的方式與環境互動。

　　無法休息復原的例子可以在創傷後壓力疾患中發現。準則包括：

A. 此人曾經歷過一個超過尋常人類經驗範疇的事件，而且那幾乎對任何人而言都是顯著的壓力，例如對個人生命或身體完整的嚴重威脅；對個人小孩、配偶、或其他近親及密友的嚴重威脅或傷害；個人房屋或社區的突然破壞；或是看到另一個人最近，或者正在，因為意外或身體暴力而嚴重受傷或被殺。

B. 此創傷事件以一種（或一種以上）下列方式持續被再度體驗：

a. 反覆而侵入性的痛苦回憶此事件（在幼童，表現為重複扮演此創傷主題或方面）。

b. 反覆痛苦地夢見此事件。

c. 突然行動或感受彷彿此創傷事件又再度發生（包含再歷經當時經驗的感覺、錯覺、幻覺、或是解離性〔閃現（flashback）〕片刻，不論當時是警醒的或正處於物質中毒）。

d. 暴露於象徵或類似創傷事件的事件時，諸如創傷事件的週年，感覺到強烈的心理痛苦。

C. 持續逃避與此創傷有關的刺激，並有著一般反應性的麻木（創傷事件前沒有），顯示於下列至少三項：

a. 努力逃避與創傷有關的思想或感受。

b. 努力逃避會引發創傷回憶的活動或刺激。

c. 無法回想創傷事件的重要部分（心因性失憶）。

d. 對重要活動顯著降低興趣或減少參與（在幼童，會喪失最近獲得的發展技巧如衛生訓練或語言技巧）。

e. 疏離的感受或與他人疏遠。

f. 情感範圍局限，如不能有愛的感受。

g. 對前途悲觀，如不期待有事業、婚姻、小孩，或長壽。

D. 持續有警醒度增加的症狀（創傷事件之前沒有），顯示於下列
至少兩項：

a. 難入睡或難保持睡著。

b. 易怒或爆發憤怒。

c. 難以專注。

d. 過分警覺。

e. 誇張的驚嚇反應。

f. 暴露於象徵或類似創傷事件的事件時的生理反應（如一個曾
在電梯裡被強暴的婦女，在進入任何一部電梯時突然冒汗）。

E. 此障礙（有 B、C，及 D 的症狀）期間至少一個月。

註明：延遲初發為在創傷事件之後至少六個月才初次發生症狀。

（DSM-III-R, 1987, p.250-251）

創傷後壓力疾患的復原，其首要工作涉及了幫助病患接受：轉變
方向是必要的。一旦有了這種認知，然後疏通興趣的工作才能開始。
然而，因為創傷可以有催眠性及成癮性，我們必須幫助病患知道兩面：
他們同時希望失去興趣卻又希望仍然對這創傷事件感興趣。

第二項治療的工作涉及幫助病患找出以小的方式來表達他們感情
的形式。這些形式通常涉及重複卻不會造成傷害的行動。談話是主要
的方法，它是一種可以用來「做」而又不致大量啟動能量的方式。病
患在表達情感而又沒有外在的結果或沒有改變任何事的意圖時，必須
感到有被支持。

在從處理與創傷後壓力疾患有關的強力事件中復原時，悲傷常常
自然而然地被引發出來，正如一年的四季及週年紀念觸動滿載著情感
的記憶與感知。當悲傷被喚起時，那麼工作是去輕柔地談論整個事件。
然而，治療師可能會卡住而且在幫助病患跨越這創傷性事件時經驗到

困難。這有幾個可能的原因。首先是步調。復原是一個緩慢的過程，這一定要被支持。在冗長的時間中，治療師必須努力讓自己不致變得不耐煩或有批判性。其次，病患有時會被所產生的情緒嚇到。治療師的職責是培養足夠的支持使其得以發展，使病人忍受情緒的喚起，並且幫助他們把情緒保持在一個可以被吸收進個人背景的狀態。第三，病患可能有一藉以疏散能量的不恰當表現。「悲歌」、抗議、點蠟燭，或者種花是社會認可用以處理創傷的儀式，這些可拿來拓展病患的行為劇本。

最後，治療師必須小心地監視他／她自己的興趣。一個人必須學著適當地感興趣。太不感興趣將不能提供足夠的支持，而治療師的部分太感興趣將會產生那刺激病患依附並且阻止復原的能量。當工作重點是在復原時，此時治療師若比病患更感興趣，那就會產生一個真正的危險。

應該指出的是，我們所敘述的是一個理想，因為一個人永遠不可能完全地休息復原。幸運的話，大部分圖像會自然而然地被吸收進入背景，而剩下來的能量將會以一種有生產力的方式被用掉。

休息復原的最後次階段是對過程的承認。如果病患學習良好，他們會知道某些他們以前從不知道的事情。如果復原正確地進行，病患將能夠回答這個問題：我如何不同？

總而言之，處理休息復原中種種問題的工作，是要幫助個人創造小的經驗以軟化能量。危險是出在創造一個再啟動的經驗。我們要指出的是，如同經驗循環的其他階段，不能復原可能是這個人無法經驗或整合感官，動員能量，或接觸的作用。如果是這樣的情況，那麼工作就必須包括處理循環的這些其他面向。

總結

本章提出了一個人類的根本兩難困境：一個人如何知道並描述另

一個人？為了回答這個疑問，完形治療師試圖有意義地做診斷並評估病患時所面臨的議題，以及完形經驗循環，還有它在描述性格的運用，都被討論到了。最後一項的努力是把一些常見的 DSM-III-R 診斷套進經驗循環的範例中，並且指出適當的介入方式。

　　診斷是一種藝術也是一種科學，畢竟以它的目的而言，是要提供一個有用的經驗模式。正如 Gleick（1987）巧妙地寫道：

> 選擇永遠是相同的。你可以使你的模式更複雜且更忠於現實，
> 或者你可以使它更簡單而易於處理。只有那最天真的科學家
> 才相信完美模式就是可以完美地代表現實的那一個。這樣的
> 一個模式將會跟一張與它所代表的城市一樣大而鉅細靡遺的
> 地圖，一張描繪每一個公園、每一條街道、每一棟建築物、
> 每一棵樹、每一個路面凹洞、每一位居民、以及每一張地圖
> 的地圖，有著相同的缺點。如果這樣一張地圖真的是可能的，
> 它的特異性將會打敗它的目的：普遍化與抽象。當客戶選擇
> 如此時，地圖製造者會強調這些要點。不論他們的目的為何，
> 地圖和模式必須在它們模仿世界的同時盡可能地簡化。（p.
> 279）

　　在回顧時，這畫出地圖的企圖不過是一個充滿矛盾和期待的草創而已。但是這是它該有的樣子，因為完形心理治療是一個以現象學為基礎的，立足於慶祝個人獨特性的理論。

感　謝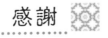

我們誠摯感謝 Gloria Melnick 博士對此篇文稿在潤飾上的貢獻。

註解

> ✿校閱註1　《精神疾患診斷及統計手冊》目前已是第四版。由於原書出
> 版的年代所使用的是第三版的修訂版，經過與最新版的對照，
> 內容雖略為不同但變動不大，且為了忠於原文，編者決定不
> 更動文中的診斷原則。
>
> ✿校閱註2　一種迷幻藥。

American Psychiatric Association. *Diagnostic and statistical manual of mental disorders* (3rd ed.-rev.). (1987). Washington, DC: Author.

From, I. (1984). Reflections on Gestalt therapy after thirty-two years of practice: A requiem for Gestalt. *The Gestalt Journal, VII*, 4–12.

Gleick, J. (1987). *Chaos*. New York: Viking.

Latner, J. The kingdoms of experience. *The Gestalt Journal, VII*, 84–109.

Melnick, J., & Nevis, S. (1987). Power, choice and surprise. *The Gestalt Journal, IX*, 43–51.

Milan, T. (1981). *Disorders of personality, DSM III: Axis II*. New York: Wiley.

Miller, M. J. (1985). Some historical limitations of Gestalt therapy. *The Gestalt Journal, VIII*, 51–54.

Perls, F. S., Heifferline, R. F., & Goodman, P. (1951). *Gestalt therapy*. New York: Julian Press.

Polster, E., & Poster, M. (1973). *Gestalt therapy integrated*. New York: Brunner/Mazel.

Tobin, S. (1982). Self-disorder, Gestalt therapy & self psychology. *The Gestalt Journal, V*, 3–44.

Tobin, S. (1985). Lacks and shortcomings in Gestalt therapy. *The Gestalt Journal, VIII*, 65–71.

Wallen, R. (1957). *Gestalt therapy and Gestalt psychology*. Paper presented at the Ohio Psychological Association meeting 1957.

Yontef, G. (1983). The self in Gestalt therapy: Reply to Tobin. *The Gestalt Journal, VI*, 55–70.

Zinker, J. (1977). *Creative process in Gestalt therapy*. New York: Brunner/Mazel.

Zinker, J., & Nevis, S. M. (1981). *The Gestalt theory of couple and family interactions*. Working paper, Center for the Study of Intimate Systems, Gestalt Institute of Cleveland.

第3章 跨時間(Over time)的完形治療：整合困難與診斷

❀*Norman Shub*社工碩士　著
❀*蔡瑞峰*　譯

介紹一個長期縱貫（Longitudinal）的模式

現在是一個源自過去迎向未來的通道，而這些是自我行動的階段，因為它接觸現實。

——Perls, 1951

　　完形治療是一種以現在為中心的經驗，那麼為什麼需要一個長期縱貫的模式？答案在於我們觀察到有太多次完形治療師固著在現在的完形，以及它的性質，因而視線無法超越到較深層的行為模式。一個長期縱貫模式的目的乃是要試圖創造一個普遍化的街道圖，一個與案主共享其中部分的地圖。這會是一個引向未來道路的街道圖，雖然其幽暗的輪廓形式似乎隱約可見，但也持續地在被當下所塑造及改變。對這樣一個模式的需要並不會減化完形理論核心的因果觀（見 Perls, 1951，第五章，p.2）。這個模式只是把更多他們過去治療經驗的基礎考慮進來，因而可以拓寬治療師的觀點。

　　為了了解為何需要這個模式，還有*其他*因素必須加以考慮。它們包括：

　　1. **提供一種新的共通語言來討論跨時間的過程。**這個模式提供了一個普遍的架構來了解我們做為治療師在跨越時間的共同經驗。有了這樣一個模式將可提供完形治療師一個確定的共通

語言，來說出關於在治療相會的進程中，他們所正在進行的經驗。這個語言對於談論治療師在走過長期歷時的心理治療過程中的某些部分或階段的目標、經驗及問題，特別有幫助。

2. **強化治療師的內在整合。**如同我們上面已經注意到的，一個完形治療師常遇到的陷阱是變得全神貫注於目前圖像的雜亂，而且還以一種膚淺的方式來看待個案極為複雜的兩難困境。擁有內在的路標，即使是如此模糊而虛幻，將有助於提醒治療師進入更深層的當下過程，去看到其中更大的模式，並使那些模式變得重要，同時*堅持*對於改變那些模式的努力與嘗試。

3. **為那本來沒有界線的教導界線。**有這樣一個具區隔階段的模式將使治療師得以學會盡量擴大並包容過程的能量，而使治療經驗在時間上更具有效益。想想現今的保險公司，支付負擔限制之類的問題，考慮個案的最佳利益便是要能夠盡可能地集中在某一特定領域的工作，並且在時間上把治療獲益擴展到最大。

4. **加強並提高我們對於模式的覺察。**如我們上面所注意到的，找尋較深層的模式，較寬廣的面向已經有點是完形學者的問題。為了避免膚淺的、不重要的，治療師必須訓練他／她自己去看、評估、探索，並*擴大*模式而不致失去目前──當下──的創造性力量。以長期縱貫的方式來思考，可以*鼓勵對於模式的覺察*並且把它們納進治療的基礎中。

5. **對於重複及系統性的工作的需要。**長期縱貫式思考的最重要意義之一，即在於以一種系統而重複的方式，來處理困難現象的重要性。當下的興奮最後往往會勝過重複對較為深刻或根深蒂固的行為模式工作的需要。有一張地圖甚或虛幻的路標，有助於牢記我們需要走向某一個地方。為了向前移動，我們必須有系統地工作以整合那更深處的區塊，而那需要病患共同的努力。在強烈內攝的個案或是僵化性格的例子中，有系統而重複的治療經驗對於鬆動那深埋的東西是絕對必要的。

最後，歷時性治療的長期縱貫觀點似乎可以讓一個新手治療師的

焦慮安頓下來，因為它提供了新手治療師一個可以利用某一種形式，
直到不再需要那個形式或模式的機會。

一種階段性的取向

　　這個正在發展中的長期縱貫的治療模式被分為三個階段：初期、
中期及後期。每一階段包含了在那個特定階段工作的普遍主題。這些
主題也指向那個階段可能出現而且需要系統性工作的特定模式。有了
特定階段的概念有助於促進對於那正在發生的以及一個人身在何處的
知性誠實度（intellectual honesty）。它也有助於治療重點的聚焦。

初期階段

　　初期階段與評估、教導覺察與接觸技巧有關，在人際界線上工作，
並且發展治療過程的起始主題。從診斷的現象來看，此階段發展覺察
與接觸技巧的阻礙頗大，（如同在性格問題中，邊緣型現象破碎的人
格及精神病）在處理上會影響到這些技巧發展的阻礙時，初期階段便
需要強調長期而有系統性的做法（見第 9 章與精神病患的完形工作）。

中期階段

　　在中期階段，治療的背景脈絡被發展而且原生家庭或認同／疏離
（Perls, 1947）的議題顯得相當重要。就診斷的現象而言，此時內攝／
投射系統是增強接觸最強的阻礙，系統性的工作就要被強調而且是必
要的。中期階段聚焦於自我的擴展，重新擁有失去的或者未曾擁有過
的部分，並且創造一個重視需要持續擴展的生活方式。

後期階段

　　在一個沒有初期階段阻礙或強烈內攝系統的情況下，後期或成長
階段就接著要被強調了。這個階段對於那些為了學習和成長而前來治

療的個人特別重要。後期也強調與他人的關係，還有自我支持的議題（終止治療）。

　　這些階段代表著用來與診斷資訊接軌的街道圖，用來測量一個人自己的進步，並且強調需要更為系統性的方法。當階段成為沿著一個無法以圖表示之旅途上的虛幻標誌時，它們可以有助於建立當下可改變的模範依據（見圖3.1）。

對一位類分裂性人格的治療可能看來像這樣：

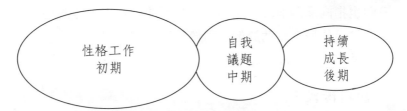

對一位邊緣型人格的治療可能看來像這樣：

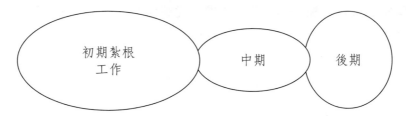

而一位恐懼症個人的治療像這樣：

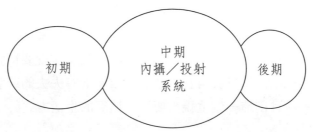

從這些圖你會注意到氣球的形狀與相對大小不一樣。

圖 3.1

　　當我們將這些階段描述成為一條水平線上許多平等的段落：開始→
中期→後期，將它們看成三個形狀及形式都非常有延展性的大氣球會
更清楚。

　　視每一階段為不同大小的氣球，使治療師得以考慮：

　1. 時間

　2. 努力

　3. 系統性工作的需要

　4. 當每一個階段與另一階段比較並且產生關聯時的真實性質

　5. 持續注意正在開展的當下經驗它們所改變的每一個階段的形狀

　　這種模式的階段概念不鼓勵以處方的方式來看待跨時間的治療，
而是提供治療師一個機會來創造一種獨特的，唯一的內在模式來幫助
他／她保持接觸。我們相信每一個跨時間的治療經驗包括所有的階段，
然而各階段的實際時間長短卻是完全不同的。

初期階段

　　治療的初期階段（見圖 3.2）包括評估、教導覺察及接觸技巧，並
且擬定一個治療的合約。在初期個案若有根深蒂固的模式（如下面的
一個例子），便需要他／她許下承諾，好讓自己完全可用，並且把自
己準備好來做長期而系統性的努力。

　　如果接觸的阻礙是更原始的，（Zinker, 1977，關於接觸循環的一
種特別的干擾）就會花更多的時間在病患的覺察工作上做準備。就邊
緣型的個案而言，初期可能會包含治療的一大部分，而且持續好幾年。
當我們以這個模式來探索特定診斷現象的介面時，階段及次階段的本
質以及時間的長短將會變得更清楚。

　　這裡所呈現的模式使用診斷的概念，來給與一些跨時間完形過程
的方向與結構。

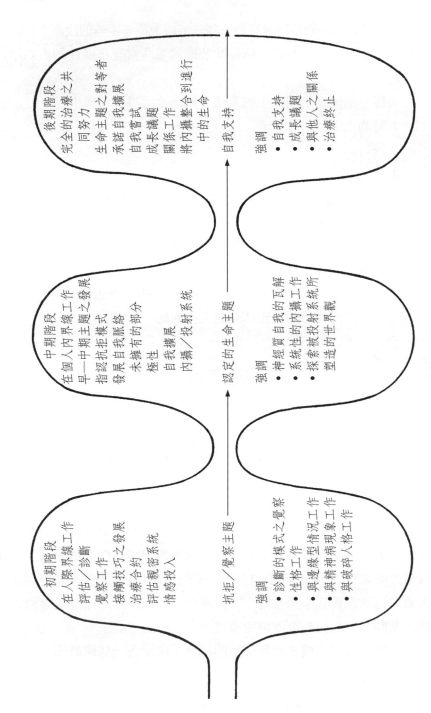

圖 3.2　跨時間進行中之治療的各階段

　　Melnick 及 Nevis 在第 2 章呈現了運用經驗循環來發展一個診斷範例的出色介紹。正如 Latner（見第 1 章）所指出的，尋找診斷的疾病分類是今日完形治療師所面對的最重要的挑戰之一。很清楚地，任何試圖做一個診斷範例必須專注於了解接觸循環中的干擾，以及將這些轉譯成可以與一般治療界交流的名詞。使用發展中的診斷疾病分類並且與這個模式做一整合，清楚地示範了理論的廣泛性，以及完形治療為人類行為這個競技場所帶來的力量。

　　一個理論系統（Kuhn, 1971）必須能應用於被這理論所包含的一群個人才算有效。很清楚地，這些嘗試促使完形方法更為有力地往豐厚完整（comprehensiveness）的方向移動。屬於這個模式及診斷典範之介面的一個例子，是對一困難的長期人格（此後我們將稱之為性格）問題的治療。這種現象是一個特別恰當的例子，因為它顯示出需要促進跨時間之改變的困難程度。

　　在 Lion 所著開創性的書籍，是關於人格疾患的治療（1978, p. 337），他註記道，「在研究人格疾患時有好幾個因素，學生應該銘記在心，首先且最重要的是，人格疾患的特徵是**根深蒂固且適應不良**的長期行為模式……」。

　　Lion（1978）、Milan（1981）及其他人對於治療某些性格疾患的*可能性*是有點悲觀。在我們處理性格疾患的第一階段，我們已經討論了一個方法，它示範了治療性格議題的正向方式，而且與完形的哲學一致。

❖ 初期階段開始

　　我們發現我們大部分的病患接受完形治療之初，對治療的過程**幾乎一無所知**。他們可能聽過一些關於完形的事情（通常是一些誇張而表面的），但很多時候，他們並不了解在完形過程中他們的角色。讓一個病患準備好在覺察上工作，讓他準備好在理智上了解*他／她在過程中的角色*，並且決定相互的期待，是完形工作初期的全部。因此在治療的初期，對教導病患基本的覺察技巧必須有很強、很強的承諾，

這樣他們才能夠開始他們在*覺察*連續性（continuum of awareness）上的工作。

學習接觸技巧描述了個人用以迎接及體驗環境所有且普世的技巧發展。接觸技巧是接觸功能的主動表現（見 Polster & Polster, 1973）。接觸技巧發展的例子包括下列：

> 學習傾聽
>
> 發展看清楚的進階能力
>
> 允許你自己有更大的機動性
>
> 探索以不同的方式來反應的技巧
>
> 更深刻而完全地觸摸與運動感知
>
> 對一個物體的味道有更多覺察
>
> 移向某物而非離開它

教導基本的*覺察／接觸*技巧，是完形治療過程中一個重要但有時卻不太被強調的部分。做為治療師的督導者及訓練者，我見過很多個案表現了**騙人的工作**，他們走過治療的動作但沒有真正地擁有、經驗或者探索那個過程。騙人工作的原因通常是治療師沒有強調學習基本的接觸及覺察的技巧。我們非常強調專注在這些技巧的必要性，以使「工作」的進行不至於成為沒有重點的繞圈圈。

完形的著述充滿各種覺察過程的初始教導的例子、探索，和示範。Perls、Hefferline 和 Goodman（1951）書中的第一部分，清楚地為仔細而準確實驗式覺察教導而設定出了階段。

除了教導覺察技巧，初期階段的開展還包含下列：

1. 開始做初期評估性的接觸。

2. 覺察訓練開始。發展一份合約，而且病患在**情感上投入**。

3. 形成一般以現在為中心的診斷印象及系統性的印象。

4. 形成的診斷概念被整合到當下的階段性的模式。

5. 覺察訓練及接觸工作持續而且主題浮現。

　　所有工作始於覺察是完形過程的本質，所以任何起始體驗總是處理病患*目前的覺察能力*。在初期會談（而這在一個機構、醫院，及私人執業都成立）我們利用案主目前的能力做為診斷的工具，來決定一個治療的方向。病患進來並且坐下……

病　人：我是 Jean Smith。幸會。

治療師：我是 Norman Shub。歡迎。妳今天（*或現在*）在這裡感覺怎麼樣？

病　人：我會緊張。我不知道期待什麼。

治療師：我覺察到妳的手在抖。

病　人：……（*沒有回答*）

治療師：（*重複敘述*）妳的嘴唇！

病　人：我只是覺得緊張，如此而已！

治療師：妳的心臟……

病　人：（*打斷*）對，我的心臟跳得很快。

　　有幾件事已經發生了。我清楚地告訴病人：

　1. 我對於現在正在發生的事有興趣；而且

　2. 我要妳注意妳自己。

　　這是我的期待。覺察訓練及接觸技巧發展已經開始。

　　這段對話的簡短敘述只不過是開始以目前為中心的工作的諸多方式之一。這樣一種診斷工具的觀察是被設計用在功能比較完整的個人，而且顯然比如對邊緣型或更脆弱的個人而言，是太過於侵略性的。完形文獻充滿了許多開展經驗的例子，這些都是被設計來敏覺地跟個案相會，好讓個案可以自在地開始（Zinker, 1977, p.132-133）。就如 Polster 及 Zinker（Polster, 1977; Zinker, 1978）所定義的早期階段工作模式，再搭配當下現象的評估和診斷，鼓舞了一種對個人界線清楚的開始覺察。這樣的評估過程是上述內在街道圖的一部分。

　　這個工作可以在任何情境及任何架構中來完成。我們在機構及醫

院中工作的受訓者很多次抱怨他們必須詢問病史。覺察訓練可以在詢問病史的時候，透過開始讓病人注意在病史的任何時刻，他／她所經驗到的來完成。

> 治療師：當你告訴我關於你的收入水準時，我注意到你的下巴是咬緊的。
>
> 病　人：對啊，嗯，我老闆是個蠢蛋。
>
> 治療師：現在你的下巴似乎又咬緊了。

在初期階段特別地以現在為中心的工作，是完形取向的一個強項，以及它對治療世界的主要貢獻之一。Zinker（1977）詳細說明了在與個人工作的治療開始階段一些特定的方式。Zinker建議治療師這樣開始：

> 用看著日落或山峰的方式看著那個人。伴著愉悅接受你所見。因此人之故而接受此人。畢竟，你對日落也會這麼做。可能你不會說：「這落日應該更紫一些」，或者「這些山峰的中央應該更高一點」。你只會驚奇地凝視。對另一個人也是這樣。我看著而不說：「他的皮膚應該更粉紅一些」，或者「他的頭髮應該剪短一點。」此人就是那樣。這創造性的過程始於一個人對身邊事物的欣賞——我們周遭事物的精華、清晰度，以及衝擊。（Zinker, 1977, p.22）

追循、評等，還有包括了那些在 Perls 早期工作中過度發展的接觸／覺察實驗，為進行中的治療提供了一個美好的架構以及許多初期階段的開場。這個由覺察／接觸訓練移向初期主題發展的過程，涉及了從個人所在之處開始、指認、並且開始編織那構成治療圖案的一絲一縷。它本身就是一種藝術。較激烈的行動化或演出的實驗比較傾向是中期階段的性質，而早期覺察嘗試所創造之美好創造性的開展是完形取向對初期階段治療工作獨特貢獻的一部分。

　　我們將在此用以說明初期階段工作的例子，這並不算是一個典型治療開始的例證。這個例子是一個更為困難的性格深處（characterological interior）的例證，而且被用來顯示完形取向的廣度。

　　Jim 在他太太 Marsha 的要求下前來治療。他說她跟他在一起都不快樂，因為他是這麼地「保持距離」。在與 Jim 做過一些初始的覺察工作之後，我確定他有一種類分裂性的性格結構。Jim 對我說他不「覺得糟糕」，而且他真的不知道為什麼他來到這裡，除了使他太太不再嘲笑他之外。Jim 不覺得痛苦，而且似乎對於在會談中合作或是出席並沒什麼興趣。他沒有「很多感覺」，而且認為「治療這玩意兒是浪費錢」。

　　如同我們前面已經提到過的，對於有根深蒂固的行為模式的個案，此人是持續地被卡在一個經驗循環中原始的位置。為了使 Jim 定下來，並鼓勵他參與治療過程，我們轉移到我們所謂的系統性的性格工作。這個取向是透過重複的經驗，用來幫助此人體驗目前他／她的性格結構。

　　性格問題的治療需要以覺察性格結構做為第一個階段。當一個案主前來治療，他：(1)說謊；(2)不敏感；(3)高度操控（例如社會病態）時，我們的首要目的是幫助他／她覺察到這性格結構對於他們自己、他人，以及一般世界的衝擊。

　　當我們面質個人的性格時，他們就開始去看他們的生活方式是多麼的僵化而且受到限制。正如 Perls 所記錄的（Perls, 1947）：「在一個僵化的性格中，我們看到自我功能幾乎完全停止，因為人格早已自動被制約成為習慣與行為。」

　　當我們特定地將性格結構帶到覺察層面時，此人開始了解他們正在以相同的負面方式一再重複地處理這個世界的種種。對他們來說，這種生活方式正使得他們沒有選擇，而且可能造成他人莫大的痛苦。從這種創造性的覺察中所浮現的是要與眾不同的慾望，而且朝向如第 2 章中 Nevis 與 Melnick 對戲劇型性格所提議的工作來著手。

　　重要而需在此一提的是，在我們的性格治療計畫中，我們區分：

(1)性格疾患；

(2)邊緣型情況；

(3)破碎的人格。

在此對工作的描述關係著那一類被我們定義為性格疾患的現象。每一種性格結構各異，而且需要不同程度的敏感度、關係與覺察，如此才能讓這些人覺得其性格圖像變得清晰。

在個人是比較脆弱的情況下，例如，性格結構壓過了對世界的害怕觀點，恰當的紮根工作、對界線的注意、評等及追循（Zinker, 1977, p.132-133）都是在設計性格工作介入時的重要考量。「面質」這字眼並不必然暗示著強度或侵略性。性格面質，正如所有完形工作，是帶著敏感度、溫柔及對個人界線之完整性的最大尊重來完成的。每一個性格現象──戲劇型、強迫型、嬰兒型（infantile）、逃避型等等，都有它的獨特核心特徵，其中包括對世界的特殊觀點，而且伴隨的性格圖像會被發展出來以了解這些限制與關切。

為了讓 Jim 覺察到這些根深蒂固的長期模式，治療師的視野必須超越目前的圖像，同時在其他任何事情發生之前就覺察到，並且將案主的性格圖像帶到當下。因為本章並非關於性格工作本身，我們僅會簡短地討論這第一階段的過程，藉以強調性格結構的覺察，並鼓勵在僵化的核心特徵上的實驗。

我們至此已經：

1. 建立一些與 Jim 的治療性的接觸；

2. 評估接觸及覺察技巧並發展出一種關於這個工作需要何去何從的感覺；

3. 我們已經完成系統性的評估，並且決定了性格工作需要追溯任何婚姻經驗；

4. 我們已經開始了覺察訓練；

5. 並且正嘗試使用性格圖像的發展，來做為早期的主題及工作的契約。

由於此時此地的相會，我開始探索那最僵化的性格結構的部分。

Jim 是：

1. 不敏感的；
2. 吝嗇的；
3. 「情緒死了的」——缺乏感覺（根據太太及他自己的描述）；
4. 對他人不感興趣的。

我開始藉著幫他看到：和一個以這種僵化方式與世界互動之人的關係會是怎樣，來畫出性格圖像。只有透過重複的、系統性的工作來幫助 Jim 開始去覺察到他的性格結構，他才能夠開始明白他自己以及他的行為對別人的衝擊，而因此開始想去學習跟這個世界產生關聯的新方式。

從整個性格工作的過程，我們把每一個特徵視為經驗上的一個連續，不敏感的—敏感的，吝嗇的—奉獻的（我們從系統性的嘗試來探索在兩端間任何一點之更大選擇彈性的發展）。這裡的焦點在於性格結構的僵化——而非好的或壞的特性。目標是透過系統性的嘗試，在每一條連續帶（continuum）上提昇彈性與更多選擇。一旦 Jim 願意投入，就約定好在他的性格上工作，並且擁有了性格圖像，我們開始系統性地針對每個個別的特質讓質實驗看看，以便探索在這世界上他可以是不一樣的。

性格工作包括：

1. 找出一般的性格圖像；
2. 找出特質；
3. 強化性格圖像——更深刻地感覺對他人的衝擊；
4. 特質極化（trait polarization）——察看連續帶；
5. 特質實驗及擴展——透過系統性的實驗來探索連續帶上的不同部分；
6. 更大的彈性；
7. 過渡到傳統過程。

一旦 Jim 跟我某種程度上「打開了」他的僵化性格，我們就準備好要移往治療的中期階段（關於自我、自尊、自我肯定，那些從他當

下的工作中浮現出來的議題）。

對 Jim 的性格工作花了好幾年的一致的、耐性的、系統性的工作。在初期階段的結束，Jim 有了一整組他想要做的關於他個人工作的新主題。正如在第 2 章中邊緣型案主以及在第 9 章中精神病個案的例子，還有 Jim，治療的第一階段，發展接觸及覺察，可以是非常困難的並且有很多次主題與次階段。

當性格結構變得更具彈性時，案主自己的自我認同議題（神經質的階段）傾向開始浮現，那麼過渡到治療的中期階段就開始了。

✤ 向中期階段移動

當 Jim 的第一階段性格工作結束，當其他主題首次開始浮現時，他朝著新的工作繼續前進：

——是啊，我很氣我老闆，而我無法告訴他。

——我在新環境中總是緊張。我害怕人們。

——我大部分的時間還是不知道我的感覺。

在一個未改良的跨時間完形過程，這些主題會成為治療情境中工作合約的一部分。它們提供案主一個起始的架構，**在一種無結構的情境下獲致協議**，並且對於他／她將何去何從有一些了解。在這裡所呈現的模式，我們的診斷會導致架構這個工作的一種改良。

治療合約是治療師與病患之間的一個清楚的協議，他／她想要投入完形工作乃是根據：(1)第一次會談的經驗；(2)已經浮現的一般主題；以及(3)病患對於治療者的感覺。

最後一項極為重要。完形治療是病患與治療師之間的會心（encounter），而且治療關係是成長的媒介。必須要對這個關係有一些情感的認定，以使病患真正投入於治療過程中。我們把情感投入界定為一種感知病患與治療者之間，正在成長的一種接觸可能性的能力。如果沒有這種交換的潛能，那麼這病患就不算投入而且沒什麼會發生。這就是我所謂奠基於治療者與病患之間的良好接觸之合約的發展。

在得到一般診斷及系統性印象的過程中，以及在協調一份合約時，

治療師決定了治療師與病患之間可能的關係本質。一方面治療師指出並鼓勵產生經驗的焦慮，而另一方面，病患必須覺得夠安全來冒險前進到新而未經探索的領域。

很多早期階段的工作是在接觸技巧／覺察訓練，這種人際界線的層面上工作。在這個階段中所探索的實驗與經驗，可能為更強烈的人與人心靈間之探索創造一個架構，或者可能成為加強工作的架構，就如在此處所呈現的性格學現象的例子。

那麼，這是完形工作的早期階段。每一個個案都會發展一份合約，那不是根據自然浮現的主題來制定的，就是由診斷現象的引導性認定所產生的主題來制定。做為這個過程的一部分，病患和我開始在目前的生活，過去的經驗，以及未來的渴望這些脈絡下來看待治療。這模式的下一個階段，中期階段，開始了那在傳統完形取向中如此強而有力的自我拓展的探索過程。如前所述，向治療的中期階段移動預設了個人在覺察工作上的能力，而且沒有早期階段的工作是不可能做到的。

中期階段

對於某些案主而言，治療的初始階段可以簡短。假如沒有重大的診斷現象需要人際的、密集的第一階段工作，案主很快地就會進到完形治療的「工作」，探索及進行他／她處理這世界之能力的界線實驗。當個案開始體驗之前被束之高閣的情感、行為，以及部分自我時，完形取向的創造性過程在此又明顯起來。在此，案主開始更加清楚地看見他／她自己，並且嘗試以新的方式在這世界中去體驗自我。

實驗及／或實驗性的思考（嘗試新奇）的結構、功能、及使用是完形取向中一個整合的部分。從一開始它就被使用而且可以被使用。Zinker（1977）、Polster（1973）及其他人已經漂亮地描述了相關方法學的創造性力量。自發性的、且無限的實驗是無法被描述或者量化的。我們可以這麼說，在治療的中期階段之前，治療者及病患可以成為設

計及實行那將在中期階段持續自我探索過程實驗的夥伴。簡而言之，初期階段注意的是「我是怎麼樣的人？」（How am I?）而中期階段在於接受「我是怎麼樣的人？」並且找出在環境中我表達那「怎麼樣？」（How?）的方式，那自我。中期階段也關心在此世界中表達自我的主要且內在的阻滯。

在這個階段中，一些「持續中關於自我的主題」，變得清晰。我開始更加清楚地以我現在的樣子看見自己，那些來自於過去阻礙的內攝信念更加明顯。筆者的信念是在治療的過程中，內攝／投射系統總是需要被探索到的。而這通常發生在中期階段。

主題發展是過程，透過初期階段的好幾條脈絡長成以我現在的樣子，來看待及體驗我自己的複雜圖像。當主題攤開時，自我的圖像變得愈來愈清楚，直到自我脈絡開始發展。當我開始更加清楚而深刻地體驗我自己時，我也開始看見那治療圖案中模糊的點（Perls 的人格角色工作表）變成更加清晰，而且也看見了一個更完整的圖案浮現的過程。這個主題探索及實驗的非系統性過程，構成了中期階段的早期工作。

Jerry 前來治療，他抱怨著輕微的憂鬱，並且關切著他將要來臨的婚姻。在跟他工作的初期階段，我們創造了下列：

1. Jerry 發展出更好的接觸技巧，特別是關於傾聽的技巧。

2. 沒有出現重大的診斷上的問題。

3. 在某些初始的早期工作中，下列的主題*開始*浮現：

　　(1) Jerry「對生氣有困難」。

　　(2) 他從不覺得「夠好」。

　　(3) Jerry 接受他現在的工作是因為他的父親叫他去做的，而他「怨恨」這樣的事實。對於工作，Jerry 有他自己的想法。

　　(4) Jerry 愛他的未婚妻，但不想以他覺得在他的生命中還有很多其他重要的人這種方式來令她失望。

這些主題變成他跟我繼續治療工作的合約。

在初期階段的工作中，很多的氣力是花在改善基本的接觸技巧，

注意力是放在促進接觸的功能，然而 Jerry 關切的脈絡則以某種方式被
界定成為中期階段的主題。當 Jerry 的覺察增加了，而且他在人際界線
工作的能力改進了，我們開始向他的治療中期階段邁進。

　　當治療的過程展開後，更深層的主題開始從重新獲得的覺察中浮
現。當接觸功能重建了，重大的阻拒模式甚至變得比它們在第一階段
的工作中更加清楚。

治療師：你現在覺察到什麼？
病　　人：（看來悲傷）我覺得悲傷。我父親真的像那樣。
治療師：繼續。
病　　人：（看來更加悲傷──眼中開始有淚）我想起有一次他揪住
　　　　　我的襯衫並把我往下甩。（Jerry 現在深深地嘆氣──他的
　　　　　眼淚停了，而且他轉向我）
治療師：你看起來不再悲傷了。

　　有些迴射（見 Latner，第 1 章），在初期階段工作中被觀察到，
但是當我們開始嘗試性地前進到中期階段時，迴射的模式開始浮現。
每當我們朝向在重要的主題上工作時，Jerry 持續地迴射（Perls, 1947）
以緩和他的情感，阻礙更深層的接觸，並且使工作慢下來。我們一起
發覺當我們試圖發展敏感的主題時，這個重大的阻抗模式會一再地浮
現。Jerry 擁有這個阻抗模式而且與之工作，並進一步整合入自我，然
後促進我們之間更好的接觸。

　　發展及辨認強烈主題的能力是完形過程中一個整合的部分。某些
主題簡短而且只發生過一次；有些則在整個治療過程中，以不同方式
一再地重複。這些重大主題我們稱之為生命議題，並將在稍後討論它
們。

　　與 Jerry 的工作進行著，而且他變得對自己有更多覺察時，他開始
了解到表達生氣對他而言是多麼地困難，因為關於生氣的信念以及他
害怕他的生氣對他人的衝擊。

病　人：我昨天見到我父親，而他突然提起關於我娶 Paula 的老問題——不是猶太人——等有的沒的。我告訴他那真的讓我很生氣。（Jerry 以一種非常單調的聲音來解釋——很少情感）

治療師：你的聲音，Jerry……它聽起來……

病　人：死的。

治療師：對啊，而且你的手……

病　人：（扭動且攤開他的手）我正握緊拳頭。我想要從他那裡擠出一點自以為是。（Jerry 的聲音逐漸提高……）

治療師：從……

病　人：我爸！（吞嚥）我討厭他叫我做這個，而別做那個。當他談論 Paula 時我很恨，但我就是無法跟他吵架。

治療師：但是……

病　人：但是……但是……我知道你的但是！（現在聲音真的提高）沒有但是！我很生氣！

治療師：我氣……

病　人：（嚥了一口氣，然後……突然冷靜下來……，又平淡了……）我氣我爸；但我不會對他不尊敬。

　　在這個點上，Jerry 和我開始去處理那阻礙了與他的憤怒更深刻接觸的迴射模式。處理一個主題經常像試圖要去解開一團線球。人們從來不知道它會停在哪裡，卡在哪裡，或是導向哪裡。

　　在上面我們所給的那個關於 Jerry 的憤怒的例子中，探索這個主題導致了好幾個其他與憤怒主題聯結的線索。

治療師：你想要對你父親生氣……

病　人：我要告訴你一件我從未告訴別人的事情。當我七歲的時候，我撞見我爸跟他的某個下屬上床。我看見他在我們工廠的

地下室，而我跑上樓去。關於那件事他從沒有說過什麼，但是他知道我看見了。我想殺了他，真的。此後很多次我知道他在做什麼……我從來沒說什麼。

當迴射變得比較少阻礙，而且 Jerry 的憤怒開始在會談中浮現，他關於表達他的憤怒以及它將會導致傷害的*信念*干擾了他在這世界中生氣的能力，變得清楚了。

當憤怒浮現，治療的圖案開始變得更加清楚。這信念系統干擾了一個更美麗、完整圖案的發展，在此刻也變得更為清晰。

當 Jerry 的工作繼續時，他開始愈來愈清楚地同時以正、反兩面看見，並體驗他在此世界中的自己。主題發展使得那過去未完成的完形（見第 1 章）能夠浮現，並且成為在現在圖像中過去的一部分。

Jerry 開始探索這些主題，而且他開始在目前的脈絡中更清楚地看到自己。

中期階段——自我工作一：脈絡

正如 Perls 在《自我，飢餓與攻擊》（1947）一書中所描述的，「認同」被放在中期階段來被探索。根據 Perls 說：「例如自我（自己），像我想在稍後分享的，不應該是一個內攝的聚集，而是一個*功能*。為了達成人格的正確運作，一個人必須解決這些內攝。」

Perls 正確地指出 Freud 沒有了解到的這個重要的自我功能。「那麼，我同意 Freud 說自我與認同密切相關。然而，Freud 忽略了健康的與病態的自我之間一項根本的差異。在健康的人格，認同是一個自我功能，而病態的『自我』是建築在內攝（實質的認同）之上的，它決定了人格的行動及情感，並且限制了它們的範圍。超我及理想我一向包含了許多永恆的、部分無意識的認同。但如果它的認同是不變的，而非根據不同情境所需要而**運作**，並且隨著有機體的平衡重建而**消失**

的話，自我變成是病態的」。

那麼發展自我的過程與內攝及同化的需求有關。如果內攝系統變得僵化或固著，這是一個病態的自我。中期階段更要徹底地探索這個過程。

如果整合與發展自我感有關（Perls等人，1951，p.341），投射就和我們看這世界的方式有關。如同內攝一樣，投射可以是正面或負面的。然而，源於內攝群的投射幫助塑造一個人的世界觀。這種水乳交融，開始覺察到那種以它之於我們信念的浮現來看這世界的方式，是中期階段的基礎。藉由投射我們改變了我們的世界觀，有可能是根據負面的信念（Perls等人，1951，p.237）。那麼內攝／投射系統不只需要將未同化的內攝加以整合，而且還要將投射同化，如此才能使體驗的領域變得多彩多姿。

在治療的中期階段前，必須完成足夠的工作，足夠的覺察要能被重建，而且接觸要被鼓勵，如此治療者和病患才能成為設計及進行實驗的夥伴，以便病患做進一步的自我探索。治療者和病患兩者都使用實驗性的思考哲學來界定前進的過程。

了解我們所謂的「脈絡」也有助於探索投射／內攝系統。脈絡或自我圖像是由環境及人們所構成的，內攝系統已由此發展而且正發展於其中。這包括了原生家庭、早期影響的機構，還有所有其他重要的人們（父母）、事件、經驗等等。它同時包括了被投射於世界的觀點，那內攝的自我之反映以及負面人格未同化的部分。

這無系統的揭露給了病患及治療者一個一起建構並且探索當下的自我脈絡的機會。當治療的中期階段之初所認定的主題被探索時，它們可以形成一個對於病患目前是正在怎樣體驗他的生活以及存在著哪些未竟事件，有更全面的了解。

這脈絡的發展不是一個深思熟慮的過程，而是從稍早主題工作中自然而緩慢地演進。正如讀者可由檢視圖 3.3 所見，治療的自我脈絡的發展是到更深層之內攝／投射工作的過渡階段——且同時發生在主題被探索而更深層的工作開始之時。然而，對自我脈絡之全面而清楚

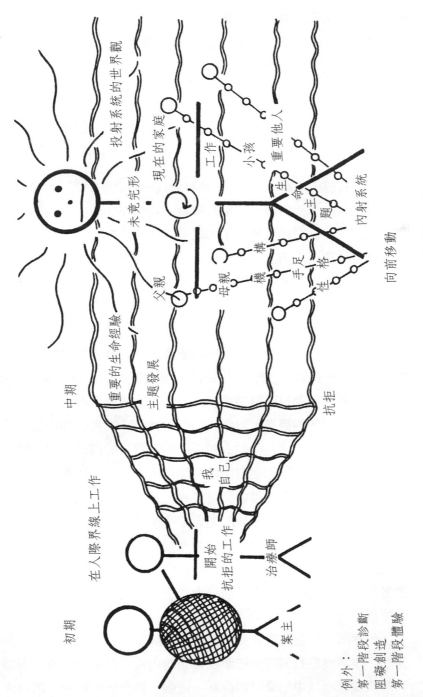

在人際界線上工作

初期

中期

重要的生命經驗

主題發展

抗拒

投射系統的世界觀

現在的家庭

未竟完形

工作

小孩

重要他人

父親

母親

機構

手足

性格

生命主題

內射系統

我自己

開始的工作

抗拒的工作

治療師

案主

向前移動

例外：
第一階段診斷
阻壞創造
第一階段體驗

圖 3.3　自我脈絡以一種不同方式看見並體驗我自己

的探索把治療的體驗擴展到極大。

如我們上面所提，脈絡從主題工作中逐漸發展並且提供情感網路，來支持更深層的內攝／投射工作。

中期階段──自我工作二：內攝／投射系統

為了有個更充實的生活而重建接觸技巧的過程中有一件核心事件，那就是要移除覺察發展上的重大障礙。我們在此所呈現的模式中，這個過程的一個必要的重要元素，就是更完全地整合內攝／投射系統；這樣的系統是活在自我之中，並且會持續地阻礙了擴展進入環境中，因而抑制了認同及*自我發展*的過程。

完形治療開始認真地試圖離開精神分析的標準過程，並且，如Goodman（1977）所說的，要「做你自己，而不是知道你自己」。目的是允許自然的有機體過程所需的療癒，以使個人自然地，重新獲得他／她未被擁有的人格部分。在這個過程公式中第二個重要的因素是，社會力量對於我們自己自由地在社會中生活之能力的局限本質。

一個負面的內攝是，以我們的目的而言，其更具操作化的定義為一個關於自我（或是在與他人關係中的自我）的信念、概念或感覺，而它們會干擾個人正面而自由地接觸環境的能力。顯然，我們都有一個內攝系統，其表現為投射到這世界，藉此幫助組織我們的行為及架構我們的生活。這個跨時間的完形治療模式假設，那因負面內攝而發展的集體現象形成了精神官能症的悲慘核心，並且抑制了自由接觸環境的能力。那麼，這內攝系統的整合與控制，對於成為與精神官能症患者工作以及提昇在社會中的更大自由而且使得社會成為一體，便非常重要。

了解那被投射的世界觀點對於針對神經質自我的工作也是非常重要的。這個觀點是同時由正面及負面的內攝／投射所組成，而這有助於形成實驗場域中被覺察的觀點。這個「對世界的觀點」的概念，我

們找到有五種來源：

1. 知覺到現在是什麼以及以前是什麼，

2. 投射自我無法接受的部分，

3. 投射自我可接受的部分（包括願望，想法等），

4. 投射強而有力的負面內攝，

5. 投射正面的內攝。

如Perls所述（《自我，飢餓與攻擊》，p.241）：「在第一步了解投射的存在，及第二步承認它們屬於你自己的人格之後，你必須同化它們……。如果你只是內攝那投射，你只不過增加了變成被害妄想的危險。因此你必須直指核心——那投射的來源。」

從我們討論內攝，很清楚地，一個人的世界觀發展過程的一部分是來自於那被內攝的原生家庭的觀點。當世界觀變得固著、僵化，那麼那負面的投射便主導了個人再三地以相同的方式來看這個世界。這裡的目的便是要指出並且同化這些極其有力的負面投射，正是它讓世界的觀點變得僵化。

當固著觀點變得更開放時，(1)個人能夠更清楚地看到外在世界；(2)病患能夠更清楚地表達他／她自己；(3)人格中無法被接受的部分更能進入覺察；(4)還有某些投射之源的內攝得以浮現。

僵化的世界觀可以是遮蓋了治療性自我脈絡的面紗。在神經質的自我中，投射／內攝系統的被投射部分模糊了自我。那構成面紗的投射就像是一個線團的線頭，而且在每一個線頭被回溯（或解開）並同化時，就能學到愈多關於自我及治療的脈絡。

如我們以上所提，投射系統可以模糊掉個人看見及體驗他／她的真實自我，並且隱晦了那深層的內攝信念。學習與投射工作是心理治療藝術的一部分，特別是完形心理治療。

Perls 在《自我，飢餓與攻擊》（p.239）中討論了辨認投射的困難。在此，Perls 努力地以完形名詞描述了投射所能夠呈現的複雜形態。與投射工作的過程包括：

1. 指認投射，

2.支持它（容許它完全浮現），

3.探索自我是什麼與別人是什麼之間的差異，

4.擁有它（情緒上的與理智上的），

5.同化。

　　現有的完形文獻敘述了許多這類工作的例子，而不在此贅述。特別鼓勵讀者去檢視（或是再度檢視）Perls、Hefferline 及 Goodman（第 8 章，第一部分）許多工作的例子。最後，學習與投射工作，很多時候就好像是在一團乍看之下太過糾結而無法理出頭緒的錯綜複雜的線團中，找出開始解開的線頭，而且突然間變得清楚了。

　　Sally 是一個四十二歲的女性，她前來治療，因她為了她那廿歲經常招惹警察而且還待在家裡的兒子而感到憂鬱。Sally 報告說，她在一個媽媽是非常神經質的家庭中成長。「我總是小心翼翼不去惹惱她而令她頭痛」（未同化之內攝的投射）。Sally 的父親告訴 Sally 說：「妳的責任是確認妳不要惹惱妳母親，而且還有，確定妳的兄弟姊妹們也不會。」Sally 覺得對她母親的健康有責任，而且她大部分的童年都在努力做個乖女孩，並且照顧好她的母親。

　　Sally 把她的童年花在將她從她父親所獲得的投射／內攝訊息付諸實行，「在妳有生之年，妳的工作就是為別人的健康及幸福負責」（而我們都知道，這是不可能的）。她持續地把她對於他們身體及精神健康的偏見投射到別人身上。她沒有覺察到她對於她自己的健康深深關切的情況。

　　Sally 十八歲結婚以逃離她家庭生活的桎梏，並且開始照顧她的丈夫。他最後與她分居並且離婚，留下一個年幼的兒子給 Sally 照顧。在 Sally 進到治療的時候，那兒子正在以行動表現，企圖從他那試著照顧他身體及精神健康而忽略了她自己的母親處解脫。Sally 的重要關係及接觸經驗被她從她父親處接受的強力內攝所扭曲。在一次對 Sally 之治療師的督導會談中，我指出在那內攝完全被處理之前，Sally 會繼續重複相同的行為。我還指出 Sally 從未體驗過被照顧、要求支持並且得到它（一個投射的願望）。內攝的現實影響了 Sally 所有的關係，而且讓

她一直孤立及寂寞。Sally需要了解，體驗她自己的內攝／投射，還有它們更深層的顯現狀態。

當Sally與她的治療師開始在一個較深層的內攝／投射題材上工作時，Sally變得有所覺察：

1. 她因她母親是一個「情緒上殘廢的，而且從未像母親般地照顧她」，也就是被她的情緒及身體健康所占據，而投射出去的憤怒與其他的情感；

2. 為了把她放在照顧者的角色而對她父親的憤怒；

3. 一旦投射更被同化，她對於自認失去的童年的悲哀；以及對於在當下體驗這些童年情感，並重新獲得那未曾擁有之部分自我的可能性的興奮感；

4. 與她那源於不願去接受，因而未曾真正感覺安全的寂寞與孤立相關的痛苦／喜樂。

在Sally嘗試著處理這內攝時，她到達了一個她感到完全孤獨而未與世界相依的點。這曾在她開始同化關於她被需索照顧的投射時發生過一次。在那點上，Sally能夠向外尋求她的治療師，要求並且接受支持、注意等等，而且她生命中第一次覺得相當安全並被關心。她也能夠體驗並欣賞她從她父母處，特別是她母親，所感受到及未感受到的愛與照顧。

當我們隨著Sally移動，我們可以看到治療的脈絡浮現，以及她對於她能把界線擴展到環境之潛能的興奮。當內攝／投射系統變得更加清楚並且能控制世界的「開展」，Sally的世界觀也因而開始改變。

自我工作三：內攝

如同我們已經提過的，內攝是一種關於一個人或他／她的生活未經同化就被接受入人格中的強烈訊息，而且是充滿了高度的情感，並自由地在自我中漂浮。既然內攝是未經同化且充滿了高度情感的，它

經常在接觸的瞬間浮現，並且會透過限制或建構互動，來指導接觸的本質。

當Sally試圖發展與她兒子的關係時，那高能量的內攝／投射訊息（你必須照顧別人）浮現，而建構了她的接觸經驗。完形治療關係的彈性允許自我在最深層的意義上，以新的方式去體驗，或者再體驗這些生命主題（當那有害的內攝被整合時）。

當然，我們都有很多內攝，大部分對我們的生活不會因為大大地禁止重要的接觸經驗而有毒害。在我們的完形治療模式中，我們概念化了內攝及伴隨的投射的三個層次。

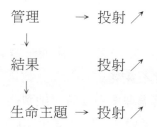

管理內攝（management introjects）是架構我們每天日常生活中的管理。

- 不要用手指進食
- 生病時多喝水
- 要準時
- 外出在雪中走時要穿靴子或膠鞋
- 要有禮貌

這些內攝影響了我們的接觸經驗，並且只有在它們阻礙了完全的接觸時，才被視為是**負面**的。總是覺得需要「準時」，當然可能在自由流動的接觸經驗中產生問題。

結果式的內攝（resultant introjects）因**生命主題**而發展（生命主題是最有力的，最充滿情感的及最深層的內攝）。這些訊息不是增強接觸，就是沒有效果，或是變成有害的抑制者；端視其本質，充滿的程度或是它們浮現時所在的脈絡而定。在Sally的案例中，照顧別人的生

命主題產生了許多結論式的內攝：

　　*1.*玩樂不重要（我認真地對待別人），

　　*2.*生命是很嚴肅的（我非常在乎人們的生命），

　　*3.*我總是必須小心不去傷害任何人，

　　*4.*絕對不說負面的事情等等，

　　5.我必須努力工作。

　　結論式的內攝構成了一個控制我們情緒生活的複雜規則系統。跟促使Sally收養流浪動物的同一個內攝系統，也鼓勵她去干涉她朋友小孩的生活。這些系統的參數，當完全整合時，提供了一個生活經驗的萬花筒──一直在改變。當經驗是未曾擁有的或未同化的，那萬花筒就卡在一個形態。

　　這些結論式的內攝在完形過程中，提供了通往生命主題的治療途徑。當生命主題浮現，病患恢復了在目前生活中被潛在的內攝及投射所破壞的行為及情感。生命主題是可以阻礙個人試圖擴展到環境並且成長的中心內攝。這些內攝影響了個人的生活，從身體外貌、姿態與呼吸，到他們人際關係的本質。

　　在這個例子中，我們檢視到 Sally 的負面／正面生命主題是：

　　*1.*我需要去照顧其他每一個人，

　　*2.*我將絕不會被照顧，

　　*3.*關心別人在我的生命、我的工作中是非常重要的。

　　在初期治療會談中，Sally的治療師評論道，她的病患（Sally）讓她（治療師）想到一個等待赦免的悔過者。Sally坐在她治療師的辦公室，手併攏像禱告似地放在膝上，坐得很直挺，討論著她如何為別人承擔責任。

　　在工作上，Sally為其他雇員承擔責任，她總是那個待到很晚的人（當然，也暗自覺得生氣）。在家裡，她花了時間試圖去照顧她兒子。在她與男人的關係中 Sally 總是，如她所注意到的，「努力試著對人好，但似乎從未得到過她想要的」。

　　在處理內攝的題材而有情感宣洩時，透過說和做那些她先前覺得

被禁止去做的事情，Sally開始覺得比較能夠自在地擴展到環境中。就如 Paul Goodman（1977）所謂的*自由*。

完形過程的中期階段包括：(1)創造脈絡的主題的發展；以及(2)在更深層的內攝問題上工作。在我們與所有存在著重大的神經質內攝／投射系統之病患的工作中，我們發現，那治療過程的創造性與力量被阻礙了。

在大部分無結構性的治療經驗中，內攝會因它們對於治療過程的衝擊而自然地浮現。而我們的跨時間模式所試圖要去處理的，正是這種不把內攝當做過程中一個明顯部分的情況。這模式也有助於強調對於內攝之系統性工作的價值，尤其是在治療的初期階段，內攝已經被妥善處理之後。以這種方式，可能幫助病患獲得一種掌控他內攝的方法，並且促進進一步的整合。我們發現很多次，強烈的生命主題是*被碰觸，但卻未以夠系統化的方式來加以處理，以使病患開始真正自己整合的過程*。

在這個完形治療的跨時間模式中，針對生命主題內攝的工作可說是在治療過程中的一個軸心經驗。縱使明顯地，生命主題內攝在過程中會自然地一再浮現，但是它們要被賦與它們應有的優先順序卻不夠清楚、明顯。

在Sally的工作中，她開始覺察到她感到需要遵守著一個僵化的時間表，在一次治療會談時，她在處理強烈情感經驗當中起身離開。她的治療師問她是否結束了，她說沒有；但是她的時間到了時，她便不想去侵犯別人的時間。

治療師：妳想要留下來嗎？

病　人：想，但是我的時間到了——我該走了。

治療師：現在妳覺得……

病　人：非常，非常悲傷；但外面有人正在等你，不是嗎？

治療師：那妳呢，Sally？

病　人：我可以等。我還好。

治療師：在妳離開前妳想要什麼嗎？

病　　人：有，但是……

　　當Sally開始獲得覺察她如何限制了她自己，她終於能夠認出討論中的生命主題。

　　Sally現在已經獲得一些對於她生命主題的覺察（對別人的責任）。她在治療中是一個完全的夥伴，因為她已經擁有這個主題並且渴望跟著它一起動。下一階段的工作——幫助她更完全地把這整合進到她的人格，使她得以控制它——是一項困難的工作。

　　所有種類的嘗試，視覺化、雙椅工作、演出角色、小型演劇、說故事等等，都已經且正被用於整合生命主題的過程中。因為這些較深層的內攝遮蔽了極大的痛苦、憤怒等等，所以用創造性的治療取向來抵消它們是重要的。每一個病患接觸界線的形態都不一樣，因而他們也以不同的方式來反應。下面所呈現的一般指導原則，形成了一個創造性的治療師可以對這些生命主題工作的基礎。

❖ 陳述並指認內攝且決定改變或是放掉它

　　當主題發展時，病患必須清楚地指認內攝，為它負責，並且表達渴望去修正或改變生活情況。Sally終於能夠說出：「我不再想要覺得要為別人負責。」

❖ 指認內攝／投射的來源

　　我們發現以內攝的來源來架構治療工作可能是極為重要的。把內攝來源帶到當下，好讓一些跟內攝來源（還有它所導致的生命經驗）相關的情感得以浮現。

❖ 架構並解決內攝

　　在Sally的案例中，關於責任的內攝與來源——她的父親——被架構且被解決。

Sally 終於能夠想像她的父親，並且在當下直接處理內攝（在此個案中為視覺化）。藉由對她父親所架構的內攝工作，她終於能夠把那憤怒與悲傷（由那有害的內攝所產生）指向她父親。

病　人：（她閉著眼想像她父親）「爸，我氣你而且痛苦。」（靜靜地哭泣）我很氣我這些年來，都過著試圖要完成不可能的事的生活。該死！看看它把我搞成什麼樣子！我甚至還無法照顧我自己！」

治療師：你現在覺得怎樣，Sally？

病　人：憤怒，憤怒，憤怒！該死！我討厭照顧他！（Rob，她的兒子）

治療師：告訴妳父親。

病　人：爸，我討厭照顧 Rob！我討厭媽！我討厭你！我想要照顧我自己一次！

治療師：告訴他，妳現在要怎麼做。

病　人：當我聽到那告訴我去照顧他的聲音（那被指認的內攝），我不要再聽從你了！我要忽略它！*你聽到了嗎？忽略它！*

治療師：妳現在在哪裡，Sally？

病　人：（稍微冷靜──一、兩分鐘之後）我覺得舒緩一點。

架構並與內攝的來源工作，使得發洩情感以及掌控生命主題有了最大的效能。因為對我們所有人而言，去面質父母、權威及我們生活中的重要制度，都是很困難的，所以這個過程也是困難的。對生命主題的工作也容許其他被拋棄的極端情感，也就是欣賞、溫柔，有待被認同、重新投入及重新安排的情感。

重要的是，去指認並一次處理一個內攝好讓病患能夠有一個清楚的經驗。很多時候，當你靠近那較深層的生命主題時，所有種類的未整合題材與情感經驗浮現，並且很容易就迷失而被淹沒。內攝愈清楚而鮮明，它就會變得更完整。

❖ 在治療環境之外體驗內攝的浮現

所有內攝工作的目標是，幫助病患當討論中的內攝於自我中開始浮現時，就開始覺知，靠他／她自己。透過治療工作，病患開始能夠在內攝浮現於他／她的外在生活時覺知到。這自然地（或者可以經由嘗試，實驗性的家庭作業，以及其他在此未被討論的治療實驗形式都值得被鼓勵）發生於病患開始在治療環境之外覺察到內攝的浮現。當個人變得更完全地覺察到內攝，他／她對於那經驗的情感便隨之強化。病患開始看見（內攝），就像 Sally 最終所做到的，有多少情感生起並且干擾了日常生活，還有它所導致而生起的投射。

隨著個人變得更完全地覺察內攝的浮現，他／她會開始經驗到它們是外在於他們本身的東西。這個情感變成聯結到過去外在的環境，而非他們現在的生活經驗。他們開始懷疑：

1. 為什麼他們覺得不夠好，既然他們的成績很優秀；或是

2. 為什麼他們覺得不美，即使他們很受異性的注意；或是

3. 為什麼他們不信任，即使他們的朋友一直都陪伴著他們。

內攝最終被視為：(1)異於自我的；(2)從某個外在經驗而來；且(3)對自我比較沒有力量。

一旦個人獲得對於內攝更大的控制時，他們便能夠開始做選擇，像是他們要不要聽那他們腦袋裡的外來聲音，並且控制那明顯由聲音所導致的投射。

我們，很多時候，可以給我們病人的內攝聲音取個名字：

「噢，笨蛋又浮現了。」

「當超人的時間到了。」

「你的守財奴跑出來了。」

我們傾向於在內攝工作的後段，當召喚那名字剛好足以使病人變得敏覺到內攝，而且對於它的整合可以再度掌控的時候，來為我們的內攝取綽號。選擇忽略你的守財奴或是超人或是完美先生，正是把這個外來概念整合到自我的過程。

自我工作四：內攝──生命類似狀態（Life parallels）的整合

就像在主題發展，病患要能夠在情感上及認知上了解並體會那內攝了的訊息，如何也在他／她目前生活的各個層面中出現，是必要的。隨著內攝變得更為整合，那病患可以期待一種情況──用 Sally 的話來說，「又是我父親的聲音，但是這次我知道要怎麼辦」。

當 Sally 變得更加覺察到她的內攝，她能夠：

1. 每當它浮現時，在感官上有更多的覺察；
2. 時時刻刻為她自己決定她要不要傾聽「又是那個聲音」。
3. Sally 也可以開始了解並且終於接受這個未同化之內攝／投射系統的存在，如何在過去及現在影響她的生活。在上面所呈現的片段工作之後，Sally 開始跟她的治療師談論那些關於跟她剛完成的工作平行的生活。Sally 逐漸地，跨越時間，開始了解到那內攝的經驗如何在她的生活中產生許多平行的經驗。了解並探索這些生命的相似物，透過更完全地覺察及預期那已減弱了的內攝仍可能產生何種干擾的情況，將有助於病人把內攝更徹底地整合到人格中。

解決一個生命主題的內攝是治療過程中一個主要的部分，並且會隨著時間逐漸發生。很多時候，一旦被指認，生命主題一再地浮現；每一次病患經由覺察獲得更多的控制。當然，這些內攝不會被根除（因為沒有東西曾被放棄），但是最終在個人的接觸經驗中扮演著一個小得多的角色。

那麼總結而言，從病患的觀點，生命主題的整合過程涉及：

1. 情感宣洩，
2. 內攝對於病人生活情況之影響的感官覺察，
3. 了解內攝對於病人生活情況之影響的範圍，

4.覺察從過去經驗到目前當下現實的類似狀況。

當內攝工作持續進行，而且內攝變弱並且更在Sally的控制中，治療工作便開始進到了治療的稍後階段。

總之，中期階段的標示跟持續的自我擴展以及透過處理內攝／投射系統來維持這個過程有關。一旦那治療師／案主關係跨越了那個階段，那通往稍後或者成長階段之門就開啟了。

治療的後期階段

治療的中期與後期階段之間的界線難以界定。隨著內攝／投射系統更加完全地整合，關於病患未來自由存在的興奮便開始浮現，而且也推動了對於治療過程後期階段的好奇。

當中期階段慢慢停止下來，許多個人選擇離開治療。這個情況可以反映出一般人缺少對於個人成長之無限潛能的人本／存在概念的承諾。如果我們可以用比較系統性的方式來看待這個過程，一旦那重大的覺察障礙更加徹底地整合，在一個豐富的完形治療關係中對於所可以去探索或完成的就顯得沒有什麼限制。平心而論，很多案主把治療視為一種逆轉痛苦，「或是改善關係」等等的方式，卻不把完形治療當作一個自我成長的媒介。而這需要治療師的承諾及他／她對此理想的整合，才可能使之成為可能。

成功地解決那較深層的生命主題使治療過程得以進行到，我們發現是完形治療中最令人興奮的部分──無限的創造性的成長和實驗。當成長和實驗已經因工作到這個地步而產生，隨著更大自由度的概念變得更為真實時，那整合有害的生命主題就真的可以促成更完全的成長經驗。

隨著內攝及更深層的主題被處理，病患通常會發現他們自己處於一個有點困惑而紊亂的狀態，因為他們對於什麼是有可能的觀點一直大大地受到限制。他們這麼久以來所藉以生活的規條（內攝），在他

們的生活中不再有力量，而且他們通常報告說會感到有點失落。

在Sally的例子中，一旦她整合了更深層的主題，她告訴她的治療師：「那……如果我不把我的生命花在照顧別人，那我要做什麼，我是什麼？」那麼，無限選擇的人道概念的曙光於此乍現。

某些通往更完全生命的重大路障已經稍微被搬開，而現在那通往更完全擴展到環境之門開啟了。改變一個人的生命中被允許的規條是一個可怕的經驗。完形工作中所發展的治療關係，提供了一個實驗新規條以及試用並且支持新經驗的場所。

隨著Sally工作的進展，她回到了某些她在早期工作中已經指認過的重大主題。因為她覺得更有能量與活力，她對於她感到能夠而且也會往她所選擇去工作的主題前進，而變得興奮。

Sally選擇在下列幾個方面來工作：(1)她的個人力量；(2)她的生涯發展；(3)她與男人的關係；(4)她的靈性。

當她開始創造性地探索她的潛能時，她的興奮及信心在擴展著，而且她覺得更能掌控她的生活。

治療的後期階段是「沒有限制」的。既然完形取向是一個創造性／實驗性的過程，那麼任何事都可以嘗試。很多時候，這個治療的階段是最長而且對病人而言是最有收穫的。Zinker（1977）及 Polster（1973）還有其他人在探索完形治療的強而有力之創造性潛能，都做了很棒的工作。治療師及案主在治療過程的後期階段成為更完全的夥伴，因為很多案主為他們自己的工作及他們自己的實驗做追蹤、監測、評價，並做出建議。

很多目前的完形文獻是針對此階段過程工作的描述，這是非常重要的。很多界線擴展的工作實例也隨之被發現。當然，這裡並未探討到實驗性思考這個概念，它是以不同方式嘗試事物的一個公式。實驗、實驗性思考及行動變成病人在治療後期階段的一種生活方式，因為案主對於生活採取一種實驗的態度，期待體驗新奇的事物。

因為案主持續地學習及改變，治療的長度在此不是問題。完形治療不是提供對於一個問題的解決，它提供的是一個看待並發現生命的

方式，以及一個嘗試免於神經質／限制所累的工具。在這個「簡短」、「短期」、問題相關治療的年代，我們不可忘記一個事實，我們的目標、觀點，以及方法學是很不一樣的。我們是經由覺察來教導自由。

後期階段二：終結

結束治療，就像開始一樣，可以是困難卻又興奮而自由的。對許多病患而言，完形治療關係是一個在他們的生命中到現在都未曾如此地體驗及嘗試過的關係。

正如我們在本章一開始就討論的，在完形工作中病患及治療師之間的關係是特別的，而且很多時候是極為強烈的。放開這關係，可能對病患及治療師兩者來說都是困難／興奮的。

在這模式中，我們在此呈現了跨時間的完形治療，病患及治療師常常一起到達終點。病患覺得他／她已經：

　1. 增加了覺察，

　2. 對投射有更多的覺察及控制，

　3. 更多對於內攝的控制，

　4. 較少的未竟事件，

　5. 更接近改變中的環境，

　6. 大大地擴展了許多他們的接觸界線，

　7. 對生活發展出一種新的態度及興奮感，

　8. 增加了對於嘗試新奇事物的好奇與渴望，以及這麼做的信心。

在這個點上，Sally 想要「試試她自己的翅膀並且自己進行試驗」；而且，Sally 能夠向她的治療師道別。

終止在治療的後期階段異常地重要，因為那是重要關係的結束而非害怕適應上的依賴。我們是朝著自我支持在工作，同化新奇事物與持續地照顧自己的能力。因此結束（在整個過程中我們一直都知道）是失去一個朋友，而不是拿掉一個必要的支撐。

在這個模式中終止並**不**意謂著治療結束。它意謂著這個目前關係的結束。完形取向的目標包括：

1. 發展得以持續擴展你接觸環境之能力的技巧。

2. 發展一種實驗的世界觀，你自由地持續嘗試新的存在及生活的方式。

3. 發展持續的自我支持，那在每天生活中照顧自己的內在能力。

因此，以真正的意義而言，治療並不因治療的終止而結束。那過程持續著，正如治療師持續地學習、改變與成長。

那麼，這正是我們用於與個人工作的跨時間模式。當然，治療經驗很少像在這個模式中一樣乾淨俐落地攤開；然而，我發現很多時候當我回顧我與某人的工作時，我完成的那些工作通常都依循著在此所呈現的這個模式。模式是被發展來學習，同化，然後建造一個自己的方式。希望這個模式會以那種令完形治療師如此地與眾不同之個人獨特的方式被使用，而其中乃是以一個共同的理論基礎在運作著。

第4章

完形倫理

❀*Gordon Wheeler博士*　　著

❀*黃進南*　　譯

　　我是我，而你是你。我存在於這個世界上並不是為了滿足你的期望，而你存在於這個世界上也不是為了滿足我的期望。

——Fritz Perls

　　無意識的支配是……一種當下的倫理議題，它不是萬無一失的，但是處於一種特殊的立場。

——Paul Goodman

罪惡只是單純的過失。

——Socrates，由 Paul Goodman 引用

澄清圖像，發展背景

　　什麼是完形的倫理，什麼是完形的價值體系呢？像完形模式的這種歷程取向，強調是「如何」的問句，而不是「什麼」、「為什麼」時，我們提出這樣的問題是否還有意義呢？很明顯地，Goodman 與 Perls在尋找的是一種「盡可能不建立規範」的治療方式，這種治療方式傾向仰賴「真實情境的結構與此時此地」，以做為評斷健康與失功能的標準（Perls, Hefferline, & Goodman, 1951, p.329）。[1]從完形理論觀點來看，是否意謂著我們完全對內容的問題漠不關心，而只要符合某

些健康歷程的標準即可呢？也就是說，在完形的觀點裡，就所關心的意圖與結果而言，所有的歷程是相同的嗎？如果當我們帶著自己的價值觀並影響到臨床或其他處遇的問題時，我們是否會做出一些與完形無關的事情呢？如果是如此，那麼歷程與內容這兩領域間的界限性質又是什麼呢？又是什麼使得這個界限如此地不可滲透呢？

在完形模式之下，我們是否寧可相信在本質上的某些內容、某些種價值立場是無法與健康歷程並存的呢？而且相信其他立場、其他倫理立場或可能倫理立場的範圍是完形模式所偏好的，甚至是外顯或內隱地存在於完形歷程模式中？換言之，評價性的內容標準是否來自於歷程標準呢（可想而知，或反之亦然）？如果真是如此，我們可以在理論的哪裡找到這樣的內涵，以及有限（或連接）的界限情境？我們該如何解釋它們？如果可以找到它們，它們看起來又像什麼呢？

現在根據倫理，我們簡單指出任何有組織的、有系統的（意指不同的部分相互影響，並受到整體的影響）的**價值**——在此「價值」被認為是在某特定情境且**不考慮行為的立即後果，或考慮個人的滿意或喜悅下**，對特定行為表現出一個**已建立的偏好**或一套行為，而不是倫理完形本身的解決或滿足。這樣的模式與特質傾向是過去圖像及過去經驗組織的殘留結構所構成，它本身就是背景情況或**背景結構**，在此以一種不斷互動的方式來塑造與選擇新的圖像。因此，在完形理論中，經驗（以Goodman的說法，也可以說是「現實」）永遠是一種新鮮且有創意的參與，它包含與整合當下所察覺到的急迫、目前所知覺到的環境（內在或外在的），**以及有組織地累積過去經驗**，這是存在於**有組織的個人背景中**。就瞬間與持續的觀點來說，統整的品質就是圖像與背景的組織，也就是經驗的品質。用 Sonia March Nevis（1988）的話來說，一個不好或混亂的組織將會導致一個混亂的經驗，以及一種缺乏或低滿意度：這就是完形模式本身獨特的洞察力與關鍵。

現在很清楚的是，在任何一個人（或任何有機體）的生活與背景中，有很多像這樣已建立的偏好或有評價的行為模式，而這些偏好與行為模式是跨越時間與情境的，對別人呈現一些特定結果和特定的接

觸風格（抗拒）。確實，這些偏好或傾向的總合或系統，就是完形或其他相關領域系統所指的**人格**——也就是說，所有相當穩定或可預測的方式，就是人們在相同外在情境下，表現出彼此不同的地方。有人是好鬥的，而有人是較有能力和諧地運作的；有人具有敏銳的同理心，而有人缺乏這種投射的能力；有人喜歡擁擠的餐廳，而有人缺乏調節自己界線可滲透性的能力，因此偏好安靜的地方等等。但很明顯的是，並非所有的偏好形態都是我們所稱的「價值」或「倫理選擇」；相反地，它們多半只是具有或多或少的覺察，是對行為有預期結果的一些工具性選擇而已，或僅只是習慣（無論是否以動力或學習理論的意義來說）。我們提到當價值或價值的架構系統進入倫理系統時，我們特別意指那些習慣性偏好是**不**受知覺到的結果所掌控，而且很可能表現出與預期相反結果的習慣性偏好[2]。因此，上述定義的修飾用語是「未考慮……的結果」（without regard for...outcome）等等。更確切地說，藉由使用「倫理議題」或「原則問題」這些字，我們正表示我們感到一股拉力，至少從平常中得到一些思考，而不是從實際結果或個人期望中，也表示這股拉力與**個人背景的組織**、圖像與圖像間的結構關係、以及背景本身的滿足或解決有關。因此，最後的修飾用語是「而非」（other than）。當然，價值偏好，如同在背景中其他已建立的偏好，是受結果的考量所掌控。但這些結果的考量，與大多數行為選擇或大多行為選擇形態的考量是有很大不同的。這就是我們所謂的價值。

　　但值得注意的是，幾乎就定義上來說，當我們提到價值時，我們總是或幾乎總是在說一個圖像或慾望要壓倒另一個的**衝突**情境，或**支配權的競爭**（不由自主的或其他）。當我們說「我要做這件事」時，我們聽到自己說「但我不相信它」或「那違背我的原則」，或只是「那是不對的」。換句話說，相衝突的慾望[3]、或帶來不一致及破壞威脅的一種慾望，都帶來一些令人滿意的背景組織與特定的背景結構。我們可以合理地想像，某些倫理立場、某些凝聚力高的價值組織，從不會讓個體捲進其在某個當下自己其他不同的慾望需求和其他不同可能圖像的衝突之中；但在這種例子當中，我們可能沒有機會提及價值或倫

理：這個議題就永遠不會出現。如果這個議題出現了——成為圖像了——那就定義上而言，將會有一些緊張出現，對於我們注意力的投入也帶來不同的伴隨物和解釋（「緊張」與「注意」來自於相同的拉丁字根 tendere——其意指拉緊或緊張）。這也是完形的經驗知覺／注意力模式的重點，而我們對人性歷程和改變的了解就是建基於這模式之上（參閱 Koffka 的討論，1935）。再次就定義而言，當提及倫理時，我們將討論圖像間的衝突或圖像與背景結構約束之間的衝突，如同在競爭圖像的能量一般。因此，當我們聽到「倫理的」這個字時，我們自然而然地會期待它後面接續著「問題」、「決定」或最常見的「兩難」這樣的字[4]。也許就一種過度簡化的人際觀點，衝突是完形歷程模式善於處理的東西。但真的是如此嗎？對於衝突解決的歷程或整合，對於個人內在或人際間，相較於「自主的支配」，我們真的有很多話要說嗎？不管自主與否，這種支配的情況是什麼？背景結構是什麼？價值和其他相似的是什麼？在其他塑型的必須要件、新統整的界限、與所導致新接觸的結構等的互動下是什麼？再次地，在我們的理論中可以在哪裡找到這類議題的討論？而一旦我們發現這樣的討論，它又會是什麼樣子？

同樣值得注意的是，這種價值及評價的探索是必要的——一定包含著圖像及*背景*的結構，這樣的探索引導我們了解完形模式的特殊用途：做為了解保有（conservation）*和*改變，以及兩者關係的架構，像是生活中固有的兩極，這兩極在任何有用的描述生活歷程中都需要被考慮在內。因此，在完形系統中，生活的定義特徵是成長（接觸＝「成長的結構」，請參閱 Perls 等人，1951，第 2 冊第 1 章），在這樣的系統中，成長不僅僅只是改變，而是整合改變與維持現狀這兩極的，這兩極的整合界定了生活（沒有維持的改變不是生活，而是分解或腐敗）。因此，做為保有／了解價值問題的背景，完形系統是同時兼具保有／保護主義者，與激進／革新的。保有就它的認識是指所有的行為、經驗，在定義上都是*有組織的*——這表示，這些行為與經驗跟過去經驗所累積的殘留結構是有關的，是過去的經驗整合進入有結構的

背景中。激進／革新的堅信是，有機體為了生存而展現出一種天生的驅力，來跟新經驗或新經驗的某層面接觸（換言之，達成一個新的組織）；而以 Goodman 的說法，這些「不相似」的新經驗「可以變得相似」（Perls 等人，1951，p.270；參照 Piaget，1947，同化與調適，或結構的改變）。如同 Goodman 所說的，這就是早期 Freud 主義者的「調整」與 Goodman 的「有創意的調整」這兩種概念間最關鍵的差異。Freud 主義者的「調整」是指個體學著去順從不變的社會背景結構（尤其包含特定的價值及價值體系）；而在 Goodman「有創意的調整」的概念下，認為個體是不斷地創造（與評論）他或她自己的世界，在生命的歷程中，不斷與環境互動。

　　同樣地，完形對於健康（或失功能）的界定可由以下的概念所構成，當下瞬間的圖像結構跟持續的、相對較穩定的背景結構之間有彈性的互動歷程與影響；在此，這個界定對於我們探索價值體系有重要的意涵，因為畢竟我們一開始就是想知道是否有「健康的價值觀」存在。組織太過僵硬的背景，與相當受限制的、無創造性的圖像，將會產生過度警戒、社會性「調整過」的人格，而這類人格即是 Goodman 與 Perls 想對 Freud 主義取向的批評；在該取向中，個人內在與社會的背景結構同樣被視為特定而不可變的〔在古典分析裡，精神生活中不變的背景結構間的關係有些是正確的適應；請參照 Perls 等人，1951，p.278，對「常態的精神官能症」（neurosis of normalcy）此段的討論〕。另一方面，有的是在某些完形的文章中相對被忽視的，像是太過順從的與沒有結構的背景、背景本身貧乏乃是缺乏良好的分化，以及沒有可保留和評價的良好關係結構，因而形成無創造力的背景，導致將伴隨著情節不連貫以及單調的圖像形成歷程、焦躁地探尋高峰經驗來取代熱情本身，這樣的人格仍然是一種容易衝動的、消費主義的（consumerist）（因為永不滿足）、最終無法「建基」於群體的或有意義的〔同樣參照 Perls 等人，1951，p.475，對「創造沒有……調適」（creativity without...adjustment）此段的討論〕。在完形模式中，完整、健康的生命所帶來的挑戰，並不是在於對截然不同的兩極中某一極的頌揚，

而是在於整合／組織兩極，而這就是成長的歷程。

最後，就圖像與背景結構互動的觀點，完形模式在它的理論上強調**實驗**，不僅在治療中強調，也在過程中強調。在這樣的觀點裡，所有生命的歷程——就其定義而言——其本質上是實驗的，是不斷地以新的刺激來測試已建立的結構，反之亦然（「體驗」／「實驗」都是來自同樣的拉丁字根**experiri**，其意指「接受試驗」）。畢竟，就如同Goodman所言，圖像在未被個人主觀結構組織並成為「真實」前，它還不是圖像；也就是說，要將圖像與個人背景中某些暨有的特徵加以聯結，如同 Lewin 所提出來的，背景只是潛在的或未知的，除非經由與新的部分有所接觸／調適，才會顯現出來[5]。再一次，完形對失功能完整的定義（及對失功能的價值體系的定義）會聚焦於失敗或干擾，而非只針對圖像形成而已，也對這個在生命中持續的、有結構的互動、**實驗性**的立場（stance），如此圖像與背景結構會持續地相互驗證，在這持續的歷程中，這就是所謂的創造性適應或成長[6]。無法透過引介／整併（introducing/incorporating）新經驗來測試背景，這樣的人格是死板且沒有熱情的；Goodman 戲稱它為「正常」的人格，而這種人無法被接觸所帶來的重整力量所「改變」。另一方面，若無法將新經驗整合到持續意義**與價值**的背景結構中來測試圖像，將會導致疏離、含糊的承諾，以及許多當今尋求心理治療的個案的主要失敗之處。Goodman主張「由於自我調節——無論是健康的或神經質的，現實與價值才得以浮現」（Perls等人，1951，p.320）。那究竟，我們可不可以說「健康（或神經質）的價值」呢？那麼，不只是圖像，背景結構是否可以用健康來評斷？如果可以，那我們將發現自己至少已經在聯結歷程與內容兩者的路上了。我們是藉由怎樣的標準做出這樣的判斷呢？而在價值的領域裡，這樣的判斷對於由歷程標準轉移到內容標準的啟示又是什麼呢？

在這一開始的短途旅程中，我們繞了一圈，又回到我們一開始所提的問題。以背景的探索來描繪（使用其他 Lewin 信徒的隱喻），圖像和問題本身都放在背景中加以誇大，至少是一種初步的方法（「豐

碩的」，以 Sonia March Nevis 豐富的術語學），讓我們現在回到實驗，
藉由看這種與新領域有更具活力的接觸方式，來引導我們。

實驗

　　因為完形模式教導我們去欣賞經驗本身的實驗性本質，透過放下
一切或不加掩飾地讓我們建構和思索一系列的思考實驗，在想像中接
觸的各種新組織，並且測試理論本身的背景結構，或如同 Lewin 所說
的（在這裡，同樣想起 Lewin 的名言「沒什麼比好的理論來得實用
了」，或我們會加上「沒什麼比好的練習來得有理論上的啟迪了」；
參閱 Marrow, 1969）。首先第一個實驗是，想像你是一個私人執業的
完形治療師，並想像你的個案是可憎的法西斯主義者——是一個遭罷
免或有抱負的獨裁者、不在位、或正在流放的人；在一些未開發的國
家或在你所居住的城市度過他生涯的挫敗期（以便享受中產階級寬容
的政治氣氛，在他自己的痛苦中去限制或消滅自己所擁有的）。因為
完形理論也教導我們了解極端案例或清楚兩極思考的價值所在，因此
就讓我們說說 1920 年代，當完形治療還在形成時，也是 Nietzsche 對
心理／政治影響的最高峰（而 Nietzsche 對中產階級社會的批評，畢竟
是 Perls 對 Freud 的批評的主要哲學影響來源；參閱 Wheeler 的討論，
1991，尤其是第 2 章）。而且都到了這種地步了，何不來個徹底一點
的，你的個案不是別人，正是希特勒（Hitler）本人，而他正處在週期
性的極端憂鬱中。由於他的症狀有被完整的記錄（如例子，Speer,
1969），因此我們不用費心地想像他的抱怨：胃弱、失眠、情緒起起
伏伏、無法專心、性功能障礙、焦慮、憂鬱（我們想要加上妄想及誇
大，但等一下，這是我們自己的診斷類別，而這些診斷類別本身是相
當具有價值判斷的，況且這也不是個案抱怨的問題）。個案解釋這些
惱人的症狀讓他沒辦法有效地說話、寫作以及組織，也讓他沒辦法實
現他生命中清晰的圖像——淨化歐洲，至少他擬了一份敵對團體的名

單（因此令人不快的）──我們與 Perls 和 Goodman，以及大多數或全部的老師和朋友都在這些類別的圖像中 [7]。問題是，你會接這個個案嗎？可以接嗎？應該接嗎？若不可以、不應該，那麼你拒絕的理由只是由於個人厭惡嗎？或是有怎樣的理論基礎可支持你拒絕協助這樣的個案，藉由覺察到動員等接觸循環，以處理這些特殊的圖像？或是你願意跟這個案工作，因為你覺得這工作本身──藉由除去覺察的干擾、重新整合兩極，以及一般的有機體自我調節──在本質上會將這些圖像改變成較不具憎恨與破壞性（也就是說，這些歷程必然會改變內容──假若我們能為這樣的立場辯護，至少，這樣的立場將一定包含了能聯結我們在這兩個面向所要尋找的種子）。

完形模式能提供什麼，來支持我們具活力的、本能性的信念，去相信這位個案的信念是不健康的、失功能的，或是錯誤的（或回到我們那個大疑問，那些可能都是一樣的）？投射？根據 Goodman 所說的，所有的種族歧視都是一種投射：歧視他人的人是「將屬自己的特質推到他人身上，而他將這些特質壓抑至覺察之外」（Perls 等人，1951，p.252）。然而，如果這是真的的話，至少我們的個案似乎代表一個特殊案例，他是否了解到他鎖定的族群──猶太人、基督徒、貿易聯盟主義者、藝術家、性及其他少數族群等等──當他試圖支配、或至少藉由行動抗拒被他支配。但對他和他的追隨者而言，這些是他們真正擁有的信念，他們沒有投射或否認這些信念，甚至也沒有抗拒接觸，他們肯定與讚揚這些信念。他不單只譴責他的受害者是「畜生」（Goodman 的用語），很明顯地，他也會設身處地同意 Nietzsche（以及 Freud、Jung、Goodman、Perls、我們自己）所說的，我們都壓抑我們「內在的畜生」而讓自己受到了傷害，也同意要達到完整性與健康則必須要鬆綁那些壓抑〔那將讓你明了解除（undoing）的吊詭，以及一開始壓抑的一些理由〕。至於他那完全消滅敵對族群的慾望，將此歸咎於那些多數潛在的受害者，這對他來說一點都不困難。相反地，他看不見潛藏在他們自己內在那「畜生」般的慾望，這是他們（非他自己）在奮力競爭求生存時的自卑感象徵，也是他自己與他的計畫的

機會窗口。

　　自主，是指自己界限的確定，也是指「由環境支持轉為自我支持」（Perls, 1973），亦伴隨拒絕了融合的追隨者關係。大概，可能，完形當然，我們想主張和強調在形成新圖像時解構環境的（參照 Perls 口腔攻擊的隱喻，1947），至少，這對獨裁主義者一定是不受歡迎的內攝價值體系，但這是不是又再一次由外來評斷個案，且在過程中巧妙地使用，以及強加那些我們試圖去辯護的診斷或價值分類與判斷？對於那些我們所批評的倫理體系的追隨者──不是說帶領者──不知道自己受控制、混淆的，或內攝／被洗腦（事實上，他們可能會這樣看我們）。至於其他人──例如，潛在的受害者──我的自主與我的自我支持必須顧及你與你的，這樣的東西是寫在《完形理論模式》的哪裡？畢竟，這是我們開始要問的問題，也可能是我們想要懇求的問題。假若我無意識的支配與你的相衝突時，那該怎麼辦？在此，我們要重述我們原先探索的議題：一個純然主觀的模式，它的健康的標準僅僅採自呈現當下圖像的結構特質──如何在內容背景上辨別一個個的圖像呢？就理論上而言，除了 Nietzsche 主義者認為生活是個別意志的衝突觀點外，以及後來的假達爾文主義者適者生存的說法，我們還可以提供怎樣的觀點？

　　或者，我們將這樣的實驗更前進一步：假設新的政治秩序已經各就各位了。社會或多或少地再組織，生活也重新上軌道了，至少對當時那些沒被鎖定的群體而言。然而，憂鬱、焦慮、成癮、自殘的行為、性或其他人際上的失功能仍舊持續發生，因此現在需要一所新心理治療的州立學校。為何不是完形治療[8]？我們可以在完形理論中找到什麼？是我們清楚地知道的，在使用上產生衝突，即便它是一種濫用的情況（因為，確實健康理論像一個哲學系統那麼複雜，在某種程度上，不僅必須對其明白指出的內涵負責，也必須對它略而不談的內涵負責，而且那些容易被扭曲的內涵負責）？有機體的自我調節？Goodman 和他的協同作者告誡我們「不要害怕」，別以為「溶解了你的良知之後，你就會變成罪犯或衝動的精神病患者。你會感到訝異的是……，在有

機體的自我調節下……，你應該藉由意志去生活的原則將是如何……出現，而且無論你所處的社會情境如何，這些原則都將會明顯而適當的」（Perls 等人，1951，p.259）。現在，Goodman 和 Perls 謹記在心的「良知」（conscience），是未經檢測的、是僵化結構的內攝，多少像 Freud 學派者所談的超我，加強我們上述所描述的僵化的背景結構，暫時算是一種「不健康的價值系統」（至少用歷程的詞彙，依據它可滲透界限的功能而言，而不是以實驗的主觀性）。但這就是納粹黨（與 Nietzsche）所稱的良知，這種被接收的結構有時被視為「猶太—基督教徒的倫理」，透過一個自由的擁抱而破壞或取代，對抗價值體系是納粹黨明顯的目標（事實上，希特勒清楚地知道，在消滅偏激族群及少數族群後，他那大規模的計畫的成敗將取決於教會勢力的銳減或甚至完全消失）。而至於歐威爾主義者（Orwellian）對洗腦與集體思想（我們前面所談的融合／內攝）的議題，確實，我們會同意我們對靈性、至少對完形理論重視探尋的整合、對個體表示疑惑、建基在身體經驗與抽離當下需求的懷疑等議題，有嚴重的曲解。然而，去曲解是多麼地容易，而要具體地表達理論中的矛盾是多麼困難啊！對每個政治體系而言，就是各式各樣的法西斯主義，它激發了主體／人民的充分感覺和所賦與表達意見的自由時，至少在很多情況下，他們得到了。在理論上來說，當我們被迫緊握自己的手旁觀這場爭辯時，也被迫要自己相信他們的同意不是真的，因為有機體的自我調節不該是這樣的！

　　但是讀者可能在這方面會抗議，一開始便太過極端了，甚至是牽強的（甚至冒犯的，Goodman 特別鍾愛的指控，當他表示某些感知的現實時）。讓我們轉向每天的臨床實務中較常見的問題及表現：對於自殺有什麼樣的看法？在完形模式下，自殺算是個人的（或臨床上的）失敗嗎？或它只是健康自主歷程的一種可能的表達而已（一種最後的權利，就如同 Camus 擁有的一樣），只要「有力的完形」所需的特性有出現並負責即可嗎？當一個想自殺的當事人或對自殺感到矛盾的個案來到你面前，我們是否要履行臨床的責任，協助他一起達到「好的

圖像」（「顯明，澄清，聯合，幻想，感恩，活力，釋放等等」——
Perls 等人，1951，p.272），然後支持個案透過啟動能量、行動、接觸
等循環來了解圖像，對我們來說需注意——在與這特定圖像接觸後，
就我們所知，緊接在後的消退是最終的嗎？就理論上來說，非「僅就
個人觀點」，或者我們是否寧可認為，自殺是一種錯誤，它顯然是屬
於不健康的歷程的，甚至是「錯誤」的？如果真是如此，這是我們從
完形模式內或外所得到的立場嗎？「完成有力的完形本身即是種治療」
（Perls 等人，1951，p.273）。從表面上看來，這似乎暗示著所有的問
題都落在完形分析的範疇之外，也就是屬於歷程的問題與議題。然而，
Goodman 繼續說到「接觸的圖像並非是經驗的象徵，而是一種對經驗
的創造性整合」。換言之，圖像本身與背景有牽連（正如我們所主張
的）——除了 Goodman 所說的圖像是指某些較孤立、情節不連貫的東
西以外，而不是他在其他文章中所提的圖像。還記得「無意識的支配」
是「當下的倫理」議題嗎？對 Goodman 來說，是「並非萬無一失的」。
然後接下來，如果還有的話，完形系統內有什麼可用來矯正或豐富一
個圖像對其他圖像「無意識的支配」，或有什麼可以在支配未完成時
支持圖像的選擇，如同我們在衝突的案例中，我們所理解的倫理是什
麼？再者，如果答案存在的話，它必定存在於背景之中。

　　當然，就如同我們一直以來所關注的，至少它仍有邏輯上的可能
性，從完形系統外的一些觀點來看，就是主張並擁有價值偏好、倫理
標準（與該系統的關係不是和諧的就是衝突的，或者是無關的，視情
況而定）。關於自殺，很多完形治療師認為在倫理上有必要（那也就
是說，圖像式的支配，為了滿足個人背景的結構性需求，而我們的價
值範疇便落在此），要求自殺個案住院，或者監禁自殺個案（或是有
殺人傾向的個案）。再引用 Sonia March Nevis 令人信服的話來說，人
們偶爾會有這樣的想法，但一定會感到**後悔**，因為這侵犯到他人的自
主權。確實，對後悔這樣複雜的心理狀態予以包容和尊重（以及罪惡、
羞愧、忿恨、失望、熟悉且微妙的整體**人際**情緒狀態），將會使完形
模式更為豐富，這些在 Goodman/Perls 的文獻中似乎很少被談論到。然

而，為了我們的目的，這個後悔的真相，在其本身及本質上，仍只是依據我們最初的問題。從理論的觀點看來，是什麼引領著我們去違犯這個重要的完形原則（到目前為止，雖然有一個原則，但別人的自主權，它仍是一個我們很難在完形理論找到它的定位）。當一個圖像支配了另一個圖像時，會變成什麼？或者，是不是後悔的感覺本身是聯結到悲傷的？在這模式中，是不是當一個人被迫離開、失望，或是一個人無法滿足需求和達成期望？

或者再次將實驗降級，就可怕的賭注而言（但仍在嚴肅的生活議題當中──直到我們到達充滿重要的能量、相衝突的圖像或慾望的點時，我們才有機會討論價值議題）：面對離婚的問題，我們又會怎樣呢？如同完形治療者，我們是否對關係承諾這一類的問題有任何理論上的偏見呢？若有（或若無），則我們如何協助個案思考這樣的議題，在成長的路上認真地做出選擇？當然，簡單的回答就是尊重個案選擇的自主權，協助滋養背景的覺察來支持那浮現的圖像，不論那圖像是什麼（但切記，那納粹個案的案例中，這樣簡單的答案會讓大家感到困惑）。也對，但是對什麼的覺察呢？對「那些浮現的東西」嗎？的確，目前，在所有事物的完形模式下，我們並不打算進一步討論參與者／觀察者的觀點不會影響這個系統的議題（如同 Lewin 以及 Heisenberg 堅稱去研究某事物就是要改變它）。但當你使你的偏見成為個案覺察的一部分時，我們將會公開討論它。但同樣地，就理論上來說，那個偏見是什麼？當我們順著個案的引導進入「那些浮現的東西」時，什麼議題或空白是我們用「第三隻耳朵」聽到的？我們是否相信如同 Perls 主義者在此章一開始所主張的，人們間的聯結，當好的時候會讓人很享受，當不好的時候則是被唾棄的？如果不是針對我們個人，我們是否仍承認在完形模式下的這個立場，與健康歷程是不相衝突的？或者我們是否寧可相信有**豐富聯結和完全支持背景的發展下，精力充沛的、美的圖像會從中浮現並茂盛**，這是需要仰賴這樣深入的自我認識以及急切的自我分享，至少，在一個有承諾的關係下，能夠經驗到在困境時的放下（包括長期心理治療、伴侶及家庭關係、或這類的友

誼，在這些關係中，背景本身，不僅是圖像，對另一個人是有幫助的，是有影響和可分享的）？換言之，我們是否同意Freud（有系統地）及Perls（矛盾地），相信個體及社會、自我及他人基本上是對立的，且相信一個人的發展在某些方面會損及另一個人？或是我們寧可贊同Winnicott、Goldstein、Lewin 與Goodman（通常），相信自我與他人在根本上是一樣的、彼此是對方的背景，並相信自我與關係共同性的發展是彼此糾結的。因為這樣的信念，確實會對臨床實務造成極大的影響；臨床經驗告訴我們，從這兩種不同的治療／人際的背景看來，「浮現的東西」會相當的不一樣。而且，的確，完形模式並非完全不重視這些人性歷程的基本問題，它是在何處、如何、何種情況下發生、孕育、生長的。

消退、事後了解（Debriefing）、完成 ⁹

根據 Goodman 的說法，人性即是指人的所作所為（Perls 等人，1951，第二冊第四章）。很顯然地，包含了過失、罪惡或不好的價值觀。唉！人做了這麼多事情啊！Goodman 對這些道德選擇的苦惱，以及包含人類歷史痛苦的詞句，其回答是「有機體的自我調節」（經縮減但未經扭曲）。有了這樣的信念，他將自己明確地定位在浪漫時期的道德思想傳統裡——至少可以追溯至盧梭（Luther），以及在惠特曼（Whitman）與馬克吐溫（Twain）身上發現的美國人獨特的扭曲（畢竟，馬克吐溫是個傳說中的道德朝聖者，他以某些天生的、以身體為基礎的、自然的去理解對與錯，努力地去調和所接收到的社會價值或Perls主義者所說的「良知」。最後，Huck 的英雄氣概在於他選擇聽從他內在的聲音，叫他尊敬與那位逃犯 Jim 的私人關係，即便他無法跳脫他所接收到的體系，他仍相信他將因為他自己這樣的承諾而下地獄）。就如同我在別處說過的（Wheeler, 1991），Goodman 本身曾寫文章批評社會過度控制的時代背景——約略從希特勒到麥卡錫

（McCarthy）。因此，在道德／政治修正中浪漫時期的信仰是，**自主的個體**是忠於自己、忠於自己自發的衝動（盡可能的身體衝動）、忠於慾念與厭惡。就道德而言，這「自然的」人類，畢竟比其他各種不同的物種很難做得更差，這些痛苦時代相衝突的權威系統，教會和國家，共產主義和資本主義，左派和右派的法西斯主義，以及民主和整個宗教是建立在其他受難團體的滅亡，而這僅僅只是這世紀的前半段！因此，尋求一個「現實」的「自發的標準」——**完形**；也因此，終究，Goodman 對接觸本身極端的形成（最後是站不住腳的）——「從**空白**的背景中浮現清晰的圖像」。就如同我們在這探索的旅程中所見，背景不可能是「空白」的——而從空白的背景中得到的圖像也跟健康的人性歷程無關，就我們對健康人性歷程的理解。確實，背景本身是個有豐富結構的、具動力組織化的「地方」；在這個地方，所有過去圖像、過去經驗有意義的殘留仍是充滿活力的，而新的圖像將從這背景的結構特徵中浮現並成形。在這些結構特徵之中有一些後設結構，或是組織結構的結構，而我們將它們理解為**價值**。這結構關係與倫理系統中，有許多價值在它們的**內容本質**上是跟健康完形的形成、圖像**與背景**解析的歷程價值相違背的，而其中我們認為完形的形成、圖像背景的解決是健康歷程與生活的顯現、象徵，和治療（如 Goodman 所言）。在完形模式之下、在這動力的背景中，我們對 Goodman 與 Perls 感到欣賞和尊敬，因為他們擔憂用這樣的標準來診斷及衡鑑健康，並且帶著對於此項工作在理論上的風險更完整的覺察，和對內容及歷程結構間不連貫聯結的覺察，提醒我們應跨越這個偶爾會受圖像束縛的模式，而重新聚焦於我們最初提出的問題。

價值是一項有力、優勢而有組織的力量或特徵，在於個人的背景中，偶爾在形成新圖像時，它被急切地給與能量來壓倒強大且具同等力量的需求與慾望。主觀上，我們覺得那是種壓力或拘束：盧梭說「**我站在這什麼都不能做**」（I can do no other）。價值結構的力量是完形歷程本身的力量：以不可擋的有機體驅力去建構經驗——既然如此，建構其他內在結構——以令人滿意、一致、有終極意義的方式（事實上，

這就是「有意義」的意思）。我們主張某些結構可能被視為健康或不健康的，以歷程的用語來說，就像其他有結構的背景特徵，根據他們對實驗的相對可用性與界限的可滲透性，以一種持續而成長的方式，相互測試與重組圖像與背景結構。除此之外，我們提出了問題，也指出可通往這些問題答案的可能路徑，就其內容而言，像這樣的價值結構本身在功能上及臨床上可能是不能被評斷的。跟隨那些建議的或可能的路徑，發現與建構我們最初的那個問題的答案，它已超出本篇文章的範圍了。如同對下一個接觸的探索，這個問題仍留在持續實驗的圖像與背景中，也就是完形理論本身裡頭。

註解

❀1 對於確實是誰撰寫了完形理論的內容的問題仍舊未解決，而且可能永遠無解（參見 Davidove, 1985；以及 Glasgow, 1971）。Goodman 聲稱撰寫是他的功勞，而其他人也支持了這樣的主張，但還是有疑問——是誰提出這些概念的。無庸置疑的是這個宣述（the voice）——特別是第二冊——是 Goodman 所提出的，其實讀者只要將之參照於其他作者的作品便可輕易指認出來。因此，當我們在這裡用到「Goodman 說」或「根據 Goodman 的說法」，我們是參照宣述，而不對這些宣述到底是誰的思想之爭辯有偏見。

❀2 舊行為主義學者對「利他主義」這個字的吹毛求疵，可能會引發不同的看法：也就是說，既然所有行為在某種意義上，都受到具有吸引力知覺到的結果所掌控（換言之，所有行為都是「自私」的），那麼說某些行為是利他的（或說是不受想要的結果所掌控）還有意義嗎？在這兩種情況下，答案都是一樣的。利他主義所提的行為及其動機，是指個人的滿足是來自於他人獲得利益或滿足。在這裡同樣地，「價值」是偏好，是不受滿足所控制，與倫理的滿足或價值完形本身是不同的。

完形治療——觀點與應用

❀3　藉用 Lewin 的術語（1935, 1951），相衝突的「原子價」（valences）運用在所有的評價選擇上，就不只是我們所了解「價值」這個詞彙而已。英文中的原子價這個字，是 Lewin 所喜愛的，可能是來自 Lewin 過去在 Wertheimer 的邀請下，產生很多心理學隱喻的一部分。實際上，Lewin 原來用的詞是"Aufforderungsqualit"或「要求特徵」（demand characteristics），更能捕捉在面對壓力和拉力的主觀感受，像是內在衝突的衝突，特別是道德的問題。

❀4　「隨心所欲，做當下讓你感到舒服的事」似乎是永遠不會有跟內在衝突有關聯的道德立場的例子。然而，就哲學與心理學而言，這個立場被「感到舒服」這個詞所暗指的未分化的重複而妥協掉了，而且變得瑣碎了。假若同時有超過一件以上的東西讓你感到舒服時，且都沒有展現「無意識的支配」時，那該如何是好呢？更有甚者，可能有各種不同的「感到舒服」，這裡我們真正所檢視的是哪一種。模糊這樣的區別是要製造問題，而不是要去回答問題。

❀5　在這裡，要比較 Lewin 的組織研究的「行動研究」模式與改變的處遇。Lewin 認為研究組織最佳的方式——也就是說，了解結構背景隱密特質的最佳方式——是去改變它，而反之亦然。這當然是透過實驗，並緊密地對應完形方法學的接觸分析，Anna Freud 視這個問題為「防衛機制的分析」（Lewin, 1951; A. Freud, 1973）。討論治療性的會心本身就是一種接觸實驗，參見 Wheeler（1991）。

❀6　在此比較 Michael Miller 具挑撥性的建議（1987），一個完形發展的模式可能是由好奇心的概念和功能所建構。當然，好奇心包括背景結構本身願意去冒險，這就是現在我們所談的。

❀7　Nietzsche 對於納粹主義是一個重要的哲學來源和影響，但並不是說 Nietzsche 本身就是一個納粹份子：Nietzsche 憎恨和輕視納粹黨，他們用 Nietzsche 的名字做了一些惡劣的事情，更不用去聯想 Perls 和納粹黨有任何關係，因為他本身就是一個受害者。畢竟，我們對我們所有的親人負責，因為這些人用相當不同的方式來反應相同的傳

統！然而，Nietzsche 可能是錯誤的，因為他沒有去阻止 Chamberlain 和其他納粹哲學家開發並濫用他的哲學系統。同樣的原因，我們可能會期待以純粹的 Perls 主義角度來啟動對納粹主義理論的攻擊，而這是極為困難的，——即便這可能是我們想要去做的實驗之一。

✿ 8　讓我們假定是因為 Goldstein「有機體的取向」（The Organismic Approach）（對心理治療）文章已出版的緣故。無論如何，如果在這個時期中，Lewin 和 Goldstein 的工作中沒有一個方法學出現，那至少將會有一個治療模式的大綱出現（Lewin, 1926; Goldstein, 1925）。

✿ 9　Katzeff（1977）區分接觸循環的第七個階段，「完成」，是處於接觸和退卻之間，強調一個達到最高潮的可能性（使用 Goodman 性的想像），是一種美好、愉悅或停留在接觸，但它可能在接觸和退卻這些用語之中被忽略。

Davidove, D. (1985). The contribution of Paul Goodman. *Gestalt Journal, VIII*(1), 72–77.

Freud, A. (1937). *The ego and the mechanisms of defense.* New York: International Universities Press.

Glasgow, R. (19719. Interview with Paul Goodman. *Psychology Today*, November, 1971.

Goldstein, K. (1925). Zur Theorie der Funktion des Nervensystems (Toward a theory of the functioning of the nervous system). *Archiven fur Psychiatrische und Nerven Krankheiten*, 74.

Katzeff, M. (1977). *Comment se realiser dans la vie quotidienne et professionelle.* Brussels: Multiversite.

Koffka, K. (1935). *Principles of Gestalt psychology.* New York: Harcourt, Brace & World.

Lewin, K. (1926). Vorsatz, Wille, und Bedurfnis (Intention, will, and need). *Psychologische Forschung, 7*, 330–385.

Lewin, K. (1931). Erziehung fur Wirklichkeit (Education for reality). In K. Lewin, *A dynamic theory of personality.* New York: McGraw-Hill, 1935.

Lewin, K. (1951). *Field theory in social science.* New York: Harper & Brothers.

Marrow, A. (1969). *The practical theorist: the life and work of Kurt Lewin.* New York: Basic Books.

Miller, M. (1987). Curiosity and its vicissitudes. *Gestalt Journal, X*(1), 18–32.

Nevis, S. (1988). *Remarks at the thirty-fifth anniversary conference of the Gestalt Institute of Cleveland.* Unpublished.

Perls, F. (1947). *Ego, hunger & aggression.* London: Allen & Unwin.

Perls, F. (1969). *Gestalt therapy verbatim.* Moab, UT: Real People Press.

Perls, F. (1973). *The gestalt approach and eye-witness to therapy.* Palo Alto: Science and Behavior Books.

Perls, F., Hefferline, R., & Goodman, P. (1951). *Gestalt Therapy: Excitement and growth in the human personality.* New York: Julian Press.

Piaget, J. (1947). *Intelligence.* New York: Basic Books.

Speer, A. (1969). *Erinnerungen.* Frankfurt/M: Verlag Ullstein GmbH.

Wheeler, G. (1991). *Gestalt reconsidered.* New York: Gardner Press/Gestalt Institute of Cleveland Press.

Winnicott, D. (1986). *Holding and interpretation.* New York: Grove Press.

第5章 溝通分析與完形治療

✿*Robert Goulding*醫師　著

✿*何麗儀*　譯

　　我被邀請為這本書寫一篇溝通分析和完形的文章。這不再是一件簡單的事，因為現在我不完全是一位完形治療師，或是一位溝通分析治療師，或任何一種類型的治療師。我是一位整合取向的治療師，我用每一種我懂的方法來教學，還有做治療。所以我只是寫出我所做的，以及怎麼做，且讓它就照我自己的寫法來展現。在這篇文章裡我不再描述溝通分析的基本理論〔我們的理論和治療方法可參閱 Goulding 和 Goulding 所著，《力量是在病人手裡》（*The Powr is in the Patient*）和《再生之旅》（*Changing Lives Through Redecision Therapy*）〕。

　　我大量採用溝通分析的原理。我在工作時，我用溝通分析的角度來思考，想著怎樣去診治病人；病人的人格特質如何？以我的信念系統來看病人怎麼會變這樣？畢竟，治療師只不過是要求病人把他的信念系統變成是我的信念系統。我不在意我們寫的是哪一類的治療師——溝通分析、完形、心理劇、心理分析（如果那真是一種療法，而且我也對此理論存疑）、行為治療、減敏法、家庭系統理論——不論我們的信念系統是什麼，我們要求病人從他們錯誤的信念系統，轉到我們自以為比上帝還要正確的、又絕對完美的信念系統。我們可能不知道那就是我們正在做的事，但這就是我們正在做的事。病人相信許許多多的事情，包括關於他自己、關於別人、關於原生家庭，而我的工作就是去要求他不要再全然相信他所相信的，而且要用全然不同的角度來看待這個世界。

　　所以我要使他相信我！這是第一步。如果他不相信我、信賴我、

認為我是對的，那我會在催化他的改變時就會遇到困難。請注意我說「催化他的改變」。我同時相信，也只有病人本身才有能力造成改變。我沒有任何力量可以去「令他」改變，不論 Fritz 和 Eric 的著作是說了什麼。是他改變，不是我改變他。我只是讓他相信我，相信我所說的和所做的是對的，他能改變他自己。事實上，當人們從德國、捷克、澳洲和日本來到我這裡，他們已開始相信我了。他們願意付諸行動前來找我、飛行大約一萬多哩、付我一個月或兩週的訓練費，這已是一個想要改變的巨大承諾。所以，對我來講，寫作、去一個遙遠的地方做個零星的研討會，已經是做了一些好的接觸。當人們來此治療對水的恐懼，他們早已知道當我說我會治癒懼水症，我就真的做得到。所以他們早就準備好要放棄他們對水的恐懼，當然他們也做到了。通常三分鐘就夠了。這不是魔術，這是對改變的承諾〔順帶一提，我知道我沒有治癒人們，那只是一個比喻（figure of speech）。每當我變得熱門而且被寫成「我治癒了」，我就會收到仰慕信。請不要用這樣隨便的詞寫信給我。是病人自己治癒他／她自己的）〕。

好啦。現在我要講的就是關於接觸的原委。接觸非常重要。我在德國遇過一些人，在慕尼黑的溝通分析討論會上。她說：「我要停止對水的恐懼。」我說：「好呀。你什麼時候要做？你要在這裡，慕尼黑，停止對水的恐懼嗎？或者你要到加州來，到麥當納山，而且要等到明年才戒除？」

「為什麼不是現在？」她說。「好」，我說。「我在酒店的泳池等妳，今晚五點。帶著妳的啦啦隊來。當妳戒除了，他們會給妳鼓勵」。她到來，她也把啦啦隊帶來了，在五分鐘內，或三或十分鐘，她不再恐懼水了。魔術？不，接觸。他們相信我，這就是有關的一切。他們相信我，反正過了一陣子之後，當我說：「現在由你來掌管。你對你的行為負責、你的思想、感覺，還有大部分是你的身體。你可能還沒相信我，但你會的。沒有其他人可以替代。人們不會使你有感覺；酒精不會使你的行為不一樣。是你自己。你可能被你母親教導說都是你讓她生氣的，而你會認為是她讓你不快樂的，但卻是她讓她自己生

氣，是你讓自己難過。所以你能停止成為一個受害者，且負起了責任。」很明顯地，很少有人在一開始就相信這些，但這是你對你自己這樣做的，不是我。你自己編造了一些故事讓你認為，都是我所講的、想的、感覺到的、做的，或者你配偶正在做的，導致了你如何如何，你以為就是他們讓你這樣，但你才是主宰者（讀一讀《改變生命，力量》，可以了解更多有關自主的問題）。

　　接觸是非常重要的。你怎樣接聽電話？你接聽，或你有祕書接聽？自己接聽吧！在一家有名的精神病治療中心，他們正在做幾種有效療法的研究。他們決定根據病人打電話來預約或來門診掛號的那一天來安排治療的方式。星期四是團體治療日。當有人在星期四打電話進來，他們就進入溝通分析團體。他們有好的溝通分析治療師，但無論怎樣，星期四的病人竟沒有參加多過於一或二次的會談。後來他們發現接聽電話的祕書是這樣回答的：「喔，今天是星期四。我們今天只有溝通分析的團體治療。抱歉！」所以他們要她改變她做第一次接觸的回答方式：「喔，你很幸運，今天是溝通分析日耶（或者完形日，或其他什麼學派日）！」之後就再也沒有人中途退出。接觸是重要的。你的辦公室像什麼？你的接待室像什麼？他們是無生氣的或是鼓舞人的？你還放著五年前的雜誌嗎？或者你有最近的你最好的再版文章，裡面有那些和你一起工作過，而怎樣療癒他們自己的描述，有被你標示出來嗎？你為自己的環境做了什麼？如何吸引你的個案？甚至在還沒見到你之前就如何去催化他們進入狀況？你怎樣問候他們？Eric 不會和他們握手，因為〔他在《你說了哈囉之後該說什麼？》（*What do you say after you say Hello?*）一書中寫的〕他還不認識他們。好啦，你會怎樣去認識他們呢？Polsters 在其著作《完形治療整合了》（*Gestalt Therapy Integrated*）一書中寫出漂亮的接觸。你要說什麼和怎麼做，讓他們會有「喔，這治療師真是與眾不同！」的反應？

　　再來就是**合約**。你怎樣訂定你的合約？或者更強烈地說，是你訂定合約，還是說你催化你的個案訂一個合約？如果不是這樣，你哪知道你正在做什麼？如果你沒有特別的合約來做為明確而可衡量的改變，

那你是在黑暗中工作。我的合約，或大多數溝通分析治療師的合約，是非常明確的。「我將要戒煙」是合約。「我喜歡戒煙」，或者「我想知道為什麼會抽煙」，或者「我想試試戒煙」，這些都不算是合約。它們是挫折的經驗。「我想要停止打我的小孩」或者「我奇怪為什麼我會打我的小孩」，這些不是合約；但是「我要停止打我的孩子」算是合約。「我要查清楚為什麼我這麼胖」不是合約，但「我將要減掉五十磅」是合約。文字是很重要的。我們在處理病人時大部分也在處理文字，因為語言代表我們。「我們遇到敵人，他就是我們自己」。

接觸是很重要，合約也很重要。有成千（或者成百）的「完形治療師」，他們只是曾經參加過 Fritz Perls 的夢工作坊，就自稱為完形治療師，他們絕對是在黑暗中工作，因為沒有訂定合約。「契約全在那裡，就在此時此刻」他們老是這樣講。胡謅！他們只聽到 Fritz Perls 說的，沒留意他做的。如果你沒有簽合約，你不是在做治療，你只是處理一個經驗而已。如果是這樣（我不是在說有關真正偉大的完形治療師，像以下這批人：Simkin、Polster 夫婦、Irma Shepherd、Joen Fagan、Howie Fink、Joe Zinker、Bob Resnick、Jan Rainwater、Lois Brien，還有其他許許多多的人；我所指的是那些自稱為完形治療師的人）。就我自己的看法，Eric Berne 留下來最偉大的心理治療藝術和科學，就是治療合約的觀念。

接下來，是第一種誘餌（con），我替那些沒有抓到第一種誘餌的治療師感到難過。有些當事人、我的朋友，用他們的方式工作已好多年，他們的經驗比我們想停止他們用這樣工作方式的經驗多了很多。如果你（我們）沒有在第一次就抓到這種誘餌，那我們就上鉤了。光是這樣，他們在幾星期內就會洋洋得意地離去。什麼是誘餌？那就是當事人所說的或所做的，非常明顯地表示出他們是不會做到的。我最喜愛舉的誘餌，可能在我以前的文章或書裡就提到過，那是一個當事人／治療師說的，那時他跟一位初出道的治療師在一群同儕團體裡工作。「我從來沒有做到我說要去做的事，但我想要戒煙」哇！那可憐的治療師，對於有人要戒煙感到太興奮了，而沒有聽到那前半部分，

只是後半段，就倉促地進入戒煙的合約，完全沒有檢查那「我從來沒有做到我說要去做的事」話中的誘餌。她不會再是個生手治療師了。

另一種誘餌是：「我想要去處理……（說了很多項）。」當他們說「處理」，而你相信了，那你就上鉤了。每當我聽到人們說「我想要去處理……」，我就會從椅子上跌下來，一副痛苦地在地上打滾的樣子，而且還用拳頭猛擊地面說：「一直一直而且一直處理處理處理處理還有處理。」正是這樣。我從椅子上跌下來。讓人印象非常深刻。在每一個工作坊裡我都會遇到一個想要處理什麼的案例。第一個，也是所有誘餌中最大的一個，大概是逃避（copout）吧，而且這是一個讓他們深信不疑持續遵循的誘餌——他們會一直想要處理以及處理，今年，明年直到永遠，但也一直沒這麼做的人。他們大部分是居住在 Esalen，會去參加美國心理治療師學會所舉辦的夏季工作坊，但永遠只是會員而已。我稱它為他們的「宿便」（fecoliths）。

　　長期不好的感覺——扭曲的感覺（rackets）。在溝通分析裡，我們稱它為「扭曲的感覺」。扭曲的感覺意指有不好感覺的人企圖要他人幫他做一些事情。例如，小孩，用生氣來讓媽媽或爸爸來替他們做一些事情，或給他們一些什麼。或者他們會模仿父母，媽媽說：「你讓我好生氣，都是因為你翻倒了牛奶，或沒有清理房間，或太晚回家，或不洗碗盤。」孩子不知道他們不能使媽媽生氣；但他們相信這個信念系統，然後他們就卡在那裡。所以他們長大以後，他們用兩種方式來保留這些扭曲的感覺：一、常常玩同一種遊戲，二、脫離當下而幻想著彼時彼刻的時空。所以，為了保留這種憤怒的感覺，我應該做的是，每天早晨看著報上總統所做的事，華盛頓昨天或明天所發生的事，跳出此時此刻而想像，如此就可以毀了自己一天的時光。處理這種長期扭曲的感覺，我必須教導這些人對自己扭曲的感覺負責，教他們停止玩遊戲，教他們活在此時此刻會比幻想彼時彼刻的時空還要好。

　　遊戲：在溝通分析的定義裡，遊戲意指會導致刻板而扭曲之感覺的一連串的溝通。有一種看似平常且直接的溝通，但卻是一個真的扭曲，玩此遊戲的人往往是缺乏覺察地要別人給與回應。舉例來說，常

見的「踢我」這種心理遊戲發生在，晚上我在游泳的時候，一個工作坊的參與者跑來問我一個有關治療的問題。這好像是一個平常的問題，但那參與者早就知道我有多討厭在我休息的時間還被問及跟工作有關的問題。所以，暗地裡，他是在要讓我生氣，假如我真的生氣了，他們就會經驗到他／她本身被拒絕、感到憤怒、或傷心、或是任何他／她自己扭曲的內容。另外，他們會說一些關於他們自己還有我的閒話，證明他們在這個世界上所存在的位置：「我永遠得不到我想要的」以及「他並不喜歡我」。

所以，在此時，我們要檢查幾件發生在我們和當事人之間的事情。我們做了好的接觸；我們訂了好的治療合約；我們留意到第一種（和隨後的）騙局。我們看到長期性扭曲的感覺，以及他們用心理遊戲或幻想來保存這種扭曲感覺的方式。我們現在感興趣的是，這種扭曲的感覺對他們有什麼作用──當他還只是個孩子時，這位當事人做了怎樣的決定好讓他們保有這種感覺。例如，一個小孩子在年幼時，就決定在事情不順利時，就去自殺？或他決定永遠不再做些幼稚的事，而且要照顧所有的人？或她決定不要長大？無論那孩子決定了什麼（她／他不斷不斷地做決定。為了生存，她／他會做一些事情且保留感覺。這決定是根據當時人們對他們所做過的、說過的，和給過的安撫（strokes）而來的。例如，如果媽媽不斷重複地說「我真希望你從來沒被生出來過」，那麼這小孩會決定自己是沒有價值的，他可能跟死了沒兩樣。以後他長大了，他會感到沒用、沮喪、還有自殺傾向。他的生活計畫或腳本，就是以他的早期童年情形為依據，他所用的遊戲或幻想則是用來持續他的沮喪感和無價值的地位。我做為治療師其中的一項工作，就是要抽絲剝繭地處理這種情形，不是去談一談童年的事，而是要催化病人進入到童年所發生過的事，宛如發生在此時此刻一般。這不只是蒐集資訊，更重要的是在催化病人去學習或有一個不同的經驗；能以不同的方式來回應相同的刺激。我們不可能去改變**其他人**的過去，所以我們不允許有幻想的結局出現；但**有**可能假裝是在過去的情境但改變了結局，藉此來改變自己；而且做成新的決定，即

使媽媽不想要他活下來，但他依然能享受自己的生活。

　　所以，對我來說，治療師的工作是用一些方法去催化當事人進入他自由、非適應性的兒童自我狀態，而做再決定的工作。我們來看那些卡住的地方，僵局，並且將工作安排好，讓病人可以從僵局解脫出來。這是所有完形治療師都在做的，當然，如果他們在做完形治療：找尋那不協調、矛盾、兩極的位置，催化當事人變成一致的，化解矛盾。純粹的完形治療師和溝通分析／完形治療師之間最主要的不同是，我們更加注意到當事人的僵局（癥結）^{校閱註1}與其腳本（生活地位）有關連的地方。比起對此時此刻的僵局而言，我們對癥結是如何一次又一次地重複，讓當事人一再重溫那些老經驗，有更多的興趣。我們需要一個矯正性的經驗，我們不只解決此時此刻的僵局，而是與他生活有關的癥結。

　　為了讓讀者對癥結（impasses）的特性有更多的了解，我在一年前曾為 *VOICE* 雜誌寫過一篇文章，大約有三類癥結。那些純粹的完形治療師，如我所了解的，從病人矛盾的行為、思想、感覺來處理癥結。例如，如果病人說「是」，但卻搖頭表示「不」，很明顯地那是一種癥結，那完形治療師可能要病人兩種都去體驗看看。而溝通分析／完形治療師，或再決定治療師，除此以外，比較會去追蹤那癥結的源頭，好讓它的改變可以持久。例如，當事人可能「答應」去做一些特別的、不同的、又有一點炫耀的事情；那我們就會去追究他用搖頭表示「不行」的來源為何，而不只視它為「優勝者」（top dog）。之後，我們可能會要求個案成為那個不贊成有「炫耀」行為的人，然後要進行自我與那個說「不要炫耀」的父母（可能）做對話。那對話發生在當事人的*自由孩童*和他或她的*父母的*自我狀態之間。對於這種讓當事人實際經驗父母自我狀態的案例，我們極其感興趣，所以我們將會做更多的催化，讓當事人能更容易得到這種經驗的工作。

　　在 *VOICE* 這本雜誌，「癥結」這篇文章裡，我解釋了三類癥結的性質，那時我把它分成第一度，第二度，第三度。我很遺憾把癥結分成「等級」，這樣會使很多溝通分析治療師感到困惑。Berne 寫的有關

心理*遊戲*已經分成第一、第二、第三級，代表*遊戲*的嚴重性。第三級的遊戲是參與者最後精神分裂或死亡。癥結的等級完全沒那意思，我是傾向於把癥結叫成第一、第二、第三*型*。第一型涉及當事人的父母自我狀態（叫 P-2）那裡來的訊息；這種訊息是四處可見的、非常口語化的，通常，它會和文化或父母對孩子的期望有關──讓父母與有榮焉，例如勤勞工作、上大學、努力學習、成績優等。他們是用真實的父母所用的字眼，其特性可能就像 Freud 所描述的「超我」（super ego）一樣。*父母自我狀態和超我之間的差異在於，超我*是從許多父母的訊息發展而來，而*父母自我狀態*是當事人腦裡所植嵌入的父母〔參看 Berne，《心理治療裡的溝通分析》（*TA in Psychotherap*），或 Goulding 夫婦的《再生之旅》二書〕。再決定治療師所做的，就是催化病人更容易進入*父母自我狀態*，使他能經驗它，然後決定去做他想要做的來解決掉癥結，而不必管那原始的父母，即後來的*父母自我狀態*，要他做或不准他做的。例如「勤勞工作」本身並沒什麼錯，只要是勤勞工作的決定是**現在**的孩子所做的自由決定，而非刻板的、為了生存而不得不做的事。因此，從我們的觀點來看，癥結的解決方法是**必須**從自由孩童而來，而不是一種順應，不管是對新的形象或舊的圖像，或甚至是移情的回應。

　　第二型的癥結是跟父母自身的孩童自我狀態有關的訊息──行為、思想和感覺，因父母自己所受到的傷害、失望和憤怒而強求孩子（我曾經在過去的文章和書裡詳細解釋過父母禁令和反父母禁令）。例如，如果一位母親已生了四個男孩而想生個女孩，但卻又生了一個男孩，她可能很容易以各種非語言的方式對那最小的男孩說：「不要成為男孩，成為女孩吧。」她會給這嬰兒穿上粉紅色的衣服、裙子、留長頭髮，然後說：「你要打扮成這樣漂亮的小女孩。」或者，一位父親，已經有了四個女孩，意外地第五個還是個女孩，做父親的可能教她打獵、釣魚、和踢足球（並不是所有這種行為都是遺傳的；而只是文化，我不是在替它辯護。請不要寫，我也是維護平等權利修憲案的）。這些訊息，叫做父母禁令，從父親或母親失望的*孩童自我狀態*而來，而

對於後代完全是不理性的，但是父母並不知道這種行為的可能結果，沒有看到這種行為的非理性，甚至根本不知道這小小孩在他／她的腦袋裡怎樣去回應這些訊息。要處理藏結須讓當事人去感覺父母在發出訊息時的感覺，然後從自由孩童來做回應。如由成人來回應是不夠的。因為記憶中當時的場景、孩子和父母之間的感覺，以及當時感覺的經歷，都會留存在當事人的孩童自我狀態裡。是的，病人在開始時並不知道他感覺到那（些）感覺與記憶。但若被治療師正確地抓到時，就自然會浮現出來。父母包含在孩童自我狀態的那一部分叫做 P-1，以圖畫表示則是在孩童自我狀態圓圈的頂部；這個P-1，Steiner叫它做豬父母（pig parent），Berne 叫它「電極」（electrode）。

第二種藏結常與父親或母親給的非語言或前言（preverbal）訊息有關，現在這些訊息已併入在當事人的孩童自我狀態中。在治療之前，適應性孩童通常的回應是，要聽從、遵守（或叛逆地對抗）這些訊息。當然，我們的工作是催化病人去決定不再這樣做，而是照他所需要的去做思考和感覺，非適應性地，就算他的父母要他去做，去想或去感覺或相反的意思。要達到這樣的情況，其中的一個方法是去停止適應性的叛逆，你可以問「你願意做你想要做的嗎？即使他們想要你去做」。我們並不反對發現式的純完形經驗，但我們對用經驗去教導當事人也感興趣，也常會運用認知性的面質，來幫助當事人了解她現在所行、所思、所感乃是基於他／她原始適應性的反應而來，無論這適應性的反應是服從性的或不服從。盲目的叛逆就正如盲目順從，都是適應性的，而回應根本不需要是為了有療效而去做反應。常常在完形的經驗裡是叛逆的回應，但卻完全不是自由的。

說到這裡剛好可以回來反思我所寫的。我介紹過四個 "C"，即接觸（contact）、合約（contract）、誘餌（con）、長期扭曲的感覺（chronic bad feeling），但跳過了第五個，主要的抱怨（chief complaint）。它和這篇文章沒有特別的關聯。我曾介紹過人們用心理遊戲與幻想來保存扭曲的感覺，也介紹過早期決定，父母禁令和反父母禁令，和前兩種藏結。我還沒講到第三類的藏結，那是根據小孩子獲取

的特性而來的。在這種情況下，當事人不知道他／她從誰那裡得到的訊息，就算你告訴他他也不會相信，他會說他「總是這個樣子……」（憤怒、悲傷、沒用）。在優勝者和劣敗者之間，或孩童和父母，沒有位子可安排他們來對話，因為病人感到他們是天生如此的，沒什麼可以改變，沒有人可以訴說，也沒有體驗到任何癥結。認識第三類型的癥結是重要的，為了不被捲入當事人不能解決的安排對話裡。Jim Simkin 一些捕熊陷阱就屬於這一類。

例如，一位從土耳其來的小婦人在這裡。她有駕駛恐懼症。當我們和她一起工作時，我們才知道她除了駕駛恐懼症以外，她認為且經驗到她自己是愚笨的，所以她永遠都是愚笨的，生出來就是愚笨的，沒什麼可以改變；對於機器的東西她特別愚笨，像汽車。我們認識到如果不首先催化讓她不再感到愚笨，那我們最好聰明點不要幫她克服駕駛恐懼症，因為對她來說，坐在車子裡的駕駛盤後面實在是文明的威脅。我們知道她並不愚笨，她拿到心理學博士學位，這不是一個愚笨的人容易做到的事。至少不是普遍的。我們可以確定的是在她的童年時有人叫她笨蛋，但她否認了，只說那是他們「看出來了」，當然她並不算聰明，她能夠從小學到中學到大學到研究所，是因為她非常用功，不是她不愚笨的。這是一個第三型癥結的典型例子。

所以我們要她成為且扮演那愚笨的小孩。她做了。太好了，全部完成。之後我們要她做另一部分，那「不愚笨」的部分。她看著我們喃喃地說：「我不可能是那部分，我是愚笨的。」這是在第三型癥結裡常有的回應。很難迴避，特別是他們感到愚笨是一種特質。我說：「假裝你是聰明的，你的偽裝可能愚弄了很多老師，那麼對我們偽裝。」她坐到另一張椅子，扮演「聰明」而非「愚笨」。當她繼續雙椅自我對話時，她開始感覺到有一個聰明的小女孩在前面，那個愚笨的女孩在後面，然後開始轉移她的能量從那適應性的「愚笨」到自由的「聰明」。就這樣，她放棄她的愚笨位子，之後我們才願意為她作減敏法，協助她放棄她的駕駛恐懼症。她的關鍵陳述是，她說了：「我想我很聰明地發展我的駕駛恐懼症；假如我是愚笨的話，我可能早就

自殺了！」

　　在第三型的癥結裡，我們通常除了當事人原來坐著的椅子外，還會用另外二張椅子。這是因為從他們剛進來坐的椅子開始，我們並不知道他們會怎樣結束，但我們希望能讓當事人可以坐回原來的位子，達到一個滿意的結局。不是全部的第三型癥結都以我們預先判斷的預測來結束。所以如果我們從病人他自己坐著的那張椅子開始，然後他在房間正中結束，我們會怎麼處理呢？所以我們用兩張不同的椅子，在他們結束時，他們永遠可以回到原始的那張椅子。當然，在所有的個案裡那可能是明智的，但也有痛苦，不斷地帶進更多椅子。

　　通常，或最少時常，在雙重的獨白中，當事人在兩方都是用「我」來說話，他若開始說「你」，那我們可能就進入了第二型癥結。例如，以上面的例子而言，我們那土耳其的小婦人忽然說：「我希望你不要再叫我笨蛋。」我們便安排了第三張椅子，告訴她坐到那張椅子上，並且扮演那個叫她笨蛋的人。結果變出那個比她大三歲的哥哥！當然，我們用第二型和第三型這兩種工作來做結束。第二型是一個我與汝（I-thou）的對話，第三型是一個我—我（I-I）的獨白（我是在適應性和自由孩童之間，它們兩種是相同的。當自由時，那孩子只是單純地不去順應外在或內在的父母訊息；當他或她是適應性時，就會聽從了）。

執行

　　到目前為止，我主要是寫了一些理論，不是應用。當然，癥結的化解和隨後的*再決定*，不會是突然就變出來的。我還沒處理其他的"C"，那些逃避（copouts）。差不多每一個逃避都會受到面質，我們不斷教導當事人了解他自己在許多方面，特別是在語言方面，是怎樣讓自己失敗、放棄了他的自主。我們教他什麼是卸責（tilt）、試看看（try）、鳴笛（toot），還有拖入（Tonto）！卸責這個詞用來表示

一些他認為他無法掌控自己的行為、思想、感覺和身體的狀態。例如「她令我生氣」，或「他令我這樣做」，或「一個想法突然進來」，或「我的心跳加快」，或「我的呼吸變弱」。這樣持續的面質，和要求從被動式換成主動式的說法，起先只是語言，慢慢地病人開始會了解到，還有比語言更多的訊息；當他一再重複地說「我使自己悲哀」，他就開始了解到事實上是他使他自己悲哀，他的妻子沒有「令他悲哀」。「試看看」是一種非常重要的逃避，用簡單的例子就不喻自明：「試著排糞」和正在排糞之間的不同。我有一個巨大的牛頸鈴，任何人一說「試看看」的時候，我就搖一下，沒有什麼比這樣用幽默來描述行為更有效的了。「鳴笛」是為了*需要*。當人們說「需要」其實他的意思是「想要」時，我就會吹了一下哨聲。拖入是用在沒必要有時卻還說「我們」的時候——就像 Tonto 和 Lone Ranger 說話，而後者說：「Tonto，我們被印地安人包圍了！我們該怎麼辦？」而 Tonto 卻回說：「誰是我們？」校閱註2

在下面的例子，是從我們上百卷的錄影帶裡挑出來的，那治療師是一位蠻不錯的年輕人，而當事人，當然也是治療師，蠻有經驗的。在到來之前受過很多訓練與治療，但還是有點沮喪，缺乏基本的熱情和精神，因都被她抑制著。背景是她在上次和我們會談時討論過，她小時候曾被她的一位叔叔性侵害，這場景就像她第一次說出時一直跑「回來」。我們曾提醒她，她一直把它帶回來好讓自己保有同樣的悲傷和不完美的感覺；由於這個性侵害的場景，她的*孩童感覺*就是那一份永遠不會「消失」的悲傷。

這卷帶子由治療師和病人之間良好的合約開始。括號內是表示我給讀者的建議，有關正在發生的事情，或者我對當事人的身體和相貌的描述等等。

治療師（以後簡稱治）：好了，M，今天妳要改變什麼？〔這是對一個合約的好要求。治療師在這個問題裡有幾點陳述：一、改變是可能的（有許多治療師好像不相信這個，連許多當事

人也一樣）；二、是當事人，不是治療師，將做一些改變，
那是沒有魔術丸或神咒的；三、今天就有可能改變！拿這個
來和 AGPA 消費者指南裡所說的，治療是需要很長一段時間。
真的，它有可能很長如果你相信它需要長時間，如果你相信
它可以短一點，那今天就可以發生改變〕

M：我和 Mary 的其中一個合約是前來尋找可以把論文完成的某種法
　　子。我決定要完成它，而且要找出為什麼我會一直拖延沒完
　　成。

治：好，把它寫到合約裡。

Bob：（吹口哨）（我對「為什麼」吹口哨，因為我不相信「為什
　　　麼」）

M：我要這樣。

Bob：我不相信去找出為什麼是你和 Mary 的合約。

M：我答應要完成它啊。（她的意思是她有在寫論文，但治療師遺
　　漏了這被動的部分）

Bob：我了解。

治：好了，你認為你需要什麼好能達到這個承諾？（我們只用「需
　　要」當它真正是一個需要，像那些用來生存的水，氧氣，礦
　　物質，營養素，維他命。需要是一個生存的字，可以用來勒
　　索別人去做一些事情。該用的字是「想要」才對）

M：你的意思是達到我自己的承諾？是嗎？我要下定決心把它，把
　　那篇論文完成，而當我說我要堅持立場時，我仍然在拖延。
　　就像在說我不會去做完那狗娘養的東西。

治：好吧，繼續堅持你的立場──這件事告訴你什麼？（她看起來
　　變得更為悲傷，多一點淒涼，沒什麼活力地繼續說下去）

M：我不會去完成它。那些壞蛋沒有離開我。正如我說的，只有我
　　自己在奮鬥，我沒有打擊任何人，我只打擊我自己。這是不
　　明智的──我是不明智的，當我這樣做時。（她知道有關
　　「它」和「我」──當我們說「我」，我們掌握力量，當我

們說「它」，我們變成被動，失去力量，所以她是在聽她自己，開始有更多的覺察）（手放在胯部前面，腳也提到胯部，兩腿分開，胯部分開然後用一隻手遮蓋著，掌心向內，掌背向外）

M繼續：我在自己的頭腦裡說在這場戰役裡是些什麼，為什麼你一直在戰鬥。只要去做，你所需要的就是去做。（請注意她說你，不是我，那表示她從孩童或成年轉換到父母自我狀態，重複那些無論是父母或一個強烈的影像說：「為什麼你要保持戰鬥，你只是去做就好。」）

治：好，那好像有兩極，你願意先選一邊嗎？——選一邊代表我不會去做。然後和另一邊說話。用「我不會去做」來開始。

M：這邊是我不要的嗎？

治：是。

M：長長的停頓，用她另一隻手推他下來，對他揮揮手說「我願意做你想要的」，但我現在覺察的是我剛在一分鐘前從我變成你而且還說話。（這點對她是好的，她聽到她自己了）你所需要做的就是去做，這是我剛剛察覺到的。（她的右手仍然放在她的胯前，但她的手指在她的左腿上上下地動著）我想要對這種情況做些事——我換了代名詞，當我說「你所需要做的就是去做」我聽到我對我自己說，我正在說的是我將做你所建議的，我可能用我不會去做的這一邊去做一些事情。

治：你想要怎樣結構？

M：就像你提議的，耶穌，我真的意識到活力，且感到憤怒，當我覺得我不會去做的時候。（大聲地）我不會完成我的論文。我不會完成我的學業。（手離開胯部，但不是手腕，用她右腿上的手指來強調她說的）「我不會，我不會去做。」（看起來嚴肅，悲傷，緊抿著嘴角，嘴唇擠壓在一起）

治：現在發生什麼事？

M：我仍然回到那訊息，你需要做的就去做。沒什麼比去做更需要

的。（吞了一下）我需要。（讓手舉起，使手指和姆指接觸）

唉，我需要你幫我做（咧著嘴笑）。

治：誰坐在那邊。

M：（很長地停頓了十三秒）我媽。（長長的停頓，十三秒）我媽。
（手又放到胯前）媽媽沒有做，我要自己做。（用左手抓前
額）。我必須自己做。是的，那是一個戰役的場地。學校是
一個戰役的場地（她正在修碩士，課全修完了只剩論文）。
（現在開始用左手拉頭髮，這是一個普通的非常小的孩子的
手勢）

治：妳有留意到妳的手在做什麼嗎？妳的左手。（她或者完全沒有
留意到她的右手，這是不太可能的，或者有一些部分他不想
指出來就是在這段時間裡她用右手去蓋住她的胯部，我猜這
就是為何他沒有把她帶到癥結點上的原因）

M：是，我打我的頭和玩弄我的頭髮。

治：你的手對你身體的其他部分，對你的頭說什麼？

M：喔，我比較喜歡拉我的頭髮，不是打，但我沒有這樣做，我用
打的來替代，……我喔，我是在生氣。

治：妳如何表示？

M：這個早上在生物活力組裡，只是看著那些人在發怒，我感到被
煽動了。

治：妳煽動妳自己。（他也知道有關「誰使誰有感覺」）

M：是，我煽動我自己，感覺到那股力量穿透身體，我感受到感染，
我被感染了。同一時間，我不要，你不能煽動我（左手握
拳）。

治：發生什麼事？

M：哦，我繃緊我的全身，我帶上（嗯）。一些東西（嗯）。從過
去（嗯）。告訴我自己想要停止，我還沒準備好要去面對它。

治：我沒聽錯吧，妳想要停止。

M：點頭，是。（一副悲傷的樣子）

Bob：我會同意，但什麼理由。

M：喔，我又進入到被強暴的場景，和……

Bob：妳什麼時候可以結束它？

M：（看起來很驚訝）

Bob：我沒有要你去做，我要你安排出時間，看什麼時候要把它丟到腦後，你已經拖了兩、三年了，這又讓你覺得你自己很糟糕。你打算什麼時候結束它？

M：（笑）你打算什麼時候結束它？（左手握拳）（當然她會。她以移情的態度回答我：就像她母親說：「只要去做。」現在我說：「什麼時候你才願意去做？」她就感到她的兒童的叛逆部分，雖然她知道我是對的──也跟著我重複，那當然，這就是全部有關的工作）

M：我想要結束它。

Bob：妳想到怎樣去做嗎？

M：我知道怎樣知道什麼時候可以結束它，我告訴我自己「好了，你已經做了兩次，在過去三年，這應該足夠了，你一定要完成。」

Bob：謝謝媽媽。她在那裡：「你需要做的就是去做。」

M：對，我需要的就是去做。

Bob：你確定從那裡就制止，是嗎。你付出了代價。你的生命故事，以你自己當代價來制止。

M：是。

Bob：看看你第一次進入被強暴的場景對你有什麼用處。

M：迷惑的，「進入被強暴的場景？」

Bob：是，你那時當然是制止的。但現在你還是一樣制止，雖然那要你自己付出代價。你的經驗是每一次有哪一個人想從你那裡得到某一件東西，即使那是對你好的，你就制止，就像你一直停留在那古老的場景中一樣。

M：是，我整個下半身都縮起來了。（在這裡，她雙腿分開坐著，

她的手又放到她的胯部）

Bob：看著電視螢幕。（她看著，把她的手從胯部移開，移到腹部）

Bob：你邀請，在你制止的同時，我沒有說你**現在**在玩強暴我的心理遊戲（rape）。在這次工作的過程中你多數時間把你的手放在你的胯部上。

M：保護我自己。

Bob：是，但你甚至不知道它是在那裡。

M：是。不，我不知道。

Bob：所以你有部分的腳本就是：當人們有求於你時你就制止，雖然知道要付出代價。你制止那些適合你的，但沒有制止那些不適合你的。

M：（點頭）我想繼續在這個部分工作，現在。我還有時間嗎？

Bob：有，確定。你還有七分鐘（！！）（我們只允許每一段工作進行二十分鐘）回到 Jack，你有對 Jack 說這些嗎？

M：有，我制止自己縱使要付出代價。是的，我要改變它。

Bob：（看著治療師）你知道腳本是什麼嗎？Jack。（他點頭）

M：我要改變它——我要結束那強暴的場景，結束那場強暴。（點頭）

治：你打算回到過去嗎？（M 點頭）（我們的工作都可能以現在時態完成，我們不是在講故事，而是回到正在發生的場景。用這方式幫助孩童，把他們對場景的記憶和感覺放在一起）

治：描述那場景。

M：我在他們家的睡房裡。喔，我看到叔叔走進睡房，和……他……（嘆氣）……（她坐在沙發裡，她的腿對著她的胸，她的腳在座位的邊緣，她的膝蓋和小腿盤鎖著，她的頭微微向後仰）。停頓了好長一段時間。他在碰我的身體，他插……他的手指……在我陰道裡。和……嗚。

Bob：對他這樣說。你把手指插進我的……

M：你把手指插到我的陰道了，和他是（Bob：你），你試著把你的

生殖器放進我的口裡,我想要你馬上停止,而且(頭再向後仰)我阿嬸就在走道,嗚……(她挺起她的身體,好像很倔強的,她的左手從沙發舉起,在空中,手指僵硬得像爪一樣)而且……我要打你……打你。你傷害了我……嗚嗚嗚。我叫你停止,我正在哭……。(頭再向後仰,離脖子更遠)(淚水湧出,哭泣)*我要媽媽,我要我媽媽*……。

Bob：她在屋子裡嗎?(請注意這裡用**現在時態**以保持場景生動)除了他們兩個之外,還有沒有誰在屋子裡?

M：沒有,我單獨自己(哭泣)。我要我媽媽。(不斷地抽噎)

Bob：你對他說「停止!」再對他說一遍。

M：停止(大喊)*停止*。Arnie(現在的頭和脖子伸展到九十度)*停止*。(停頓,抽噎……)

Bob：然後呢?

M：(一邊抽噎)他把我的頭推向後(她的頭盡可能地延伸)。我要我的媽媽。(Bob：然後呢?)他跑了。

Bob：他停止了?(她點頭)所以你成功地阻止了他。

M：(頭回到正常的位置,直起來)點頭。

Bob：你成功地阻止了他嗎?

M：是(再次點頭)。

Bob：你成功地阻止了他嗎?(我還不敢確信她察覺到她所做到的事,所以重複地問,直至她用了解的態度來回應我)(M點頭)跟他說,「我阻止你了!」

M：(多一點活力)我阻止你了。(再說了一遍。)我阻止你了,*我阻止你了*。(她仍然坐在沙發上腿放在沙發上,腳在椅邊,靠在一起)

Bob：站起來用力地說。

M：(站起來,像一位拳擊師的勝利站姿,舉起她的手,喊叫)我阻止你了,Arnie。(Bob：再大聲)我阻止你了,你這狗娘養的。(她的左手在空中揮舞,握著拳。面上露出驚訝)我

　　　　阻止了他。

Bob：你已阻止了他。你叫得真夠大聲，打得真夠力，你喊得真大
　　　　聲，你甚至連 Taj 也喝走了。（Taj 是一個工友，時常在會議
　　　　室裡）他走開了。（她笑）你真有力量，使 Taj 離開。（她
　　　　笑得更大聲，放鬆她的身體，擦著臉，笑容滿面。按摩著脖
　　　　子。再一次地笑著）

M：我真的阻止了他，不是嗎。

Bob：你做到了，所以你是一個勝利者，不是失敗者，你終於不是
　　　　個受害者。

M：耶（咧嘴而笑）我阻止了他。（像孩子一樣，吃驚的聲音微微
　　　　地震動）我制止了他，我阻止了他，是的，我已阻止了他。
　　　　（觀眾鼓掌，她和他們一起鼓掌）

Bob：你願意對這裡的人說「我只會為我的利益而制止別人，如果
　　　　不是我的利益我不會制止。」

M：（向房裡望了一圈）我會為了我的利益而阻止你，不然的話我
　　　　不會。

Bob：我會為了我的利益而阻止我，不然的話我不會。

M：（咧著嘴笑，搗著她的肚子笑，肩膀向後，頭伸直）我會阻止
　　　　我？（疑問地）

Bob：對，「我會為了我的利益而阻止我，不然的話我不會。」

M：（了解地咧嘴笑著，搗著肚子笑著）我會為了我的利益而阻止
　　　　我，不然的話我不會。對。（高興地點著頭）（搗著肚子，
　　　　之後她的右手放下來擦著她的胯部）

Bob：抓得好，你是這樣擦著的嗎？（我了解這是粗俗的，但我要
　　　　繼續進入自由孩童，沒什麼比粗俗更能進入自由孩童，特別
　　　　是這個病人）

M：高興地笑著，繼續擦著她的胯部，「對的，抓得好」她看起來
　　　　和剛開始時完完全全不一樣了。身體放鬆，面容輕鬆興奮。
　　　　「太棒了！」她說，更加興奮，驚訝地搖著頭。好像是在經

歷一件奇怪的事。「我完成了。」（當她這樣說時，那小小的報時鬧鐘停了下來，她準時在二十分鐘內完成了工作，在我們允許的每個個案的時間。觀眾欣賞地笑著。鼓掌。她對她的治療師說「謝謝你和我在一起。」站起來，掃一掃自己的身體，再宣布一次「我完成了。」就坐回椅子裡）

Bob：做得好。（看著治療師）我希望你不介意我中間加進來。

治：喔，沒關係。

在接下來的一年內，她再回來接受一次為期兩個禮拜的專業訓練。她完成了她的論文，安頓好她的個人工作室，和她那不錯的丈夫（也是一位治療師）重整了她們的關係，看起來非常好。她熱切地跟我們報告她所有不再制止的事情，所有她為自己完成的事務。

就這樣，不斷地留意細節，小事。好的治療師，就我們的意見，是對細節非常留意的。把所有重要的小事件集合起來。例如，她遮蓋著胯部的方式，她與他人相處時的保留（抑制）也許是小小的觀察，但極重要的是，她抑制著性（根據她童年的事件），她也制止了要完成碩士學位所必要做的工作。每一個小小的面質可能讓洪水得以傾洩，進入*自由孩童*，打破癥結，做成*再決定*。再說一次，*再決定***一定**是從*自由孩童*處所做的決定。當我三次重複我的問題：「你成功地阻止了他嗎？」我擔心她是從適應兒童的部分來回應我，而不是從自由孩童，所以我一直重複直至我知道她已經覺察到。帶著興奮（excitement）的爆炸（正如 Fritz 的用詞）。

✿校閱註1 本章原文 "impasse" 一般譯為「僵局」，而國內目前有關溝通分析的譯書則以「癥結」稱之。因此文中提到溝通分析治療之處便以後者為譯詞，其餘仍維持僵局一詞。

✿校閱註2 Tonto 通托人，為印第安的一族，其與獨行俠 Lone Ranger 為好友，二人一起浪遊於荒野中。

第6章 完形治療與身心：盧本飛德能量同步療法概述

❋*Ilana Rubenfeld*　著

❋*黃進南*　譯

> 歌頌身體
>
> 治療靈魂
>
> 觸動心靈
>
> 完成整體

————Ilana Rubenfeld

　　隨著二十一世紀的來臨——家庭、社區和政府系統愈趨複雜，伴隨而來的，是許多過去我們沒有處理過的資訊——愈來愈清楚地了解到，一個人是需要被當作一個完整的個體來看待的。身為一個治療者和教育者，是要幫助個案成為完整的自己。

　　在治療、教育和保健的領域中，能夠精於身心的整合仍然是罕見的，很多治療師不是擅長身體工作就是情緒的工作，只有一些人知道如何將這兩者完全地結合在一起。

　　晚至 1960 年代，藉語言的心理治療介入仍然被認為是與身體工作分開的。雖然完形治療透過包括把身體當成是一種隱喻、注意身體的姿勢、呼吸、臉部的變化、眼睛的移動等等，提高接觸的使用，把它當成是進入一個完整個體的切入點，但直到最近，這些才被整合納入完形治療的實務裡。

　　我對整合的更深層的研究，讓我創造了一個新的治療和教育派典，我（以自己為名）稱它做盧本飛德能量同步療法（Rubenfeld Synergy Method, RSM）。在此章節中以及本書談到有關完形的部分，我將提到

自己的故事，其中包括發展的原則、理論以及此法在實務應用的情形、一段盧本飛德整合方法的逐字對話錄和介紹一小段特殊的「記載方法」（scoring）。

　　我想要帶你一起進入我的故事，踏上這段旅程，我會描述我和 Fritz 和 Laura Perls 的關係，他們即是一起創立和發展完形治療的創始者，而我同時也會說明我是如何讓我的想法是清晰可見的——整合完形治療和身體工作。這個方法沒有在一夜之間開花結果，而是經過了長年的累積過程，緩慢的發展才成了現在的形式，多年之後它也將會持續地發展下去。

創造者的誕生

　　當我對身體工作和心理治療還一無所知的時候，RSM 的根源已經在我的生命中確立下來。三十年前，我的工作是管絃樂團和合唱團的指揮。身為一個指揮，我必須練就精準的**內在聽力**：一種在樂團演奏前就能調整好曲調的技巧。

　　指揮家成為樂譜和演奏家之間的橋樑。他們快速看過樂譜，將文字符號轉換成活生生在搖擺著的音調。他們同時「閱讀」樂譜、給演奏者指示、控制音量、展現情緒（透過手、臉部和身體）、鼓舞演奏者，準備好隨時變換任何指揮動作，而且**整合**所有的部分到曲子的完形裡。我相信我所受的指揮訓練是一種到近乎自然的方式，能悠遊於不同層級曲子的能力。

　　我曾經和 Pablo Casals 在朱莉亞音樂學院就讀過，那時擔任 Leopold Stokowski 的助理指揮。在我所有的訓練當中，從來沒有上過有效運用身體的課程。指揮的壓力很大，我的背和肩膀出現抽搐的毛病。藥物能夠暫時舒緩我的症狀，但是很快地疼痛又會復發。於是我向 Judy Liebowitz 尋求治療，他是一個亞歷山大（F. M. Alexander）方法的老師，這是一個有效運用身體的方法。

　　當我和 Judy 碰面的時候，我注意到她走起路來像是有點跛腳的感覺。儘管她的步調很不協調，但她的移動相當優雅，而且她的姿勢優美得像是一首平衡而和諧的管絃樂曲。我和 Judy 漸漸熟了之後，才知道她小時候就患有萎縮性小兒麻痺，這讓她半邊的身體有一部分是麻痺的。很神奇的是，跛腳的樣子是她唯一明顯可見的身體上的損傷，這默默地證明了她的亞歷山大方法是有效的。

　　我開始上她的課程。在每一次的課程中，Judy 會對我站立和移動的姿勢做一些細微的調整。她用一種很獨特的方式觸摸我，在當下，我只能以*她似乎在對我說些什麼*來形容她的舉動。雖然我很感動她所做的，但我並不了解這整個過程到底發生了什麼。

　　Judy 在觸摸我的時候會說一些柔軟的話：「放心地把頭交給我。」

　　我第一次聽到她這樣說的時候，我嚇到了，並且說：「把什麼給妳？」

　　她冷靜地重複一遍：「沒關係，讓我移動你的頭。」

　　我真的以為我正在讓自己放鬆下來，把頭交出去。接著她又對我說：「讓你的頭前後搖擺。」我不是正在這樣做了嗎？但是隨著課程的進行，我發現我竟然沒有這樣做。我只是以為我有在放鬆。我驚訝地發現，我竟然沒有照著我所相信我在做的事情去做。當 Judy 觸摸我的時候，我才知道我的背部和頸部還是僵硬的，完全不能動，呈現充滿緊張的狀態。

　　雖然我不知道亞歷山大方法是如何有效以及它為什麼有效，但我的感覺確實好多了。當我背部抽搐的情況減緩後，我不需要藥物就可以上台表演了。儘管我不了解這個方法的力量何在，我還是繼續了這個課程。

身心聯結

　　在一次的課程中，當 Judy 溫柔地觸摸我的時候，我開始啜泣。在

多次突然哭，突然笑，突然生氣之後，Judy 建議我去看心理治療師。在我去看治療師之前，在亞歷山大課程中釋放的情緒只是被分析成很久前的記憶。我經驗到的是，一個觸摸我卻不跟我談話的人，另一個是跟我談話卻不跟我接觸的人。

我驚訝於沒有人能夠整合身體和心理這兩個部分（在聽到 Wilhelm Reich 之前）。為什麼治療師不能夠用語言和非語言一起工作呢？然而，我繼續研讀亞歷山大方法，而且很快地成為亞歷山大方法的老師。

終於，就像 F. M.亞歷山大恢復自己受損的聲音，以及 Moshe Feldenkrais 治療好自己受傷的膝蓋一樣，我開始治療我自己──治療身體和心理的隔離。這好像是一個很明顯的任務，但是沒有顧問的指導，我只好靠自己引導自己探究下去。

在 1960 年中期，我遇見 Fritz Perls，開始在加州 Big Sur 的伊斯蘭（Esalen）協會學習完形治療。有一天，Fritz 靠過來跟我說：「我聽說你在教亞歷山大課程……可以請你幫我上一課嗎？」

「什麼時候？」我諂媚地問道。

「今天晚上，我們十點半碰面」他說完就快速地離開房間。

我把我想像中的 "Fritz" 放在空椅上，然後跟他對話。

就像 Ilane 一樣，我說：「是什麼樣的力量讓你要我來幫你上課，而且是在我花了這麼多錢跟你學習之後。如果你不喜歡呢？」

轉換椅子，我變成 Fritz。我的頭歪向一邊，聳了聳肩，然後慢慢笑了起來，我說：「那又怎樣！」

我回到自己的椅子上，繼續對話，下了一個結論，就是不要在意他會不會喜歡了。

「到桌子上去」當 Fritz 走進來的時候，我慌張地說了這句話。當他開始拉下他灰色絨布衣服拉鍊的時候，我大叫著：「不要！不要！不要拉下來！」

「什麼？這個方法是穿著衣服的？」他一副被嚇到的樣子。我們都笑了，而且我為我們「內在小孩」的相遇感到非常欣喜。從此之後，幽默成了一個很重要的因素，有助於舒緩他胸部的緊張和深化他的經

驗。

Fritz 有著健康的心臟，能讓他可以走上陡峭的山丘，而不用像他平常一樣要休息三次。他為他的所學和成就感到非常驕傲。

這樣的巧遇是從一個指導關係開始的——尊重彼此的專業和一個溫暖的友誼。Fritz 鼓勵我將完形治療和亞歷山大方法的整合當作一個實驗。他邀請我和他在完形治療中一起工作。他會坐在個案的一邊，用語言來引導他，而我坐在另一邊，依照語言引導的內容去觸碰並觀察他肌肉的反應。

我們的合作是非常令人興奮的，我持續發展原本需要兩個治療師的方法成為只需要一個治療師。我們討論到可以透過同時結合觸摸和語言，來跟完整的個體直接接觸。我們也討論著這樣的整合方式是完形治療演進的下一步。

當個案再度體驗他們的故事時，就是記憶和情緒還停留在他們身體裡面的證明，不只是停留在他們的認知層面而已。習慣性的緊張會阻礙生理的、心理的和情緒層面的彈性。持續紓解身體的固有模式——身體上經常緊張的部位——建立新的調整和姿勢。然而，增加接觸可以使我們獲取更直接的方式來進入邊緣系統（limbic system），這個為情緒狀態編碼、在系統發展上較舊的腦皮質下結構。這樣的結合似乎會比單單只用語言的介入有效，這需要伴隨著心理過濾之後的複雜中介語言（這被認為是源自大腦皮質）。

隨著 Fritz 的過世，我們的合作計畫突然中止。現在都沒有人告訴我：「這是對的！」或「這是錯的！」少了他的支持、指導和友誼，我一個人繼續下去。

Moshe Feldenkrais 在 1971 年的時候把我引介到他所開創的身心工作去。在他的「功能性的整合」（functional integration）和「透過動作以覺察」（awareness through movement）這兩個集中訓練裡激發和挑戰了我的創意。Feldenkrais 對身心結合的領域中最大的貢獻是，他提出為了產生持續性的改變，必須對神經系統做再教育的這個概念。雖然這是主要困難中很重要的部分，但是不足以用來重新教育神經系統。

即使在骨頭和肌肉自行利用萬有引力的和諧來重新排列之後，邊緣系統（情緒腦）還是有可能對肌肉繼續散布訊息，讓他們以舊有的習慣模式來運作。

F. Mathias Alexander、Moshe Feldenkrais 的身心工作，以及 Fritz 跟 Laura 的完形治療，在我的實務工作中變得很協調。以這三種方法為基礎所做的「記載方法」，使得我在創立新的治療和教育派典上躍進了一大步。1977 年時，我首度開設關於這個整合方法的訓練課程，我很有信心的是，我所提供的訓練都是有重要理論和方法做為基礎的。

探究「整合」（Synergy）這個字的背景

「整合」這個字是 Buckminster Fuller 建議給我的。他覺得我的整合方法發展地比結合（synthesis）還要成熟，已經成為真正的整合。將原本的基本元素結合到現在的新方法所產生的結果，是過去三個方法在各自分開的情況下無法預測到的。

Fuller 的建議讓我感到非常高興，因為讓我對完形治療的哲學基礎有一致的了解。「整合」這個字和「完形」一樣，說明了整體是大於，也是不同於部分總合的。

盧本飛德能量同步療法的基本要素

在這一章節中，我將描述盧本飛德能量同步療法（簡稱為RSM）的基本要素。我將說明完形治療和其他治療方法對RSM的貢獻。我們在以下先標出主要元素，然後再逐一加以詳述。

- **動態結構**（Dynamic Structure）：當我們在處理個案問題時，必須覺察到身體、心理、情緒與靈性能量間動態式的互動狀況。
- **改變的責任**：改變來自於個案本身，治療師只是促成改變的

催化劑。

- **覺察是關鍵：**治療歷程奠基於個案逐漸增加的覺察力，這些覺察是透過誇大接觸、行動和口語介入而來的。

- **有意圖的碰觸**（Intentional Touch）**：**整合取向的治療師／治療者當下的思考和感覺都是透過雙手跟個案溝通而來。同樣地，個案的思考和感覺也是透過雙手跟整合取向的治療師溝通而來。因此，在 RSM 中，接觸品質的重要性，就如同在言語治療中語詞選擇所扮演的重要角色一樣。

- **開放且傾聽的手：**開放和傾聽的手傳遞了一種敏感度和接收性的態度。這種碰觸的品質是特別重要的，並反映出一種非語言的「聽」的態度。

- **直覺：**整合取向的治療師要學習接近儲存於身體系統中的知識和經驗。這表示治療師要貼近自己的直覺，如同貼近個案的直覺一樣。

- **自我照顧：**治療師的自我照顧在每一次的治療中愈顯重要，因為許多溝通來自於碰觸。接觸／界限議題（在完形中提及的概念）是被特別強調的。

- **桌子代替熱椅：**一張特別的桌子或床墊讓個案可以躺著，這樣的姿勢伴隨著有意的碰觸，可以幫助釋放身心原本固著的模式。

現在，就讓我們來深入探討這些因素吧！

動態結構

身體、心理、情緒和靈性是相互聯結的，並形成一個動態的系統[1]。同時，在任何一個層面的改變都會直接地影響著*所有*其他的要素，包括了整合取向的治療師／治療師跟個案的行為和經驗。

❧ 洞察理性知識

洞察理性知識不足以引起持續的改變。為了整合這些改變，需要伴隨著肌肉運動的知覺經驗、說明，並且將我們過去所學的紮根。這裡談到的肌肉運動知覺的（kinesthetic）覺察，有可能是從實際或是想像的經驗而來，每一個都有效銘印在腦中新的神經路徑。

❧ 身體表達了內在世界

個案的內在世界和生活態度會不斷地從身體和非語言的行動中透露出來，包括像是呼吸方式、身體意像、姿勢、慣用模式、手勢、臉部表情、膚色和語調等。

❧ 情緒與姿勢彼此影響著

情緒不斷影響著身體姿勢。舉例來說，如果你感覺沮喪，你的身體姿勢也會傳達出沮喪的訊息，典型的姿勢包括低垂的肩膀、胸口、頭部和脖子。習慣的身體姿勢通常成為情緒狀態的隱喻。

同樣的姿勢也有可能造成沮喪的情緒，而個案就以沮喪的姿勢在跟環境接觸[2]，並且生活著。你與身心聯結的方式反應了你如何聯結自己和生命中的一般問題。

❧ 身心迴路（*Psychosomatic Loops*）

每一個記憶、思考和感覺都成為身體的密碼。身體系統不斷地進行組織，將思考和感覺化為行動來表達。當無法表達時，身體會發展出固定的緊張模式，最後導致出現與壓力相關的疾病。我們可以經由觀察臉部表情、異常的姿勢和其他的表現看出緊張的第一個層次。然而，我們無法從這些慣有的模式觀察到緊張較深的層次，除非運用碰觸來做為回饋圈，也就是必須透過一種生物回饋的方式才能對緊張有更深入的了解。

❖ 身體夢（*The Body Dreams*）

夢中的情緒會直接從身體肌肉的反應呈現出來。在完形治療中，有足夠的方式讓我們從語言的介入和身體的觀察來了解到這一點。而 RSM 中有意的碰觸這個方法則是另外一個進入夢的世界的切入點。你是作夢的人，也是夢的本身。你正用身體、心理、情緒和靈性來作夢。

體驗完形的夢工作是我人生中的一個轉捩點。其中一個夢被記載於 Fritz Perls 的著作裡，Perls 把這個夢稱為**著作者的誕生**。在這個夢中，我變成夢中所有的管絃樂器，我用我的身體動著、唱著、搖擺著。

首先，樂器的樣子（二十支長笛、二十支豎笛、兩把小提琴、一把中音小提琴、一把大提琴、一架定音鼓和一個鼓）顯得很逗趣，一點也不像真的，而且非常地醜。

「我的聲音很難聽」Fritzs 引導我說。

「我的聲音**不**難聽」，我大膽地回應，相反地我說，「我的聲音很好聽而且是獨一無二的」，我變成大提琴低沉而流暢的聲音，觸碰到我過去的根源——家族的淵源。隨著 Fritz 的指引，我能夠經驗且**擁有我獨特的聲音**——那個「真實存在的我」。

❖ 感官是進入的途徑

在 RSM 中，存在於人類這個有機體上的所有感官（視覺、聽覺、觸覺、味覺和嗅覺）都被認為是個案進入完形的不同路徑。透過感官的管道[3]，讓個案的改變能夠達到接觸、開放、覺察和自發，也讓個案能流暢地來回於思考與感覺之間。個案也因此能夠活用真實自我所擁有的資源，而不是僵滯於某個單一固定的角色或存在的方式。

改變的責任

對於 Fritz 提出責任的概念，我感到相當開心，他說這是一種**反應**

的能力──和自己或他人做有意義的接觸。

我花了好幾年的時間和 Pablo Casals 一起做研究，他重複說著：「我能夠在充滿信任和彼此心靈相通的氛圍下，反覆地與你共譜樂章；全都是因為你**負起自己的責任**。」為改變而負起存在的責任是與個案同在的。整合取向的治療師像是一個指揮者，而音樂和最終的成果發表都是屬於個案自己的。

改變發生於當下

「你現在正經驗到什麼？」這是最傳統的問句。在身體心理（psychophysical）系統中，改變發生於此時此刻。個案可以在此時回顧過去，解決未竟事務，並且在當下跟這些新的洞察做一整合。

在RSM中，同步的碰觸和語言溝通聯結了過去的身體經驗。利用豐富的想像，讓這些經驗在此刻重現。神經系統反應出這些記憶，就好像在現在發生一樣。在古代詩人 Lao Tzu 眾多的詩句中，曾經寫到很棒的一句：「現在，即過去之未來。」（What is, is the was of what shall be）

從內治癒

與其從外在來「矯正」，整合取向的治療師主要是喚起個案天生的治癒能力。這些治癒的潛力早已存在，只是等著付諸實行。完形理論與RSM的基本原則是，任何有機體都具有某種可以在其自身及其環境中獲致具療癒性之平衡的能力。

覺察是關鍵

沒有覺察就沒有改變。身體和情緒的慣有模式都是在無意識中學來的，只要這些習慣被留置在背景中，那麼個案就無法做出自意識的選擇。透過強調覺察（利用行動、接觸、語言介入和有創意的實驗），

這些模式就會成為圖像。個案能了解這些慣有模式之後，他們就有機會去發掘不同的選擇，去發展心身改變的可能性並且擴充自癒的能力。

在個案對身體有同步的覺察時，他則經驗了新的行動和姿勢。首先，他們對原本遲鈍的緊張漸漸多了許多的覺察，接著，他們學會用「聽」的，將注意力放在細微的線索上。

一個抱怨右肩嚴重疼痛的個案，他的右肩會明顯高於左肩。在當次治療中，他的右肩不痛了，戲劇化地垂下來，和左肩的高度一樣。當我問個案他正經驗到什麼的時候，他閉上眼睛說現在他的左肩比右肩還高。接著我要求他看著鏡子，他才知道他兩邊的肩膀是一樣高的。這個習慣的姿勢扭曲了他真實的經驗。漸漸增進自我覺察和自我觀察後，他對自己內在和外在世界的感覺就變得更清楚了。

❖ 困惑、混淆：改變的重要因素

英文是我的第三個語言，所以我對英文字的意思和結構特別有興趣。「困惑」（confusion）這個字有很多意思。把字拆開來一看，我們知道 "con" 有「一起」和「相反」的意思，而 "fusion" 有「合併」或「聯合」的意思，所以，"confusion" 這個字可說是反映拉開和加入二者的一個重要概念，這是在所有改變的過程中相當重要的概念[4]。

個案被鼓勵允許對自己困惑、混淆的感受不帶負面的評斷。你必須願意被攪亂（混淆），而這些混亂是為了能夠重組（融合）。

抽搐、緊張阻塞和缺乏能量顯示了習慣性固有模式的存在——舊有的生存方式。當它們變得失功能或是令人痛苦時，個案會尋求協助來改變它們。把這些行為模式弄混淆了，可以讓它們轉換成另一種形態：能夠更自由自在地行動。困惑、混淆是朝向重組、治癒和改變的一個步驟。

有意圖的碰觸

觸摸個案的身體必須得到個案的同意——而非強迫地。改變的意願來自個案內在而且往外朝向整合取向治療師的手移動。那是個案自己啟動了放鬆的機制，而治療師則是反應與跟進。當個案有所完成之後，能量的流動和肌肉的狀態也會有所改變。

在 Ralph Hefferline 早期的研究指出了情緒狀態和肌肉反應之間的關係。經由對碰觸的訓練，我們可以透過臉部表情、肢體語言和口語化的方式事先感受到這些反應。個案可能會顯得放鬆，語氣變得平穩，平靜地像是他們再也不會生氣一樣。然而，當整合取向治療師碰觸他們的肩膀和背部的時候，肌肉僵硬的程度如同鋼鐵一般，這時就顯現出矛盾之處。個案可能會被邀請和自己的肩膀對話，跟它說：「我感覺到緊張和沉重。」或是「滾開我的背！」或是「我不想再背著你了。」這樣的對話開始了工作的第一步。

❖ 邀請做實驗

在我的工作坊和訓練課程裡，我會有意地要成員去實驗——思考和感覺如何影響我們對碰觸的體驗。以下就是示範這個現象的一個簡單的活動。如果您可以的話，也花些時間去做這個實驗。

找一個同伴，站在面對他左肩的位置（從側面）……請他或她閉上眼睛和靜靜地站著……。想像同伴的左肩出了一些毛病，你必須快速地做一些處理來弄好它……。帶著這個想法繼續碰觸……一段時間之後，把你的手從同伴的肩上移開，然後放到自己的身上……。讓你自己平靜幾分鐘……。現在，想像在你面前的肩膀是屬於一個完整的人的一部分，你無意要做任何處理來弄好它。你採取的是一種什麼都不做的態度，而且，你是讓改變依照它自己的速度自然發生……。帶著這一份允許而不是要對它做些什麼的意圖，繼續碰觸同伴的肩膀，

……當你保持這樣的想法時，您的同伴就有時間和空間讓自己的背部和頸部放鬆。這時你可能會感覺到同伴的肩膀和之前的僵硬狀況有很大的差異……。現在，慢慢地把手自同伴的身上拿開，然後放到自己身體的兩旁。走到同伴的面前，好讓自己可以看到您的同伴，請您的同伴慢慢張開他或她的眼……。注意同伴的臉部表情、呼吸方式和整個身體的任何變化……。和同伴碰觸的感覺是什麼？在不同的意圖下碰觸的同伴的感覺是什麼？不論你要花多少時間都可以，去好好看看你從這個轉換練習所學習到的是什麼。

　　需要花上很長的一段時間認真學習，才能了解到意圖是如何影響碰觸，以及碰觸如何與潛意識心靈展開對話。學習者會了解到有目的地碰觸為神經肌肉系統搭起了橋樑，而從中神經肌肉系統會反應出個案的身心狀態。以下是一些我發展出來的特殊技巧，我用它們來教導學習者如何讓自己成為一個細緻的調和工具。

❖ 尊重界限

　　需要充分尊重個案的界限，不管他們呈現的方式為何。整合取向的治療師要做的工作是提高個案對界限的覺察以及支持他們的選擇，包含擴展、縮減或放鬆。這個概念在跟亂倫和受虐的倖存者工作時尤為重要。

❖ 鏡映（Mirroring）

　　常常，個案以為自己在做的事情和實際在做的事情之間有很大的差距。透過敏銳的觀察力、使用碰觸，以及建設性的回饋，個案便能夠學著把自己的內在世界和外在的真實世界做一聯結。鏡映可以透過單純模仿出個案的姿勢和動作、讓他們聽自己的聲音、讓他們照鏡子，以及鼓勵他們做角色扮演等等方式來達成。

❖ 豐富的虛空（Fertile Voids）

　　在一次和 Fritz 的討論過程中，我第一次聽到「豐富的虛空」這個

說法，這是來於 Wilson Van Dusen 的概念[5]。禪宗提到空是改變的溫床，這個概念令我相當驚異。個案在無法做判斷的時候被要求「不要做任何動作」。透過停留和放空可以獲得最大的改變。一些深層的改變是透過靜默和放空而發生的。然而，豐富的虛空也可能看起來像是被「卡住」的點或僵局，可能讓治療師和個案陷入焦慮的狀態。治療師學習如何等待並且避免過早將個案推出僵局，是非常重要的。

❖ 視像化（Visualization）

在RSM工作中，個案通常是躺著的，而且是在一種很放鬆的狀態下進行的。讓他們想像出一個動作或是一個人會比讓他們站起來實際動作來得好。神經系統可以讓這種想像變得跟實際動作一樣，而工作的流暢性也因而不被打斷。

開放且傾聽的手

在一開始的時候，整合取向的治療師用開放且傾聽的手來蒐集個案身體意像的訊息[6]。這種碰觸的品質是在「聽看看」個案身體的觀察是否反映出真實的狀況。

開放且傾聽的手不是去硬推或呈現緊張的。他們傳遞耐心、關心和願意等待個案踏出改變的第一步。甚至會表現出無條件的尊重。

身體的動作通常開啟了語言介入這個階段。在沒有逼迫的情境下，個案能夠表達情緒而且也學到他們是有能力做改變的。

在一些治療形式中，目標是要卸下個案身上的盔甲。整合治療取向不是要去打破盔甲而是要**熔化**它，並且清除個案對盔甲的需求。如同在語言治療中，不會強迫個案去說一些並非發自內心的話一樣，RSM中治療師並不會強迫個案碰觸或移動，因為那是沒有意義的。輕柔的觸摸是用來接觸個案感到自在的層面，讓個案有時間來建立對治療師的信任感和工作同盟。只要個案願意放下，就能真實且迅速地達到身

體和心理上的放鬆。

　　一個曾經在車禍中遭到嚴重撞擊，在頸部留下一道疤痕的年輕女子來找我。在治療的過程中，她試了很多方法去處理她的傷，但還是很痛。她抱怨治療只能帶來短暫的紓解。因為她的醫生在她的頸部和肩膀都找不出任何毛病，所以建議她尋求其他的方式來解決她所面臨的窘境。

　　在初步觸摸後，我感覺她的上背部和頸部有嚴重的抽搐現象。我要她用現在式來描述當時車禍的情形。

　　「我正開著車，有另一輛車子朝我這邊開過來。開車的是個男人。我可以看得出他正朝向我這邊撞過來——他根本沒有看到我」。她的背部和頸部呈現緊張的狀態，在這同時，她哭了出來。「看我啊！注意我啊！」不管她再怎麼喊叫，他還是沒有注意到她，接著車子就撞了上來。

　　當她在描述車禍經過的時候，我感覺她整個身體都緊縮了起來。有某些部分是僵硬的而且沒有任何能量，呈現一種無生命的現象。我明白這場車禍對她來說，是一段陳舊且痛苦的回憶。

　　「還有哪些人看不見妳？」我問她。

　　「我爸爸！」她哭著說。接下來的對話是關於她爸爸的，她爸爸有酗酒的習慣而且嚴重地忽略她。她的頸部變得僵硬以便隔絕那深層的痛苦。

　　我要她轉換角色去扮演她的爸爸，她照著做，在兩個角色中來回替換，一個是對她爸爸吼叫以獲取注意的自己，另一個是被動坐著的爸爸——有時候還喝醉酒——忽略她的哭泣。在幾次角色替換之後，她爸爸終於注意到她了。當時，我把手放在她的頸部，手指感覺到她的肌肉正在放鬆，但還是缺了一些能量的流動。完整的拼圖還是缺了幾塊。

　　我要她回到車禍發生的現場，因為它像是一場白日夢，我告訴她可以用任何她想要的方式來重寫這場車禍的腳本和結局。她開始慢慢地說：「我正在開車，看見另一輛車子開向我。開車的是個男人。他

看到了我，然後方向盤一轉，沒有撞上我。」她喊叫著且笑開來了。

我用開放且傾聽的手，感覺到她的頸部和肩膀放鬆許多，變得輕鬆、柔軟、有能量而且充滿著生命力。不用懷疑，她已經成功地重寫了自己的腳本。我的手證實了她已經結束了這件事。

一年後，她寫信給我，告訴我她的情緒和身體已完全地放鬆下來，不會痛了。

直覺

在RSM的訓練過程中，直覺是不可或缺的。我相信直覺的訊息是源自於我們本身和生命中的高峰經驗。直覺包含了所有的知識和智慧，這些都是來自於我們的家庭、文化和榮格（Jung）所說的集體潛意識。

直覺是可以經由學習而來的。然而，有某些人會學得比較好。兩位鋼琴家表演同一首曲子，雖然各有純熟的技巧，但很有可能其中一個會讓我們感動而另外一個則完全沒感覺。這樣的差異是和直覺有關的。整合取向的治療師和鋼琴師都是透過碰觸來表達的。這背後隱含了他們的哲學觀、態度和生命經驗。

我相信身體有自己的記憶和知識。直覺的碰觸會透過個案和治療師神經系統間的交會，而把「細胞意識」都聯結在一起。將動作和直覺的碰觸結合在一起是相當重要的。我發現這種整合是一種**新的語言**；一種複雜方式，溝通、接收和發送存藏在我們身上的訊息。

我曾經對一些難民工作——那些小時候遭到戰爭的摧殘，被迫離開家鄉的人。我可以感受到他們的恐懼和焦慮，這些都存在他們的身體裡。他們有遭受突然的分離、死亡以及逃離家園的記憶。這些個案談論過去的創傷時，一直要到工作進入深層的階段，他們才能停止隱藏內心深處的恐懼。「把受傷的小孩帶來一起治療」這是一個重回現場的工作。讓他們和心裡面那個受到傷害和感到害怕的小孩對話，伴隨直覺的碰觸，幫助個案轉換和整合傷痛的未竟事務。

自我照顧：照顧個案時的第一步

　　Fritz Perls 告訴我他有一個老朋友會常常打電話給他，抱怨頭痛和憂鬱的情緒。在對話結束之後，他的朋友通常會感覺好很多，而這時候就換 Fritz 頭痛和憂鬱了。這故事幽默地表達出自我照顧在接觸／界限這個議題上是很重要的。

　　治療師常問的一個主要問題是：「我如何對自己保持同理並且照顧自己，而不會把我個案的焦慮、害怕和緊張帶在自己身上？」

❖ 伸出脖子

　　一個頸部僵硬的精神分析師嚴重到連頭都沒辦法轉動。他示範和病人晤談的坐姿：下巴和脖子都往前挺伸，而且駝背。我邀請他誇大他的姿勢。「我從來都沒發現我會把脖子伸向我的病人，而且就這樣固定不動」他驚訝地說著。

　　「你的姿勢看起來像是在恍惚的狀態」我回應他。

　　他沉默了一會兒，突然睜大眼睛說：「你說對了，我老是在恍神（trancefixed）！」

　　他學會改變他原有的姿勢，再也不需要為了聽清楚病人說的話而把脖子伸得直挺挺的。漸漸地，他不用那麼累就可以清楚聽到病人所說的話。

　　沒有照顧好自己的危險會出現在碰觸的時候，你自己的議題透過你的手而給帶出來。你不是在紓解他們的緊張，反而把你自己的傳給他們。相反的情況也會發生。當你碰觸到個案身體的痛或痛苦時，你會特別地脆弱而且容易受傷。諮商關係中很重要的是，要知道如何維持個人的界限。

　　在最佳的情況下，相互合作的接觸是需要耗費很多的精力與專注力。為了有更良好的諮商關係，很重要的是，整合取向的治療師要很

注意他或她的身體姿勢、滋養、呼吸、重心和物理環境。室內燈光、舒適的家具、空氣品質、聲音、顏色和味道──這些對療癒性的合作關係有很大的影響。你知道如何照顧好自己，才能照顧好個案。你愈能夠掌握和持續解決自己的議題，就愈能夠避免投射自己的未竟事務到個案身上。

桌子代替熱椅

在團體治療中，團體的「階段」象徵著治療師、個案和團體間的關係。Fritz 藉由坐在圍繞他的成員面前，來清楚地建立他的權威。這裡界定了兩個不同的領域，Fritz 是在一個領導者的位置，掌控「聽眾」的注意力。當有自願個案出現的時候，他們會離開自己的位置，來到「熱椅」，熱椅指的就是治療師身旁的空椅。許多完形治療師利用這個動作當作正式的開場。

Laura Perls（完形治療理論和實務的先鋒和創始者之一）和 Sonia Nevis（曾經在 1960 年代在伊斯蘭機構協助過 Fritz Perls，也是我的老師之一）是用比較不一樣的方式來開場，他們一開始就坐在成員所圍繞的圈子當中，再把熱椅移動給自願個案坐。這種做法有個變化：自願個案可以到中心位置來面對治療師，或者是治療師可以移到自願個案的面前。

我研究了幾個最符合碰觸／行動中心學派需求的空間設置。大部分的RSM會在一張桌子或墊子上工作，桌子是位在房間的中央，被成員圍成的圓圈環繞著。整合取向治療師在一開始的時候會邀請自願個案離開自己的座位，來到桌子這邊，並請他或她躺下。當工作開始進行之後，個案就是在做一「段工作」，並且把整合取向治療師／治療師含括進他／她的領域之中。

工作要結束的時候，會有一個再進入的階段。要個案慢慢地從桌子上坐起來，離開桌子然後站起來，在房間的四周走一走，重新和團

體聯結，再回到自己的位置。躺、坐、站、走這四個身心動作的順序，在成長的發展階段中是很重要的部分。

從後設認知的角度來看，個案經驗到她們自己就像是⑴在家庭和群體中建立自己的位置；⑵離開「家」，變成大家注意的焦點；⑶按照治療師的指示，深入探究自己；以及⑷離開治療師，重新回到家庭和群體之中。

發生在個案身上的故事，變成所有成員的普遍議題。成員目睹、認同、重視、投射，而且往往會跟個案一起生氣、笑和哭。有的時候會討論起重要的議題和聽聽團體成員的回饋。團體的整合取決於每個團體成員間互動的品質。

在個人工作的時候，整合取向的治療師和個案就和一群想像的人工作——親戚、朋友和同事——這些都是出現在個案日常生活中的人物。

RSM 的後續發展

再一次地，和過去的每一次一樣，Roshi（禪宗大師）總能夠解決衝突，看起來像是毫不費力地就完成了整個循環。學生終於忍不住地問：「老師，您是如何在每一次的工作中都能夠完成這樣的循環？看您做起來一副很輕鬆的樣子。」「嗯，是啊，」Roshi帶著一臉暗示性的笑容說：「這是用五十年的經驗換來的。」

——禪宗寓言

工作坊的成員和個案常常都以為RSM看起來很簡單，其實不然。之所以看起來好像很簡單，是因為整個過程進行地相當自然。RSM不是激進的治療取向，而是尊重個案與生俱來且無形的完整性，提供個案一個探索、表達自己的機會，並透過身體、認知、情緒和心靈來擴展。

RSM成功地培養了數百位通過認證的實務工作者。RSM成功地運用在治療以下的族群身上：

- 共依附者，藥物濫用者和他們的家人
- 身體虐待及亂倫生還者
- 失功能的家庭和夫妻
- 難民和戰後生存者
- 處理 AIDS、多重硬化症和癌症的人
- 困擾於壓力相關問題的人
- 心理健康及衛生照顧的專業人員
- 企業及商業人士
- 老年人族群
- 表演藝術家與表演者
- 所有教育層級的教師和學校諮商師
- 有訓練的身體工作者
- 給與照顧者——專業人員和家人

1988 年 11 月 8 日的《新聞週刊》（*News week*）上，刊登了一篇標題為「身體和靈魂」的封面故事。從內容中，可以很清楚地看到，現在的科學已經證實了早已存在好幾世紀的現象，那就是，我們的生命是透過同時擁有身體和靈魂而存在的。任何的改變都必須照應到整體的存在——存在於身心連續系統中的每個細胞中。

RSM持續在不妥協及不扭曲其基本規則和未來的發展方向下，尋求新的應用方法和途徑來達到治療的效果。以精湛的技巧詮釋經典名曲的時候，這首曲子似乎就像是一般簡單的曲子而已。而如果RSM也是看起來很簡單的話，或許我們只能確信它之所以能發揮療效的原因就在於跟自然融合在一起——這裡所謂的自然指的就是人性。

Albert Einstein 的相對論、Neils Bohr 的互補論、Ilya Prigogine 稱做
「鬆散（dissipative）結構」的想法，以及 Ludwig von Bertanlanffy 一
般系統理論的新科學都提到同一個概念，就是系統中各部分會經由
互動的過程而相互影響，且整個系統中的平衡是持續在改變的。

　　德文中 "haltung" 也同時包含有姿勢和態度的意思。

　　感官覺察的創始者 Charlotte Selver 對我有很大的影響，他強調在每
個時刻去經驗各個感官的感受是很重要的。

　　諾貝爾桂冠詩人得獎者 Ilya Prigogine 曾說：「分開，只是結合過程
中的某個歷程。」

　　Wilson Van Dusen 博士過去當過加州 Mendocino 州立醫院的心理師主
任，也是《人類深層的本質》一書的作者。

　　Judith Leibowitz 對於「開放」的手的教學深深地影響著 RSM 中運用
碰觸的發展。

Alexander, F. M. (1932). *The use of the self.* New York: E. P. Dutton. Centerline Press edition (1984), Downey, CA.

Appelbaum, S. A. (1981). *Out in inner space: A psychoanalyst explores the new therapies.* (Chapter about Ilana Rubenfeld.) Topeka: Menninger Foundation.

Barlow, W. (1973). *The Alexander Principle.* London: Victor Gollancz, Ltd.

Becker, R. O. and Selden, G. (1985). *The body electric.* New York: William Morrow and Co.

Birdwhistell, R. (1970). *Kinesics and context.* New York: Ballantine.

Brooks, C. (1974). *Sensory Awareness.* New York: Felix Morrow.

Dossey, L. (1982). *Time, space and medicine.* Boston: Shambhala.

Erickson, M. H., Rossi, E. L., and Rossi, S. (1976). *Hypnotic realities.* New York: Irvington.

Erickson, M. H. and Rossi, E. L. (1981). *Experiencing hypnosis.* New York: Irvington.

Fagan, J. and Shepherd, I. L. (1970). *Gestalt therapy now.* New York: Harper and Row.

Feiss, G. (1979). *Mind therapies, body therapies: A consumer's guide.* Millbrae, CA: Celestial Arts.

Feldenkrais, M. (1949). *Body and mature behavior.* New York: International Universities Press.

Feldenkrais, M. (1972). *Awareness through movement.* New York: Harper and Row.

Feldenkrais, M. (1981). *The elusive obvious.* Cupertino, CA: Meta Publications.

Fuller, B. (1975). *Synergetics: Explorations in the geometry of thinking.* New York: Macmillan.

Fuller, B. (1976). *And it came to pass, not to stay.* New York: Macmillan.

Gerber, R. (1988). *Vibrational medicine.* Santa Fe: Bear and Co.

Grayson, H. and Loew, C. (1978). *Changing approaches to psychotherapy.* (Chapter by I. Rubenfeld, Alexander Technique and Gestalt therapy.) New York: Spectrum Publications.

Hanna, T. (1980). *The body of life.* New York: Knopf.

Herink, R. (1979). *Psychotherapy handbook.* (Chapter by I. Rubenfeld, Gestalt Synergy.) New York: New American Library.

Johnson, D. (1983). *Body.* Boston: Beacon Press.

Jones, F. P. (1976). *Body awareness in action: A study of the Alexander Technique.* New York: Schocken Books.

Kaslof, L. (1978). *Wholistic dimensions in healing.* (Chapter by I. Rubenfeld, Alexander: The use of the self.) Garden City: Doubleday.

Kepner, J. I. (1987). *Body process.* New York: Gardner Press.

Kruger, H. (1974). *Other healers, other cures*. (Chapter about Ilana Rubenfeld.) New York: Bobbs-Merrill Co.

Kurts, R. and Prestera, H. (1980). *The body reveals*. New York: Harper and Row.

Lao Tsu (1944). *The way of life*. Translated by Witter Bynner. New York: John Day Co.

Maisel, E. (1969). *The resurrection of the body: The writings of F. Matthias Alexander*. New York: Dell.

Maturan, H. R. and Varela, F. J. (1988). *The tree of knowledge*. Boston: Shambhala.

Montague, A. (1971). *Touching*. New York: Harper and Row.

Perls, F., Hefferline, R. and Goodman, P. (1951). *Gestalt therapy*. New York: Julian Press.

Perls, F. (1969). *Gestalt therapy verbatim*. Lafayette, CA: Real People Press.

Polster, E. and Polster, M. (1973). *Gestalt therapy integrated*. New York: Brunner/Mazel.

Rosen, S. (ed.) (1982). *My voice will go with you: The teacher tales of Milton Erickson, M.D.* New York: Norton.

Rosenfeld, E. (1973). *The book of highs: 250 ways to alter consciousness without drugs*. New York: Quadrangle.

Rubenfeld, I. (1972). *Alexander Technique and innovations*. In American Dance Therapy Association, *Dance therapy: Roots and extensions*. Columbia, MD: ADTA.

Rubenfeld, I. (1973). *The Rubenfeld Synergy Method*, formerly Gestalt Synergy. Unpublished paper. Reprints available from the Rubenfeld Center, 115 Waverly Place, New York, NY 10011.

Rubenfeld, I. (Sept. 1983). *The synergy of the body, mind, and emotions. Esalen Catalog*. Reprints available from the Rubenfeld Center, 115 Waverly Place, New York, NY 10011.

Rubenfeld, I. (Spring 1984). Article about the Rubenfeld Synergy® Method. *Therapy Now*. Reprints available from the Rubenfeld Center, 115 Waverly Place, New York, NY 10011.

Rubenfeld, I. (1985). *Self-care for the professional woman: Beyond physical fitness*. In L. Knezek, M. Barrett, and S. Collins (eds.), *Woman and work: 1985 symposium*. The University of Texas at Arlington.

Rubenfeld, I. (1988, Spring/Summer). *Beginner's hands: Twenty-five years of simple: Rubenfeld Synergy—the birth of a therapy. Somatics*. Reprints available from the Rubenfeld Center, 115 Waverly Place, New York, NY 10011.

Rubenfeld, I. and Markova, D. (1982). *Variations on a theme: A look at the Rubenfeld Synergy® Method*. Unpublished paper. Reprints available from the Rubenfeld Center, 115 Waverly Place, New York, NY 10011.

Rubenfeld, I. (Autumn/Winter 1990-91). *Ushering in a Century of Integration. Somatics*. Reprints available from the Rubenfeld Center, 115 Waverly Place, New York, Ny 10011.

Rubenfeld, I. (Winter 1991). *Our Lady of Synergy. Massage Therapy Journal*. Reprints available from the Rubenfeld Center, 115 Waverly Place, New York, NY 10011.

❖

Sweigard, L. (1974). *Human movements potential*. New York: Harper and Row.

Todd, M. E. (1968). *The thinking body*. New York: Dance Horizons.

Van Dusen, W. (1972). *The natural depth in man*. New York: Harper and Row.

Vaughan, F. (1986). *The inward arc: Healing and wholeness in psychotherapy and spirituality*. Boston: Shambhala.

Von Bertalanffy, L. (1968). *General system theory*. New York: George Braziller.

Zinker, J. (1977). *Creative process in Gestalt therapy*. New York: Brunner/Mazel.

附錄 A

不必隱藏我的傷

Sheldon 的故事：
盧本飛德能量同步療法對話實錄

我徵求一名自願者。Sheldon，一個年約三十五歲的男子，身材有點微胖而且留有鬍子，他往桌子這邊走上來，這張桌子被整個工作坊的成員環繞著。

「我是一個靈性的治療師」他有點猶豫地說出來。

我對他的臉印象深刻，尤其是他那雙正在哭泣的眼睛，和他那張令人好奇地微笑的嘴，這兩者形成矛盾的對比。他擁有柔軟和緊張的特質。在我過去的工作中，我觀察到靈性是如何被用來偽裝和逃避困難的感覺，而我的直覺告訴我，他正用他靈性中的柔軟來保護自己遠離傷痛。

他躺在這張桌子上，沒有幾秒鐘的時間，他的手掌和腳已是滿滿的汗水。為了減緩他高度的憂慮，當他調整在桌子上的位置，而且讓自己在整個房間的中央位置時，我找了一些方法來轉移我對他的注意力。我讓我自己忙著和別的成員談論她的脊骨側凸的毛病。

我快速地掃過他的情況，發現他漸漸地開始放鬆下來。但接下來當我輕碰他的頭部時，發現那完全是僵硬的。我移動他那雙被汗水浸濕的腳。我開始覺察到他身體上很多部位都是僵硬的。從過去累積的經驗來看，我辨識出這些地方都是心靈的舊傷，這些傷口烙印在他的身體上。

「在你的生命當中，有許多事不斷地在發生」我對他說。

他點點頭表示同意。我的手在他身上存有痛苦和僵硬之處移動著。

我用一種緩和的語氣告訴他：「所以我們接下來就要開始慢慢紓解這些議題了。」我們必須用某種方式來一起工作，如此，他被卡住以及被禁止的感覺才能開始浮現出來。

我的手滑到他左臀的關節處，要他提高對這個部位的覺察，突顯這部分的感覺，來舒緩一些緊張。他嘗試著這麼做，但是只發出了微弱的訊息，而我繼續把手放在他的左臀的關節處。再一次地，我要他發出讓緊張離開的訊息。這次他下達的訊息比較清楚也比較有力。我用手把這舒緩的能量往下帶到他的腿，一直到腳。我發現，現在Sheldon的左腳邊有一灘汗水。

我走到他的右邊，把手放在他右臀的關節處。我的手是開放的而且正在聆聽著，傳遞著耐心、關心和願意等待。

「讓那些議題開始移動吧！」我想要他覺察到他是有力量去開始卸下他抗拒的盔甲，而這盔甲正是阻礙了他生命力的流動。

Sheldon深呼吸吸了一口並且嘆氣。我要他把膝蓋抬高起來，然後把腳放在桌子上。我輕輕地左右移動它們，檢查他的臀部是否呈現開展的狀態。我感覺到他很快地回復他固有的模式。

我把手輕輕放在他靠下方的肋骨，我要他想像能量從脊椎底部往上移動（生存的脈輪），經過他的胃部（情感的脈輪），一直到頭頂的部分[1]。這裡有一個小小的動作，我很快地轉移到他的頭部，我的右手滑到他的胸部上（心的脈輪），而我的左手放在他的脖子上（喉嚨的脈輪）。我感覺他的胸部開始變得愈來愈急促和緊繃。他也感覺到這個部分，然後開始紓解一些緊張——一個小小且細微的動作出現了。

我把手滑到他左肩下方，手指觸碰到他介於脊椎和肩胛骨之間的肌肉。在撫慰他肩膀的同時，我感受到一股強大的結實度。

「很好。那麼，現在浮現出來的是什麼？」我問。

「我的生命中有許多的結束，」Sheldon回答道：「離婚、孩子、關係、職業和我生活上的焦點。」當他回答的時候，他的胸部愈來愈沉重。當他談及他生命中的轉變時，但他的身體卻沒有任何反應。他的口語表現和肢體語言之間有相當大的矛盾。

「你已經離婚了嗎？」我問了這個問題，試圖找到一個切入點。討論關於離婚的議題通常會引起情緒的波瀾，尤其對於已經有孩子的人來說更是如此。

「是的，最近我離開了我太太，而我現在要去看我的孩子」他用一種冷靜且平穩的語氣回答。

「對於此事，你的感覺如何？」

「我覺得這事情已經結束了」Sheldon 的聲音相當微弱，而且不帶任何感情。我的手感覺到他的背愈來愈緊張。

「你想要對你的孩子說些什麼嗎？」我問了這個問題，因為知道對於離婚不久的父母親來說，要與自己的孩子分離，是令人相當心痛的。

「我愛你而且我永遠都不會離開你，即使我將到處旅遊。我永遠都是你的父親」當他說這話時，他的胸部有一些不明顯的動作。我有種被鼓舞的感覺。

「不論我在哪裡，」我補充道。他點點頭，同意我的補充。「你的孩子有什麼話要對你說嗎？」

他並沒有馬上回應，但我的手感覺到另一股能量在他的胃部翻轉（情感中心）。他很自然地扮演起他的孩子，然後說著：

「我們想要有更多的時間跟你在一起。」

「當他們告訴你這些話的時候，你的感覺如何？」我問。

「真是太棒了！」他回答道，他的胃開始震動。

我的手還放在他的胸部下面，我感覺到他的背部有如鋼鐵般的僵硬。隨著我的直覺，我決定往另一個主題去。「你生命的方向將往哪裡去？你想要做什麼？」

「我想要旅行，把我自己放在那裡好好地治療，就像你對我做的一樣」

他背部肌肉的硬塊緊緊地糾結起來，似乎說著：「我不想放下任何東西。」當我靜靜地聽他身體說話時，時間慢了下來。

「我現在正感覺到你的肩膀有些其他的議題」很多次，我都能先

感受到某些情緒，而這些情緒是隱藏在說話聲音和文字的背後。

「自我價值」他回答道。

「自我價值」我重複說著，直覺讓我知道這個主題在此次的工作中是相當重要的。

「我希望你能夠翻轉移動到你的右邊」他緩慢地移動著，在桌子上揮動著他的手臂。

在這段工作中，這是在語言上和身體上的一個轉捩點。Sheldon的背似乎被卡住且情感無法流動。也許他正感覺到揭露太多且容易受傷。靠他身體的這一邊，他呈現的是一個「年紀較小」的姿勢，這個姿勢比較容易移動。在過去的幾年以來，我注意到這樣特別的身體姿勢能夠引導出早期的情緒經驗。

「你能夠回到過去感覺不夠好的時候嗎？」

「我是一個剛學會走路的孩子，」Sheldon回答道。「我正從樓梯上跌下來而且正在哭。我母親正在尖叫，還問我為什麼會跌倒」。

我閉上眼睛，注意我的姿勢和呼吸。我把右手放在他的手肘下，撫摸整隻手臂。我的左手觸碰他肩胛和脊椎間的肌肉。我輕輕地把他的手臂拉向我，然後拉開，這個動作並不規律──停，開始，停，開始──不順暢而且是不確定的，是一個人正從樓梯上跌倒的姿勢。

「小朋友，你感覺如何？」

「很害怕，好像是我傷害了她，」他提高聲調回答。

「你能不能再說一次？『我好害怕。』」

他重複著：「好害怕。」接著說：「我傷害了我自己。」

你能跟你媽媽說嗎？「妳難道沒有看到我受傷了嗎？」

「我很難說出我受傷了。」

我輕輕地搖晃他，來回移動他的肩膀。肩膀現在已經開始慢慢放鬆了。「很好」我說。我全然地認同和支持這個受傷的小軀體。同時，我也鼓勵他的肩膀放鬆下來。實際上，我正用我的手和聲音告訴他：「是啊，我們都看到你受傷了，我們有聽見你說的話。」我轉換我的聲音，改用一種輕快哼唱的語氣說：「沒錯，*我*受傷了，*我*從樓梯上

跌下來。這是*我的*身體，我受傷了！」當我用這語調說話的時候，Sheldon 的肩膀相當神奇地放鬆了下來。一個重要的改變發生了。

「注意看看我」Sheldon 說道，「看看我有多痛」他用一種小孩子的聲音來說，聲音愈來愈有力量。

「很好」我說。「這是非常重要的，*你才是*那個跌倒的人，小Sheldon」我知道 Sheldon 非常擔心他的母親，即使他才是那個跌倒受傷的人。

小 Sheldon 嗚咽地說：「我在流血，我跌破頭了，我好害怕，爸爸在哪裡？」

他的呼吸變得比較快了。他的肩膀比較容易移動了，眼淚也正無聲地滑落臉頰。當時我正扮演著 Sheldon 想像中的母親。現在，他的注意力已經轉向他的父親。我環視整個房間，確認團體裡的成員。

「Sheldon，我要請你從團體成員中挑出一個好爸爸」。

Sheldon 指向 Alex，於是他離開座位，走到治療圈的中央加入我們。Sheldon 很快地把手伸向 Alex，我移動到 Sheldon 的背後。「要求你的好爸爸告訴你，你一直以來想要聽到的話」。

「爸爸，你會照顧我嗎？」Sheldon 問道。

我轉向 Alex 要他重複 Sheldon 剛剛所說的話。「我會*一直*照顧你的」他說。

我把手放在 Sheldon 的背上。一瞬間，被卡住的能量釋放開來。Sheldon 的背在顫抖。當他哭得很厲害的時候，我從他脊椎底部往上到他的頭頂做了一個輕輕掠過的動作（距離他身體大概半呎的地方）。

「你還想要爸爸跟你說什麼話？」我問了這句話，幫助他減緩傷心。

Sheldon 一邊哭一邊說：「我會永遠愛你。」

扮演想像中的好爸爸，Alex 重複了這句話：「我會永遠愛你。」

「還有嗎？」我問 Sheldon。

「這樣就夠了」他回應。

我說，假設你在對一個小孩子說：「當你受傷的時候，那並不是

你的錯。」

「是的」Sheldon 開始點點頭，表示完全同意。他臉上出現一抹微笑，接著大笑了起來。他整個身體都笑了，也放鬆了，柔軟了。

我對著 Alex 說：「他認為那是*他*的錯。」

Alex 和我現在是 Sheldon 想像中的父母親，此刻完全了解他們小寶貝的心情。Sheldon 放鬆下來並嘆了口氣。我要 Alex 和我一起跪在桌子的旁邊，好讓我們的視線和小 Sheldon 保持在同一個高度上。

「現在，慢慢地張開你的眼睛」我用一種很輕柔的聲音告訴他。「看看你想像中的媽咪和爹地」。

他專注地看著我們，我繼續扮演他想像中的母親。「你受傷並不是你的錯」我說。「另一個媽咪因為你跌倒了，所以嚇到而且很擔心」當我說這句話的時候，我把左手放在 Sheldon 的頭頂（在古老的能量系統，頭頂是第七個脈輪，展現無條件的愛），而我的右手摸著他的好爸爸，Alex。

「我非常愛你」Alex 說道。

「受傷沒有關係，那並不表示你是不好的」我說道。

Sheldon 大力地點點頭，哭了起來。

「讓別人知道你受傷是沒有關係的」我重複著這句話，每講一次，語氣就愈堅定。我同時用眼睛和手來觀察他的反應。我和他繼續這個議題就像是一起合力譜曲般，進入到一種非常和諧的境界。我看了看 Alex，他說：「如果你受傷了，我不會對你大吼大叫。我是愛你的。」

我要 Sheldon 翻過身來，我把手放在他的身上，從腳底一直摸到頭頂，幫助他的能量在身體裡連成一氣。接著，我輕輕地來回搖晃他的頭，愈來愈輕鬆自在，相當放鬆。

我的雙手滑過他左邊的肩胛，而他的肩胛現在相當柔軟。僅散存的緊張也煙消雲散。我揉了揉與頸部銜接的肩膀部分，我問 Sheldon 說他是否準備好接受一個驚喜。我要他摸他自己的肩膀。

他抬起他的右手，越過頸部，摸到他左邊的肩膀。他的背和肩膀相當柔軟，他對於此感到相當驚訝，然後說：「這個地方常常會出現

肌肉硬塊。真是太舒暢了！」

「你想要從桌子的哪邊下來呢？」

「左邊」當我幫忙他坐起來的時候，我發現他的手掌已經乾多了。

現在，我要 Alex 卸下他扮演爸爸的這個角色。他告訴 Sheldon：「我不再是你想像中的好爸爸。我是 Alex。」（我在這裡所用的是 Al 和 Diane Pesso 一起發展出來叫做 psychomotor 的方法，調整和整合正負向的技巧）。

Alex 和 Sheldon 給了彼此一個擁抱，接者 Alex 回到他自己的位置上。有一刻，Sheldon 的肩膀是放鬆的，他的脖子開始變得比剛開始工作的時候要長。他的肩膀又突然緊縮起來，呈現駝背的樣子。他立刻就發現他的這個動作。他笑了笑，讓它們離開。

「你看，你不需要一直都是駝著背過生活的，你可以放棄超人俱樂部的會員資格」我用一種平緩的語氣告訴他。「我曾經要放棄超人俱樂部的會員資格，我也嘗試了很多次，但他們還是把我的會員證寄回來給我」。

其他的成員聽了之後都笑了出來。這個關於我要放棄超人或女超人俱樂部的笑話讓整個團體的氣氛變得和諧。台上的主角和台下的成員之間形成一股強大的聯結力，透過使用幽默，讓這種聯結擴大且加深，也讓每個人感覺到當一個人是很好的。

我要成年的 Sheldon 和自己的內在小孩對話，並重複剛剛想像中的爸媽所說的話：「我會永遠愛你，我不會離開你的。小 Sheldon，如果你受傷了，我會抱著你而且好好愛你。」

我慢慢協助 Sheldon 走下桌子，用手導引他的腳著地，並和地面產生真實的接觸為止。接著我要他環視整個團體。

「在這座花園裡繞繞看吧！」我跟他說。我牽起他的手一起繞著圈子走。我要他選出一個成員，走到他的面前對他重複剛才關鍵的句子：「我是可以受傷的，而且你將會繼續愛我。」

「而且我也不用那麼堅強，當我受傷的時候我不需要那麼堅強」他補充說了一句。

接著，他很認真地向其他幾個成員重複這些重要的話。然後我邀請他找個地方坐下。他選了 Alex 旁邊的空位。我看了其他成員的臉，有些人哭了，現在還看得到他們臉上留有眼淚的痕跡。這次 Sheldon 的工作觸碰到很普遍的主題，幾乎牽動了所有在場的成員。

在每一次的工作中，這些主題的發生，我都深受感動，就好像我聽到動人的旋律一般。更棒的是，個案和治療師之間的關係豐富了彼此的心靈，也打破原本存在彼此之間無形的障礙。

附註

✿1：梵文脈輪（chakra）指的是存在於身體中的能量原動力，就像是古東方系統中所提到的瑜珈。總共有七個主要的脈輪，分別對應到身體的七個器官。每個脈輪或能量中心，也都對照到人類經驗的發展狀態，範圍是從第一個跟生存技能有關的脈輪（脊椎底部和骨盆下部）到第七個與心靈啟發和無條件的愛有關的脈輪（頭頂）。幾位著名的研究者——Itzhak Benzov（《影響神經系統發展的因素——身體的細微動作》）、Lee Sannalla（《Kundalini——神經病或超越》）和 Frances Vaughn（《心靈穹蒼，"The Inward Arc"》）——持續在現代心理學和醫學研究的基礎下探究這些脈輪的意涵。

附錄 B

一場 RSM 工作的「樂譜」摘錄

　　因為我在音樂方面有深厚的基礎，也當過指揮，所以我習慣看音樂手稿，稱之為樂譜。旋律的線條是線性的，平行地從左邊移到右邊。和諧的曲調寫在垂直的欄位裡，由上往下排列。指揮會一次看一排或者同時看完所有線譜。

　　二十年前，我發明了一種樂譜，把治療工作中多重層次的管絃樂章清楚地記載下來。下面的圖表分成四個欄位——各代表了這整個互動的一部分——身體的介入、觀察和反思、語言的介入，以及個案的語言和身體反應。樂譜的每一頁都記載著工作的一些時刻。個案是躺著的。

表 6.1　樂譜

盧本飛德的身體的介入	盧本飛德的觀察和反思	盧本飛德的語言的介入	個案的語言和身體反應
雙手滑到右肩胛和上背部的地方，手指是攤開的。	個案的背部感覺上像是一片鐵板，沒有任何能量經過她的胸部。她的呼吸相當淺薄，她正用一種固有模式避免自己感受到情緒。在這個銜接處，溫柔是很重要的，可以增加信任感和提	「我的手感受到很多東西。」聲音是柔軟的，和觸摸一致，然後暫停了好一陣子。	她閉上眼睛，無聲地張開和閉合她的嘴巴數次。

（下頁續）

（續上頁）

盧本飛德的 身體的介入	盧本飛德的 觀察和反思	盧本飛德的 語言的介入	個案的語言 和身體反應
	高對這個部分的覺察。		
雙手還是放在右肩胛和上背部。	她的背輕輕地移動。	「你的背發生了什麼事？」另一段長期的沉默。	她的左手移向她的嘴巴。
手指緩緩地捲曲起來，從不同的角度往上移動到這個部位。	背部和胸部開始緩和下來，有更多的能量流過。	「我摸的這個地方，妳感覺如何？」	「我該要告訴你嗎？」她眼淚盈眶。
再一次把手指攤開。	右肩膀在幾次的揮動之下放鬆了。她決定相信並讓它們離開。 Rubenfeld 看著她的臉，聽她的聲音和用手傾聽她的身體。		「我和我先生 John 分開了」聲音帶點哽咽。
雙手隨著她的動作直到完成最後一次揮動。手慢慢離開她的身體。	用一種之前便是如此的輕柔節奏把手自個案的身體移開。 Rubenfeld 回到自己身上一會兒，好穩住自己並自我照顧。		嘴巴持續開開合合。眼淚開始滑落臉頰。

（下頁續）

（續上頁）

盧本飛德的 身體的介入	盧本飛德的 觀察和反思	盧本飛德的 語言的介入	個案的語言 和身體反應
整合取向治療師走到另外一邊，雙手滑在她的左肩胛和上背部。	左肩非常緊繃，和剛剛才舒緩的右肩比起來，是不平衡的。	「和他分開之後，妳有什麼感覺？」	「我想，這樣做是對的」她說話的時候，手和嘴都在動。
手指捲曲，輕輕地觸摸肌肉。	探究深藏於其身體和心理的「未竟事務」的主題。	「你要不要和John說說妳現在的感覺？」	她開始哭了起來，而且愈哭愈厲害。
手指攤開。一隻手仍然在肩膀的下方，而另一隻手從下往上移動，然後把手輕輕放在肚子上。（太陽神經叢）	緊張的感覺迅速消失。個案需要與情緒中心接觸，並且需要支持好讓情緒能在身體中流動。	「妳的感覺都是好的。（暫停）想像John就在妳的面前。（暫停）妳想對他說什麼？」	她哭得更大聲了。
雙手放在左肩胛和上背部。	一股熱流竄入她的背和胸。肩膀在揮動幾次後開始放鬆。		「我並不是你所想的那樣」。
雙手跟著放鬆的動作直到結束為止。	肩膀和背部很神奇地放鬆了，就好像緊張被溶化了一樣。		
仍然站在個案的左邊，左手放在肚子上，右手輕柔地經過頭部，	左手正觸摸著情緒中心，感覺呼吸的模式。右手放在頭頂（古東方能量系	「告訴John妳是誰？」給個案很多時間去思考。	她吞了幾次口水。她的左手一直在她說話的時候動來去，她喃喃自語說

（下頁續）

（續上頁）

盧本飛德的身體的介入	盧本飛德的觀察和反思	盧本飛德的語言的介入	個案的語言和身體反應
最後停在頭頂上。	統說明這裡象徵的是無條件的愛）。這兩個部分透過強烈意圖的觸摸下被突顯出來。		：「我非常沒有組織也沒有結構。我沒有處理事情的能力。」深呼吸了一口「我什麼都沒有」她又哽咽得說不出話來。「你覺得我是堅強的……我並不像外表那樣堅強……」。
右手從她的頭部移到頸部。左手繼續輕輕搖晃她的肚子。	記起一個女強人的傳奇，她手腕戴著防彈的鋼鐵手環。這個外在象徵力量的隱喻，掩蓋了所有的弱點和不足。用幽默來減輕及緩和她的肩膀和頸部。	微笑……「啊？妳是女強人俱樂部的成員啊？」我退出了好幾次，但是我還是一直接到俱樂部寄來的會員卡。	她會心地一笑，並點點頭。
雙手還是放在同樣的地方。	很多女人都會因為害怕承認自己是需要被支持的，而把外表裝得很堅強。	「妳希望 John 認為妳是堅強的嗎？」「妳可以退出俱樂部嗎？」	「可以……」「可是我還沒退出……」她露出牙齒笑了笑。

（下頁續）

（續上頁）

盧本飛德的身體的介入	盧本飛德的觀察和反思	盧本飛德的語言的介入	個案的語言和身體反應
右手從頭部移動到額頭。	古東方能量系統提到額頭是第三隻眼，象徵智慧。	「當妳不堅強的時候會發生什麼事？……妳什麼時候有這樣的感覺？」	「我會哭！」她笑著說出這句話。
右手仍然在額頭上，左手手指放在胸前。	她的額頭涼涼的，而且比較放鬆了。一股穩定的能量經過她的肚子、胸部，一直到頭頂。她的心跳很穩定。	「開使用我『要』來替代我『需要』。妳想要的是什麼？」	「我想要心靈的寧靜」。

　　個案在接下來的工作中，繼續處理要和媽媽有良好關係的部分和想到她孩子就會有罪惡感的部分，然後回到和她先生的關係上。碰觸是我的導遊直到工作到告一段落而結束——一個我和她都能從她的身體上**感覺到**的結束。

附錄 C

盧本飛德整合方法過程的後設階段

在這整個治療過程共有四個後設階段的運作，分別是覺察、實驗、整合和再進入環境。它們分別在同時發生於身體、思考、情緒和心靈這四個層面上。如下圖所示，這不是一個線性的而是循環的過程。

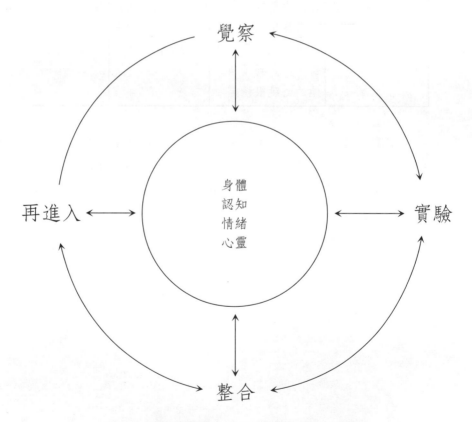

圖 6.1　盧本飛德整合方法過程的後設階段

第7章　心理整合與完形治療

❀*Janette Rainwater*博士　著

❀*黃進南*　譯

　　對我而言，心理整合是完形治療的一個自然延伸。最重要的是心理整合和完形治療在理論和經驗上都不會相互矛盾，兩者都強調個案的個別經驗；兩者都認為每個人是獨特的且需要獨特的治療經驗；兩者都以存在為基礎，認為個體一定會面臨選擇和決定，而且個體必須對所做的決定負責；兩者也都強調在治療師與個案中我和你（I-thou）關係的重要性。

　　這些個理論同時被一些精神病醫師，也是心理分析學者加以發展。Frederick Perls，如同這方面書籍的大部分讀者所知道的，他從 1893-1970 和他的遺孀 Laura Perls 共同創造完形治療。她一直在紐約工作和居住，直到 1990 年。當時 Perls 在南非（1935-1946）開始發展完形理論時，他也是當地心理分析協會的主席，這是 Freud 和 Ernest Jones 給他一個封號。也是在那個時期，Perls 於 1936 年在一個精神分析學派的會議上，他遭遇到 Freud 和其他人對他的文章「口腔的反抗」（Oral Resistances）的羞辱與拒絕。這篇文章被修正並擴增成為 1942 年在 Durban 出版的《自我，飢餓與攻擊：Freud 理論與方法的修正》（*Ego, Hunger, and Aggression: A Revision of Freud's Theory and Method*）。一直到後來 Perls 搬到紐約市，他和精神分析學家之間的關係才破裂。完形治療的誕生，是靠著像 Paul Goodman、Ralph Hefferline 和 Paul Weisz 等人的合作和有價值之理論的幫助。Perls、Hefferline、Goodman 在 1951 年出版了《完形治療》一書，在 1952 年創立了完形協會（見 Shepard, 1975）。

　　同時，另外一位精神分析學家，Robert Assagioli（1888-1974）回

到義大利，他用了比較不引人注目和比較不明顯的方式來與精神分析學決裂。Assagioli 覺得 Freud 的公式化有很多的限制性，人們有比他們自己性慾力更多的東西來激發他們的動機，而這才是在個案潛意識中要去發掘的重要元素；這些元素並不是他們所壓抑的性慾，也不是他們所壓制的攻擊，而是他們所潛抑的靈性面——包括他們的目標、抱負和憧憬。

Assagioli 對 Freud 理論限制的最早想法是在他 1910 年的博士論文中提到，這篇論文也介紹了一個新方法給義大利精神疾病的社區。這論文的想法逐漸在演講及文章中被擴展開來，1926 年他在羅馬創立了 Istituto di Psicosintesi。一年後，他出版一本小冊子《一種復原的新方式——心理整合》（*A New way of Healing － Psychosynthesis*）。

雖然第一個心理整合協會比第一個完形協會早成立了二十四年，但對於心理整合的正式發展是很慢，而且也不是閃亮耀眼的。心理整合研究基金會一直到 1957 年才在美國被合併；在 1960 年代晚期，心理整合中心在倫敦、印度、布宜諾斯艾里斯和雅典等地開始設立。Assagioli 是一個最謙虛和最不擺架子的人，直到 1965 年，他才整理了他許多小冊子和研討會的想法，並成為他的第一本書——《心理整合》。這也要感謝 Maslow 和 Jung 這幫好友的不斷催生。

當第一眼看到 Assagioli《心理整合》這本書時，它似乎是一本很多其他治療學派的彙編，如同他讚揚 Freud、Jung、Perls 和其他人的功勞，他將他們的一些方法合併成一套受歡迎的技巧。然而，更進一步看其內容時，會發現到當 Assagioli 對於心理整合的貢獻仍保持謙恭時，你可以看到他明確地創造一個新的人格理論和治療方法。他的系統中最基礎的部分是自體（self）^{校閱註 1}，是一個人的本質，它常被個案很多的競爭的副人格（subpersonalities）所控制，並被埋沒而不自知。

這個很快地讓我們看到心理整合和完形治療中最重要的差異之一：Perls 不相信自體的存在，他嘲笑做這些的人，當有人用大寫字母 "S" 來寫世界時，會令他生氣。

不管怎樣，自體是心理整合的理解基礎，它被認為是人格中的本

質，是一個人覺察和目的的中樞。它是永久且不能改變的，它是所有可以被觀察的不同思考、情緒和身體的瞭望台。它也是寧靜喜悅的中心，寧靜喜悅總是在那裡，總是等待著。

許多心理整合的練習被設計來幫助個案發現自體。最被大家所熟悉之一的是去認同（disidentification）的練習（我想有些誤稱）。我使用如下的修正：

將脊椎挺直舒服的坐著。做一些深度的呼吸，把焦點放在鼻孔呼吸的感覺中。然後確實依照下面每一個步驟：

我有一個身體，但我不是我的身體。

我的身體可能是生病了或很健康、累了或要休息，但是和我的自體，我真實的「我」沒有什麼關係。我的身體是我處於外在世界經驗和行動的寶貴工具，但是它只是一個工具。

我好好對待它，我尋找並讓它保持在一個很好的健康裡，但是它不是我的自體。

我有一個身體，但我不是我的身體。

我有情緒，但我不是我的情緒。

我的情緒是有很多的，矛盾的和變動的，但我總是保持著我，我自己，不論在歡樂或痛苦中，不論在安靜或吵鬧中，不論在希望或絕望中。因為我可以觀察到、理解和認清我的情緒，然後就增加掌握、指導和使用它們，很明顯的是它們不是我自己。

我有情緒，但我不是我的情緒。

我有智力，但我不是我的智力。

它是或多或少地被發展和活躍的。

它是我知道外在世界和內在世界的一個工具，但它不是我自己。

> 我有智力，但我不是我的智力。
>
> 我是我單純自我意識的中心。
>
> 我是意志的中心，能管理和指導我的智力、我生理上的身體、我的情緒和我所有心理的過程。
>
> 我是持續和不改變的自我。（Rainwater, 1979, p.38, based on Assagioli, 1965, p.118-119）

Assagioli 喜歡說我們是被我們所界定的任何和所有的事件所支配。當一個人學習去區辨感覺、身體、心靈、思考、情感和副人格時，一個人將了解到更多的「真我」（real I），自我的知識。

這個概念容易給學習完形的人許多困擾，直到他們能區分去認同（disidentifying）和否認擁有（disowning）這兩者。Assagioli 的練習和構想不可能被解釋成他同意否認擁有個體的思想、感覺或身體。在正確的練習中，我發現到心理整合比完形治療強調更多對存在的覺察、承認和擁有所有個人的「負面」特質，且對目前的存在負起責任。這個去認同的過程比完形理論還更能進一步擁有最後責任的感覺（在此，我要拒絕那些少數沒有完形基礎和覺察方法學的心理整合實務工作者，以及那些丟棄負面特質的實務工作者）。

心理整合的一個不會對完形治療師產生困擾的貢獻，就是副人格這個概念。優勢者（top dog）和劣勢者（underdog）（和 Eric Berne 的類型論中父母和小孩）在心理整合中被認為是副人格。然而，我們強調每個副人格中明顯獨特的特性，而不是普遍的特質。

一個人可能被要求對他所批評的副人格，給與一個特別的名字，例如：（批評是代表優勢者），這個名字對個體來說是具有個人意義的：如迫害者、完美先生、積極的推銷員、全球兇手、地區代理人先生等等。

個案被要求和他們所認定的批評者進行對話。他們首先對於批評

者的過度，表達憤怒，然後——變成批評者——對自己說明，批評者
對整個人格是何等無價，而且沒有批評時，這個人會是一團糟。然後，
自己承認批評的價值面（批評的另一面可能是保護者或啟動者），並
且與批評者協商，它們可以何時出現並如何行動。自己此時是可以掌
握一切的。

　　副人格是圍繞在一個「需要」（want）的整體人格所組成。確認
副人格可以幫助一個人承認並「獲得」它所呈現的需要為何。例如，
在忙碌和繁雜的生活中，每個主要的興致和抱負均有它的副人格，而
此副人格會為了此興致與活動的保留和提昇而戰鬥。你的典型中年生
意人會有個居家男人先生、合作超人先生、高爾夫球先生、情人先生，
或者還有個一廂情願的小說家，這些都同時在爭取時間和能量，並且
對自體發出衝突的號令。唯有個案真正知道打從內心中自體有一優勢，
他們可以統治和控制副人格，如此才能解除一些來自她們腦裡爭吵的
聲音。總之，副人格的運作可以是一個非常強而有力的工具（對於副
人格運作有更詳細的描述，可以參考 Ferrucci, 1982, p.47-70; Rainwater,
1979, p.26-39；以及書裡面提到的 Vargiu, 1974）。

　　除了批評者以外，另外有兩個副人格的種類被認為在某種程度上
也存在於我們每個人當中：破壞者（saboteur）和受害者〔我覺得所有
的完形治療師可以幫助個案處理其破壞者和受害者的運作。悲劇女王
（Tragedy Queen）是一個犧牲者的特別案例〕。當副人格可以被命名
時，這個工作似乎就會進行得很快且平順，個案可以透過有智慧地來
處理破壞者或受害者再次出現時的情況。

　　在這裡我應該強調，我沒有企圖要去滅絕任何一個不受歡迎的副
人格，因為它象徵著一個人正當的需要。鼓勵個案從個體自我力量的
位置去調整和修正副人格的過度。這個目標不是去否認，也不是去摧
毀副人格，而是接受它，並且是在自體中心的主宰之下。

　　此刻，你已毫無疑問地觀察到治療師所扮演的積極角色。這是心
理整合和完形理論之間第二個重要的理論差異。在此，心理整合是有
意識並有計畫地進行*人格的重新建構*。完形治療師希望幫助個案在沒

有任何的價值判斷下，不管變成怎樣的情形下，能夠覺察到他們此時是如何的。對於心理整合的實務工作者，只是覺察本身是還不夠的。為了能覺知到副人格、情緒和慾望，他們要在自體做出選擇和引導人格的支配下，增加一些覺察和進一步發展存在的品質（在我的經驗中，很多完形治療師有相似的做法，但仍然宣稱他們所做的是完形治療）。

第三個主要差異是縝密地含括了個案的靈性本質（spiritual nature）（事實上，這也被許多我所認識的完形治療師包括在內，但是它卻不屬於 Perls 系統中的一部分）。心理整合最終的目標是幫助個案釋放他們超個人自我的能量（超個人自我被稱為「靈魂」）。在這之前，第二個目標是幫助統整和綜合圍繞在個人周圍的個人自我——這就是 Assagioli 所稱的「個體的心理整合」，以及 Maslow 所描述的「自我實現」。第二個目標必須在第一個目標之前——是 Assagioli 所稱的「靈性的心理整合」。仍然有一些具有靈性心理整合的實務工作者，衝得太快了。因此，使用 William James 的話說，就是促進創造了「神經病聖徒」（neurotic saints）。那些在完形治療上有很好基礎的治療師是不會犯這個錯誤了！

在他的人格蛋圖中，Assagioli 將無意識劃分成三等份：較低的（基本上是 Freud 的無意識），中間的（全可接近的，包含我們每天的經驗），和較高層的。這個較高的無意識或超意識，被認為是我們較高直覺和靈感的歸依處——美術的、科學的和哲學的。它包括我們最高的倫理道德和人道主義的衝動和所有非獨裁的（非內攝）喚起，激勵我們成為我們可以做到的最好的人。有一些很棒的心理整合練習，可以幫助一個人去探索這些極限（如同在完形治療，聰明和直覺的實務工作者會對特殊的個案創造一個新的練習）。我想要推薦 Frank Haronian 的文章「卓越的抑制」（The Repression of the Sublime, Haronian, 1974），這篇對於超意識和否認我們的需要有詳細的討論。

對於運用這些技巧背後的理論結構，不了解的門外漢常常錯誤地把技巧界定為一個治療的系統。這樣的人容易相信完形治療就是「空椅」的工作。同樣地，他們也相信心理整合是引導式的心像（guided imagery）或是視像化的技巧而已。引導式的心像是在心理整合治療中最有用的技巧之一，是最常被初學的實務工作者濫用的一個技術，也是常被那些不懂得何時、哪裡、為什麼和如何使用它的人所誤用。在完形治療的實驗中有很多類似的方法。它被用來引導個案在某一個特定的方面有更多的覺察，或是用來增進、提昇對自體的掌控感，而不是因為要做一些事而去做它。對於一片草地所做的引導式心像可能是一個探索中間無意識的方法。經過洞穴的旅行或到海洋最深處的旅遊，可能會為較低的無意識上帶來一些啟發。大家所知的登山旅遊，它是在較高意識中去看的很多方法之一（引導式的心像的技巧源自 Robert Desoille，他把它稱為「指引式的白日夢」（directed daydream，見 Desoille, 1945）。

　　或許，可以用智慧老人和神仙教母的原型，用視像化的方式來讓個案熟悉其超個人自我或較高的自我。透過投入對話中的自體，個人也許在重要議題上可以得到引導、詢問他們生活的目的，進一步發展他們的直覺、尋找愛情的答案、智慧、趣味、寧靜，以及和諧（他們沒有遭遇到假裝成超個人自我的獨裁副人格時，我們就要多加注意了）。

　　每一個引導式心像練習的一個重要部分即在於，特別是任何跟超個人自我對話這樣深奧的事，它是紮根的（grounding），常在不久後發生。個案被教導去敘述他們目前的存在經驗，以及去發現一些將頓悟或發現納入行動中的可行方法。透過詢問犀利的問題和探索抗拒，總是小心避免為任何選擇或結果給建議，這樣的治療師是非常有幫助的。有另外兩個方式可以紮根是(1)寫下體驗或對話；(2)畫出它。Assagioli 喜歡人們用寫日記的方式記錄心理過程。他特別推薦自由繪畫（free drawing），他認為這種方式對探索無意識的內容比夢還更有用。

　　第四個心理整合和完形治療之間可能的差異是，Assagioli 於 1973 年所提的意志（will）概念。因為他在這個主題寫出一整本書。我嘗試想要在一些段落中捕捉他的陳述，覺得有點愚蠢。都這樣說了，我覺得準備好去做了。

首先，他沒有談論有關意志力量的威權（victorian）概念（「我將去做」什麼跟什麼），反而他指的是後設力量，一個自體的功能。例如，你決定要舉起你的手臂，然後就會非常故意地舉起你的手臂。看這些順序是如何被接收、進行和表現出來的。這個平靜的、肯定的選擇是你的意志。思考它在哪裡，你的意志好像就是在那裡。

有一個針對配對的有趣練習，稱做「雕刻家」（sculptor）。首先，雕刻家會把他或她的合作夥伴當成沒有意志的一個人來雕塑。然後，雕刻家就會把這位夥伴雕刻成為具有強烈維多利亞風格意志力的人。最後，雕刻家就會將這個人塑造成接近心理整合風格意志的人（之後，雕刻家和夥伴在另一回合交換）。

在一連串的練習中，意志會被發展出來，我們學習完形的人會了解這和一些覺察的練習一樣。一個方法就是有目的的且保持意識的，也就是說你是指導這些活動的人，去完成你的每一天、機械式的活動（刷牙、洗碗等等）。另外一個方法就是去完成一連串無用的活動，例如丟一副撲克牌在地板上，並且一個一個把它們撿起來。

Assagioli 描述這些被發展的意志有許多特性：敏捷、果斷、有技巧性、有趣、勇氣、支配、自我肯定和力量。熟知心理學歷史的人會發現這個部分和 William James 有一些呼應。

Assagioli 在 1973 年提到一個強化意志的重要練習。把眼睛閉起來且用冥想的姿勢。

> 1. 想像你自己因意志不足而有的一個不幸的結果——你過去、目前和未來都可以。允許你自己感覺所有的感覺，然後把這些感覺寫下來。
>
> 2. 盡可能生動地想像所有在你身上的優點、喜悅、優勢和滿足，將這些和其他的，視為你發展一個有效意志的一個結果，感覺這些感覺，然後把這些感覺寫下來。
>
> 3. 想像你自己有一個強大且有效的意志。你穩定地走著，用決定、堅持、自我控制和有焦點的企圖在行動。而你抵抗了所有對威

脅或利誘的意圖。當你同時擁有內外在的掌控感時，看看你會
是什麼樣子。把這些寫下來。（p.36-37）

　　我的預感是很多不熟悉心理整合的完形治療者讀到這一章時，將
會知道有很多類似的評論：「啊，我有在做這個」和「這個有什麼是
很特殊的？」。一些心理整合的理論、副人格運作和引導式心像的一
小部分，已經被吸收到完形治療和其他當代的學派，並成為主流，但
並不承認它是他們的來源。Assagioli 不介意缺少對自己的讚揚，但我
真的認為他會希望有一些較完整的研究以及對最基本的心理整合原則
的了解。

　　你或許很想知道我是如何調和這兩個理論間的四個主要差異。簡
短來說：

　　首先，關於自體的存在：我相信它、經歷過它，我也發現與人們
工作時，它是一個有用的概念。我了解哲學唯物論的完形治療師將會
發現自體的概念是完全不能接受的。

　　第二，關於有計畫地重建人格：沒有對個案的認識和個案的同意
──通常要在他們的啟動下，我不會承擔這樣的任務。因此，心理整
合的目的對我來說，似乎不會和完形治療原則有所衝突。但我也了解
一些完形的純粹主義者可能會感到這樣的實務工作是令人不悅的。

　　第三，至於注意個案靈性上的生活：在此，哲學唯物論者可能再
次地發現另一個衝突。然而，我相信它和完形原則用在當下和個案的
工作是非常一致的，在個案所在之處去「跟隨、追蹤」他們，即使這
樣的追隨會引到靈性的領域。我發現心理整合是一種最佳超個人的治
療，也是完形治療一個自然的延伸。目前我經常運用超個人自我治療
在⑴個案亟欲探討生活中的目的和意義時；⑵個案的覺察和對死亡的
恐懼。

　　第四，關於心理整合的意志概念：我沒有看到衝突，它讓你看到
意志和投射的不同。很多的練習跟完形實驗和指引式的冥想是相似的。

我曾被問到心理整合實務工作者如何處理抗拒，「抗拒」這個字在心理整合的文獻中或是和同事討論中，都未曾談論過，而是使用「抗議」（objections）這樣的詞語。如同在完形治療中，這些抗議是會被徵詢而不是被詮釋的。例如，治療者可能詢問個案對於所提出要執行的建議會做出哪一個選擇：願意的、不願意的，或現在不願意的。這是強調為選擇負起責任的一種引導性做法。

在引導式心像的晤談中，治療者會與個案探索任何個案在過程中所經驗到的害怕。以催化而不是壓迫的方式進行，治療者會問個案需要什麼，才能感受到安全而繼續這樣的旅程（例如，個案可能想要一個手電筒或一條繩索去探索洞穴）。之後，這些象徵將會被檢視，以了解其在個案生活中的可能意義。

有三個問題，它們常在每一次的晤談中用來問個案：

1. 你是誰？
2. 你正試著在做什麼？（或者你的目的是什麼？）
3. 是什麼在阻礙你？（或是你是如何阻礙你自己？）

為了強調意志，在心理整合中這些抗拒的問題並沒有被明顯地忽略掉；相反地，它將比在完形治療的案例中更完整地被處理。「接觸」是另一個有相似處境的詞，在心理整合的辭彙中是被漏掉的，這是心理整合脫落的一個領域，造成很多的損失。不過，在心理整合未來的文章中，有一部分的內容可以是「心理整合從完形治療中學到了什麼？」

註解

> **校閱註 1** 本文中的 Self 主要翻成自體，以別於另一個 Ego（自我）。但本章中為了詞句的順暢性，譯者偶用自我一詞，指的仍是原文的 Self。

 參考文獻

Assagioli, R. (1973). *The act of will*. New York: Viking.

Assagioli, R. (1965). *Psychosynthesis*.

Assagioli, R. (1926). *A new way of healing—psychosynthesis*.

Desoille, R. (1945). *Le rêve éveillé en psychotherapie*. Paris: Presses Universitaires de France.

Haronian, F. The repression of the sublime. *Synthesis, 1*(1), 125–126.

Perls, F. (1942). *Ego, hunger, and aggression: A revision of Freud's theory and method*.

Perls, F., Hefferline, R., & Goodman, P. (1951). Gestalt Therapy.

Rainwater, J. (1979). *You're in charge: A guide to becoming our own therapist*. Los Angeles: Guild of Tutors.

Shepard, M. (1975). *An intimate portrait of Fritz Perls and Gestalt therapy*. New York: Dutton.

———. (1975). Subpersonalities. *Synthesis, 1*(1), 52–59.

———. (1975). In memoriam: Robert Assagioli. *Synthesis, 1*(2).

完形治療——觀點與應用

第 2 部分

應用
Applications

酒癮：一個完形治療的觀點

第 **8** 章

❀*C. Jesse Carlock博士* 　著
❀*Kathleen O'Halleran Glaus博士* 　著
❀*Cynthia A. Shaw社工碩士* 　著
❀何麗儀　譯

　　酒癮的問題，在完形學派的著作裡，無論是理論或治療，都是長期被忽略的一環。這是令人感到驚訝而且沮喪的，因為酗酒的現象非常普遍（大約 10%），同時有很高比例的患者正在尋求治療或精神診治（在一些研究裡有 40%；參看 Brown, Ridgely, Pepper, Levine, & Ryglewicz, 1989）。這個盛行率意指著，除非酗酒者已被診斷出來而且也轉介給醫師，不然在接受完形治療的一些個案很可能就是酒癮的患者。

　　儘管我們是如此需要有一個清楚的完形工作模式來處理酒癮的問題，但直到目前為止還沒有一個有系統的治療模型出現。事實上，大部分有關應用完形理論去處理酒癮問題的討論都是簡單、只有一頁長的描述，諸如由 Perls、Hefferline 和 Goodman 在 1951 年著作的第 227 頁中所描述的：「他是一個酒罐子、狂飲者、不願吃一些固體的食物然後咀嚼它，⋯⋯他想要的東西就是液態的，事先準備好的，他只需要把它喝下去。」在治療酒癮的議題裡，他們的看法僅止於泛泛之論：「沒有一種療法具有永久性的效果，或者比抑制它來得好，除非這個酗酒者（「成人」吸吮）能進展到咬和咀嚼的階段。」以上所述差不多是四十年前的事了。目前，對於了解和處理酒癮已有很大的進展，最低限度許多進展是隨著完形理論和治療實務的發展與精煉而來的。

　　我們認為，現在正是回到完形理論怎樣應用在酒癮的了解和治療

這個問題上的時候了。在這一章中，我們會提出一個根據完形的學理所發展出的，對於治療酗酒有療效的理論模式和治療計畫。

完形模式

　　在我們看來，酗酒所代表的是在自我調節上失去功能。因此，我們發展的這個了解酗酒的理論模式是，圍繞著完形學派的自我調節理論而組成的。我們的治療策略流程是根據這個模式，來設計出中斷自我調節失調的行為，以及再造正常的自我調節。在進入到我們的這個特定理論和診療模式之前，我們想介紹完形學派自我調節的基本原理。同時也讓讀者先了解這一章的假設與限制。

❖ 假設與限制

　　想要從單一的章節裡概括說明目前完形學派對於處理酒癮的理論和療法是不容易的。為了使這個工作減少到可以掌控的範圍，我們必須先做一些假設讓我們的讀者了解這一章討論的範圍。我們的假設與限制如下：

　　第一，我們假設讀者對於完形學派的術語非常了解。如果讀者對於完形學派的理論不熟悉，則請參閱 Perls、Hefferline 和 Goodman（1951）、Polster 和 Polster（1973）、Zinker（1978）和 Kepner（1987）的著作。

　　第二，我們假設讀者熟悉病人酗酒的症狀，且能做正確的診斷。在這一章裡我們的重點在酗酒的處遇，而不是診斷。為達到我們的目的，我們用 DSM-III-R 精神刺激物質依賴的指標或病人自己的界定做為標準，來判斷這個人是不是酒癮者。讀者如不清楚酒癮的症狀可以參閱以下這些書籍（Bean & Zinberg, 1981; Estes & Heinemann, 1982; Pattison & Kaufman, 1982），若對於診斷的條件不了解的話則可以參閱 DSM-III-R 或 Seixas（1982）。

　　第三，我們假設讀者對匿名戒酒者協會（AA）提出的十二步驟復原計畫工作有所認識，也了解一般 AA 的聚會形式與贊助方式。Maxwell（1984）與 Robertson（1988），對臨床工作者提供了一些有幫助的介紹，而這個復原計畫基本信念的討論亦有多個資源可參閱〔Kurtz, 1982; Mack, 1981；《匿名戒酒者的十二步驟》（*The Twelve Steps of Alcoholicss Anonymous*）等著作〕。

　　第四，我們假設酗酒者的行為和症狀對他的配偶、家庭以及系統的廣大層面都有很大的影響；然而這種共依存的問題卻不是本章討論的範圍。讀者可以諮詢其他的資源，如：針對配偶的治療（Drews, 1980），小孩和成人小孩（Black, 1982; Woititz, 1979）和酗酒者的家庭（Bepko & Kresstan, 1985; Wegscheider, 1981）。

　　最後，要如何預防酒癮復發也不是本章所要討論的範圍。我們相信如何防範的知識和技巧對於一個臨床醫師是非常的重要，我們也呼籲所有的讀者參閱 Marlatt 和 Gordon（1985）對於復發和預防復發的治療介紹。

　　在以上的假設和限制之中，我們繼續來討論完形與自我調整的模式，然後我們再深入描述什麼是酗酒者的自我調節失調。

❖ 自我調節：經驗的循環

　　自我調節對於任何有機體的健康、最後的生存是非常基本而重要的。自我調節出現違常，如果非常嚴重或拖得太久的話，就會導致死亡。然而，一般人很少會把自我調節當一回事——直到問題發生了。

　　對於酗酒者而言，一些「錯誤」的事情是相當明顯的。了解酗酒者身上特定的自我調節失常——哪些是出了差錯，而應該做些什麼來處理——可以用偏離完形學派的「正常」自我調節模式，即經驗循環，來簡要說明之。

　　經驗循環描述的是，一個人（或任何有機體）與環境的接觸和相互影響，來達到他們需求的過程。這個循環（圖 8.1）可以分成一連串有順序的行為和經驗，以滿足需求與自我調節。在最理想的狀態下那

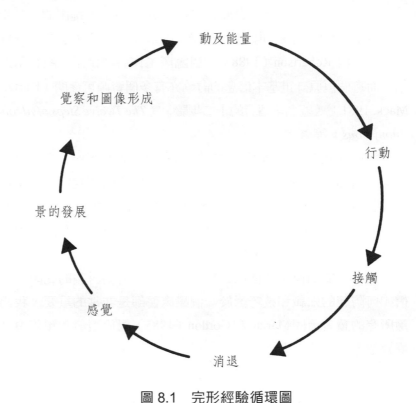

動及能量

行動

接觸

消退

感覺

景的發展

覺察和圖像形成

圖 8.1　完形經驗循環圖

些循環是順暢的。經驗和行為的交融與流動，在環境中依序的接觸以滿足其需求，而這些我們往往是沒有注意到的。

　　不過，如果我們仔細地觀察這個循環的話，我們可以把這些小單位分成幾個部分，並且將這些一系列的經驗與行為事件視為是獨立的。

　　這個循環一開始是從環境透過五官輸入到感官／感覺裡，就如同內在的感官牽動肌肉狀態，器官膨脹，而大量的訊號和有機體的需求狀態聯結在一起。這些複雜又難以分辨感覺的輸入常被稱為經驗的「原始資料」，這種輸入是沒有程序可言的。這些資訊衝擊著個體，他們便被合併且吸收到背景裡，猶如一個沒有一定形狀的水庫，由當下的經驗感受（持續進行的感受）、過去的經驗，和未完成的事務所組成（Polster & Polster, 1973）。理想的情況是整個背景是非常豐富的，裡

面包含著現在和過去的經驗，沒有限制，且能轉化為覺察。經由上述這個形狀不居，不引人注意的背景襯托下，一個有組織、具代表性需求的鮮明圖像就會出現，抓住個體的興趣、注意力與覺察。此刻，個體雖然並未意識到這些輸入與過程的處理，但他開始覺察到自己有某個需求了。

　　舉個例子來說明上述的循環過程。試著想像我們的編輯，S博士，坐在桌前非常專注地看著這篇手稿。S 博士並沒有覺察到（或在他的覺察以外），他的胃是空的，胃裡細緻的感受器開始發出需要更多食物的訊號。訊號一個個連接起來，從其他的感受器偵測到需要更多的血糖。這些感受全部被同化為 S 博士覺察之外的背景之中。但經過了一段時間之後，這些感覺建立且累積在背景裡，直到它們突顯為一個圖像，促使 S 博士去注意它，於是 S 博士覺察到他的需要：「我肚子餓了。」

　　為探討接下來所發生的事，我們暫時不談 S 博士。請讀者去想像循環的後續狀態：當這個在覺察中圖像突顯出來時，就引發能量的流動，這個移動變成為一個具體的行動，指引個人與自己本身、環境以及其他人做出接觸，適當的接觸導致需求的滿足，也因此需求的狀態得以降低。接下來，隨著個體從接觸中退出，原本的需求圖像毀壞了，而動員的能量也減少了；個體便將這樣的經驗同化，以準備回應下一個由新的需求所引發而出現的新圖像。

　　回到 S 博士這裡，我們發現他仍有覺察且注意到他的飢餓。為了做出回應，他動員自己的能量從桌子前站起來，走到冰箱前，打開冰箱，拿出三明治吃了起來。在這裡和三明治接觸就是需要的滿足。三明治的消化吸收減輕了 S 博士的飢餓（在這個例子裡是確實的），S 博士的注意力可以自由地轉到新的圖像上。他想也許他應該睡個午覺了。最好不要！S 博士，手稿可是有截止日期的！

　　這就是自我調節。每天都有上千次，我們和自己、環境，以及每一個他人做出接觸。然而，這並不是一個永遠如此順利的過程。循環可能被一些不同的方式給打斷，所以自我調節會被阻礙。打斷這個循

環可稱為抗拒或防衛（我們在此互用這兩個名詞）。

S 博士的故事可以用來說明跟我們有關的一些防衛原理。假設在回應飢餓的感覺時，S博士把它切掉（失去感覺—desensitization），而把注意力放到別的地方去。或者他看著他的貓說：「你怎麼會餓呢？我剛才餵過你了！」（投射）。或他可能站起來，走到走廊上，而不是走到冰箱（解離）？在孩提時代的父母規則裡（內攝）——「晚餐前不能吃零食！」——可以打斷這個過程，即使 S 博士本身也沒有感覺到。最後，S 博士可以用自我對話（迴射），對自己說出飢餓的狀態——提醒自己正在進行新的節食運動。所以，自然地自我調節的循環就被打斷了，有意識或無意識都好，會讓 S 博士以不同形式處在持續需要的狀態裡。

假設，當飢餓的感覺出現時，是一幅飲料的畫面——一杯馬丁尼——浮現，S 博士喝了馬丁尼而不是三明治？這問題把我們帶到酗酒者在自我調節時的兩難局面當中。

❖ 酗酒者的自我調節

酗酒者藉著喝酒來回應他們本身、他們的環境，以及跟其他的人之間的經驗。一般發出生理需要的狀態或情感狀態訊號的內在感覺，會被他們組織並且轉成一種需要喝（酒）的察覺。同樣的情況也會發生在與其社交或人際互動有關的環境線索及感覺經驗之中。酗酒代表一個人嚴重的自我調節的失常。

自我調節的失常是如何變成酗酒的問題，這種現象如何治療，是我們在這一章裡所要討論的重點。在這裡我們簡單扼要地描述，在處理酗酒自我控制失調時，我們所發展出來的概念模型。

我們認為酗酒者的調節干擾有兩個層面。第一，酗酒者和非酗酒者一樣，都有習慣性的防衛與抗拒的現象，在許多不同的點上打斷了這個循環圈，妨礙它順利運行以達到需要的滿足。我們會討論到酗酒者在其復原過程中的防衛。不過非酗酒者也用同樣的防衛方式，讓整個調節干擾的過程看來相當的「正常」。

第二個層面的調節干擾，對酗酒者而言是更為深層，而且是根源性的。第二層面的干擾就是干擾循環過程本身。我們以圖 8.2 來表示酗酒的循環。雖然整個循環都會受到影響（就像在下頁圖 8.2 所顯示的），這些干擾對酗酒者來說是既主要且具特徵的，它們發生在循環的早期——亦即背景發展、覺察，以及圖像形成之際。在循環的後期裡——即避開接觸並以融合做為結束的狀態——算是次要的，這代表的是前期主要循環干擾的累積與後果，因此在早期的循環裡背景發展的不足，而無法進入覺察。因此覺察是有限的。酗酒者的圖像也是固定的，正如前面所述，這種固定的圖像從背景出現乃是為了回應酗酒者本身的經驗而來的（尤其在很嚴重、晚期的酒癮患者的身上，這種情形就更明顯）。在循環的後階段，他們的行動就局限於飲酒（因為他們的圖像是固定的），這是一個缺乏接觸的回應、也無法真正達到需求的滿足（因此而有假接觸），而最後的結果就是融合的狀態以及無法同化經驗的狀況。表 8.1 為功能良好的循環與酗酒者的循環主要差異的整理。

❖ 治療策略概觀

很明確地，酗酒者自我調節的干擾是既複雜而又無所不在的。酗酒者顯現出經驗循環過程的干擾與防衛，也因而打亂了循環的流動，而這樣的狀況也說明了酗酒者在面對治療師與接受治療的困難重重。針對酗酒者在各方面自我失調的治療策略，無論對患者或治療師來說，都可能是令人難以招架的。

要減少治療師以及患者的負擔，我們把這個工作加以組織，並且列出其順序，把治療酗酒者的方法分成四個階段，這就是 Brown（1985）所提出的四個復原療程：㈠飲酒期，酗酒者在此時期會不斷地喝酒；㈡轉變期，酗酒者開始出現一些清醒或喝酒節制的現象；㈢早期復原期，即指在第一年期間有穩定清醒的現象；接下來是㈣持續復原期，也就是從第一年後無止境的延續。我們將在這樣的架構下，討論治療的策略與介入方法。

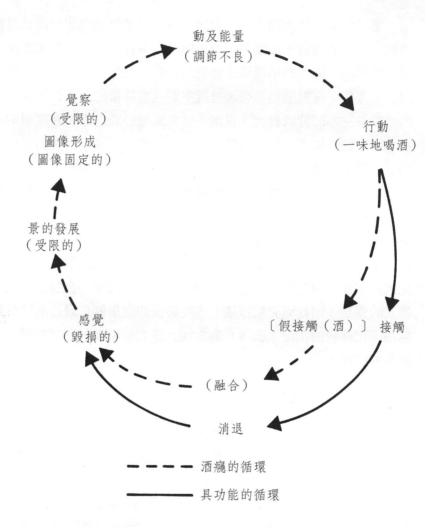

圖 8.2　酒癮者自我調節的干擾

表 8.1　經驗的循環：功能良好的循環與酗酒者的循環的比較

	功能良好的循環	酗酒者的循環
感覺	經驗（需求）的豐富性表現在動作的／感官的／情感的各種模式中	先前喝酒或酒精神經病理導致經驗的改變
發展背景	背景是豐富的、複雜且流動的，有利於覺察	背景是貧乏的，僵固且受限，不利於覺察
覺察與形成圖像	覺察是廣泛的，圖像是有彈性的：對需求有利	覺察是有限的，圖像是不具彈性的：局限在酒／喝酒
動員能量	恰到好處地調整	調整不佳／先前喝酒導致了憂鬱
行動	彈性，符合經驗的（需求的）	由於圖像是僵化的，因而缺乏彈性 行動是僵化的：尋求／買酒
接觸	適當地滿足需求	避免接觸，喝酒是不真實的接觸——不能真正滿足需求
消退	圖像被打破、消退，經驗被同化	逃避，與酒融合，僵化的圖像未被打破，經驗未能被同化

　　我們也把我們的工作整理成幾個廣泛的重要主題。第一，在早期治療階段——喝酒到早期復原——我們把大部分的介入放在循環的初期，希望能夠阻斷酒精這個固定的圖像。起初酗酒者無法控制酒這個圖像的形成，也無法組織與維持一個合適的、根據經驗而成立的圖像。為了協助他們，我們會主導這個在早期階段的圖像。而在早期復原階段的後期以及復原的持續過程中，我們放寬立場並且支持（有時是教導）患者，獨立地留意其感官經驗並且將經驗與行為加以組織，如此經驗循環的自我調節才能慢慢地恢復正常。同樣地，在處理防衛時，

完形治療——觀點與應用

我們也將治療的焦點隨著早期到晚期，由狹窄轉為較為廣泛的焦點。在早期復原階段裡，我們的注意力放在那些中斷且扭曲經驗循環的防衛干擾。隨著復原的進展，所有習慣性的防衛都會是治療的焦點。

當讀者有了這些一般的概念後，我們現在來談談在每個復原過程中，治療酗酒者所要注意的事項。

喝酒階段

從酒癮中復原的算法是自酗酒者還在喝酒時開始。酗酒者得到幫助時，他通常仍處在喝酒的階段，這只是他們在這個攀爬到清醒的長途過程中，一個小小的歇腳處。如要在各個復原階段中都能了解並且協助酗酒者，那就得從了解其想法、感覺以及他們的行動這些方面著手。

酒癮並非一夕造成的。通常酗酒是慢慢形成的，也就是說他們在每次可以喝酒的場合，愈來愈常喝酒且愈喝愈多。由於他們的酒量愈來愈大，他們的機能也逐漸地衰退，而在其生活層面中一次或多次得到破壞性的結果。酒精成癮時間的長度與過程，是因人而異的。在某些人身上酒精成癮是非常快速且戲劇性的，但在某些人身上這個過程是緩慢的。通常，酗酒產生的負面影響指的是，他們最先嚴重影響到親近的人——如父母親、配偶及小孩，接著會影響他們在社會上、工作上還有守法各方面的運作。我們界定酒癮，並非只是看他們喝酒的量跟頻率，反而是酗酒對他們個人還有對整個生活層面造成嚴重後果的衝擊性。

自我調節的失常在酗酒者的身上是最明顯的。酒癮雖是慢慢形成，但大部分人遠在早期階段就出現了前述的自我調節以及循環的干擾。其中最明顯的就是他們會有一個對酒精顯明又固定的圖像，而這就構成了大部分酗酒者的經驗。

酗酒者的心理是難以了解的，尤其是酒癮者——除非我們能考慮

到酒精的增加至顯著成為組織其經驗的發生過程，以及其經驗又如何接著讓酒精圖像持續形成的過程。

　　酒精如何影響酗酒者本身的經驗和生活？這個問題不只牽涉到酗酒過程的發展，還溯及酒癮的病原學。酒癮是很複雜的失序現象，而其中包括了很多病原學的因素。而最基本的，我們知道它涉及生理、心理以及社會的相互影響。我們略過細節不談，我們來看看在臨床上酗酒者圖像發展的三種模式。

　　對於一些酗酒者而言，這種酒的圖像植基於他們本身的生理結構，這些人他們從第一次喝酒開始，就一直說我一定要喝得大醉，他們也許在身體上就已經註定如此的傾向。也許是基因的關係，而在生理結構上這個因素扮演了舉足輕重的角色。從第一次喝酒開始，第一次喝酒就像火花一般燃起燎原之火。酒精中毒快速地在他們的身體結構之中變成一種上癮症狀、退縮症狀、還有強烈想要嗑酒的現象。而這種形式的酗酒通常發生在家族中有同樣病史的人身上。而我們對這種酗酒方式（以及任何生理酗酒的成癮者）的假設是，酒精圖像的出現，多少是對他們生理線索發出真正「需要」酒精訊號的一種回應。

> 　　Jack 在第一次喝酒後就感覺到自己是一個酒徒——他還這樣清楚地記得。從第一次喝酒時，就難以抑制且常常喝得酩酊大醉。在三十五歲時，他就有了酒精中毒的症狀，而且已嚴重地患上肝病。

　　酒精或飲酒的圖像也可能有其早年學習的根源，透過聯結的學習或模仿而來，而主導了他們的經驗。例如，小孩和成人在喝酒的家庭長大（簡稱為ACOAs），他們會有大量的機會可以親眼看到酒精與所有的緊張或心情狀態是如何地緊密聯結。對於這些 ACOAs 來說，這種關聯讓他們感到非常混亂。他們自己本身所經驗到的強烈情緒便逐漸圍繞在兩個互相衝突的圖像之間，一個是立即經驗的（情緒）圖像，而另一個則是酒或喝酒的圖像。

> Jamie 感到疑惑：「我不知道自己的感覺——也許我是瘋了——我想我需要喝個酒。我真的不知道。」

對一些ACOAs的人來說，感覺和酒精之間的聯結是那麼的強烈，感覺和喝酒似乎是同一件事。

> Nancy，二十歲，一位戒酒的 ACOAs 者，告訴我們：「我以前都看著我爸媽喝酒，所以我也一直迫不及待想要開始喝酒，這樣我也才能有感覺。」

我們這個社會有很多人是這樣被教大的，習於把喝酒與樂趣或減少需求做聯結。ACOAs代表了極端的例子，說明他們可能在極早期就發展出，酒精跟降低一些需要之間的強烈聯結。在這樣的情況下，ACOAs喝酒是面臨一個非常大的風險，更讓酒精主導他們所有的經驗。

最後，酒的圖像在整個過程中占了最主控的地位。即使在一開始的時候，他是清醒且能完全察覺到自己的經驗或需求，但卻無法移到適當且獲得滿足的接觸，反而是以喝酒代替一切。

> Jessica 擔心自己每天這樣大量的喝酒而自己去看診。她的父母還有姊妹都是酗酒者，Jessica 關心自己這種藉由喝酒來解決學校以及身為單親媽媽的壓力紓解模式。她是一位受過良好教育的女性，她可以了解喝酒對她所造成的負面影響，她可以列舉很多方面來減輕自己的焦慮和壓力，但她自己也說：「我知道該做什麼事才對，但我還是喝了酒。喝酒容易多了。」

好消息是用喝酒來解決壓力和其他的煩躁不安的確有效，不用費很大的力氣，緊張就減少了，而且是明顯又快速。但以長遠的層面來看並不太樂觀，因為以這樣的方式來處理經驗與需求，就會增強酒精

圖像的重要性，酒精會變成無所不能，甚至比生活還重要。雖然它讓我們整個經驗變得比較愉快、減少緊張、自己需求也變得穩定，但在持續的使用下，喝酒的「神奇」會隨著喝得愈來愈多，而構成一個「借酒澆愁」的模式。整個經驗與需要都變得直接且快速地反覆循環著，而且都是圍繞透過酒精這個圖像而組成。

這三種模式說明酒精可能會主導了酗酒者本身的經驗。明顯地，事實可能遠超過這三種情況，而且也有可能出現混合性的模式。

是什麼過程支持和維持酒精成為長期統治的圖像呢？我們透過探討否認（denial）與防衛、探討過濾酗酒者經驗的信念系統為何，來加以了解。

在酗酒者本身的防衛方法中，否認也許是最普遍的，這也是常常最讓臨床工作者感到挫折的。道理非常簡單，酗酒者常忽略（在覺察之外）酒精所導致的種種不幸，這就是一種否定。就其僵化的狀態來說，否認就像一個有系統的、易於界定的精神病，使得酗酒者罔顧自己酗酒的事實。以完形學派的用語來說，酗酒者的否認顯露其本身覺察與圖像形成的失常。然而，覺察端賴可利用的背景特性與組成才能產生，因此否定就是背景不足而無法產生覺察的症狀。Jean Berggren 認為，否定代表了長期的背景發展或維繫的破壞。更明確地說，她視酗酒者無法把經驗同化並讓它成為背景的一部分（Berggren，《個人通訊》，七月，1988）。以她的看法，酗酒者因為背景的不足，無形中妨礙了覺察而扭曲了圖像的形成。第二種可能是，背景本來是完整的，但酗酒者運用個人心理層面的界線，而將一些背景杜絕，覺察也因此無法進入。如果這種情況存在，經驗一旦被否定了，就要等到否定減少的時候，覺察才能進來。另一方面，如果否認是因為經驗未能同化，那麼更「永久的」經驗喪失是可以預期的。事實上，以我們處理酒癮的經驗來說，兩種機制都涉及到否認這個議題。在治療過程中，一旦防衛降低了，有一些經驗就能回復，但有些就不行。

酗酒者越沉迷於酒精，而喝酒的負面結果愈來愈多且極端，否認就會不斷發展，而覺察就會變得愈來愈有限。

　　T博士是一所大學的教授，由她的系主任轉介來做診斷面談，系主任認為T博士已經在多種的場合裡被人發現她受酒精所控制，最近一次是醉醺醺地來到上午九點那堂課的教室。她的教學還有在學術上的表現，在過去三年裡出乎意料地退步。當T博士來面談的時候，她也是很明顯地受到酒精的影響，但她絕口否認喝酒對她的生活和職業會引起困擾，她也否認在早上的課堂時段喝酒。她承認在她來面談時曾經喝了幾杯以鬆弛神經。對她來說主要的困擾是來自於壓力和她的下腰部。她並不想多談她有什麼酗酒的問題。她以倒不如去找個脊椎按摩師而拒絕接受治療。

　　這種否認是在酗酒者本身錯綜複雜的信念中形成的，而這些信念即是由他們的經驗背景所組成。這個支持了否認以及以酒精為主導之圖像的信念，往往跟對於「酗酒者」的文化價值和刻板印象的特質有關。而這些信念是從學習或內攝而來，並沒有經過檢視和批判。但是，它們對於被同化到背景的經驗以及由背景被帶入而進入覺察的經驗，都有重大的影響。這樣的信念系統就像一個「過濾器」，若能對它有所認識，那對了解和治療酗酒的問題是極具關鍵性的。

　　文化灌輸我們對自我控制有著強大的信仰，而且也對它抱有極為正面的價值。就像我們大部分的人一樣，酗酒者通常抱持著「我應該有能力控制我自己」的相信，或者更具體地說：「我應該能控制我的飲酒（其他的人都能）。」同樣地，酗酒者也吸收了文化的價值，即：能控制就是好的、正常的、可接受的；而不能控制就是不好的、不正常的，和不道德的。這些信念和價值對酗酒者去承認自己無法控制飲酒是不利的。而這些信仰和價值也會抹殺喝酒時所造成無法控制的經驗，且將個人重要功能運作造成傷害結果的事實排除掉。最後的結果說明，酒精這個明顯的圖像被保留下來而不是被挑戰。更糟的是，他們沒有感覺到因酒精引起的失去控制或無力的狀況，酗酒者繼續用酒精來證明自己仍然有控制的能力。這個過程在日積月累後造成對他更

嚴重的後果。在某些例子之中他們是可以控制的（所有的酗酒者都報告說至少有時他是可以控制自己的喝酒行為）。但是，實際上，酗酒者常是在「酒瓶的戰役」中敗北（參看 Bateson, 1971）。

John 因為暴怒而被他的老闆介紹來做診斷面談。他在一間大公司裡擔任一個高階的經理職位，他很自豪地認為在工作上和日常生活裡他是「高高在上」的。對他來說，他老闆說他有酒精困擾的說法是對他人格的侮辱以及對他工作能力的批評。他漠視自己已接受了三次 DWI，他的太太也因他的酗酒而揚言要離他而去，John 要求一個可以向他的老闆和妻子「證明」他是可以控制酗酒的療法。

酗酒者，像John一樣，都是失去控制的，但他們仍然沉迷於證明自己是可以控制的，於是他們發展出非常兩極化的自我，以掌控這個兩難的困境。一邊是良好的控制、強迫的、勉強的，另一邊是難以控制的或不能控制的──像 Jeky 博士／ Hyde 先生一樣的兩極。在喝酒時，否認自己、失去控制的部分就會出現，這些失控不只發生在喝酒的行為，還有感覺和思想，而且對他自己以及周遭的人造成了災難。一旦不受限制，這失控的一邊就會驅使酗酒者做出性騷擾或雜交，身體上的攻擊或其他被禁止或非法的行為。

像多數人一樣，酗酒者會內化那些對「酗酒者」刻板印象的特質。他們無視於這些刻板印象的正確性與細節，而構成另一種信念系統，繼續支持以酒為主導的圖像。就是這樣，酗酒者的喝酒永遠不會「看起來像」他們自己對酗酒者刻板印象的樣子（差不多每一個酗酒者都會指出另一個酗酒者是具有毀滅性的──指那些**真正**的酒癮者）。通常，酗酒者會為自己的喝酒行為辯護，他強調自己與那些刻板印象中的酗酒者是多麼的不同。「我不可能是酗酒者，一個酗酒者不可能做好工作……，他們會常常在早上喝酒，……永遠住在貧民區」等等。我們大多數人，包括酗酒者，都有一個內攝的看法就是酗酒者在某一

方面是壞的、不好的，或不道德的，而這就會讓事情變得更為複雜。於是，這些刻板印象和價值就再一次阻礙對酗酒現狀的接納，而加以否認。

> Bill 非常沮喪，他承認在他生活中有許多因酗酒而產生的負面結果。在診斷晤談的最後，我告訴他，我相信他已遭受酒精的荼毒。他感到震撼。「絕對不可能」他驚叫！「在我一生中我永遠沒有因喝酒而請過一天假。我的鄰居每個週一都曠工，……也沒人說他是酒鬼」。
>
> Jeanette 是一個韻律操教練，有相當簡短、但有災難性的酗酒歷史。當我診斷她為酗酒者時，她抗議：「叫我精神病，叫我瘋子，但不要說我是『他們』其中的一份子。」

隨著酒精中毒的嚴重，失去控制的結果愈來愈糟，另一種信念便隨之出現——例如，其中一人應該是一個好人或一個好丈夫或好母親——這些，便進一步阻礙了對於矛盾資訊的覺察。經過一段時間，負面的酗酒結果多少被察覺了，此時與酗酒相關的新信念可能就會形成，例如，「我是不好的」或「壞蛋」或一位「糟透的母親」，這些都會導致羞恥、低自尊，以及常在酗酒末期階段看到的憂鬱。

> Kelley 原本是被轉介來治療憂鬱的，她不斷重複地認為自己是一個「爛人」，特別是一個「恐怖的母親」。經過擴大的評估顯示，Kelley 這些內攝的想法乃是來自於她生氣的先生和母親對她的憤怒、批評及苛刻的指責，因為他們已受不了她常喝得不省人事所造成的凌亂、失責和疏忽的行為。

酗酒者不只有許多信念支持他的否認，他們的合理化與防衛也有助長的作用。所以，「我應該是好的、負責的人」的信念，由合理化來支持。「假如他是一個好一點的丈夫，我不應該喝那麼多（是一個

壞的、不負責的人）」……，或者「如果她是位好一點的妻子」……，
或「他們付我的薪水再高一點」……，或「如果我不那麼沮喪的話」。

　　酗酒者常會用一種苛刻的方式來評斷自己，並且可能習慣性地迴
射，出現批評與懲罰性的自我對話。這種防衛形式常會出現在否認過
程失敗了，酗酒者有一些覺察，但有時只是在受到酒精的影響下，所
表現出來的短暫、不恰當或難堪的行為等；這種由喝酒引起的驚鴻一
瞥的行為引發一些人對喝酒本身的質疑。然而無論如何，酗酒者卻以
自怨自艾的懲罰形式來鞭撻自己。這些負面的自我對話往往造成酗酒
者的憂鬱、焦慮、低自尊，而且還降低了客觀評估或看待飲酒後果的
警覺力。

　　　　Jim 用「我是混蛋」來開始診斷晤談。因多次在工作責任上
　的疏忽與失職的教訓，還有發生在社交場合上的愚蠢和不恰當等
　非常困窘的狀況，使他用這樣強烈的詞句來描述自己。完美主義
　的驅使，讓 Jim 用譴責性的自咎、責難、與冗長批評的言論來責
　難自己。他用刺耳的喊叫來攻擊自己，而忽略了所有為他帶給他
　羞恥、困窘、難堪的鬧劇都是由嚴重的酗酒行為所引發的。

　　酗酒者對待他人也常是嚴厲的。被羞愧與自責壓倒，他們以鞭撻
他人以及將埋怨、吹毛求疵和憤怒投射到周遭的人，來防衛自我。酗
酒者也可能經常自責地想著：「我是壞的、自私、自我中心的人。」
但是這樣的想法令自己無法招架，因而將這一部分的自我覺察排除在
外，而把它投射到其他人身上。所以，他們的配偶、孩子、雇主都像
是不好的、自我中心的、殘酷的等等。當這種防衛發生時，酗酒者就
會很自然地轉換成為受害者的角色。在受害者的角色裡，由於未被覺
察的投射，酗酒者就更進一步地處於合理化的位置，「如果我太太沒
有那麼的自大、殘酷、我就不會喝那麼多酒！」等等。受害者的角色
也同樣支持自憐的迴射，像是「可憐的我」、「沒人喜歡我」。

Jerry是一個受迫害的男人，他來到診斷晤談時抱怨他的妻子和雇主常常對他的嚴重酗酒糾纏不休。以Jerry的看法，他的妻子和雇主是自我中心，永遠把自己的需要擺在第一位，而且完全不容提到酒。當面質他時，他否認這些描述是在說自己。他以妄想、偏離焦點的方式，認為對付他的陰謀是由妻子與雇主所鼓動的。他真的把自己看成是冷酷無情又不夠溫暖的世界的受害者。

隨著病情加重，酗酒者面對外界的世界會感到更加失控、更有敵意，且叫人害怕。酗酒者的內心世界也同樣是混亂、迷惑，和充滿敵意的。感到受困了，酗酒者就會沮喪低落、壓抑、如果可能，更會完全關閉感覺以及外界對感官的刺激。酗酒者麻木自己以便逃避和維繫內在一些表面的次序。那內在原本局限覺察的界限變得更嚴密，覺察也變得更狹隘，感覺也變得更壓抑。受到酒精鎮定的影響，使他變得遲鈍而沒感覺。酗酒者也因此對自己、他人以及外在世界愈來愈麻木。

Angela垂著頭，用快要死掉的坐姿、出現在診斷晤談上。用單調的語氣敘說自己混亂的童年，以及年長後連續狂飲喝酒，還有一些跟酒有關的攻擊、虐待和創傷的經歷。當問到酒精對她造成什麼感覺，她抬起那雙沒有生氣的眼睛說，「我不知道，我想我再也沒有任何感覺了」。

在某種程度上，酗酒者依賴酒精，他們可能也會嚴重地依賴著別人——配偶、孩子、或朋友。這些人際關係常會產生高度的融合。那就是，與「他人」之間的關係缺乏分化、欠缺堅持，且被動地「贊成」別人的行動或需要。順從而逃避衝突或有能量的接觸，是這種關係的特徵。有一些酗酒者會以低自尊、羞恥或沮喪感覺來支持其融合。另一些酗酒者會逃避與人接觸或衝突，似乎是由無意識的渴望所引起，以便維持一個低調的人際關係，如此一來喝酒就不會被注意到或受到

面質。這種人際融合的類型在女性酗酒者比在男性酗酒者普遍，可能是文化的影響或涉及女性社會化過程的因素。

Juli 形容她自己是一個「隱形人」。她默許她那跋扈丈夫的予取予求，也接受朋友和親戚的需要。稍微碰到別人的異議、反對或小衝突，她就會癱瘓。她生活的目標是「使他人快樂」。Juli 每天喝大量的酒來麻醉自己的需要和想望。雖然酒精讓她感到自由，在某種意義上，可以讓她以別人為重點且與他人融合，嚴重的酗酒卻使她失去了自尊。在問到她自己的快樂時，她嘆氣道：「我沒有資格感到快樂，我只是個酒鬼罷了。」

❖ 治療者的任務

我們可以清楚地發現，酗酒者在飲酒階段出現了很多我們要強調的議題跟關心的重點。此時，治療者所面臨的挑戰是把注意力集中在喝酒這個問題上，而讓其他的問題等到後面的復原期再做處理。最終的目標就是要能盡快地戒酒。而這需要我們對酗酒者「卡在」早期循環的過程而以酒為固定圖像的狀況，來加以破壞。在喝酒階段，我們主要是希望能夠干擾或是替代他們心目中固定的圖像，直接的方式就是由我們來引導圖像；或者是間接的方式，讓背景自由流動、降低否認，以及改變他的信念系統。通常這些多少是同時在進行的。

在引導圖像時，我們嘗試可以把原來喝酒的固定圖像移出，然後做個替換，即使只是暫時的，都希望用一個新圖像來代替。「我是個酗酒者——我沒有辦法控制自己不喝酒」。在這樣的一個新的認同之下，一個不能再喝酒的人，我們希望開始去組織或重組個案本身的經驗。

通常大部分的經驗足以支持一個新的圖像出現。「我是個酗酒者」，對酗酒者而言是不可能被承認的。也因此，第二個主要的任務就要加強他在自己喝酒的量、頻率以及對喝酒模式的覺察，同時支持

他們看到自己本身的壓力、功能失調，和生活危機跟喝酒的關連。為了達到這樣的目標，我們要蒐集個案喝酒的歷史以及生活的狀況，或是透過對個案的功能做一段時間的直接觀察。由於他本身的否認或其他的防衛，所以有時患者並不是最好的資訊來源，反而要從他們的配偶或小孩甚至是雇主那裡得到這些資訊。不管資源是怎麼來，這些資訊都能減少否認，而加強患者本身對酗酒帶來的後果做覺察，然後慢慢地幫助他們接受自己是一個酗酒者。

我們介入案主的信念系統有很多種方法，首先我們先問他們對酗酒者的定義，以了解他們的刻板印象。由此開始，我們教導個案各種不一樣的酗酒者，還有這種疾病的各種症狀，我們努力去修飾他們的刻板印象，好讓這個刻板印象和他們所表現的臨床的「圖像」更加貼近。

接下來，我們會盡快地安排對戒酒有興趣的個案進入 AA 聚會，不管他們是不是能保持清醒的狀態。參加 AA 聚會能進一步減少酗酒者的刻板印象。接著，藉由聽很多已經復原的酗酒者來說著他們本身酗酒的經驗，個案能夠用一種更開放的心胸跟態度，去檢視自己酗酒的歷史與經驗。這樣的方式會減少否認，並支持他們接受自己是酗酒者這樣一個新的認同。最後，接觸復原者以及 AA 的療程可以提高個案對復原的期待與希望，並且讓他們知道恢復是有可能的，人生如果沒有酒精的話可以是很充實且值得的。

我們把酒精中毒當做是一種疾病，藉以用來調解那些酗酒者視為邪惡的、不道德的、有罪的信念價值。如此才能減輕許多的自責、自我批評、還有那些會強化低自尊、憂鬱及焦慮的負面想法。而且案主自己正為疾病的症狀所苦的觀點，也能幫助他們減低對酗酒的否認。

個案要能從喝酒到復原的階段有賴治療者的能力，治療者要能把治療的重點放在喝酒上面，能夠堅持讓案主達到清醒的治療目標，讓案主接受自己就是一個酗酒者。個案的否認、防衛以及混亂是如此的明顯，這都是達成目標的絆腳石。另外，至少還有兩種陷阱。第一個陷阱：當案主未接受治療時，他們會表示希望能夠「減少」或是「控

制」自己的飲酒。對新手治療者而言，這樣的一個要求會引出一個非常詳細的行為的計畫——喝酒的時機、喝酒的時間表等。而對老手來說，這樣的一個請求應該是一種警訊，而應該要豎立紅旗與按下警鈴。當人們希望得到專業的協助幫忙來控制自己本身的飲酒問題，通常都已經是失去控制了。訂定快速的行為計畫的問題是，這種控制飲酒的處遇只是「維持原狀」，並不足以達到控制飲酒的目的。這些計畫不僅無法對治自我調節干擾的問題，而且會讓這些酗酒者一直不停地尋找一個正常飲酒的方法。

　　第二個困境主要就是，從案主身上所出現的伴隨酗酒問題的心理問題，像是沮喪或焦慮，或是婚姻上的問題，而哪一個才是最基本的呢？很多案主都被診療出是酗酒者，同時也有著心理或精神失常的問題。而我們對於這些有雙重診斷的患者的處理經驗是，唯有在他們先戒了酒之後，其他心理病理的問題才能做正確的評估，也才能使用精神醫療的藥物。

　　跳離這些陷阱後，喝酒階段的治療會繼續，直到案主本身對清醒有嘗試的興趣。之後，案主便進入轉變階段了。

轉變階段

　　在這個轉變階段裡，酗酒者會戒酒了，而防禦系統中的否認和合理化會慢慢地減少。停止喝酒的渴望會先出來，至少願意嘗試，去考慮到認同自己是個酗酒者，也慢慢地了解到自己對於喝酒是失控的。這樣的一個慢慢移向轉變階段，代表了能夠自酒癮中復原的療程之旅的一個轉捩點。

　　Tom 是一位三十七歲的酗酒者。他要求接受個別治療，那是酗酒諮商師給他的建議，因為他在酗酒計畫門診治療中重複出現

復發的情況。Tom 在第一次治療中表示，在過去的五年中，他曾參加兩次三十天的酗酒住院治療，湯姆表示自己最久的一次能維持清醒是四十五天。他也表現出非常強烈的渴望要戒酒，也承認自己是個「酗酒者」，他表示至少在兩個月的心理治療中，自己能繼續試著「控制」自己的飲酒。

在他們 AA 的領導下，酗酒者會認為這個轉捩點已是「降到最底層」。而正在復原中的酗酒者也經常會報告出一些非常特別的事例跟經驗，這些事情是這麼樣地具有影響力而偶會瓦解他們的防禦系統，讓他們開始承認自己的確對酒精失去了控制……。

Bob，在一次因爛醉而幾乎迎頭撞上一整車的青少年之後，他自己要求接受治療。在這第一次診斷晤談的最後發現，非常明顯的是，那次車禍發生之前，Bob 早就因為喝酒而捲入一連串不管是法律上、財務上和家庭的問題之中。

另一位案主Alice，是一位行政助理。她在第一次診斷晤談中發抖地說著，她相信喝酒對她的工作表現有非常負面的影響。Alice安靜地把頭低下來說：「我想我是個酗酒者，而工作是我唯一剩下的東西。」

兩位案主都非常清楚地說出，他們過去幾次想要控制自己喝酒可是卻失敗的經驗。在回顧時，他們都願意承認自己喝酒是超越了自我界定的標準而對酒「失去了控制」。

轉型階段的前幾個月，一些基本的信念像「我不是酗酒者」、「我可以控制自己的喝酒」可能仍會持續成為案主核心認同的議題。治療師需要支持他們接受新的信念如：「我是個酗酒者」、「我沒辦法控制自己飲酒」，藉著加強案主覺察到與喝酒有關行為的後果，以及那些喝了酒卻失去控制的片段，是目前最重要的議題。

在轉變階段，酗酒者由能夠「控制」到慢慢接受自己「失去控制」，內心會產生掙扎，而這樣的掙扎是兩極化的而且在這個階段是常見的。在這兩極化之中，一極是可以接受的，而另外一極就會被強而有力的內攝所反彈。正如前述，酗酒者比較喜歡接受：控制是好的、是正常的、可接受（即優勝者），而失去控制是不好的、脆弱的與不可接受的（即劣敗者）。如果酗酒者持續不願接受酗酒本身是一種疾病，且持續努力要控制自己的飲酒，那麼劣敗者在最終總是會贏的。在這個階段中，我們設計了一些實驗來外化他們要努力控制的內在衝突。我們會教導案主學習兩極的對話，強調要誇大兩極中的非口語的行為。這種戲劇化的衝突可加強個案去覺察到控制與失控兩種內在衝突的強度。然而，在轉換階段中，大部分的案主，其內心的掙扎與衝突會持續著幾個月。而通常最先出現的圖像就是想要戒酒的慾望。

> Bob 自從車禍以後仍持續參加門診治療，他繼續參加 AA，因為那是他療程中的一部分。在前面幾個月裡，他不能接受自己是個酗酒者，還告訴別人說他覺得那個療程只對「其他人」有用，而他需要的只是戒酒。

有一些酗酒者，他們在童年的時候曾經受過身體虐待或是性侵害，他們想要有所控制的需求強度是來自於他們童年的經驗，傷害他的父母親本身便是失去控制的人。案主強烈相信控制的重要性，正是他不願認同加害者的雙親的一個企圖。而我們也發現對這些深沉議題的工作，正是在接下來的復原階段所要處理的。

正如在喝酒階段一樣，在轉換階段中前幾個月的工作仍是在進一步減少所謂酗酒者的刻板印象，背景慢慢地擴大，提供酗酒者覺察自己酗酒的歷史與經驗。

> 隨著療程的持續。Bob 一開始是帶著敵意坐在 AA 的聚會之中且拒人千里，而現在他則是開開心心地告訴大家，在跟 AA 成

員的互動之中，他是感到多麼地溫暖與被關心。

在同一次聚會中，Bob 也開心地說昨晚的 AA 聚會有人分享了他的故事。

由這樣的一個認同過程，減少了 Bob 他對於接受自己是個「酗酒者」的抗拒。

有些酗酒者可能會抗拒戒酒。他們通常還沒有受夠因喝酒而導致的損失。此外，或許他們有時候是能夠「控制」自己的飲酒行為。我們通常需要幫助他去了解到所謂「失去控制」的定義，簡言之，就是只要他一碰到酒就無法控制自己。當我們跟抗拒的案主工作的時候，我們會主動地帶他去覺察在酗酒片刻所發生的事情，尤其是那些明顯地是由喝酒而失控所帶來的負面後果。

Tom 是一位能持續成功控制自己酗酒的案主，他已接受了前面幾週的療程。在一次假日後的團體中，Tom 一面顫抖著一面告訴我說，他在公司的耶誕節舞會，喝了三杯之後，就失去了知覺。隔天透過朋友，他才得知他竟然對上司的太太隨便地動手動腳。

在這次會談中，我的重點是針對 Tom 成年後不同的生活面，尤其是他無法控制自己喝酒而造成的很多嚴重性的後果。我也帶他一起去看看因為喝酒而對他的婚姻所造成的負面影響——離婚。我們也一起檢視他過去在財務上以及工作上的困難，這些都是跟他對飲酒無法「自制」有關。

我們也與 Tom 討論，經過足夠的時間後，一杯飲料就可能會造成失控的事端，讓他從而了解到「失控」的意義。

另一個抗拒的酗酒者常用的伎倆就是，他們會企圖把話題偏離帶到導致他們酗酒的潛在議題上。他們可能會把這個重心轉移到他們的沮喪、焦慮或是工作壓力，來繼續維持他們所謂非酗酒者的身分，然

後又繼續喝酒。非常重要的是，千萬不能和案主的偏離共謀，而必須重新引導他們去覺察到喝酒所帶來的負面影響。

當個案自己提出有憂鬱症、婚姻問題，或是他們被轉介給外在的資源，而治療師質問他們的飲酒行為時，他們的投射就會在此刻浮現。他們可能會對治療師投射出他的敵意或攻擊。一旦遇到這些非常強烈的投射時，我們不需要做回應或是繼續加深這樣的衝突。相反地，我們必須要設法帶案主去接觸投射的背後，那些被認為不屬於他們自己的部分。

> Steve 是一位管理分析師，由於常沒去上班又遲到，而被他的上司指定來做診斷。當我開始問他是如何喝酒時，他變得非常生氣，他很大聲且用一種具有辱罵的口吻指責我為他老闆工作要讓他丟了飯碗。我用一種非常溫和、輕聲細語的聲音告訴他說：我只是想幫忙。同時我也和他談到我身為一位治療師的保密責任。Steve 開始冷靜下來，特別是在我建議他和其他員工打聽一下有關我的誠信問題的時候。幾個禮拜之後，他主動打電話來約談。在那一次會談之中，他終於能夠討論到自己過度使用酒精，還有他對自己由於工作上表現不佳所帶來的負面情緒。

另一種投射的形式是：酗酒者會把內心的恐懼跟不信任投射到另外一個世界之中，而案主可能會說到旁人會取笑或談論他的感覺。

> 一位案主J.J.，她進入到我的辦公室的時候，看起來就是非常煩亂的樣子。她說在等待室的時候，她看見一位來自她以前接受治療的那個處遇機構的諮商師。我問她這讓她想到什麼？她說她相信那位諮商師會在我的辦公室裡，要她再次做出承諾——而不只一次，J.J.認為說那個諮商師可能本身也是個案主。

轉變階段的主要問題是：如果戒酒可以繼續的話，那麼就可接納

與承認自己對酒精的無能為力。在這個高度強調意志與自我控制價值觀的社會裡，承認自己對酗酒無力常會造成內心的衝突，一個是他本身的信念：「我一定要隨時都能控制」，另一個是逐漸提昇的對自己飲酒失控的覺察。

❖ 治療者的任務

在酗酒階段，我們要繼續瓦解個案的否認且面質他的合理化。我們引導與擴大案主去覺察到酒精所帶來的損失。為達到此目的，通常我們必須積極地引導圖像。

我們積極地努力支持個案去建立新的信念系統：「我是個酗酒者」、「我沒辦法控制自己的飲酒」來強化其新的認同。

> 在參加 AA 療程和戒酒三個月以後，Betty 在療程中開始問我，我是否認為她就是個酗酒者（當初她參加只是想暫時戒酒）。我靜靜地幫她列出酗酒的行為指標，在講到某一個指標時，她含著眼淚，小聲地說：「我想我是個酗酒者。」

Betty 和多數的酗酒者一樣，經歷過在酗酒行為中違法所帶來深刻的自我悔恨與慚愧。對於她的自責，我們的治療策略是馬上開始包容並且注意她的負面情感，把她的酗酒自我與她的非酗酒自我分開。慢慢地，她在我的支持下，學習去分辨兩個不同行為下的自己。當她喝酒時，那個酗酒的自我就會對她的孩子有所忽略；而在她不喝酒時，她那個會愛而且敏銳的非酗酒自我是懂得滋養與照顧她的孩子的。隨著時間和支持的增加，她更加肯定自己，而且能以自我寬恕來代替自我悔恨和羞愧，同時也體會到酗酒行為和她的基本價值觀是格格不入的。

Betty 的案例正說明，在轉換階段中積極地強化感官的覺察和知覺，是言之過早的。在此復原階段中，強化知覺可能會對剛戒酒者造成過度焦慮，且會再度酗酒以減輕不舒服的知覺和感受。相反地，對

於這些剛開始正在復原的個案感受到過去讓他們酗酒的不舒服的感覺或想法的時候，我們需要支持他們有意識地使用一些防衛的方法，例如鈍化其知覺（desensitization）或刻意地偏離。

引導案主到完形循環圈的行動階段，是轉換階段工作很主要的部分。首先，我們引導案主到清醒的圖像，幫助案主判斷採取適當的行為以繼續戒酒。通常這些行動，像是參加 AA 聚會，找贊助人，以及避免接觸過去使他們酗酒的人、地、物。為了使行動順利進行，我們和案主都要清楚地了解他過去的行為和想法。缺乏覺察這些行為模式可能造成的危險，就是會再度支持酗酒者繼續喝酒以及減少持續戒酒的可能性。

最後，在早期戒酒時，我們常常提供酗酒者一幅人生如果沒有酒精的圖像，還有給與他們戒酒是有可能的希望。

> 在第一次晤談時，Mary 說她已經在三家戒酒中心接受過住院治療，每次在她離開一星期後酒癮就會再度發作。從 Mary 單調的語氣和無法與人接觸的雙眼，透露出她的無望與慚愧。Mary 因為對酗酒者抱持著非常負面的刻板印象，所以從來都不承認自己是個酗酒者。我從先肯定她的價值開始，告訴她是個可愛又有價值的女人，只是現在得了一個最終會痊癒的疾病。Mary 輕聲回答我說：「也許這次可以吧。」

早期復原

早期復原階段是從轉換階段中深化歷程的特徵出現開始。酗酒者開始固化其新的信念系統，而且轉換其認同。其認同的轉換特徵是接受一些新的想法，諸如：「我是個酗酒者」、「我沒辦法控制自己喝酒」。

一旦酒精的固定圖像受到破壞，就算只是暫時移開這個生活中的主要圖像，酗酒者常常感到需要依賴和脆弱感，也因此特別需要外在的支持。尤其是在這個復原過程的重要關頭，AA 十二步驟提供患者一份心靈地圖，引導他們持續保持清醒。酗酒者在早期療程的前三步驟中，會感覺到非常需要外在的支持。

> 步驟一：我們承認對酒精沒有抵抗性——生活也因此無法掌控。
>
> 步驟二：開始相信有比自己還要強大的力量，可以使我們身心恢復健全。
>
> 步驟三：當我們了解並接受上帝的旨意和呵護，就要下定決心改變意念和生活。

靠著這三個步驟，酗酒者開始體驗到改變的矛盾——亦即在接受自己對酒精不具抵抗性的同時——卻在生活中開始得到掌控；讓本身意志與生命臣服於另一個偉大的力量（此指承認自己的依賴），卻反而增加了自己的掌控感。

在早期復原中，面對日漸增加的脆弱感，他們的舊信念可能會出現，例如：「我不應該需要任何人」和「我應該可以解決自己的問題」。對他們的內在掙扎而言，若能協助他們跳出這些內攝的框架，引導他們採取適當的行動以減少脆弱感，像是找贊助人，或參加更多AA 聚會，都會有所助益。

對大多數的酗酒者來說，他們社交的能力與其酒精用量有關。酒精遮蓋住他們內在的不足以及對人的恐懼。對剛開始復原的患者而言，參與AA的聚會是一個媒介，不用直接處理更深層的不足和恐懼問題，這些在持續復原過程中來處理會更為有效。

在早期復原裡，酗酒者可能經驗到失去酒精且與飲酒行為失去聯結的哀傷反應。這種哀傷結果使他們經驗到：難過、憤怒、憂鬱、罪惡和羞恥感。這種哀傷反應的強度跟他們無意識地對是與非有著僵化

標準的想法有關。我們提昇酗酒者對這些信念的覺察。有時在他們喝酒時會抗拒去反對這些信念，這些信念基本上只會讓許多酗酒者留在黑白的兩極思考模式中。例如，他們相信「我應該永遠完美」，「我應該永遠不要傷害任何人」，「我不應該憤怒」，這些通常反映出酗酒者有一套僵硬的信念系統，在未加質疑下就被內化了。我們一致會支持他們，來對這些「常常和永不」加以質疑。

伴隨這些信念的是認知上的迴射，通常會出現羞恥、自我厭惡和自我仇恨的自我陳述。在復原階段，如果處理核心信念與自我陳述會引起過度的焦慮，那我們就會選擇包容，把這些材料保留起來或暫時放到一邊，而去引導出可以維持清醒的恰當行動的圖像，並且把悲傷的探討延緩至日後的工作。

有時，我們教導病人認清且停止某些關鍵時刻的自我對話，並且有意識地以肯定或滋養的自我對話，做為步入自我寬恕的過程。

> 　　有一位個案，June，在復原六個月後開始出現嚴重的憂鬱現象，因為她飲酒過度而失去孩子的監護權，為此她感到罪惡與羞恥。我首先釐清她不喝酒自我的部分。接下來，我教 June 用愛及溫柔的語言來做自我對話，例如：「我是一位可愛而敏感的女人」，來代替她批判的、自我歧視的對話。以酗酒疾病觀來重新界定她的行為，減低了 June 的罪咎與羞恥感。

在復原早期，強迫的行為常會出現，例如：強迫性的嗜吃、上癮的關係、暴食症、強迫性的花費，和廢寢忘食的工作。這些強迫性的行為在表面上會減輕酗酒者的焦慮和抑鬱。但這些強迫性可能使一些新的復原者帶來額外的困難，甚至筋疲力盡，而以上任一種反應都會降低他們對於想要嗑酒的抵抗力。

最後，我們教導酗酒者確認哪些是在一次的晤談內是恰當且可控制而完成的部分，並且強調其重要性，這是透過利用完形經驗循環圈的概念，在會談結束前留些時間給案主做同化與消退。我們教個案把

注意力集中在他們的呼吸上，連同簡短的引導幻遊，以增加他們的自我覺察，並且強調在當下讓自己慢下來的價值。

❖ 治療者的任務

在早期復原期裡，我們仍然在引導圖像與支持個案方面扮演積極的角色，引導他們進行滿足需求與維持跟戒酒一致的行動裡。酗酒者在這個時期是脆弱的，可能需要更多的情感支持和一些明確而直接的導引，以維持在清醒的狀態下。酒精的圖像可能會不時地會被誘出，案主經驗到對酒精的衝動與飲酒的渴望。就像先前我們提到的，任何治療者在這個階段對酗酒者的工作都需要對 AA 的計畫有豐富和透徹的了解。如果治療者沒有一些 AA 的實務知識，就無法恰當地引導案主以合宜的行動持續戒酒。

為了催化在喝酒衝動出現時有適當的行動，我們把案主過去支持他們喝酒而現在會造成戒酒復發危機的內在與外在線索帶到前景。為了減少復發的可能性，我們協助酗酒者對喝酒刺激所引發的感官、行為和思考模式有高度的覺察。例如，假設在過去，酗酒者慣用喝醉來麻木焦慮、害怕、憂鬱或憤怒，那麼一旦這些感覺開始出現而且變得令人難受時，我們教導病人把注意力解離而移轉到正向的行動，以減少對這些感覺的敏感度。在處理這些內在的不適感時，把它們轉移到更高的力量，也是非常有效的。

我們繼續監視自我照顧和自我滋養的行為。缺乏睡眠、過度攝取咖啡因、營養不良和高度的壓力，都應該要好好檢視，並且將它看做是復發的警訊。支持案主喝酒行為的思考模式往往是一些強迫性的思考方式、對未來的投射、以及認為自己無能改變的無助感。再次地，我們提高案主對當下的覺察，來切斷他們強迫性的思考、對未來的投射，並且支持他轉移到適當的行動上。

在早期復原期，我們讓事件單純化。通常，剛開始復原的酗酒者一旦繼續接受排毒，他們會歷經生理上的改變。他們通常形容自己在前面六個月的戒酒期，感覺起來就像是「煙霧消散」一樣地緩慢。由

於投射到未來常會提高案主的憂慮感，所以我們將焦點拉回到當下，一次就過一天，沒有喝酒，然後去聚會。

最後，對於那些因過去有受虐、亂倫或被強暴經驗而有侵入性想法或情緒的案主，以及那些用酒精來麻痺痛苦記憶的案主，我們嘗試包容他們，並且把這些材料保留和放到一邊，等到以後到持續復原期（ongoing recovery）時，再把這些議題做一個透徹的處理。而此時，討論的題材一定要分成多個小段落，好讓案主可以面對與處理。

持續復原期

持續的復原期相當漫長，從一年直至完全改變的完成，我們把這段時期分成早、中和後三個時期。由於它的複雜性，我們只把每一時期的基本目標列於表 8.2。

此階段的心理治療動機有下列幾個來源。案主典型地出現關係上的問題、性事上的困難、憂鬱、低自尊、失控的暴怒、隔離／疏遠的感覺，還有因為沒有酒精的麻醉而大量湧現的痛苦記憶。

在持續復原期裡，我們放鬆了一些而且做更多圖像選擇的識別工作。在這個階段，案主的思考過程和生理經驗會更穩定且更為可靠，大量地減少我們得去引導圖像的需要。在依照特定案主的需要而做的臨床決定時，我們會注意下列幾個評估案主的因素：他們對 AA 計畫的忠誠程度和品質、對案主全面功能的衡鑑、創傷的程度，以及進度的落後與差距等。

與其他階段一樣，要確定支持得恰到好處。案主應該要和 AA 計畫好好地配合，跟一起工作的贊助人有著穩定的關係。有一些案主在持續復原期的後段，需要一位指導性低且彈性較大的贊助者時，可能需要更換或再增加一位贊助人。在這個階段，案主也常會贊助幾位AA計畫的新成員，而沒有適合自己且互相信任的贊助人。不論男性或女性，探討個案與贊助人關係的特性，可以防止一些潛在性的問題。表

面上，酗酒者好像在進行一項好的計畫：參加每週幾次的聚會、連續幾年用同一個贊助人、主持聚會、贊助許多新的會員。但做更深入的探討時，我們有時會發現病人很少和贊助者見面，對贊助者極少透露其重大的事件，並未積極地依照那十二步驟去做，也很少在 AA 聚會時把困難提出來討論。即使已到持續復原期，我們也會讓案主覺察到這些計畫的漏洞，並且在投入其他尚未揭露的重要工作之前看到它們被補救；這對那些有復發或不自覺掉入過去歷史的案主，或是那些可能因生理、情緒，或性虐待的議題而出現徵兆的案主，特別地重要。對 AA 聚會以及計畫的疏離都是復發的警訊！

表 8.2　治療者在持續復原期的任務

早期	中期	後期
聚焦於感官的覺察—— 1.強調再次敏感化 2.加強基本的接觸功能		
確認習慣性的防衛	改善接觸的功能—— 打破典型的防衛模式	
開始探討原生家庭做為呈現優、缺點的背景，發展出早年的主題	透過深入對抗拒的工作來繼續探討原生家庭 發展且開始對主題／悲傷的工作	進行有家庭成員參與的原生家庭會談
	確認自己未擁有的部分—— 1.對自我概念有更多的分化 2.加深核心自我的接觸	加深與更高的自我／靈性自我的接觸
	增加自我接受／自我滋養	
		發展職業和休閒的興趣

　　評估病人全面性的功能也幫助我們做為擬訂工作的內容和步調的依據。如果病人目前有職業且表現在可接受的程度，有穩定的婚姻或關係，有一些可以激勵他的朋友或家人與之聯結，那麼就有一個可以支持治療工作的牢固基礎。這時，就可以做更進一步的往下挖掘的工作；在其他時候，我們會選擇埋葬、轉移或重組那些威脅和打擊案主的材料。所有治療階段中，我們都會根據適合案主內、外在的可用資源來調整工作。自從酒精已無法用來應付問題，案主原始的防衛就會浮現（例如解離）。潛藏的或並存的精神病理會變得更加明顯（例如憂鬱症）。病人可能顯得更糟、變退化了或變更原始。

　　第三個主要的評估是關係到病人可以承載多少的覺察。經過仔細對病人的資源和功能的後續評估，我們可以判斷病人在某一特定時間內能夠忍受的覺察份量。

　　許多酗酒者，在他們酗酒的日子，暴力根深蒂固深入其個人價值。通常，在他們來治療時，他們的生活是搖晃不定的。有許多人是跟配偶離異、被解雇、喪失孩子的監護權。有些虐待孩子、工作夥伴，或朋友，有些是賣淫或從事其他非法性、破壞性的活動。我們繼續估量他們能面對這些傷害的程度，也小心翼翼地訂定覺察的程序。否則，罪惡和羞愧感可能讓他們無法招架。

　　Jerry是五十歲的離婚男性，正在復原的酗酒者。他有五個成年子女，由於在孩童期和青春期被他以語言或身體虐待，他們對他不理不睬。由於早期的Jerry常處在昏迷不醒的狀態，因此他的虐待行為是無法估計的。Jerry 在孩童期也曾被他酗酒的父親虐待。在談到Jerry虐待他的孩子前，我費了相當大的努力去處理他早期的受虐。在後來的治療裡，Jerry的兒子們同意以一對一的方式在治療會談裡和他見面，說出他們對他的感想。一些信任得以慢慢隨著時間成立，Jerry 也可以與他三個兒子建立起脆弱的關係。他的兩個女兒卻絕不同意前來，可能他曾經對她們做出性侵犯，因為Jerry也曾經是一個性侵犯的受害者，他也曾顯露出其他

加害者的特質。他完全不記得曾經對他的女兒有過不適當的性舉動，也抗拒在這方面做進一步的探討。

　　病人常因為經驗到更多感覺的接觸，而引起其排山倒海的感受，一些治療師的回應是慌張的，也常易慫恿病人用藥。我們建議治療者以其他的方法來處理他們自己的焦慮，盡可能安全度過這個大混亂的時期。治療師或許首先要促進案主跟他們個人的資源與優點做接觸。此外，我們鼓勵病人利用治療師——病人之間的依附，還有 AA 工具的協助，做為支持的來源。

　　案主可能有以下兩種焦慮的經驗：其一是在回應這些緊急的原始防衛，另一是回應治療師強調覺察與中斷習慣性防衛的介入方式。我們視這些防衛為一種很好的保護，尤其當病人處理這些不被接受或表達上感到不安全的強烈感覺。如果我們把密切關注的用意說明清楚的話，病人就較能接受我們的介入方式。如此，病人才不會覺得我們的介入是一種侵犯；他們應該清晰地被教導，覺察感受將會導致以下的收穫：能夠正確地辨認感覺、覺察到隨後而來的需求和自己想要的是什麼、以及能更完整地修通過去的未完成事件。

　　最後，我們會評估病人停滯在哪一個發展層次。這得視開始酗酒的年齡而定，一些發展的任務可能需要在適當年齡，清醒的狀態下才能精熟。一旦酗酒得以戒除，清醒地去約會、社交和性行為等發展任務就必須加以學習或重新再學習。

　　Bill 三十歲，已戒了酒，清醒了兩年。他從沒結過婚，一直和他的母親及兩個姊妹住在一起。Bill 從來沒有在清醒狀態下約會過或有過性行為。他報告說，在社交場合裡走近女性時，雖然只是做一些普通的談話，也會讓他感到笨拙、不安全和非常焦慮。在他酗酒的日子裡，在接觸女人之前，通常是用幾罐啤酒來支持自己，把自己扮演成一個自己發展出來的「真正火熱」的角色。把他的角色和麻醉卸除後，Bill 就像是只有十五歲。

　　像 Bill 的例子，發展的落後必須在完全清醒時來改善。比爾從未解除依賴的束縛，雖然與他的家人住在一起並不快樂，但他又害怕要負起獨居的責任。然而許多事必須在 Bill 能夠克服其轉變的障礙前完成。他的負面自我看法需要修正與重組。從某方面來說，心理上的分化必須要在他生理上能夠獨自站穩之前發生。他的許多自我看法是源自於他那酗酒且虐待的父親，以及後來受到同學和老師的經常否定，所累積而來的。Bill 必須發展出對自己的能力、優點、天賦有更多正確的觀察，而學習基本的社交技巧也應是他治療計畫的一部分。Bill 是幸運的，他才三十歲，因為常有一些復原者延遲到四十或甚至五十歲，才能有類似的發展。案主在面臨這種發展延誤的自我時，可能會感到非常驚恐。自我鞭策可能會使復原惡化，除非病人能接受他們現在的發展狀態。

❖ 早期的持續恢復期（*Early Ongoing Recovery*）

　　雖然我們承認治療工作是一項病人與治療師之間創造性的共舞，這個階段的許多工作牽涉到需要的滿足循環圈的前四分之一，亦即聚焦在感知與覺察；而且我們也發現比較有結構的治療程序在這個階段通常是有效的。在這個階段裡，病人必須更徹底且投入更多的注意力在覺察技巧的訓練上。當戒酒可以維持，病人就已經可以發展更多的內在感知的（interceptive）覺察。我們刻意引導案主進入循環圈的覺察階段，加深其內在世界的接觸。由於振奮始自感知與覺察，在完形循環圈的這個部分的重要性自不待言。對大多數的酗酒者來說，感官已經因酒精以及他的自我防衛而麻木。事實上，如果他們的生活可以重組，其麻木是可以改善的。清晰的、生動的圖像可以由廣泛的感官和覺察做為背景而組成。透過感覺、肢體與語言三者一起運作，感官的覺察可以協助人們更充分地滿足其需要，更完整地去完成疏通的程序，而且自過往未完成的經驗中復原（Polster & Polster, 1973）。另一個在感官與覺察工作的重要功能是，建立一個更有力的內在氣壓計。因此，我們早期的行動是引導他們朝擴大感官覺察的目標邁進。剛開始時，

案主可能是有意識地回應治療師的介入，但當他們能更全面地連接到自己的感覺時，他們很快就能更深入地體會到這個方法的助益。例如：

> Lyn 喋喋不休地訴說著她那剛在交往的新男友，她的問題是要怎樣做才不被識穿為酗酒者。他曾約她外出了幾次，好像對她拒絕喝有酒精的飲料感到不解，而且還對她不喝酒的行為施以壓力。我打斷 Lyn，引導她放慢她的長篇大論，注意她的呼吸與感覺。經過幾次對我嘗試要她往內看的抗拒後，Lyn 最後閉上眼睛，做了兩個深呼吸，用顫抖的聲音小聲地說出：她害怕失去這個能迅速發展依附關係的男人。當我引導她注意到她顫抖的聲音時，眼淚充滿她的眼眶，述說著一旦那男人發現她是一個復原的酗酒者，她就會失去另一個正在萌芽階段的關係。我再引導她覺察，她想要忍住淚水時她迅速眨眼的動作。我再用輕柔的聲音說：「悲傷是可以的，哭出來吧，呼吸……。」慢慢地，Lyn 在憋住呼吸之前讓一些淚水流了出來，然後再轉換話題。

在這個階段我們發現，簡單地引導病人覺察到他們的言語，或留意他們的分心與緊繃的肌肉，可能就夠了。因為這種感覺的復甦常會引發焦慮和逃避到另外的話題，或進入覺察的死寂狀態。我們的首要目標是支持病人獲取這些保護策略的自主權。受到早期約束訊息的影響，案主對感官知覺仍然是不太熟悉，且不時會跟早期受限的訊息連在一起。這些受限的訊息可以在這時候加以命名，但要將這些內攝趕出去則是後面的工作。此外，我們努力協助案主覺察非語言的感覺，並且做充分的表達。我們會用家庭作業的方式來加以催化，例如：事件—感覺—感知記載表（event-feeling-sensation logs）和身體地圖，以便協助個案找出不同的感覺以及增強對身體的注意（Carlock & Frey, 1989）。

我們一致發現酗酒的案主需要相當大的支持，才能專注在跟一個正要成形的圖像有關的感知（例如難過）上，如此振奮感才得以產生

並且擴展成能夠表達的情緒感覺。

　　　　有一個個案，Jim 開始不再掩飾他在六歲時被他酗酒的父親遺棄的憤怒。通常，當他接近那引起難過感覺的事件時，吉米會突然地把他內心那道門砰然關上，而退到他的祕密內在世界。這是一種古老的防衛方式，Jim 從他的家庭發展出來的，他媽媽在氣他父親時就不會讓自己的感覺表達出來。再加上他常以選擇性的訊息來支持他繼續壓抑自己的難過——例如，「我是不好的，如果我為了失去父親而難過」，「對父親感到難過就是對母親的不忠」，「難過是懦弱和沒有男子氣概的」。我邀請 Jim 延長他對哀傷圖像出現時在感官上的注意。

　　　　我要求 Jim 注意自己溫柔的眼睛、泛紅的臉、顫抖的唇和面頰，來提昇對於表現出難過的覺察。Jim 也同時被要求注意他是如何透過肌肉的反應，來「控制」他的孤單、悲傷、憤怒和渴望與父親接觸的感覺。

　　在感官的工作上，我們引導案主注意內部的感知、表情、肢體活動、姿勢、呼吸、膚色的變化、皮膚的彈性、嘴巴和眼睛周遭的鬆緊、以及任何大範圍或微小的生理線索。訓練病人報告其感覺，我們通常也報告自己內在的感覺來做示範，並且用以做為互動的材料。只要有可能，我們就會幫助病人毀滅標籤並且回到感覺，如此才能擴大情緒的經驗。例如：

個　　案：我感到焦慮。

治療師：你身體哪裡讓你感到焦慮？

個　　案：我的喉嚨縮緊、呼吸急促，我感到全身發抖。

　　開始時，許多酗酒者會對這類問題回答「沒什麼」或「我不知道」。所以，最早時，我們以視覺、聲音或觸覺等資料來分享我們的

觀察，引導病人對內在的關注（例如，「你留意到你的胸部嗎？你的喉嚨？你的呼吸？」）。這些早期的訓練對病人來說是相當重要的。就如之前所說的，由於早期的感覺並不舒服，且案主很容易會想起那些局限覺察的既定內攝，所以抗拒是可預期的。

在支持感知工作時的一個重要方向是，教導病人利用即進即出的方式來感覺，藉以調整自己的體驗，並且避免被盛怒、難過、害怕或喜悅的感覺淹沒（Keleman, 1975）。我們發現教導病人達到一個可以支撐難過、害怕、快樂或興奮感覺但又不會感到被征服的某個點，是非常有幫助的。我們教導病人，一旦經驗到被感覺所掃蕩的蛛絲馬跡，就要做有意識的肌肉迴射。引導他們去使用微小的肌肉收縮來阻止激動，那他們就可以支撐跟感覺在一起，而不致被它淹沒。案主也可被教導選擇分散心神（看著窗外的鳥、撫弄家裡的狗、讀一些有趣的童話書），最終，就能忍受更多強烈的感覺。長久下來，病人能夠擴展經驗至所有各式各樣的感覺。例如，他們可能被教導在工作時或公眾場所要控制難過的感覺，現在允許他們自己在私下完成不被禁止的啜泣。最後，病人會有能力去選擇適合不同程度的感覺表現的情境——從歇斯底里（啜泣），到控制和堅定的（收緊喉嚨和胸膛）。

通常對酗酒復原者的心理治療會因後續的身體工作（例如：按摩、崔格式、Lomi式，或其他形式）而有所提昇。以手來達成身體的工作有助於案主再敏覺的過程。舞蹈治療、遊戲治療、或遊戲試驗的催化也有助於發展身體的覺察。甚至社交舞的課程、交際舞、或肢體律動經驗，以及積極的體操／體育計畫，都能增加身體的覺察。

我們也利用我們自己和病人之間存在的會心，做為一輛載運感官和感覺的車子。在沒有限制的自我表達下，案主可能因此體會到一種最親密而又有力量的關係。這種關係猶如一把打開多年以來鎖住內心之門的鑰匙。一個愛的會心可以提供案主與自己親密的經驗。

Larry是個已維持三年清醒狀態的酒癮復原者，他因出現自殺意圖而來接受治療。他有個酗酒、暴力的父親，以及被診斷有妄

想型精神分裂症（paranoid schizophrenia）的母親。父親在他七歲時就棄家而去，他母親則收留了幾個寄宿生在家裡來幫補家計。許多寄宿生在情緒上虐待 Larry。

　　Larry 一副沒有生命力的樣子、感情麻木、孤立而且疏離。我試著挖掘他那內在失去的童年，當我嘗試去確認那些早期的內攝或者只針對他的迴射來工作時，有些小小的衝擊發生了。我重複地自我揭露有關在每一瞬間與他會心，我自己所浮現出的憤怒、難過、關閉、孤單，還有愛，終於保護他的外殼慢慢被軟化，他也被我拉了出來。我允許我的感覺被他知道而且表現出來，Larry 不知不覺愈靠愈近。這些具有愛的肯定與接觸的時刻，提供了 Larry 所需要的安全感，讓他可以開始面對他長期失去感覺的激動，最終，也燃起生命可以是不一樣的希望。

　　透過這個方法以及完形技巧的力量，Larry 漸漸可以被引導來跟自己和別人做比較充分的接觸。

　　這種把注意力集中在感官和覺察工作的另一個目的就是，幫助復原者（特別是女性）建立一個有力的內部測量器。由於他們情緒與知覺的經驗一直未受到正視，許多酗酒者自小就無法信任任何知覺和感覺。他們在小時候說出自己的知覺和感覺時，他們往往會聽到這種回應：「每件事都很好呀」，「沒什麼可以發愁的」，「喔，你不該那麼想」。在其他的家庭中，小孩的感覺頂多是不被聆聽或知道而已。

　　一個憂鬱、正從酗酒中復原的女人，向她父親解釋她的感覺有多糟。她的父親以傳道者講道的腔調，想要貶抑或根除她的感覺。他活在自己的世界裡而不能負荷女兒的痛苦，即使他的缺乏接觸早被指出來。治療師的主要任務就是要停止這樣的傷害。

　　許多酒癮的復原者和其他案主一樣，對失去活力的感覺中樞再覺

醒的工作是擴及整個治療過程的。我們覺得這種治療對酗酒者而言更為重要，因為他們經常以酒精麻醉自己，尤其是那些生長在失功能、長期受虐的家庭系統裡的酗酒者，更會創造出讓自己經常麻木的生存方式來過活。

❖ 中期的持續復原

一旦接觸的功能（看、聽、觸摸、說、動、嗅、嚐）變強，身體的覺察改變了，被阻礙或壓抑的感覺開始被體驗和表達出來，復原者就會獲得自我支持，而提供學習自我滋養的基礎，且放下或修正那些對自己以及如何行事對應的錯誤信念（角色和規則）。更多人格上的分化與統整同時也能在此時完成。在這個階段的典型工作就是，對原生的家庭做深入的工作。

透過之前工作的內容與過程的觀察，一些熟悉的主題在此時應該形成了。案主會訴說的典型問題有：週期性的憂鬱，被情緒淹沒，不知道自己的感覺和「不知道怎樣處理感覺」，關係破裂，感覺跟人沒有聯結，關節炎，反胃，頭痛，恐慌發作，很難擺脫負面的關係，為之前的濫交、賣淫或虐待而感到羞愧，沒能力設限，恐懼接近他人，性與暴力的夢魘，常常發怒，為以前的失落感到哀傷，以及對自己的吸引力和整體價值缺乏信心（Black, 1982; Woititz, 1979; Carlock & Shaw, 1988; Frey & Carlock, 1989）。常見的個案典型的抗拒模式是顯而易見的，特別是投射、內攝和迴射。

我們在這段時間主要的工作是幫助病人動員與維持能量，以完成自我提昇的行動而符合其需求。針對迴射的深層工作通常是導出核心兩極的確立，因為迴射通常包括兩股力量，一個是要表達慾望，另一個則是抑制行動的力量。通常，複雜的內攝阻止了慾望的表達，但自我之間的衝突又必須要解決，才能停止迴射（Kepner, 1987）。案主可能遇到的第一層內攝是迴避一些情緒，如：憤怒、害怕、無助和難過。解決之道是要先肯定兩邊的掙扎矛盾。藉前述 Lyn 的案例來說，阻止她哭泣的衝動乃是來自於，以前她在哭的時候被她母親所嘲諷的重複

影響（「妳是什麼，一個哭包？妳什麼都不是，只是一個嬰兒！」）
或恐嚇（「閉嘴，再哭我就真的讓你痛哭一頓！」）的重複影響。在
這個階段裡，可以全面探索這些內攝的訊息，並且修正這些錯誤的學
習。有關如何表達的規則，可以透過口語或非口語訊息、透過模仿而
習得，也可以來自於因創傷事件所做成的一個早期決定。當這些內攝
的訊息完全被建構出來時，透過跟個案的實驗、增強，以及治療師的
示範，其表達的界限才能逐漸延伸擴展。

　　我們愈能在擴展接觸的功能上更有創意，個案就愈有可能對陌生
的與被禁止的表達行為進行實驗。我們運用藝術的工作、布偶戲、雕
塑、還有其他不用口語的方式來做介入。一旦能量透過表達的釋放而
自由流動時，酗酒者可能會將這種振奮感誤認為危險，而感到驚恐或
無法招架。協助案主重新界定這個振奮的能量，並且支持他增加對此
能量的耐受力，對他的復原是有很幫助的。

　　經過早期的持續復原，案主的心門敞開，他的內在衝突就能被他
所認同。這些衝突可視為兩極的工作（例如：需要去控制、想要放下，
渴望能更接近、害怕被拋棄／拒絕，渴望安全的依賴、嚮往自由和獨
立的慾望）。

　　中期的持續復原工作是，進行對內在兩極有更深的認識；努力向
漸進的人格統整邁進。一旦確知了投射出的部分，而每部分的意圖也
能被欣賞，內在的衝突就能消退，且達到更大的平靜。

　　我們在一些復原的酗酒者中常看到的衝突是「強權的」（思維固
執、邏輯、強壯）和「無私的」（敏感、溫柔、情緒化）兩個自我。
典型的情況是，一邊被認為是可以接受的，另一邊則是因強力的內攝
而被阻擋在外的。那陰影的部分，發展不足且不定時地爆發，引起案
主相當大的焦慮。（在過去，案主喝酒和在酒精作用下才能鎮定下來，
如此這個陰影部分才能出現且較不痛苦。）例如：

　　　Sid深信：「男人是堅強、壯碩、有自信的」，但他的內心卻
　常常是柔軟、敏感，和害怕的。為了讓自己像個男人，他強迫放

棄（disown）、壓制他天生的感覺，而只表現出符合社會一般刻板印象的外表。他用不斷地生氣來隱藏那「柔軟」的感覺。然而，柔軟的一邊仍不斷地向他送出強烈的訊號，為了補償這些沒有被處理的感覺，Sid 經常只在一極顯示誇張的敵意，表現男人大丈夫般的行為，結果讓他在職場及婚姻中產生了許多麻煩。

女性通常比較難以接受她們人格特質中的性、感官、生氣或攻擊的性格。

Marsha 來治療時已清醒了三年。她說出她自己正處於贊助人和另一個朋友之間而感到焦慮，她試著取悅雙方而不想傷害任何一方。她同時也提到為自己對待母親的態度非常有罪惡感，對自己與男友之間的問題亦感到自責。她相信，如果她能多付出、再漂亮一點、或再多點什麼，那男人會對她好一點，而她和母親的關係也可以改善。當她嘗試對他人劃清界限時，她自己感到很不好受，認為自己是自私的。

Marsha 不允許自己發怒、不滿，或抗議他人的任何行為。她對關係上的困擾負起所有的責任，卻非常困難跟他人建立穩定的關係，以及認清、肯定地表達自己的感受和需要。

以這些主題來重新評估內攝是一個重要的目標。我們試圖提供一個安全的環境，讓病人能夠實驗和再評估內攝的限制和擴大表達的界限。十二步驟的計畫需要學習去接受一個人的陰影和減少因為接受「是什麼」的罪惡感，這是完形改變理論的基本信條。

酗酒者僵化的黑／白想法，讓他們對自己或對他人變得極度嚴厲。雖然有一些復原中的男性會用自我懲罰或自責來防衛，有些女性則是埋怨他人，但我們看到多數的男性是埋怨他人而多數的女性則是埋怨她們自己。反正，兩者的核心都是一種自我憎恨。

非常普遍的一個現象是：當男性進來治療時，他們會呈現過度未調整的生氣，他怒氣沸騰，埋怨他人，有時會爆發開來。通常這些生氣和憤怒的核心是一個投射過程，憤怒常常也是傷害、痛苦和悲傷的掩護。

> David 出現暴怒的困擾，他在工作中失控了。他多次與他的上司在工作上生氣且發怒，他感到他的上司一直針對著他。在探索以前是誰一直針對他時，他指認出是他的父親，在孩童時期他受到父親的身體虐待與強烈的批評。

卸除 David 憤怒反應的過程有三個轉折。首先，他要接受他把父親的虐待形象投射到他的上司身上。之後，David 要擁有（own）他對父親的憤怒；最後，他必須擁有在童年時那根深蒂固的痛苦與悲傷的情緒。

另一方面，憤怒可能會轉到內在而非向外。我們通常在女性身上看到的模式是，她會內化生氣與憤怒，於是他們轉而對生氣、批評自己，或不時地出現憤怒的自我對話。有時，這種不良調適生氣的方式也會跟投射過程做結合。案主很少會認為這個模式是一個發怒的困擾。

> Jenny 是一個三十四歲的酒癮復原個案，她曾經賣淫，她說當女兒凝視著她時，她就會感到罪惡和「污穢」。她女兒在多年的分別後才剛和她團聚。Jenny 不認為女兒的凝視是對她一種「崇拜」，或因找到她這位親媽咪而太興奮了。Jenny 只相信女兒是因她之前的性行為，而在批判她。

Jenny 把負面的感覺投射到女兒身上，她相信那是她和父親的亂倫關係以及她後來成為妓女的結果。為了回應她感覺到的她女兒對她的判決，Jenny 用迴射的方式對待自己，因此出現敵意的且具懲罰性的自我陳述。

對那些傾向於自怨自艾的病人，我們找出下面這些步驟，來幫助他們修通未加統整的材料以及學習自我滋養的行為（Oaklander, 1986）：

1. 請案主明確地指認出有關憎惡的部分（例如：敏感性、懲罰性、自私）。

2. 請案主誇大或擬人化他所憎惡的部分。治療師可以要病人挑選一些著名人物來代表每一部分的特徵。同時要他相對於每個憎惡的部分，考慮什麼是他理想的另一極。

3. 鼓勵案主對各個憎惡的部分用對外的方式表達其攻擊（這可以反轉迴射）。詢問在原生家庭裡是誰顯露了這個憎惡的部分。在過程中，探索與這個家庭成員有關的感覺、改訂規則、重新界定與再建構。

4. 引導案主認定或創造一個能接納及滋養的部分。這個滋養的部分是否能指認出憎惡或其他的部分，它們在怎樣的背景之下有可能是正向的？

5. 與案主去設計明確的自我滋養活動清單，並指定案主去完成。

6. 讓案主去認定真實的或想像的愛的圖像。讓這個圖像和每一個憎惡的部分對話，或與自己有扭曲信念的內在兒童對話。

7. 引導案主擁有這個愛的圖像，進行滋養性、接納性的語言表達。要求案主用這些文字去引導他的內在小孩。

8. 鼓勵案主刻意地去創造一個滋養性的環境，接受這些曾經受憎惡的部分。必要時，引導案主參與滋養的活動。

9. 安排一些活動好讓這些憎惡的部分（或從這些特質中引出的東西），在適當的背景下，可以做正向的表達。

此外，當案主接收到一些有關自己的負面訊息時，憎惡的部分通常可以聯結到孩童期的特殊事件。一旦案主能重新體驗時，由這些事件產生的感覺就可以再次被經驗且表達出來，而且也可以鼓勵案主為那些根據往日事件所訂的規則或訊息做出新的決定。

除了內化某些特定的特質外，在某些情況下案主所吞下的核心信念會否定他全部的自我。例如，「我是沒價值的」或「我是不健全

的」。這種信念通常是由早期的虐待、疏忽、拒絕或拋棄所造成。在這種情況下，內攝如網般支持著這個扭曲自我的信念，應該要完整地加以評估。父母的投射和家庭角色的安排應先被指認出來，而且代代相傳的信念也要加以澄清，如此他們才能發展出新的有關自我的信念。

對於那些早年有重大創傷經驗的復原者，治癒的過程要有更多的投入。當然，愈早的創傷需要投入更多，包括程度、次數與時間愈多，投入的能量與力量就愈多，而也就有更多的傷害會被撞擊。在復原者重建其被酒精所影響的關係時，其效應是無所不及且非常複雜的。

> Jenny 報告說，她對因她女兒 Tina 引起的反應感到羞恥。當她的女兒碰觸到她時她就會「感冒」。Jenny 在 Tina 三、四歲時就沒再觸撫她。在與她的十六歲女兒一起來會談時，我提議Jenny 想像去觸摸Tina。Jenny 試著做這個想像時，她說她強烈地感到不舒服、憤怒、反胃，而且生殖器也覺得痛起來了。她把這些憤怒和生氣聯結到她的父親。把女兒放在一邊，我處理Jenny 的感覺。稍後，我幫助她的女兒了解，她媽媽的負面感覺是因為其他的人，與她無關。

Jenny 青春期的亂倫記憶開始浮現。揭露與修通這種虐待，還有其他早年的創傷與剝奪，便花上好幾年的時間。當案主修通和減低了他們對原生家庭的激烈感覺時（拋棄、遺失、憤怒和害怕等等感覺），他們就可以學習用一種新的方式來對待家庭成員。一旦病人可以對過去所欠缺的表達哀傷，確認他需要改變的模式，開始看到父母只不過也是個平常人，而且能要求家庭內的一些可能資源，此時便可以訂定一些特定的計畫來發展一個不同的關係。通常，原本有距離且已斷絕關係的家庭成員會被帶進來，而進一步的對家庭關係的療癒也就可以開始。其他的情況則是要建立更為健康的界限，尤其是家人中仍有物質濫用或一些未經處理的重大困擾的案主。

對復原者而言，中期持續復原期可能是一段奇怪的時間。正如之

前曾經說過的，那些在年輕時就開始喝得很兇的人（第二性徵出現的時期、青春期或成年初期），常常不能完成必要的發展任務。他們的發展常因開始酗酒而受到阻斷。正常的發展任務在迷茫的狀態下無法習得而精熟，那麼就得在清醒時再做討論商議。除了先前提及的處理關係的問題之外，復原者在此時投入於因酗酒而延誤的發展工作，一些認同的議題便會開始出現。常見的是對性的認同所產生的困惑，以及對自己社交能力的質疑。那些因他們的酗酒行為而失去配偶、孩子或甚至職業的案主，可能出現更戲劇性的認同危機，他們會懷疑：除了身為一個母親、父親、妻子、丈夫、老闆之外，他們究竟是誰。在這個階段，一些人也會懷疑自己的職業選擇和休閒活動。

評估病人的發展層次；還有提供安全感與足夠的鼓勵，以幫助他們補上落後的發展任務以及處理因發展延誤所產生的尷尬和羞愧的感覺，都是非常重要的工作。一個五十歲的人仍有十六歲的感覺是很為難的。我們發現，提供團體治療，讓個人能在安全環境下實驗新的行為，是非常有用的。酗酒者能被團體所接受，有助於改善他消極的自我觀，而且能增強其正向的特質。

我們已經注意到酗酒復原者傾向專注在負面的現象會遍及治療的所有階段。Nevis（《個人通訊》，1986）就提過，由於許多人固著在負面的看法，所以最容易成為焦點圖像的就是犯了錯。我們發現這對於酗酒者來說是特別符合的。AA 計畫裡的第四步驟，要求復原者去完成道德清單，可以增強這種趨勢。

步驟四：探討我們自己無畏的道德清單。

我們許多的個案把注意力放在他們唯一的性格缺點上，這一點應該受到明確的引導，並且支持他們去納入正向的特性。強調正面的態度，可以幫助他們不再去營造負面的組織，而且可以幫助他們善待自己一點。透過強調優點和資源，個案才能在壓力狀況下也能更快地運用自己。

為了承擔日益增加的覺察，「放下」與「寬恕」的技巧也是很重要的。能放下，就能允許任何圖像回到背景，根據 Nevis 所言（《個人通訊》，1986）。這種技巧包括學習有信心、「轉換它」成為更高的力量，以及學習去悲傷。Reinhold Niebuhr 的安靜祈禱文是這個過程可用做撫慰的資源：「上帝請賜與我寧靜去接受我不能改變的事情，賜與我勇氣去改變我能做到的；賜與我智慧去辨識這二者的差異。」由於放下的過程通常和失落與哀傷有關，我們設計了一些儀式來幫助復原者宣洩哀傷。我們也支持 AA 計畫所列出放下的過程。第五步驟，是承認人是會犯錯的，提供治癒的條件就是不帶成見地去聆聽復原者，而且與他做接觸。

> 步驟五：向上帝認罪，向我們自己或其他人類認罪，誰能無
> 　　　　過。

在被聽到的過程中，有聯結也有放下（Nevis，《個人通訊》，1986）。身為治療師，我們同時也擔任「見證者」的角色，幫助案主進入他們的接觸界限。第八步驟是要案主列出一張犯錯的清單。

> 步驟八：列出一張我們曾經傷害過的人的名單，我們願意向
> 　　　　他們賠罪。
> 步驟九：任何時候，如有可能，直接向他們賠罪，除非這會
> 　　　　對他們造成傷害。

我們催化這種清理的經驗，幫助案主決定什麼時候和如何執行賠罪的行動。我們用兩張椅子來處理跟缺席或死去的家人或朋友的工作；邀請父母、孩子、同事或朋友來參與治療會談；用寫信或其他的治療儀式來催化這個哀傷的過程。

❖ 後期的持續復原

在這個復原的階段，我們會關注一些不同的任務。大部分的工作落在完形經驗循環圈裡的接觸和消退階段。我們會密切注意案主是否能充分地同化之前的改變；是否學習到享受生活多於感到痛苦；是否以新的方式跟他們自己、他們現在的家庭，以及原生家庭開始互動。我們發現未來的目標開始出現，當案主開始有了希望和夢想時。價值觀也要隨之更新，我們在這個階段通常支持案主再次評估與 AA 的關係。此外，在這個時候，我們也會注意到深化案主的靈性生活。

一個重要的任務是支持案主去同化改變，愈完整愈好。我們發現這是統整各個新的部分的時機，能夠自在地以新的方式生活在這個世界、跟人在一起。當案主開始成長、揮翅待飛，以及實驗時，我們會導引這些能量朝向新的經驗與發現。許多案主開始重拾他們的童年或流失的青春歲月，我們會支持他們為這些新奇的願景感到興奮而且接受它們。

我們積極鼓勵案主去關注並且跟隨那剛萌芽的興趣：如對教育、生涯、運動和嗜好等等。我們試圖努力去修正會限制快樂、歡欣和興奮的內攝，當這些內攝浮現且變得顯眼時。有許多案主是在一個以天真幼稚的嬉戲為恥的家庭中長大。那麼，我們會去修通那些未竟的記憶、修訂那些嚴禁的規則，以清理出空間，讓新的決定和感覺出現，還有讓自我擴展得以繼續。屬於這工作的一部分是，我們的個案開始冒險穿越提供安全網的 AA 計畫。可以預期的是，焦慮與不安全感會浮現且需要加以管理，畢竟 AA 曾是提供他們在這個再合作時期滋養的避難所。

在這個時期的一個主要目標就是，繼續幫助個案重新定義（redefine）自己，詢問他們：「我是誰？我的價值是什麼？我喜歡什麼？我要什麼？」透過提供他們內在和外在的支持，我們將這正常的焦慮轉化為能量與興奮。我們輕鬆地刺激個案創造出他們自己新的夢想和計畫，在他們的期望裡有更多自發的行動。當這些出現了，我們會繼續

探討圍繞著性和親密的議題，以及依賴的需要與控制自主之間的衝突；當然此時的重點只是一個精緻化的工作罷了。常常，如果我們留意到個案的焦慮出乎意料地達到高峰，我們就要轉到認知／行為的方法，特別是喝酒的慾望昇起時。通常，清醒在這段時期是很穩固的，再復發的危險也是很小的。

許多我們在晚期的持續復原工作涉及了，處理一些成長自失功能家庭所常見的議題。有關這部分的共同主題包括（O'Gorman & Oliver-Diaz, 1985）：

- 針對界限做進一步的工作
- 靈性的發展
- 注意人我之間的接納
- 在親密關係中的拋棄與糾結
- 在工作和休閒之間取得平衡
- 親職行為
- 直接跟案主與其原生的或目前家庭一起工作

我們發現，在這個晚期的治療階段，與成年酗酒者及其原生家庭一起會談，常帶來極大的好處（Framo, 1982）。在這種會談中，我們支持案主說出他多年來一直掛慮有關家人關係的話題，關鍵的事件可能被談到，角色與聯盟被突顯，孩童時的知覺也得以澄清。這些會議提供案主一個機會，了解到他們的父母是一個真實的人；去開始一個跟父母同等的關係。重大的酗酒復原者對家庭成員知覺的改觀，通常是會談的結果，因而家庭的力量和資源可以被增強。雖然這個過程可能令人感到痛苦，但家庭成員通常會發現這是個非常有益的經驗。

我們也聚焦在現在的家庭關係（配偶與孩子）。通常，力量與控制的議題需要先加以解決，新的角色行為也須有所發展，如此更進一層的親近才可能達到。案主通常需要練習以認識自己的依賴需求、問自己要什麼（「謙卑自己」），且負起責任（Bepko & Krestan, 1985）。

此外，他們通常有極少的親職技巧，他們自己曾經在混亂或虐待的家庭長大（O'Gorman & Oliver-Diaz, 1987）。他們不只缺乏適當的父母技巧，有些個案也缺乏做父母的意願，常常對於自己童年沒有獲得足夠的滋養和支持而憤憤不平。修改核心的特質是一生的過程，控制的議題、非黑即白的想法、對感覺狀態的困惑、還有其他核心的難題，會繼續把要改善所有關係的努力複雜化。利用自助團體，像酗酒者的成人子女協會（ACOA）以及其他共依附十二步驟的團體，做為 AA 的輔助組織來疏通這些議題，是非常有幫助的。

我們也透過鼓勵案主每天使用個人清單和承擔感覺和行為的責任（好的、壞的、醜陋的），並且採取行動來解決那些議題，來做為輔助治療核心議題的工作。這樣做既可支持案主內省、對感覺和行動做建設性的評估，還可快速地解決內在及人際間的困難。這些工作也可透過步驟十來加以強化。

> 步驟十：繼續記錄個人的清單，如有犯錯，迅速承認。

依照步驟十，幫助復原的人對自己和別人保持誠實。繼續努力去幫助個別的復原者注意去接受自己與他人，避免自以為是及遽下判斷，可以增加平衡與安靜。與其把困擾外化，不如扛起責任。在同一時間內能同時接納、寬恕、愛自己，是我們的終極目標。我們任何人都很難達到全然的開悟，不過 AA 計畫提供了一條讓我們能超越苦難生活的途徑。

在這個晚期的復原階段，我們變成更加清楚 AA 計畫提供給治療的支持。AA 計畫和其他相關的復原團體，安排了橫跨一生、動態的系列改變，AA 計畫支持我們的工作，提供一個生活的新方法——一條終止痛苦和靈性再生的公式。雖然我們的案主最終會離開此計畫，但計畫是不會離開他們的。AA 計畫的一個主要禮物是，設計了一個讓成員可以連接或再連接他們靈性的旅程。在晚期的持續復原中，案主常會對靈性的發展有更深的承諾。我們用正常的靈性練習，來支持

他們保持和提高靈性的生活：鬆弛、肯定、呼吸技巧、解夢、引導想像、靈性閱讀、各種形式的冥想與祈禱（Whitfield, 1985）。AA 計畫支持這種工作，被明確地寫在第十一個步驟：

> 步驟十一：透過冥想和祈禱尋求增進我們與上帝的意識接觸，
> 讓我們了解祂，祈求認識祂所帶給我們的意志和力量。

在這個階段，復原期的個案通常已準備好創造與 AA 的新關係。依賴的需求已大部分得到解決，個人有更多的空間用來評價透過 AA 所學到的信念，過去這些信念雖能維持其生存，但現在要修正以符合案主目前自己的需要。正如在青春期時就離開了他們的家庭，一些酗酒復原者也需要協助幫他跟 AA 做分離，建立另外的目標，實驗新的興趣。

很多復原者需要與 AA 繼續聯繫，但這條帶子的強度通常在個人發展較多安全感以及他們自己的新生活之後，就會鬆開。當他們開始打破與 AA 的融合，或內在心理與人際關係上達到分化時，某些案主可能會有罪惡感。

無論如何，如果治療師協助復原者，徹底地回顧從計畫中得到的收穫且鼓勵病人去感謝在復原過程中引導過他們的人，更多適當的同化作用就可能會發生，因而鋪展出一條更完整的解決之道。以贊助人的形式提供繼續的服務，也可以幫助復原者有一條積極的表達之路。

> 步驟十二：靈性的覺醒是這些步驟的成果，我們嘗試把這個
> 訊息送給其他的酗酒者，在所有的事件裡練習這些基
> 本信條。

完形治療──觀點與應用
Gestalt Therapy

結論

　　酗酒是一種複雜的失常（失調），從酗酒到持續恢復是費力又耗時的工作。在這一章裡我們提供治療師一幅復原過程的地圖，就像我們看到的或最低限度一窺由完形理論提供的豐富、靈活的步驟來治療酒癮。我們希望提供的，不只是應用完形技術與理論的基礎與紮根的感覺，同時也嗅到自由創造、探索，以及以完形模式來實驗的味道，而這是我們所提供的一條加入並領導酗酒者邁向復原的道路。

誌謝

　　我們對 Jean R. Berggren 醫師致以萬分的謝意，他為我們在這一章裡提到的理論模式的發展提供了許多支持和指導。

 註解

　1 雖然調節干擾的第二個層次對酗酒者而言是相當基本的，我們相信這個模式也可應用在自我調節干擾的了解上，例如應用在其他上癮的症狀及強迫行為，包括：吸毒、飲食障礙、強迫性賭博、工作狂等等。

American Psychiatric Association. (1987). *Diagnostic and statistical manual of mental disorders* (3rd ed., revised). Washington, DC: Author.

Bateson, G. (1971). The cybernetics of "self": A theory of alcoholism. *Psychiatry, 34*(1), 1–18.

Bean, M., & Zinberg, N. (1981). *Dynamic approaches to the understanding and treatment of alcoholism*. New York: Free Press.

Beattie, M. (1987). *Codependent no more*. New York: Harper and Row.

Bepko, C., & Krestan, J. A. (1985). *The responsibility trap: A blueprint for treating the alcoholic family*. New York: Free Press.

Black, C. (1982). *It will never happen to me*. Denver: M.A.C. Publishers.

Bradshaw, J. (1988). *Healing the shame that binds you*. Pompano Beach, FL: Health Communications, Inc.

Brown, S. (1985). *Treating the alcoholic: A developmental model of recovery*. New York: Wiley.

Brown, V., Ridgely, M., Pepper, B., Levine, I., & Ryglewicz, H. (1989). The dual crisis: Mental illness and substance abuse: Present and future directions. *American Psychologist, 44*, 565–569.

Carlock, C. J., & Shaw, C. A. (1988). *Self-esteem for adult children of alcoholics* (Cassette recording). Muncie, IN: Accelerated Development, Inc.

Drews, T. R. (1980). *Getting them sober* (vol. 1). *A guide for those who live with an alcoholic*. South Plainfield, NJ: Bridge Publications.

Estes, N. J., & Heinemann, M. E. (Eds.). (1982). *Alcoholism: Development, consequences and interventions*. St. Louis: Mosby.

Framo, J. L. (1982). Family of origin as a therapeutic resource for adults in marital and family therapy: You can and should go home again. *Family Process, 15*, 193–210.

Frey, D., & Carlock, C. J. (1989). *Enhancing Self Esteem*. Muncie, IN: Accelerated Development.

Johnson, V. E. (1973). *I'll quit tomorrow*. New York: Harper and Row.

Keleman, J. (1975). *Your body speaks its mind*. New York: Simon & Schuster.

Kepner, J. I. (1987). *Body process: A gestalt approach working with the body in psychotherapy*. New York: Gardner Press.

Kurtz, E. (1982). Why A.A. works: The intellectual significance of Alcoholics Anonymous. *Journal of Studies on Alcohol, 43*, 38–80.

Mack, J. E. (1981). Alcoholism, A.A., and the governance of the self. In M. H. Bean & N. E. Zinberg (Eds.), *Dynamic approaches to the understanding and treatment of alcoholism* (pp. 128–162). New York: Free Press.

Marlatt, G. A., & Gordon, J. R. (Eds.). (1985). *Relapse prevention: Maintenance strategies in the treatment of addictive behaviors*. New York: Guilford.

Maxwell, M. (1984). *The AA experience*. New York: McGraw-Hill.

Oaklander, V. (Speaker). (1986). *Helping children and adolescents become self-nurturing* (cassette recording). Long Beach, CA: Maxsound Educational Tape Division.

O'Gorman, P., & Oliver-Diaz, P. (1987). *Breaking the cycle of addiction*. Pompano Beach, FL: Health Communications, Inc.

Pattison, E., & Kaufman, E. (1982). *Encyclopedic handbook of alcoholism*. New York: Gardner Press.

Perls, F., Hefferline, R., & Goodman, P. (1951). *Gestalt therapy*. New York: Julian Press.

Polster, E., & Polster, M. (1973). *Gestalt therapy integrated*. New York: Brunner/Mazel.

Robertson, N. (1988). *Getting better: Inside Alcoholics Anonymous*. New York: William Morrow.

Seixas, F. (1982). Criteria for the diagnosis of alcoholism. In N. J. Estes & M. E. Heinemann (Eds.), *Alcoholism: Development, consequences, and interventions* (pp. 49–67). St. Louis: Mosby.

The twelve steps of alcoholics anonymous. (1987). New York: Harper/Hazeldon.

Vaillant, G. E. (1981). Dangers of psychotherapy in the treatment of alcoholism. In M. H. Bean & N. E. Zinberg (Eds.), *Dynamic approaches to the understanding and treatment of alcoholism* (pp. 36–54). New York: Free Press.

Wegscheider, S. (1981). *Another chance: Hope and help for the alcoholic family*. Palo Alto, CA: Science and Behavior Books.

Whitfield, C. (1985). *Alcoholism, attachments and spirituality*. East Rutherford, NJ: Thomas W. Perrin, Inc.

Woititz, J. (1979). *Adult children of alcoholics*. Pompano Beach: Health Communications, Inc.

Zinker, J. (1978). *Creative process in gestalt therapy*. New York: Random House.

第 ⑨ 章　　與精神病患的完形工作

❀*Cynthia Oudejans Harris*醫師　著
❀*蔡瑞峰　譯*

　　「嚴重的精神病患」可以定義為他們的心理狀況受損到足以因他們的精神疾病，而需要──在某些點上──住院及藥物的個人。住院及藥物是必須的，因為這樣的人要不是危險的，就是他們自己或讓他人深感煩惱。他們可能曾經嘗試過自殺或自傷；他們可能苦於那使他們如此發狂，以至於在最後求助之前已經多日無法入眠的內在聲音；他們可能已經好幾天或者好幾個禮拜，在內在夢境的咒語以及催促下，而如此強制地去創造發明，使得他們發現根本不需要睡覺，而且變得惱怒、煩惱，或者令他們的家人及朋友擔憂；他們可能已經威脅要傷害他人，或者可能真的已經這麼做了；他們可能已經被判定是「瘋人罪犯」而被法院轉介到醫院；他們可能已經發現他們自己就是無法起床，或是在工作上或者他們的學校中完全沒有功能。這些及許多其他騷動的面向可能被那些與嚴重的精神病人一起生活的人看到，或者尋求協助。對那些他們周遭的人而言，他們可能是令人害怕、奇怪的、嚇人的，而且有時有身體上的危險。

　　對於任何期待與情緒騷動人們工作的人士而言，服勤訓練（inservice training）在一家州立醫院或是在一家為精神分裂症及其他嚴重的精神及精神病的人們服務的醫院中，是非常可貴的訓練之一。有這樣一段相當長的期間，每日與精神病人在一起的經驗是無可取代的。一個人的觀察技巧會變得敏銳，而且學習到發展關於因果關係與診斷的早期預感，而這稍後會以驗證的方法來加以測試。

　　不論在什麼情境，甚至在「真實生活」中，對於我們所面對的是

什麼樣的人有一些覺察，也是有價值的。我絕不會忘記某一天的深夜裡，被警察帶來醫院門口的那個帥哥（那時強制委託在法律上是可以的）。我那時才進入我精神科住院醫師的訓練五週，正在精神科值班。我與這年輕人會談並且發現他好好的。我很氣警察魯莽地把他帶來。我想要打電話給醫院的總醫師，並要求允許我拒絕他住院，但是我的同事，一位有經驗的護士，提醒我也可以等到第二天再送他回家。他沒有被送回家。後來證明他生於精神病院而我專注地跟他工作了好幾個月；我還記得在我還忙著其他事情的時候，我還費力地幫他弄到一個小喇叭好讓他玩玩。儘管我這麼用心照顧他，他最後還是被轉介到長期療養的機構。他苦於精神分裂症。如果我有再多一年的訓練才遇到他，我最少會對他的情況有個適切的懷疑，並且甚至可能有正確的診斷。

學生與年輕的專業人員最可能在州立醫院遇到嚴重的精神病人，在那裡，大部分治療師接受他們的服勤訓練。許多嚴重的精神病患是精神分裂症。精神分裂的人不成比例地出現在我們較為貧窮的階級，並且也消耗了不成比例的、可利用之精神服務的數量。因為這些原因，我們州立醫院隨時約有一半的病人是精神分裂的人，雖然只有百分之廿到卅的精神疾患**真的是**精神分裂。

本章主要是在討論跟精神分裂病人的完形工作。雖然在不同的精神狀態下，可能會強調不同部分的完形原則——根據病患的症狀現象學——完形治療師的基本態度還是一樣，而無關乎病人的診斷。以下所述之所有思考和行動的方式，在處理任何嚴重的精神診斷標籤可能會有用。

我也不會在這裡討論完形家庭治療及完形團體治療，雖然這些模式在與嚴重精神病人工作時，常常比個人治療更適宜。其完形原則還是與在家庭或團體工作完全一樣，但是被改造了，這乃是為了著眼於家庭成員或者團體成員之間的人際關係，而非在個別治療中被強調的較為個人內在的功能。

正如任何嚴謹的心理治療，完形治療不能從書中去學到。最好的

訓練可能是一個人自己的治療，或者，第二個選擇，一個長期的以體驗為基礎的訓練課程，並輔以接受完形治療師的長期督導。

概觀

我開始會簡短地討論對於照顧精神疾病，以及有意義地處理精神病這個族群所需之動機的背景。然後我會簡短地敘述那些嚴重的精神病人的許多需求，以及他們所需要的服務；在那之後，我將討論精神疾病的藥物治療，以及藥物與心理治療如何互補。最後，我會更仔細地討論完形理論與方法學，其在面對精神病過程並以心理治療來處理的角色。我會以一個總結來結束本章。

✤ 照顧精神病患的背景

Dostoyevski 說：「一個社會的文明程度可以透過進入它的監獄，來加以判斷。」他可能還會加上，「以及它的精神病院」。

急性精神病人需要昂貴的照顧。最少他們需要全天候的看護，一些醫療關照的外觀，以及適當的食物與居所。此外，他們的需要傾向是長期的：他們通常時而需要住院，之後是長期的門診治療。他們常常在一段期間後又再住院。他們通常是貧窮的。因為所有這些原因，政府的照顧一直是大多數嚴重的精神病患的慣例。有一些有名而重要的例外，像是 Menninger 基金會，Maclean 醫院，Chestnut Lodge，還有其他私人機構，它們在治療及照顧嚴重精神病人的方式是先驅。

既然政府的照顧，主要是由州立醫院在照顧，一向是而且現在也是規矩，政治及經濟在我們進入「精神病院」時，對創造我們的印象扮演了一個核心的角色。因此，任何在這樣一家醫院工作或受訓的人，必須培養出對於他／她的醫院所運作的特定的政治及經濟壓力的覺察。只有藉著這麼做，一個人才能夠適當地評估提供給他的病人的照顧水準。

❖ 與精神病人工作的動機

在精神病人最常見的環境中，州立醫院或是它的門診，要長期與他們工作是需要很大的奉獻的。如此奉獻的根源可能只是來自於堅強的倫理或者宗教的信念。這些信念不再像以前一樣容易被培養，但是有如此動機的人，會變成炙手可熱而且是很有價值的專業人員。的確，在州立醫院對精神病人的真正照顧的最初形式，被稱為「出自道德的治療」（moral treatment）。Benjamin Rush，《獨立宣言》的簽署者，是道德治療的創始者。他被稱為「美國精神醫學之父」，而且他的肖像出現在美國精神醫學會的印章上。在 1810 年，Rush 敘述了他自己的動機：

> 戰勝一種暴力的身體疾病有很大的樂趣，但這樂趣比不上從瘋狂的憤怒及痴呆中使一個同類生物復原，並讓他重新知道他自己，他的家人，他的朋友，還有他的神！但是在無能為力時，以我們的人性來考慮停止他們在精神及身體上的悲慘，那是多麼地令人喜悅！（p.284）

目前，沒有心理學學派把倫理或是宗教的信念併入，以做為實務工作者的重要理論。也沒有學派處理任何Rush所舉的「樂趣」及「喜悅」。「信念」被視為「私人」的事情。「重要」的事情是人格的理論、對動力的了解、適當介入的技巧，以及藥物的知識。

併肩前進，創造，及被時代的精神所創造，心理學與精神醫學至今一直避開人類最認真關切的領域。因此，對這種議題的覺察不該求諸於心理學／精神醫學的課程。完整的、負責任的、照顧的工作後面的驅策力量，必須來自於其他來源。

心理學與精神醫學的理論必須同時被學得很透徹。病人及案主，如果他們要獲得好的服務，會要求執業者所擁有的每一點知識及技巧。

總言之，驅使我們去幫助與照顧嚴重的精神病人之來源，不是被

精神醫學或心理學的知識所支持的。我們的驅動力及我們的治療能量來自於深植於我們自己之處，也許從我們的過去，也許從我們家庭的過去而來。相對地，我們助人的能力，是從我們所學及所知而來的。同時，我們能夠助人，乃是因為我們知道如何把任何我們知道的事情擺在一邊，以便注意在我們面前的病人。我們的療癒力量在於我們專注於病人，而不在於注意我們的知識。用完形的名詞來說，當病人變成前景，我們的知識我們還是可以用但卻變成了背景。

　　再者，我們在那住著或門診照顧大量我們嚴重的精神病人的醫院中，所謂良好運作的能力——如果他們有好好被照顧的話——在某些方面，是仰賴我們對於存在我們自己個人工作處所中特定的政治或經濟束縛的了解。

我們精神病族群的需要

　　為了有最佳的照顧，嚴重精神病人在他們急性期還有在復健階段的照顧，需要許多領域的服務。例如，如果在急性期，他們尋求協助或是我們被要求去幫忙，他們很可能會需要藥物及住院，直到他們鮮明的精神病活動清除了——直到幻覺、妄想、過度活躍、睡不著等等已經大幅減少。在住院時，他們也會需要醫療照顧，同時為了診斷的目的——也就是，排除任何精神病的生理基礎——以及排除或照顧任何伴隨著的醫學疾病。我不會忘記那個治療師，他的病人拒絕起床去見他，而他也認為是病人自己決定要不要去他的辦公室見他，因而把病人留在那裡。還好，一位檢查的醫師過來巡房，才發現病人不能動是因為急性盲腸炎。

　　在他們的住院期間，這樣的病人需要有技巧的精神護理照顧以及好的環境治療，並且一定會從團體治療、職能治療、及家庭治療中獲益，特別是在急性期之後。所有的照顧可能會——雖然這不再必然如此——在精神科醫師的監督下發生，而他可能是也可能不是同時處理

病人之醫學問題的醫師、而且可能是也可能不是病人的個別心理治療師。

❖ 心理治療在急性期的角色

讓我們假設病人現在已經住院了，他對於食物、居所、及衣物的基本需求暫時由醫院的廚師、護士及管理員所照顧；他時時刻刻的心理需要被這層樓的精神科護士及助理所照顧；從他的醫師／精神科醫師得到抗精神病藥物；其他家庭成員的需要被精神科的社工師所關心，同時也探查病人的工作或者關於學校的問題；在漫長的、通常也是無聊的住院日子裡，被職能治療師幫助去做某些事。所有這些服務都被動員到這個地方來幫助病人，好讓他從急性期恢復過來。首先，藥物通常在生化上，幫忙病人並且幫助病人的睡眠、吃飯、還有思考。一旦困惑及內在混亂開始清醒，之後心理治療加上藥物用來幫助情緒。而最後，心理治療、團體治療、家庭治療，以及社會工作提供必要的協助，隨著恢復與學習還有成長，導致了回到家庭或工作或學校的能力。

在急性精神病發作的時候，如果治療師經常有意超時且頻繁地探訪病人，用以保證她這個治療師的存在、關心及可利用性，並且提供或許某種意義上的連續性、被傾聽，還有希望在這可怕及壓力的期間被完全照顧的感覺，那麼這些可能都是白白浪費了專業資源。不過這些起始的互動，可以幫助治療師獲得病人問題及潛在力量的早期印象：即使在這種緊急的情況下，性格及心靈的力量，例如頑固及智力，可能在稍後被看出來，而在治療師的心中形成重要的基礎，此時心理治療介入的圖像即隨之形成。

在照顧病人之多元的專業團隊中的治療師──特別如果他／她同時也是這麼一個團隊的首要人物──必須與其他臨床專業團隊成員保持密切的接觸。共同的專業人員可能觀察到治療師沒有機會去看到的有關病人的事情，或者其他團隊成員可能需要治療師的洞察力，來指導他們自己與病人的互動。

幾乎一成不變地，在急性期需要住院時，病人會從精神藥物中獲益。因此，我們現在會簡短地將我們的注意力轉向治療的藥物方面。

❖ 藥物在精神病的角色

背景的考慮。目前，我們堅定地站在關於情緒的分子生物學，以及微觀與次微觀的神經解剖學上，這個新而重要之發現的起始點上。在猴子的研究中顯示了學習在特別的神經細胞，產生了結構的及功能上的改變（Pardes, 1986）。Kandel 與他們的同事，用一種軟體動物 *Aplysia California* 來做，已經示範了學習會伴隨著神經聯結之有效性的改變。Kandel 評論說，這個事實導致了「一個看待行為所產生的社會與生物過程間之關係的新看法」（p.1207）。他接著指出，在目前的精神醫學上、心理學，及醫學，傾向區分「器質性」疾病及「功能性」疾病，但他的小組的工作讓這種區別顯得不再可靠。因為《精神疾患診斷及統計手冊》第三版（DSM-III）的分類是根據這種區分，很明顯地，我們整個概念化精神疾病的方式便是在這個重大改變的門檻上。

因為這個新發現，我們可以——即使在這早期階段——假設在神經系統內發生了清楚可定義的改變是伴隨著精神疾病，也是後來藥物、心理治療，還有其他有效治療模式的結果。隨著我們知道更多關於我們頭顱內，那益於我們的情緒之基礎細胞—神經化學—神經解剖系統，那麼我們對於特定精神疾病給與更明確的藥物，因而影響特定神經迴路的能力，將會增加。在「心靈」和「腦」及「身體」之間的舊有界線開始模糊了。覺察到這些發展並且對那將要來臨的敞開心胸，這對於跟正在服用精神藥物的人們工作的個人，是重要的。

治療的考慮。跟正在服用精神藥物的人們工作時，我們需要在三個必要的考量上來發展我們自己的取向。首先——而且違背上面所提供的非常少的背景——我們需要發展我們自己清楚的信念系統，即我們自己對於心—身二分法的哲學，或者像有些人偏好的，全體的互動。其次，為了最實際的原因，所有與嚴重精神病人工作的人，需要對病人正在服用的藥物至少要具有初步的知識：效果、副作用、作用時間

等等。還有第三，我們每一個人需要發展，特別是如果跟這些病人做心理治療的工作，我們自己個人處理我們病人對於服用精神藥物之感覺的方式。

首先，要發展我們自己個人的哲學，雖然是試驗性的，我們需要開始尊敬「身─心」，「頭腦─心靈」二分法：近三百五十年來，它一直是西方世界人們所想像的真實的核心方式。這個思考的方式在對於*事物*的思考已經證明是非常地有力量。在最近的一百五十年醫學科學所產生令人驚嘆之事，就是它有效的證明，沒有這種思考方式，你或你母親可能無法在生你時存活下來；你可能已經死於白喉、麻疹、小兒麻痺；你可能因三期梅毒而最後瘋掉了。那麼邏輯性地去尋找理由直到「原因」被發現的能力，應該對我們每一個人，如同對於我們周圍的自然科學家一樣，還是一種寶貴的能力。然而，現今主觀─客觀典範已經喪失了做為論述現實之唯一方法的信用。全人主義（Holism）正「流行」著，而且毫無疑問地還會繼續如此。在我們尋找一個對人的看法時，我們需要它在那剛剛才要開始的新世界中引導我們。對於那些在精神健康領域的人們，這些新的思考方式正在我們的眼前工作。但是一旦我們承認「身─心」，「頭腦─心靈」二分法，我們該做什麼，我們該如何思考？最困難去做的事情是，不去要求一個立即的答案，同時還要願意與目前的窘境在一起，直到它解除。對於某些人而言，這種模糊的姿態是如此地困難，而使他們轉向巫術及神祕主義，來做為讓他們在理論上載浮載沉的浮木。那些可以忍受不立即知道──那些能夠保有一顆開放的心以及彈性的頭腦，還有那些能夠忍受繼續活著並等待穿出這裂縫，那些了解邏輯性的語言與情感性的語言兩者在目前都是有效的，而且以一種它們之前從未有過的方式聯結，那些願意嘗試去講這兩種語言的人們──那些是，我相信，可能開始瞥見到那個我們如此殷切期盼具有新視野輪廓的人。

其次，希望負責地跟正在使用精神藥物的人們工作的非醫療專業人員，對於這些化合物也需要知道一點。他們需要知道在哪裡可以找到最新版的《藥典手冊》，而且他們要能夠常常參考它，並把較常用

的化合物弄得熟悉一些。具備了這樣的知識，他們可能是第一個注意到某個特殊病人似乎用物過量的人。或者他們可能是第一個懷疑罕見副作用的人。

第三，任何負責照顧嚴重精神病人的人需要一個合理推論的方法，來處理這樣的病人與用藥。這個方法必須是有用的，而且對病人而言是可接受的，還有對執業者是有意義且恰當的。我喜歡用比喻來這麼說：「就像在你的腿斷了的時候，你需要上石膏一樣，你的身體可以療癒它自己，所以在你療癒你自己時，你需要這藥物去支持你的心靈；藥物會幫助你盡最大可能去注意你自己的療癒過程。」這方法對我而言很好用。但是這樣的介入，總是在執業者或治療師發明或發現那他／她覺得真正對的說法時做得最好，有時候對每個病人會有不同的說法。

藥物最有效，也最常開藥的是針對急性精神症狀：幻聽及妄想。精神藥物的使用傾向使心理治療更快成為可能，而且更快見效。直到目前，我們對於這些藥物的作用機制只了解一點點。

然而，我們現在的確知道一些關於藥物與心理治療之間交互作用的事情。我們知道(1)在急性期，住院病人個別心理治療沒有產生統計上重大的正面效果，而單單是藥物，沒有任何其他治療，導致了可觀的改善；(2)在復健（通常在門診）的治療階段，證據顯示心理介入，特別是團體或家庭治療，合併藥物，產生重大的、優於只用藥物的結果；的確，心理治療除非併用藥物，否則常被顯示是無效的（Davis, 1985）；以及(3)在急性期未接受精神藥物，很可能會產生持續三年到五年的傷害（Davis, 1985）。

從理論的觀點來看，這些觀察意謂著什麼？藥物如何作用以及心理治療又如何作用？迄今，我們對於這些（重要的）問題還沒有答案。

目前最符合的理論，也是最能夠解釋所有這些研究發現的，是藥物會影響頭腦，亦即在於降低幻覺、妄想，以及精神分裂症特有的思考疾患，而心理介入則是改善了內心及人際的功能。根據John M. Davis，伊利諾州立精神學會的主任：

如果專注於心理學的理論是真的，……長期而言，心理治療
應該產生病因學上的治癒，而且以特定症狀測量的精神分裂
症將會消失。如果精神分裂症真的是一個生物學的疾病，藥
物治療將會使症狀的變數獲益而心理的治療在任何變數上將
會沒有效果。根據雙重機制理論，藥物應該在症狀上產生一
個好的效果，而心理的治療應是改善內心衝突及社會功能。
後者是從經驗中所觀察到的。（Davis, 1985, p.1506）

　　當病人走出了急性期，劑量必須被小心地監測。因為長期的副作
用——最顯著的是遲發性運動失能，有時不可逆的腳步混亂——一般
是努力試圖盡快將病人的藥物拿掉或是，如果不可能拿掉，維持在可
能的最低劑量，或許包括「藥物假期」。此外，一個服用比需要量更
多之藥物的病人，比較無法最有效地利用心理治療。因此，最理想的
是，應該由可以跟治療師及護理人員密切諮商的開藥者，來做經常監
測劑量的工作。顯然，任何模糊了病人自我感以及一點自我責任感的
任何東西——它可以是妄想、幻覺，或是藥物——對於療癒的過程是
有害的。

❖ 跟嚴重精神病患做心理治療的背景

　　考慮嚴重精神混亂／精神病個人的一個方法，是把他／她想成暫
時無法承擔，甚或試著去學習承擔，直到那個我們渴望他可能為自己
負責的程度。然而，這個觀點對於在 1980 年代中期的情況，我們發現
並不恰當：現在顯然有些人就是甚至連開始為他們自己負起基本的責
任都沒有辦法，不論是否是體質上的。這時期，他們在夏天充斥在我
們的公園及街道，而在冬天則占滿了我們地鐵的暖爐及地下室。現在
出現了一些針對幫助他們的運動。然而，顯然當我們面對他們的情況
時，我們的厭惡及懷疑會昇高。

　　Chlopromazine（Thorazine），在照顧精神分裂症的個案，仍舊是

最被廣為使用的精神藥物，首先在 1950 年於法國被合成。它不久之後被試用於精神病人，而它可觀的效果在 1952 年的文獻中（Swazey, 1974）被報告出來。Chlopromazine 在緩解最麻煩的精神症狀的效果，好到令我們開始懷著厭惡來看待我們的人類倉庫——巨大的州立醫院每一家都住著成千的病人。這些病人看起來在醫院裡變得這麼好，讓我們決定讓他們出院以便省錢。直到現在，我們才開始在漸進地學習如何在少量的花費下，供給住屋、照顧、用藥、並且監測我們的街民（「街頭的人們」，《紐約時報》，1986.11.11）。在 1960 年代末期，我們希望用藥丸以及最少的門診追蹤就足夠了。而那並不夠。

在這個時期，大約有百分之七十的精神分裂症因急性發作，而住院的病人會在三個月內沒有症狀，而百分之八十五會在一年內出院。大約有百分之六十的這些病人在五年後，會回到社會，而有超過一半被雇用。約有百分之三十會是殘障並顯現一些精神病理，但是大部分時間還是會住在社區中。只有大約百分之十會需要持續住院（Lehamnn & Cancro, 1985）。

在一個財政緊縮的時代，在公立精神設施中哪些病人應該被提供心理治療的問題常常被問到。因此，預測哪些病人會從心理治療中獲益，會變得愈來愈重要。然而，我自己的經驗是我們從來無法真確地知道，一個病人對於心理治療的介入會如何反應，除非我們努力地一試再試。而且約翰霍普金斯大學醫學院的 Charles G. Schulz（1985）最近說道，儘管有現今的知識，未經長時間的試驗，便要去預測誰會從心理治療中獲益，仍是不可能的。他進一步注意到，一些最困難處理的問題最後對於治療有最好的反應。或許這是因為一個病人有時能夠把投入於跟照顧者戰鬥的頑固及力量，轉變成為跟他／她的疾病戰鬥。所以在我們的預測能力及我們關於哪一群病人最能從哪一種心理治療模式中獲益的知識改善之前，我們必須謹記著我們的無知，並做出我們所能夠做的最佳猜測。

此外，熱心的第一年社工實習生被注意到，偶爾，對嚴重精神病人的介入比他們的經驗豐富的督導之工作更為有效。直覺上，某些嚴

重的精神病人會對年輕學生的新鮮及銳氣有反應,是有道理的。

我們對於如何照顧精神病人的困惑,源自於我們對疾病之原因與本質的忽略。希望這種忽略會逐漸消失。同時我們必須使用我們所擁有的知識,以及我們實際經驗所提供的指導原則。

經驗上,心理治療現在被承認是照顧嚴重精神病人的必要元素之一。結合藥物、心理治療,及心理社會的訓練與介入,才能獲得長期的最佳結果(Liberman, 1985)。雖然大家相信,利用這些現代的介入已經縮短了留院的時間,並徹底減少那些精神病最分裂且最具破壞性的方面,這些方法已經無法顯著增加完全的、永久復原的實際數目(Lehmann & Cancro, 1985)。我們不應該貶低縮短留院的巨大價值,還有病人及他們家人較少的痛苦。雖然如此,我們無法更進一步去對抗精神分裂症,這又證明了這些疾病的複雜性及頑強。

❖ 對精神病人的心理治療

對精神病人的心理治療也許比對神經質個人的治療更需要治療師這一部分長期的承諾,還有治療師與病人之間堅固、誠實,以及終極信任關係的建立。最近一位年輕的精神分裂病人已經生動地敘述了治療關係對於病人的意義。

一年半前,我的治療師問我心理治療對我有沒有幫助。我楞了一下但幾乎是自動地回答:「有,它當然有幫助。」……但是事情還沒有結束。我開始想知道治療是否真的對我有幫助及如何產生幫助。

我的治療師之所以提出這個問題,乃是出自於精神分裂病人是否能夠真的從會談治療中獲益,或者藥物治療才是最有幫助的,此二者之間的爭論。我對於有些精神分裂病人只被處以藥物治療而且每個月集結來拿處方這樣的想法,有點生氣。或許像妄想及幻聽這些最戲劇性的症狀會對這樣的治療有反應,但是精神分裂症患者的生活涉及比僅僅是這些顯現症狀

還多更多。

心理治療，合併藥物治療，情緒支持性的日間治療，以及一個每週團體治療會期對我是有效的。大部分我的計畫支持心理治療，我把它視為我治療的中心，也是整個住院期間及規畫改變時一直持續的一件事……我已經看見天上的光，聽到人們在我裡面合唱——咒罵、折磨我，把我釘在牆上，逼我變瘋。這齣戲永無止境，而那痛苦及恐怖更是如此……。

這麼久以來我一直想知道為什麼我的治療師堅持談論我與他的關係。他不是我的問題……，他堅持談論有關「我們」使我好奇而且稍後讓我覺得，雖然有點罪惡感，也許談論「我們」才算好人。罪惡感來自於曾經有一個「我們」的事實。這麼久以來一直是「我」和「他們」。它花了很長的時間，但是我終於看見了為什麼探索我與我的治療師的關係是重要的——它是我曾擁有的第一個真正的關係：也就是，第一次我覺得將自己投入是夠安全的。我把它合理化為沒關係，因為我從這個關係學到如何與他人聯結，而且也許有一天會把我自己的孤立世界拋諸腦後。（《恢復中的病人》，1986，p.68-70）[1]

這個敘述漂亮地強調了對嚴重的精神病人們進行心理治療的效用，以及在治療過程中治療師與病人之間關係的核心地位。在這樣的背景下，在跟精神病人工作時什麼是完形訓練的意義、貢獻、角色呢？

對精神病人的完形治療

近來，精神分裂症患者之長期追蹤研究的作者，提出結論說：「在某些時候探索性的心理治療，甚至可能經由讓病人暴露在他們處理情緒上是殘缺的記憶及病識感下，而使精神分裂病情惡化」（見 Fishe,

1986, p.275）。在有經驗而小心的操作下，完形治療，以它所強調於此時此刻之立即性經驗的核心地位與其天生的非侵入性的特質，避開了這個特別的缺陷。就現象學而言，精神分裂症包括了喪失自我覺察及失去做出接觸的能力。完形的方法學提供了一個機會，來教導病人那他們可能從未真正發展過，而且毫無疑問是受損的自我覺察。它同時也提供了治療師機會去設計體驗活動，以提高病人「做出接觸」的能力，進而滋養其人際能力。在這些方式中，完形方法學是一個特別適合用來處理精神分裂症的心理治療。

精神分裂的妄想及幻聽可以被視為是一種有效壓抑自我覺察及避免與他人接觸的方式。妄想及幻覺是常使病人住院，並置於機構中而開始接受治療的症狀。這疾病本身可能早在住院前已經鬱積了一段時間，或者它也可能突然地侵襲病人。這些經驗底下的痛苦和恐懼常是巨大而令人無法招架的。

實際上，所有個案都是缺乏洞察力的。這使得存在變得很有意思：病患的基本需要便是要逃避自我覺察（覺察是洞察力整合的一部分），於是就要去逃避與他人的接觸，而非去開創他／她私人的內在世界。

隨著精神病程比較鮮明的症狀在藥物治療下消退，病人在一個受保護的環境中變得比較不恐懼而且比較能夠運作。這精神病狀變得較為縮減。幻覺及妄想比較少。在內在的面向，精神病傾向於僅僅表現在夢境、幻想的生活，與投射；在外在的面向，則是害怕親密、低自尊，以及脆弱。洞察力變得比較有可能。病患變得比較願意而且較能夠覺察到當下的體驗，然後逐漸變得比較能夠確實擁有那經驗。病人的語言慢慢由「我的手打他」變成「我打他」。最後，病患可能變得能夠體驗到在完形的經驗循環中覺察、接觸，與消退的「正常」順序。這個事件與經驗的順序，從恐懼、幻覺，及妄想，經過夢、虛幻，及對外在世界的錯誤判斷，到重新擁有及主宰內在經驗及外在選擇，這些需要好幾個月，甚至幾年，而且有時候它根本就不會發生。即使在最好的個案也有許多反轉（reversals），許多退化，甚至偶爾會回到以前覺得比較安全之精神病狀態的時期。

如本章稍早所提及的，大部分的病人恢復達到某個水準並維持在那個水準；少數一些病人真的完全恢復。在這每一個階段，完形方法學都有很多可以提供做為參考。

❈ 改變的矛盾理論（*The paradoxical theory of change*）

完形理論的一個重大貢獻是改變的矛盾理論。這理論似乎矛盾只因我們傾向把改變的順序想成如下：首先我們想要改變，然後我們決定去改變，同時我們企圖改變，然後我們真的改變，而最後我們做出改變。Fritz Perls 的信念是，我們對於改變的願望把我們分裂為二，一個是我們的優勝者，他想要改變，以及我們的劣勢者，他必須做改變。在隨後的掙扎中，劣勢者通常贏並且拒絕改變。因此，完形治療師嘗試使現狀如其所然——並且完全如其所是——而且堅信如此的話，改變因而有機會得以發生，無意識地而非衷心地期盼它。我們能愈全面而完整地經驗我們此刻所做的或現在是什麼，改變愈可能在下一刻來臨。如此「與現在的經驗在一起」就是改變的矛盾理論的方法。

這種方法學實際上適用於精神病過程的任何階段。對一個急性精神病人，它可以擁有承認病人的人性與經驗之美，而不是支持精神病過程本身。

例如，考慮下列的對話。Nancy 廿二歲，以前已經因急性精神病住院過兩次，而且最近又再度入院。藥物已經控制了她大部分可怕的症狀。在其餘的精神症狀中，Nancy 報告說「人們把想法放入我的頭腦。」

治療師：他們怎麼辦到的？

Nancy：嗯，我覺得被影響了。

治療師：讓我們來試試。你把一個想法放入我的腦袋裡好嗎？

Nancy：（吃吃地笑）

治療師：我是說真的，即使它聽起來很傻。讓我們做個試驗並檢查想法如何由一個腦袋跑到另一個……

Nancy：（猶豫）你該更常上教堂……（Nancy 已經告訴治療師有關她自己對於上教堂的矛盾）

治療師：我聽到你了，但我不認為那適合我……。如果你喜歡的話我要把那個還給你，用在你自己身上。我試試看，好嗎？

Nancy：好。

治療師：你該多休息。

Nancy：為什麼？我不累。

治療師：我不覺得我好像在影響你。對你而言如何？（Claire Stratford，未出版的文章，1974）

在此例中，治療師承認了 Nancy 的經驗並藉此肯定 Nancy，但卻未證實或支持 Nancy 的精神病經驗。

治療師進一步從病人身上引發人際的活動：「請你把一個想法放入我的腦袋裡好嗎？」而當病人覺得這事情是滑稽而吃吃地笑時，治療師再度邀請病人——「我是說真的，即使它聽起來很傻」——然後病人能夠試著把一個想法放在治療師的腦袋裡。然後治療師看著，我確定，以確定這樣的嘗試不會讓 Nancy 引起太多的焦慮，她最近一直極度地困惑。這種互換的支持面，包括治療師對人際界線的清楚描繪：「我不覺得我好像在影響你。」這敘述是立即支持性且具示範性的：治療師藉由報告她自己對正在發生之事的感覺——「我不覺得好像……」——來示範，且透過跟 Nancy 檢驗她的經驗來認可她自己情感的效度。那麼治療師已經創造了一個她在其中能展示自我覺察及其他覺察的小情境，並且邀請病人也同樣這麼做。這個例子也示範了治療師運用她自己的創造性。治療師在治療中盡量地好玩是重要的。樂趣使那基本上是嚴肅的一個情況變得輕鬆，同時，點燃了治療師的心靈與精神。

在停留於如其所是的藝術中，對如其所是的**覺察**當然是必要的。此即覺察的核心。

✤ 覺察與接觸

　　在完形的人類健康模式中，隨心所欲地收聽一個人自己內在所正在發生的以及任何時刻清楚命名的能力，被視為一個人心理健康的基石。第二個這樣的基石是，區分一個人自身的自我與他人的能力。藉由知道這個界線，一個人可以與他人做接觸，並在稍後從這樣的接觸中消退。

　　在精神病的過程，這些基本的人類功能，包括覺察到在一個人的自我中所正在發生之事（覺察），以及知道一個人自己於何處結束而他人開始（一個人的界線），還有與他人相處及關聯的藝術（接觸）等功能，基本上都是混亂的。因此一個精神分裂的人，不管是在疾病的急性期或是代償機能減退的慢性化，都是無法動員能量去著手獲得需求及想望的滿足。因為它專注在覺察與接觸的基本功能，完形原則相當直接地提供了工具，來幫助精神病患學習重新得以完全地（或者更完全地）使用這些功能。此外，這原則提供治療師一個表現方法來為病患設計互動及重新學習經驗。

　　與精神病人工作需要非常的簡單明瞭，並且時時刻刻注意病人對於目前所進行的是如何反應。肢體語言可能是剛開始病人所能訴說的語言，所以強調注意那個語言是特別重要的。任何工作之前必須有一個穩固的信任基礎。精神病人在準備好探索他們的情感之前，需要很多肯定、支持、安慰，以及一再保證。由於精神病狀態的頑固，無法期待很快有大的改變，而且治療師需要學習滿足於一而再，再而三非常小的步伐。

✤ 「膠水」（Glue）與「溶劑」（Solvent）

　　在我們的俚語「支離破碎」（coming unglued）是一種發瘋的表示。我們也講「被卡住」，意思是，在一個比較神經質的層次，無法在一項工作中採取下一個適當的動作，例如結束一篇論文。如果我們是支離破碎的，我們需要再黏回到一塊兒。如果我們卡住了，我們需

要一個溶劑使我們不卡住。

若是神經質的人，我們傾向需要的比較是精神的溶劑，而比較不需要精神的膠水；若是精神病，我們在能夠冒險有一點精神的溶劑之前，則需要很多精神的膠水來把我們黏回去。肯定／黏合的姿態是安慰的、再保證的、了解的、支持的。相反地，質疑／溶劑的姿勢是好奇的、探索的、挑戰的。

因此，知道哪種介入是精神的溶劑，而哪種是精神的膠水是有益的。在過去，完形治療比較被人所知的是，它戲劇性的溶劑工作多過於它的支持性的黏合性質，雖然有能力的治療師總是兩種好方法都能使用，不論與神經質病人或與精神病人工作。

當然，我們的真正生活充滿了黏合的經驗與溶劑的經驗。除非老舊的、先前的、不再有效的行為及思考方式可以被溶解，而讓位給較新的、改善的，否則成長及發展是不可能的。用聖保羅所講的話：「當我是一個小孩時，我像一個小孩子一樣地講話，我像一個小孩子一樣地去了解，我像一個小孩子一樣地思考；但是當我變成大人，我把小孩子的事放在一旁」（《哥林多前書》13:11）。聖保羅的這些話是他動人心弦的一節，他在關於愛的本質這一部分的說法也許不是偶然，因為若沒有愛與支持，甚或忠誠的膠水，我們無法鼓起勇氣去面對如此的改變。

完形治療師 Sonia Nevis（1980），已經把那使個人之親密或公有的生活曾經有過而且又再度成為可能的力量命名為「膠子」（gluon）。就存在的、現象學的觀點，精神分裂病人未曾發現足夠的膠子以能夠在這世界中運作，所以轉而創造了一個私人世界。膠子，它可以是肯定及支持，是（being）與如其所是（letting be），彼此持續進行著的交替物；它可以使我們的世界成為一個安全的住所，做我們自己的一個安全之處。

上述復原中的精神分裂病人寫道：「我過去一直抽離出我自己的內在，而且離開世界這麼遙遠，必須展現給我看不只這世界是安全的而且我屬於它，事實上我是一個人。」（《恢復中的病人》，1986，

p.70）

❖ 覺察與界線

我們對於我們自己的覺察即是指讓我們知道我們是我們自己；覺察幫助我們定義我們自己的邊緣，幫助我們得到一種是一個自我、一個我、一個人的感覺。我們對於我們自己的覺察，同時讓我們知道什麼不是我們自己，什麼是「別人」。對精神病患來說，自我的覺察以及自我與「別人」的分別是遲鈍的，如果有的話。因為病人對於了解她自己的存在有麻煩，也因而在分辨她自己和「別人」時有麻煩，她不能與另一個人「產生關聯」。

那麼與嚴重精神病人的心理治療工作涉及了，首先，安撫並向病人一再保證，以幫助她獲得開始試圖治癒她自己所需要的勇氣與希望。對治療師而言，這意謂著要提供很多「膠水」。稍後，病患需要學習愈來愈多的自我覺察。而最後，她需要學習更清楚地覺察別人，並使用她對自我及他人的知識來與別人做接觸，然後以自在的次序從這樣的接觸中消退。

這三個過程——安撫／再保證，教導覺察，教導接觸與消退——當然不依序發生。治療師的技巧顯現在治療師使用病人自己的經驗及敘述與行動，來幫忙創造出為該病人所設計在他／她治療之特別時刻裡具有意義的經驗。

安撫與再保證。什麼是對精神病人安撫及再保證的指導原則？直到焦慮已平息，直到病人有信心他將不會無法挽回地被吸入另一個人的影響圈內，直到他的快速、混沌的意識能慢下來，以及直到他信任治療師會出現並幫助他避開一種感覺不存在、淹沒在虛無的可怕之後，覺察才能被探索。治療師必須與病人的焦慮程度保持接觸，並且擔負起做為嚮導、保護者，及照顧者的責任。

與我們的「內在舒適」接觸是再保證。內在舒適可以是諸如覺察到一個人的價值被另外一個人所欣賞，或是覺察到一個人的評論被承認與證實之類的事情：聽到一個人是「對的」是令人安慰的。病人會

逐漸地教導治療師哪種安慰對他是最有幫助的，而關注的治療師會調整介入以符合病人的特殊風格。一個覺得懷疑的急性精神病人可能甚至發現只是被看一眼就覺得不安。在這樣的情況時，Stratford 如此建議：

治療師可以藉由跟病人坐在一起，稍稍把頭轉離開他並且只做短暫、非侵入性的、溫和的眼神接觸，好讓接觸比較不具威脅性。如果治療師以這個方式來接觸病人，並且開始進行比病人所能吸收的更少的接觸，病人可能開始覺得安全，並且會透過任何對他而言最自在的模式，來尋求更多與治療師的接觸。（Stratford & Brallier, 1979）

通常工作可以從實驗開始，看看病人與治療師之間什麼樣的身體距離，能使病人覺得最自在，而且／或者能理解到他們自己與治療師之間的分別。這樣的實驗重複進行許多次，並且持續地檢驗：「你現在能看到我嗎？我能看到你——整個你——從頭到腳。這讓你自在嗎？我應該離遠一點嗎？」治療師需要提供資訊而非詮釋，如此病人才能自己發現被看見可以是沒關係的，被看見及被聽見甚至可以使他能夠感到被注意及確認。非常緩慢地，病人可能終於體驗到——不管別人的想法或願望——他們擁有他們自己的、真實的、非常個人的反應的權力，因而體驗到他們自己與生俱來的存在的權力。

教導覺察。治療師也需要幫助病患學習更全面地去覺察。這可以用非常簡單的身體覺察來開始。「你那樣坐舒服嗎？不要移動或改變——我只是想知道你舒不舒服。」學習覺察這樣簡單的事情，再度支持了病患的現實感，並減少那內在的焦慮。對精神病人的一個目標是，幫他們允許他們自己更加覺察到他們的整體性，並且對他們身體的完整性更有信心。一個鼓勵這發展的方法是，治療師去提及（不要太過強調）他或她注意到病患已經做到的小的移動。「我注意到你現在把頭放在你的手上」這種敘述幫助病患變得更完全地與他或她的存在以及這個世界存在的方式接觸。

當病患發現感官與移動的覺察可以幫助他被注意及被確定,他更容易取得那對於情緒及想法的覺察。治療師必須重複地給與關於是否他或她的覺察符合病患之覺察的資訊,因為這資訊對病人在釐清他或她止於何處而治療師——他人——始於何處的過程,是非常重要的。

「留在過程中」**不**是一個與精神病人工作的有效方式。的確,是那非常混沌的內在過程導致病人他現在的情況。治療師必須維持可信賴的嚮導與保護者的功能,並且不應允許病人慌亂——這是身為一個治療師在處理一個困惑的神經質病人時很可能會做的——而是必須小心地引導病人成功地結束它。

有時候,特別是在疾病的急性期,病患可能有幻覺而且可能想談論它們。如果治療師「覺得好」——而且她不只是「好奇」——她可能想要表達自己對於那對她的病人一直是或者現在是這麼煩惱的聲音的真實興趣。然而,幻覺經驗不該給與過度的注意;它應該短暫,而且有原因才被處理。病患覺察現實的能力是如此地受損,以至於治療師的介入幾乎總是需要支持病人去做現實的檢測和現實的覺察。最近被內在經驗所淹沒,病人便就失去了某些與外面現實的接觸。注意幻覺就是注意一個完全個人內在的功能——一個治療師無法直接獲取因而也無從被檢驗的功能。那麼,治療師對於幻覺的密切注意並無法幫助病人走離精神病過程而回到「生活」。

類似地,治療師在他們熱切地試圖從他們的想法中找出意義時,需要減少強調精神病人的沉思。就像幻覺一樣,沉思只會使人們遠離他對周遭環境之即時覺察。再一次,治療師有必要幫助病人與他即時環境做更多直接的接觸:「當你正在說那些時,你還能**看見**我嗎?我覺得被排除在外——好像你不是正在對**我**講話。」

接觸與退縮。一個治療師如何能夠教導接觸與消退以及接觸/消退的韻律?在安撫與再保證病人以及教導覺察時,治療師已經展示給病人,用好多個方式,病患事實上是一個個別的人。治療師已經無數次地示範了治療師的經驗與病患的經驗之間的區別。希望病患已經開始學著去區分他或她自己的經驗與別人的經驗之間的區別,並且欣賞

兩者的有效性。這種與人產生關聯的能力的基礎是慢慢產生的。用完形的名詞，病人正在學習某些關於如何自我覺察及如何覺察他人的事情。有了這種資訊，與另一個人產生關聯／互動可能會變得比較不可怕。

❖ 一些與精神病人工作的特殊完形技巧

一些以完形治療跟精神病人工作的方式值得特別注意。我們會簡短地注意自我揭露、雙椅工作（極性），以及對夢的工作這些領域。

自我揭露。在報告他自己的經驗給病人時，治療師需要話少而清晰，並且通常要限制他的自我報告僅止於與病人即時的溝通。例如，像「當你改變主題並移開視線時，我覺得離你更加遙遠而且有一點孤單。」這樣的敘述可以強化病人的意願去察覺她所正在做的以及它正如何影響其他人。但是關於治療師在會談外之生活的敘述——的確，即使是治療師的生活智慧——在處理精神病人時並沒有什麼價值。精神病人通常欠缺抓住通則，並把它應用在此時此地他或她自己之情況的能力。一個更為直接的敘述模式對這樣的病人是更有用的。基本上，跟一個精神病人工作的治療師需要比當他與神經質病人工作時更為冷靜。一個精神病人如果面對一個激動的治療師是很容易脫軌的。

極性。對極性工作需要特別注意清楚正在做什麼。例如，在廣為人知的雙椅技巧，病人強調她人格的兩個分別的面向，一種內在的極性。因為要精神病人清楚內在以及外在的界線有困難，這樣一個練習可能使病人感到困惑，除非治療師重複地強調病人是以行為表現出她自己的人格中不同的兩面，但不是兩個不同的人；否則病人可能會變得困惑於她是誰——一個最想要的發展。除非小心使用，對極性工作可能溶解了那精神病人可能有的暫時的整體性，而不是支持及加強了它。Brallier 及 Hoffman（1971）在他們關於以極性來與一位精神病人工作的文章中強調了這點。

夢。某些相同的注意事項也適用在夢的工作。如果——如最常見的情況——夢是不好的，病人可能被要求再講一次那個夢，並且比較

詳細地複述那夢裡舒服的、感覺好的部分。或者可以邀請病人重述那夢，並且在他覺得不舒服的時候停止。然後，病人可以被邀請去創造一個他所想要的夢境結局。這些是「膠合」的介入。它們也使病人能夠體驗到對於他或她自己的內在生命某種程度的主宰，而這對療癒過程可能是非常具有支持性的（Straitford & Brallier, 1979）。一個所有這些介入共通的基本原則是，它們給了病患一個從他們自己的經驗學習的機會。對病人而言，這可能是高度自我肯定的（self-validating）。

在與精神病人的完形工作中，治療師有兩個主要的功能：(1)支持並鼓勵病患；以及(2)發明練習、實驗，還有工作給病人做。當然，這些練習及實驗必須慢慢增加難度，好讓每一個病人能夠向前跨出下一個一小步。它們必須夠困難，但又不會太困難。如果做得好，這樣的工作提供病患一些經驗，幫助她再度肯定她自己的完整性與自我性。

總結

治療精神病人需要許多專業領域及服務，來提供最佳的照顧與治療。從研究結果，我們現在知道藥物與心理治療的結合，在支持性服務的背景下，可以導致專業人員與他們的病患一起在當下所能達成的最佳結果（Davis, 1985）。

因為它實際的、此時此地的姿態，完形治療很適合用來跟嚴重的精神病人工作，在緊跟著的兇惡期以及之後幾個月、幾年的復健期，兩者都適合。完形原則在為嚴重精神病人創造一個治療性的環境也是特別有用的，就如同 Clair Stratford 在本書所示範的。

在本章，我也指出照顧精神混亂的人所根據的最佳道德倫理的價值，到目前，這無法從任何心理治療學派中衍生出來。不過這些價值是來自於我們的宗教信仰與倫理信念。這些信仰及信念找到它們的路，透過我們的政府，到那我們的社會之中，那些為精神病患提供服務的醫院以及其他地方。

當我們與精神分裂病患的工作受挫，我們可以從那在本章中經常被引用的年輕精神分裂症患者所寫的話中，獲得希望：

最棒的禮物

是否精神病人的脆弱自我能夠承受深度治療的嚴酷？這個問題，對我而言似乎不幸地阻礙了精神科醫師試圖對精神分裂病人做心理治療的意願。一個被孤孤單單地丟在一邊的脆弱自我還是脆弱的。似乎必須有某些平衡被達成，如此精神分裂病患才能接受到敏覺於他們特殊需求之治療師的心理治療的好處，並且能夠幫助他們的自我開始浮現，一點一滴地。單只有藥物治療或表淺的支持無法取代那被另外一個人所了解的感覺。對我而言，最棒的禮物是那天，在我了解到好幾年來我的治療師真的一直陪在我身邊，而且他會繼續陪著我並幫我達成我所想要達成的。有了那樣的了解，我做為一個人的生存能力才開始滋長。我並不聲稱被治癒了──我還感覺得到我的疾病的痛苦、害怕、以及挫折。我知道我還有一段漫長的路在我面前，但是我能夠誠實地說，我不再沒有希望。（《我們可以談談》，1986，p.70）

註解

✿ 1 在本章我選擇了指定病人及治療師的性別，當指稱在每一分類的個人時稱「他」及「她」並且變換這兩種指稱的方式。我藉此避免說「他們」而是特殊化及個別化的「她」及「他」；類似的方式當我需要指稱病患目前的狀況時，我用「精神病的個人」而不是「精神病人」。我希望這種選擇不會冒犯了我們的讀者。完形治療盡量總是強調它的案主、病人及執業者的個別性與人性。我在本章中嘗試了這麼做。

參考文獻

(Anonymous) Recovering Patient. Can we talk? The schizophrenic patient in psychotherapy (1986). *American Journal of Psychiatry*, Vol. 143(1), 68–70.

　　Editor's Note to ''Can We Talk?'' The Schizophrenic Patient in Psychotherapy states: ''The reader may be assured that the author's psychiatrist (with whom the author allowed us to consult) is fully in accord with its publication. The diagnosis, moreover, has been firmly established by the clinician investigators of a major national study of schizophrenia in which the author participated as a subject. At our suggestion, the paper is published without the author's name in the interest of maintaining confidentiality.''

Brallier, L. W., & Hoffman, B. S. (1971). Assisting a psychotic patient with the integration process. *Psychotherapy: Theory Research and Practice*, Vol. 8(4), 304–306.

Davis, J. M. (1985). Antipsychotic drugs. In H. I. Kaplan & B. J. Sadock (Eds.), *Comprehensive textbok of psychiatry/IV*, Baltimore/London: Williams & Wilkins.

Fishe, E. A. (1986, June-July) [Review of Stone, M. H. (1986). Exploratory psychotherapy in schizophrenia spectrum patients, *Bulletin Menninger Clinic* 50, 287–306] *Digest of Neurology and Psychiatry*, p. 275. Hartford, Institute of Living.

Lehmann, H. E., & Cancro, R. (1985). Schizophrenia: Clinical features. In H. I. Kaplan & B. J. Sadock (Eds.), *Comprehensive Textbook of Psychiatry/IV* (p. 712). Baltimore/London: Williams & Wilkins.

Nevis, S. (1980). *Center for the Study of Intimate Systems News*, I, 3. Cleveland, Gestalt Institute of Cleveland.

Pardes, H. (1986). Neuroscience and psychiatry: Marriage or coexistence? *American Journal of Psychiatry*, 143, (10), 1205–1212.

Rush, B. (1810). Letter of the managers of the Pennsylvania Hospital. In C. E. Goshen (Ed.), *Documentary history of Psychiatry*. New York: Philosophical Library, 1967.

Schulz, C. G. (1985). Schizophrenia: Individual psychotherapy. In H. I. Kaplan & B. J. Sadock (Eds.), *Comprehensive textbook of psychiatry/IV* (p. 746). Baltimore/London: Williams & Wilkins.

第10章　完形兒童治療：兒童憤怒和內攝的處理

❀*Violet Oaklander*博士　著

❀*何麗儀*　譯

　　在我和孩子的工作裡面有兩個重要的議題不斷重複地出現：負面的內攝和憤怒的表達。它們的糾纏不清常令人感到無助，為了方便討論，我會分開來說明。

　　我以觀察健康嬰兒的發展來做為我的治療模式。我觀察到她用她所有的感官——剛開始是生存的需要（吸吮，需要被撫觸），之後，是用來學習更多跟她的世界有關的事物（看、聽、品嚐、觸摸）。我看到她的練習並且熱切地使用她的身體來獲得控制和征服。我注意到她很一致地去表達她的感覺。她的智能發展也很迅速，她也發現到語言是一項表達感受、需要、願望、觀念、意見的重要工具。孩子這個有機體的健康以及不中斷的發展和表達——感官、身體、情緒和智力——是孩子自我感的根本基礎，孩子強壯的自我感會讓她的身體和外在的環境產生良好的接觸。

　　幼小嬰兒的需求完全倚賴她生活中的成人來獲得滿足。隨著日益成長，她變得更有技巧地去達到她自己的需求。她能讓他們知道而且能開始認識到，除了需求（needs）以外，她還有一堆她要的（want）（和不要的）。她也愈來愈讓他人明白，她也是人類的一份子。她與他人的界限因此變得更清楚了。

　　成長中的孩子建立了自己的信念系統，同時也學會去面對這個將影響她一生的世界。父母滿足他們的需求、要求或反應，以及回應她的感官、身體、情緒表達、智力的方式，都會深刻地影響到她信念系統的發展。在這段時期，她吸取了許多負面的內攝（受騙），因為她

還沒有學會把那些對她有毒的東西吐出來，她也沒學會如何去拒絕。此時她無法辨別那些對她是正確的，那些是不正確的。她吸取了那些她所信任，渴望信任和那些在生活上她非常需要依賴的人的信念，成為她自己的所有。

Piaget（1962）的理論中闡述有關孩子的自我中心（ego-centricity）。根據他的理論，只有在七或八歲以後的孩子，才能接受別人的觀點而不會失去他自己的，而且是逐漸地獲得這個能力。從這個發展的現象來看，我們能夠明白，較年幼的孩子對於他自己的錯誤信念的界限和感受性是脆弱的。換句話說，他相信每一件他聽到的事──無論是隱性或公開的──他都當成是真的，而且也當成是自己的。如果他的父母發生爭辯，他會假設他們的衝突是他的錯。如果他病了，他一定是個壞小孩。如果這樣還不夠的話，孩子的想法就更趨向負面。例如，一個兩歲大的孩子會相信自己是一個笨拙的白痴，因為在他打破東西的時候他父親就會對著他咆哮，此後，他就會更加相信自己是笨拙和不雅的。這就像是要有一千次「成功」的經驗才能重修一次嚴厲父母的評價。

因為在生活和成長上，孩子有強力的衝勁，他會做任何可以完成他成長的工作。這種生命力跟他的負面信念系統相較而言，卻是較正面的。這種生命力也會帶給孩子和他的父母、老師、社會相處上的麻煩。孩子這個有機體本身健康而茂盛的成長力，促使他對如何在這個世界盡責的生活下去做了一些決定。以下我會再用一些篇幅加以詳細說明。

孩子因為被接受、肯定和愛，而發育茁壯。在早期他還是相當一致的，但可能因他對母親表達了憤怒的感受，而可能不被接受、被拒絕，這讓他感到失去了愛。他就會開始學到：原來表達憤怒的感覺對他自己是不利的，他會盡可能地避免進一步受到這種傷害。但憤怒卻是不可避免的，那他就一定要做一些判斷：當感覺到憤怒時應該做些什麼。他後來決定要把這種感覺壓下去，把它收起來。一個八歲的孩子曾對我說：「我要進房裡等它消失。」這些沒有表達出來的情緒就

好像石頭一樣地躺在孩子的心裡，干擾著他健康的成長。

　　無論如何，有機體百折不撓地去尋找以達到體內平衡（homeostasis）。如果情緒躺在水平之下，它一定要以某種形式表達其滿足，如此有機體才能和下一個需要打交道，成長也因此能一直這樣永恆地循環著。有機體在選擇某種表達情緒的方式，不一定有伴隨著孩子自己的覺察。

　　順序通常是這樣的：嬰兒用哭來得到他的要求。父母以為他尿濕了，而檢查他的尿片。嬰兒哭得更大聲因為他要抱抱。最後，父母其中一個把他抱起來，他就停止哭叫。用哭來達到或錯失自己的需要，就好像是他唯一可以對他人溝通的方法。幾個月後，哭開始有他們自己的意義，給他父母較好的線索來滿足他的需要。同時他的臉色和身體表達開始顯現他對本身需要的更多覺察。雖然年幼的孩子很快地開始學會用語言，來做為清楚溝通的重要工具。雖然他還沒有好的字彙來表達他需要說的。只會說「我要喝水」是容易的，情緒的表達卻是相當的抽象。所以他可能對他的母親說「我恨你」，而較年長的孩子可能說「當妳不聽我說話而只顧著講電話時，我很煩惱」，母親感到顫抖，不認可或傷心，因為她自己的孩子恨她。她甚至可能大叫，「你怎麼可以這樣對我說話！」孩子開始對許多他看到、聽到和感覺到的反應感到混亂。甚至多數開明的母親可能在他的怨恨的話語裡畏縮。雖然他已經盡其所能地反映出他內心的感覺，而這讓他感到不被認可、拒絕和難堪、沒有價值。在隨後的交談裡，他可能再次嘗試去表達他的情緒。對那剛剛捏了他一下的哥哥說：「我會殺了你！」──唯一他能用的一句夠力的話：「不要這樣對我！」他的父親衝進來，想像他是在養育一個謀殺者。於是他比他孩子更激烈、憤怒地說：「永遠不許你這樣說！」在這種情形之下，孩子會做了一個決定：為了自己的生存，他最好要能找其他的方法來處理自己的感覺。

　　從此，那過程就變得更加複雜了。起初，孩子為了些許的憤怒而感到嚴重的罪惡感。等他再年長些，那罪惡感可能成為強烈的憤恨、很不舒服、羞愧和沒有價值，他對自我的感覺就會退縮成為像枯萎的

花一樣。但因為個人的生命力是如此地強壯，他會尋找一種進退維谷地生存的方法，但那可能是痛苦或甚至自毀的方法。

有機體不斷地嘗試以達到體內的平衡。它會使用一些方法來釋放或照顧憤怒的能量。一個孩子可能會迴射了憤怒。她有時真實地對待他人就像對待她自己一樣。但她也可能欺騙她自己，而把頭髮扯出來。她可能會勒住自己像是患上哮喘，燒自己的胃壁一直到得了胃潰瘍，或者收緊肌肉直到頭痛、胃痛等等。

另一個孩子解離他的憤怒。在任何情形之下，他都不會表達他真實的感覺。事實上過了一段時間之後，他也忘記那感覺是什麼了。但那能量仍然存在，是一定會表達出來的。他選擇的是打擊與碰撞。當他這樣做時他覺得比較舒服，但那只是一剎那罷了。當那剎那的快感迅速消失，他再一次又一次地嘗試去恢復那解離的動作。

其他的孩子仍然會用尿床，或一些小小控制的方法來表達身體的感覺：如拒絕腸胃的蠕動（最常見的方式是大便失禁，我曾看過一個小孩這樣表現，他決斷地拒絕腸胃的蠕動，直至他的身體需要去毒，他只能在不適當的時候排出排泄物）。

有些孩子把憤慨投射到別人身上，想像其餘的每一個人都在生他們自己或其他人的氣，而不是生他的氣。為了解離或驅散憤怒的能量，有些去縱火，其他的就進入過動的慣性中。有些被自己內部的憤怒力量所驚嚇到，因而試著把自己縮起來，於是，他們變成收斂、沉默、遲鈍、冷漠。

對孩子來說，憤怒是最難表達的情緒。孩子能夠找到表達其他情緒的方法，例如害怕、悲傷，和高興，因為表現這些情緒是比較容易被我們的文化和父母所容忍的。但是，甚至表達這些情緒也可能會被阻撓，特別是如果維持得太極端的話。例如，孩子害怕怪獸（有時是孩子憤怒的投射），在某些方面可以顯示這種恐懼。典型的父母，並不會認同這種恐懼，反而強力向孩子保證在床底下並沒有怪獸。孩子更大的恐懼像被拋棄、被拒絕和失去寵愛就沒有表達出來，但因為這些感覺太深奧了，孩子還找不到什麼字眼可以來形容。

一些孩子的眼淚可以被我們的文化所接受，甚至偶爾，男孩的眼淚也是可以被接受的。但是，許多父母通常都不接受超越象徵性的哭泣（token crying）。結果，很多悲傷常常成了未竟的事務。許多失落的痛苦——父母或祖父母，一個家或一個城市，寵物，朋友，一個喜歡的玩具——常常是令人窒息的。在某些個案裡，父母認為孩子的失落（好像玩具）是既瑣碎又不重要的；在其他的個案中，父母認為，他們需要去保護孩子讓他們不必在嚴酷事實裡受苦，而讓孩子不再想到這個痛苦的主題。

我們都鼓勵快樂。我們看待孩童時期是由快樂帶來幸運，我們的笑是高人一等的，而孩子的笑是滑稽十足的，滑稽好像是在表達快樂。然而當孩子繼續長大，如果他太大聲和太極端地在表達愉悅，他又會再次得到大人的蹙眉。最近在瑞士，我注意到一個小女孩，大約二歲半，在酒店的餐廳裡她從椅子上溜下來，放縱又高興地到處跑，欣喜地笑著能夠脫離椅子得到自由。她舉高和搖擺她的手臂，在桌子間的過道跑上跑下，她的父母想到其他用飯的客人，便把她抱起來，重重地放到椅子上，嚴肅地告誡她。由於孩子在她這個年紀是不可能有技巧去知道別人需要（在這裡是指晚餐的客人），她毫無疑問地收下了這個訊息——無論什麼方式——感覺快樂是嚴重錯誤的，甚至因自己感覺快樂而覺得自己是一個壞女孩。雖然有時她了解其他的人會欣賞她的微笑和笑聲，但現在她必須處理她接收到這些複雜訊息所造成的混亂心情。

憤怒，在我們的社會似乎有最潛在的影響，也許是因為它是最不被容忍的情緒。多數小孩的症狀證實了他們來接受治療跟壓抑憤怒的結果有直接的關係。

我想憤怒，是所有情緒裡最容易被誤解的。它有火燒的形象，怪獸如果鬆綁就無法控制，且會造成撕裂和破壞。在很早的孩童期，兒童的憤怒實際上是在照顧他自己，憤怒是滿足個人的需要，發表個人的意見，建立在這世上個人的地位。所以，如果孩子用攻擊來照顧她自己，她會被理解為憤怒。如果她說：「不！不要這樣對我！」或「我

不要這個！」這是小孩子用能量與強烈的態度來為自己說話，她看起來就像在生氣（通常孩子企圖表達一些力量而顯現出來的就是生氣）。進一步地，由於她的經驗並沒有被聽到，她一定要把這些宣告用喊叫的方式表述出來，但之後她必然地被視為像是在生氣。如果她學習到她應該停止她的意見和小小憤怒的經驗，一個潛在的能量就會累積下來，這會比每個特定的小事還要大，而且會令人感到很恐怖！通常孩子們對自己內心所累積起來的憤怒會感到害怕。

孩子對於憤怒得到一種雙重訊息，又會讓他們更加混亂。他們學習到憤怒是不被接受的，但他們又經驗到直接或間接發自成人冷酷的暴怒。

壓抑的情緒，特別是憤怒，本質上和攝取負面的內攝是有關的。一個孩子的情緒形成她存在的核心。當她的感覺不被認可，她就不被認可。每當她發現自己被蔑視，隨便給個解釋而被打發掉（explained away），被訕笑，甚至被粗魯地回應，她就會深深感到被排斥。雖然她和她的身體為了健康可能會找尋一些間接的方法來表達。但孩子的內心仍然潛藏著自己是壞的感覺。她不是有意識地選擇這種方法，但它們就湧現出來了。沮喪的她感到沒有資格去擁有它們；自己也沒有資格存在，如果她擁有它們，特別是那些會引起她父母過多關切及不認可、且對她生氣的感覺。所以，那些照顧自己所做的行為，甚至會為她引來更多的暴怒。她贏不了，她深深地知道有一些事情對她來講是錯誤的。

就像孩子開始吸收這些有關於她自己的負面訊息，她常會感到自我的失落。她開始打斷和束縛自己的成長，即使她正在成長著。她關閉自己的感官，收緊肌肉，抑制表達，隔絕心智。她的自我感可能擴大到她要做出各種防衛的行為，來保持自己可以生存的外觀。孩子變成有了融合的現象，例如：他們一定要聽到由別人說出他們是誰，或者甚至隨時要靠著別人才有自我感。有些會盡可能取悅他人來得到認同和好感。有些會變得謹慎、羞怯或強迫性，好保有一些力量，來控制住那個讓他們感到脆弱而無助的世界。有些孩子則以旺盛的興奮掩

飾自我感，來騙取感到震顫的剎那成就。或是避免對任何事說實話，因為有時面對真相很痛苦。有些孩子攻擊他人或大發雷霆，並不只因他沒被聽到才用這種方法，來驅散憤怒的能量與消除挫折，另外還能讓他感受到有力量與自我的存在。

　　把孩子帶進治療室是那些讓他們感到有力量且能表達他們是誰、他們有感受的行為，在這個他們感到無力的世界裡，他們用這些行為來獲得某些感覺和自我感。他們使用這些不恰當的行為，來成長、生存、並且填充他們的空虛、接觸他們的環境，以及滿足他們的需求。這些行為事實上是有機體為平衡而戰的表態。通常這變成孩子們生存在這個世界上的方法——他們的模式，他們的過程。他們不只以父母及社會對人的看法為基礎來形成自己的假設，而且還用來決定他們應該如何才能在這個世界生存和長大。這種生存方式，如果沒有治療的介入，就會伴其過了一生。

　　當一個孩子被帶來治療，我知道我一定要幫助這孩子探索其力量及對自我的支持。我需要去尋找一種方法幫她去回憶、重獲、更新與強化她在幼小嬰孩時曾有過而現在似乎失去的東西。當她的知覺復甦；當她再次認識自己的身體且接受自己表達她已埋葬的感覺；當她學習運用她的智力去做選擇，以語言表達她的願望、需要、想法和意見，而且想辦法去滿足需要；在她學習到自己是誰和接受與你我有差異的自己，之後，她就能在正確的成長途中再次地找到她自己。我需要去幫她了解她的生存行為是不具生產力的；有一些新的行為選擇會讓她有更多滿意的結果。我需要協助她明白那些有關她對自己看法的訊息是錯誤的，我也要讓她知道她可以怎樣去處理和對抗這些遍及她生活的錯誤訊息。

　　在我進一步討論內攝之前，我想舉幾個小小的實務上的例子，來說明直接表達憤怒的治療過程。

　　我認為在處理孩子憤怒的工作上有四個階段：

　　1. 跟他們談關於憤怒，它是什麼，什麼使得他們生氣，他們怎樣表達，它怎樣和身體有關。

2.幫助他們學習去體認和接受他們的憤怒感覺，之後，**選擇**表達的方式；實驗實際的表達方式，因為在孩子的世界裡直接表述並不符合現實。

3.幫助孩子把可能壓抑的憤怒，實際憤怒的感覺加以移動；盡可能在我們一起工作時，把這種憤怒的情緒表達出來。

4.讓孩子去經驗用語言直接說出他們憤怒的感覺：對著那些需要說的人說出他們需要說的；給他們自己照顧自己的經驗：當需要的時候他們要能肯定自己。

　　許多孩子和他們的感覺失去接觸，所以我們需要用談話的方式來談感覺。特別是所有隱微和細緻的感覺，他們愈有更多對感覺不同形式及描述的體驗，就愈有能力與他人有良好的溝通。憤怒的程度：可以從輕微的煩燥和懊惱，到徹底的盛怒、暴怒、和狂怒。除了只有談話以外，或許我們也可以做一些下列的事：

1.畫出各種憤怒感覺的圖畫，有時只用顏色、線條和形狀。

2.用打鼓來表達憤怒的不同形態。

3.用音樂來描述不同種類的憤怒感覺。

4.用有創意的演出來表現憤怒──一個讓身體參與的絕佳方法。

5.講故事和看有關以憤怒為主題的書。

6.用紙牌來做遊戲，可以說出，「誰惹惱了你？」或「是什麼讓你生氣？」或類似的事情。

7.列出使我們憤怒的清單。

　　我問一群孩子，要他們告訴我當他們憤怒時想到和用到的所有字眼。當他們大聲地喊出來時，我把它寫在黑板上。我們有了一長串的清單後，我們看著它們和找出那些具攻擊性的、排斥性的，其他的是內部感覺的字。我們談論有關這些之後，我們討論到我們擁有的個別的對付憤怒內在和外在的方法。當我帶領他們在一個放鬆的練習時，我要求他們閉上眼睛。然後我問：「什麼事情讓你憤怒？」「你會做些什麼？」「你會把它放在裡面或外面？」他們全部畫出他們身體內對憤怒的感覺，以及他們憤怒時他們會做些什麼。每個小孩對他們的

憤怒過程都清楚地做了描述。一個十一歲的男孩畫出一個迷宮，以竹條狀在右上角畫出他的朋友，他自己則在左下角。在他自己的畫像旁邊，他寫著「那條路可以走」，在圖畫的上面，他寫上「孤獨」。他說，當他憤怒時，他只是不知道怎樣去和他的朋友相處，而且他感到隔絕和孤單。當孩子開始看到怎樣去對待憤怒，我們便可以接著幫助他們找到更多滿意的方法。

　　孩子需要許多讓他們不致被否定的建議和方法，來免除憤怒的感覺。就像我之前提到的，成人不允許孩子憤怒，然而憤怒是一定要表達出來的。但在孩子能夠健康地表達出來以前，我們應該經過幾個必要的步驟。第一，我幫助孩子覺察到憤怒，去認識憤怒。這是孩子感覺到強壯和完整的第一步，而不是感到害怕而逃避這個憤怒的感覺，或是用那些可能會傷害到他們自己或排除他人的間接方式來表達他們。第二，我幫助孩子學習到憤怒是正常的，我們每個人都感覺到的自然的感覺，憤怒只是憤怒——一種不好或不壞的情緒。第三，我鼓勵孩子去接受他們自己憤怒的感覺。他們能夠有意識地選擇有關憤怒的表達，直接地或用不同方法私下地解決。最後，我們可以做一些有許多排洩作用的實驗，如：打枕頭、撕報紙、填塞紙張、踢枕頭或罐子、繞著街口跑、用網球拍打床、在洗澡時喊叫或對著枕頭喊叫、寫下有關憤怒、畫出憤怒、捏或搗碎黏土。

　　Kevin，六歲，以嚴厲地傷害他自己和破壞他擁有的東西，來迴射他的憤怒。他永遠不被允許憤怒。我在多次會談中，使用特別的活動來幫他強化感覺和身體的知覺。有一天，他在玩黏土時，我問他關於他學校的其他孩子。當他提到一個男孩的名字時，他的身體緊縮，聲音也一樣。我非常溫和地問他，是不是那男孩有時會讓他生氣。Kevin點頭，並且跟我說那男孩怎樣欺負他。我問他，他對那男孩生氣時他會做些什麼？他抱著頭說：「我不知道。」我放一個枕頭在我們面前，說：「來假設那男孩就坐在這枕頭上。你要跟他說什麼？」

　　Kevin：我不知道。

老　師：嗯，我知道我要對他說什麼。*我不喜歡你欺負我的朋友*
　　　　　　Kevin！這樣會使我生氣！

Kevin：（傻笑）

老　師：你能告訴他，你生氣嗎？

Kevin：（搖頭）

老　師：（搥打枕頭）我要打你，因你欺負 Kevin。

Kevin：（大聲地笑）

老　師：你試看看。

Kevin：（試著打枕頭）

老　師：讓我們一起做。

　　我們倆開始一起搥打枕頭，Kevin 一直笑不停。過了一陣子，我們一起對著那枕頭上的假想敵說話。我告訴 Kevin，當他對某一個人生氣的時候，他可以搥打枕頭或床。他的養母（第四個，在他小小的年紀裡）報告說，他放學後就這樣子做了好長一段時間，但他停止了再抓自己。

　　Kevin 生活的故事實際上是有點複雜的。Kevin 只有六歲，卻經歷了相當困苦的生活。生理上的虐待和遺棄使他嚴重的心理失常。在許多方面他顯示出不想活的訊號，他也感到沒資格活著。他活著的那部分使他感到深深的憤怒。這種憤怒嚇到他了。我覺得在我們的工作裡，我可以提供他一些需要的工具，去處理那些最小的憤怒出現而使他驚怕的感覺。當我們把這些攻擊引導出去後，他開始發展強烈的自我感。同時他也表達了他的憤怒，在後續的會談裡他繼續處理目前生活中的憤怒。他用不同的方法表達一小部分的憤怒：透過木偶、黏土、講故事、沙箱的排景。他同時也表達了他的憤怒，在他有這些感覺時，他也可以感受到這是被我肯定的。他所有的陳述開始出現強烈的自我感。很快地，他可以用洋娃娃來扮演他的身體被虐待和被遺棄的場景。許多與這些情節有關的感覺浮現，通常是愈來愈多。最後 Kevin 感到有足夠的力量去有效處理他對自己不好的感覺。

少量的表達是兒童治療的本質。孩子帶著唯一的結盟，也就是他們的抗拒，來到治療室，這只是意味著他們需要保護自己。正如他們開始信任我，和開始感到對自己有更多的自信，他們可能選擇開放自己，去冒險，有一點點的脆弱。在治療中我們遇到一次又一次的抗拒。孩子開放了一些，然後又關上。每一次孩子關閉就是一次進步的訊號，因為那是孩子說話的一種方式。「現在這樣就夠了！剩下的以後再說」剩下的真的會再來，每次一點點。

Billy，九歲，他已經解離他的憤怒。他做了一些叛逆的行為——打、踢、攻擊，而由公立學校轉介給我。由於他的父親是一位現役的海軍，Billy 的家庭在九年中搬了很多次。從第一次和他的父母會談，就清楚地看到整個家庭有困擾：Billy 的母親看得出來很憂鬱，他的父親拒絕任何麻煩的出現。他的妹妹，沒有在這第一次的會談出現，後來才發現她被濕疹、氣喘和長期尿床所苦。因為 Billy 引起大部分的注意，他是被帶來求助的那一個。他的父母拒絕任何父母或家庭的治療，而只要我把 Billy「修理好」。

雖然我清楚地看到整個家庭需要「修理」，但我並不反對對孩子的工作。Billy 已經形成一套屬於他自己的信念系統，與自我衰弱化的生活方式。如果他的家庭肯帶他來治療，我會幫他得到盡可能更多的自我支持。在我們的第一次會談時，Billy 擠縮在沙發的一角，而他的父母則快速、背誦地說出一連串對他的抱怨。

對我而言，重要的是讓孩子出現在第一次的會談裡，聽到每一件提到他的事。輪到我開始和孩子做一些接觸時，我讓他知道雖然我在聽他的父母說話，我也覺察到和尊重他的觀點。同時也是給我一個機會，開始改變他被帶來甚或被拖曳而來治療的感覺，並給他一個有選擇和負責任的態度。

父母在說話時，我常常用目光和 Billy 接觸，問他是否同意他們所說的。他聳聳肩說：「我不知道。」我對他微笑，我們繼續。在結束前，我花五分鐘單獨和 Billy 在一起，告訴他一些有關我是如何和孩子工作，並展示我的辦公室，他同意他願意再回來。

　　在我們下一次會談時，那叛逆的孩子很安靜地進來，沒說什麼，身體收緊，面容憔悴。因為第一次會談時，他好像特別對畫畫有興趣，我就要他畫一幅圖畫——任何他想畫的——他不情願地同意。

Billy：我應該畫什麼？

老師：任何你想畫的。

Billy：我知道，我要畫一些在學校正在學的東西。

老師：你介意我看嗎？

Billy：可以呀（他非常專心地畫著，儘管我坐著和看著）。

Billy：這是一個火山。

老師：告訴我有關它的情形。

Billy：這是沒有活動的火山，它是一個靜止的火山。這是熱的熔岩（紅色線條在棕色的有厚牆的火山裡），它還沒有爆發。這是從火山噴出的煙。它必須放出一些蒸氣。

老師：Billy，我要你再跟我說一說你的火山，這次我要你想像火山是有聲音的。它能講話，但你就是那聲音，好像一個木偶的聲音。再跟我說一說你的火山。用「我是火山」開始。

Billy：好吧，我是火山。在我裡面有熱熔岩。我是一個靜止的火山。我還沒有爆發。但我會爆發，有灰色的煙從我這裡出去。

老師：Billy，站起來想像你就是火山。（Billy 站起來）。如果你已經是火山，如果你的身體是火山，那熱熔岩在什麼地方？

Billy：（想一會兒——最後把手放在他的下腹部）在這裡。

老師：Billy，那火山對你來說是什麼，火山是代表一個男孩嗎？

Billy：（想了一會兒以後，眼睛亮了起來）生氣！

　　之後，我要Billy畫一幅他想像的憤怒的畫，只是用圖形、顏色、和線條。他畫出一個大的、厚的、紅色圓圈，裡面有顏色。我在他的畫上寫下他所講的「這是Billy在肚裡的憤怒。它是紅色，黃色，灰色和橙色。煙正在冒出來」。然後我們列出那些使他憤怒的事情：「我

的妹妹搞亂了我的房間。當我和別人打架。我從單車上跌下來。我弄壞了我的鎖。」

　　此刻 Billy 覺察到他透露出好多個自己，他就沒有再多談到憤怒了。在這次的會談裡他盡可能地攤開自己，之後他又把自己封到他的保護牆裡。我們以下棋來結束這次會談。

　　會談剛結束時，除了透過他的圖畫之外，Billy 還沒有準備好要表達他的憤怒。此外，他也只承認那非常表面的憤怒。透過黏土、沙盤、畫畫來表達，在往後每一次的會談裡，Billy 願意擁有更多自己的憤怒。而當他表達一些憤怒的感覺時，其他的感覺就會跟著浮現：如每一次搬家就會失去朋友的悲傷、因為知道又會搬家而害怕交新朋友、對母親的憂鬱，他所感到的絕望和孤單又無助的感覺。

　　有一次會談，Billy 在沙盤上排了一圓圈的動物。一隻獅子出現而且攻擊了那些驚駭的動物。

　　老師：你是哪隻動物？
　　Billy：我是獅子。
　　老師：那隻獅子提醒你的什麼？
　　Billy：我不知道！
　　老師：你會感到要去攻擊嗎？
　　Billy：是呀！
　　老師：你要攻擊誰？
　　Billy：嗯，那些在學校騷擾我的小朋友。
　　老師：你對你爸爸生氣時，你會做什麼？
　　Billy：我不生他的氣！他會鞭打我！
　　老師：那你媽媽呢？
　　Billy：有時她罵我，我會生氣。但她會告訴我爸爸。

　　之後我們談了一點關於憤怒和表達它的需要。
　　在後來的會談中，Billy 透過象徵性表達憤怒的速度漸漸加快了。

他擁有的憤怒變少了。有一次 Billy 在沙上做成兩隊男人。

Billy：這裡有兩隊軍隊。

老師：發生什麼事？

Billy：他們發生戰爭。

老師：讓它發生。

Billy：好吧！

Billy演出他的戰爭。結果一邊只剩下唯一的生存者，他悲傷地埋葬他的同志（他自己的字眼），而另一邊在慶祝勝利。

老師：你是哪一個？

Billy：（想了想）他（那隊戰勝的隊長）。

老師：他贏了這場戰爭，他感覺怎樣？

Billy：很好！

老師：你想像他的感覺怎樣？（指著那被打敗的唯一生存者）

Billy：（軟弱的）他感到難過。只有孤單。

老師：（柔和的）你有時會感到像他一樣嗎，Billy？

Billy：（非常軟弱——含糊的）是呀。常常！

我們討論了片刻，直至Billy聳肩和再次穿上他具有保護盔甲的外套。

我對Billy的工作只有四個月，直到他的家庭再次搬遷，這次去沖繩島。在這四個月中，Billy變成平靜，比較滿意他自己。他停止了對學校的干擾行為。他可以明白他自己的恐懼和憤怒，他開始明白一些他母親的憂鬱。在某些事情上他逐漸成為他母親的治療師（常常發生）。父母對Billy治療後的改變只給與小小的嘉許。他們說：「這是他應該經過的階段。」Billy 比較可以了解。我收到他的信，信中寫道：「我不再對這次的搬遷感到害怕，因為我們曾經談過這些事情。

我記得每件事。我也交了新朋友。我猜我將在全世界都可以用這種方式交朋友。可能我會再看到你。愛你！Billy。」

有時，當孩子的憤怒解除束縛時，父母會表示恐懼，因為我教導他們的孩子怎樣成為憤怒又暴力的人。我告訴他們下列這個真實的故事，這是一個走過情緒的重要例子。

當我 1978 年《開啟孩子的心窗》出版後，我接受洛杉機二號新聞台的訪問，談到我的工作。他們想要拍攝我實際和孩子的會談。John，十歲，他的父母同意拍攝。這是這次拍攝的摘要。

老師：John，這個禮拜你過得怎樣？

John：糟糕。

老師：為什麼？

John：在學校沒有人和我玩，因為我的體育不好。在家也沒有誰和我玩。

老師：你可以把這些感覺畫成圖畫嗎？只是用線條、顏色和圖形。

John：（畫一條灰色和藍色的線橫過畫紙）這是在學校的感覺。糟透了！

老師：在家呢？

John：（他再畫一條相似的線代表家裡）我在那裡也感覺很糟！

老師：你感到在學校，在家裡，隨時都糟透了，那感覺像什麼？

John：糟糕。（他另外畫一幅用淺的，陰暗的顏色的圖畫。我們把圖畫攤開來並看著它們）

老師：當你看著這幅圖畫而且看到你隨時有的感覺，你有什麼想法？

John：我想我生氣了。

老師：你可以畫一張生氣的圖嗎？

John 開始無精打采地畫一些東西，之後愈來愈專心。他畫深黑和紅漩渦，一把槍有子彈射出來，一把刀有血滴下來，一些拳擊手套。電視的攝影機全部拍下來。

老師：你可以告訴我有關這些嗎？

John：（叫喊）我感到很生氣，我要刺傷一些人。我感到很生氣，我要重重地打一些人。（當 John 這樣說的時候，他用厚厚的黑色塗在整張紙上）

老師：（我還在想接下來要做什麼，這些力量展示在公眾面前讓我感到驚慌，我注意到 John 突然做了一個深呼吸）你現在覺得怎樣？

John：很好！我喜歡這樣做。

老師：你可以畫出你現在的感覺嗎？（John 畫出一張漂亮的圖畫，有粉紅色、黃色、彩虹和陽光）

John：（微笑和放輕鬆）我感到非常好，不像我之前所感覺到的。為什麼只有畫這些圖畫就使我感到好過呢？

通常孩子不會問這些問題。John 曾經在生氣的狀態，但用感覺糟糕、傷害來迴射了憤怒（傷害的感覺是迴射憤怒的線索）。他曾是懶散的、平淡的、缺乏能量。當他的能量感覺被釋放，他感到美好代替了糟糕的感覺。我們就可以開始來處理交朋友這個議題。

就像前面提過的，壓抑下來的感覺和負面內攝的形成之間有緊密的關聯。當孩子開始體認、接受、尊敬和表達他們自己的感覺，他們開始有更強烈的自我感和有權力感。我們可以開始去看一些他們失敗的自我信念。所有的嬰兒會表達感覺，不管在哪個文化背景。抑制感覺是學習而來的。有些孩子學會抑制感覺，多數是對憤怒的壓抑，由於他還太小了，他們不知如何表達，缺乏感覺到什麼的記憶，也沒有字彙可以去描述。這些孩子很早就論斷是丟臉的人。

孩子被干擾或自我感受到損傷的話，就會阻礙他們跟別人良好的接觸。在他們的內心深處他們會感覺到失落某些東西，他們在某一方面和別人是不一樣的，他們是孤單的，有些事出了問題。他們埋怨自己——他們可能向外、防衛性地責備他人——想像自己是糟糕的，做錯了事，外表不好或是不夠聰明。

即使有益的內攝也可能會有傷害性的，因為孩子還沒有將它同化而成為自己所擁有的部分。就像一個抱持不信任態度的孩子說：「那不是真的，我才沒那麼好。」再一次的分裂比結合更容易發生。只有當孩子有更足夠的親身經驗，才可能把有益的內攝變成他自己的。那些從來沒有統合有益內攝經驗的年輕人或成人常會說：「我感到很虛偽！」

我對孩子的工作是盡可能使他們回憶、恢復、更新和強壯，那是他們曾經在弱小孩提時曾有過的經驗，我需要給孩子許多的感官復甦的經驗，還給他們一個快樂的、熱情的身體，而且把身體和他們的感官聯結起來。我需要幫助他們用智力去連接語言，來表達他們是誰（或不是誰），他們需要什麼，期望什麼，喜歡和不喜歡什麼，想些什麼，有些什麼意見。

在我們的治療關係中，孩子開始發展強烈的自我感，我們可以開始面質負面內攝的工作。要孩子開放地說「我是壞的」，「我是墮落的」，「我不喜歡我自己」，這是非常困難的。孩子常常忙碌地防衛他們所感覺到的自我痕跡。

我們用以下幾個階段來處理內攝：

1. 認識它們的存在。
2. 使用非常明確的例子——而不是說「我恨我自己」，明確地指出哪一部分是自己所憎惡的。
3. 把自己憎惡的那部分，描述和賦以人格化。
4. 如果孩子夠大，我們就要去了解那原始訊息是從哪裡來的。
5. 將每一個負面感覺從兩極的另一極中區分出來——如滋養、接納、喜愛的部分。
6. 學習自我接納和自我滋養。

在我的工作裡面，我用了許多創意的、富有表情、和投射的技巧，像是引導幻想、繪畫、美術剪貼、黏土、講故事、布偶、沙盤、創意戲劇、感官活動、身體的律動、音樂、攝影等。這些技巧是一種重要的方法，可以幫助孩子表達那些一直被他隱藏，封鎖的失落的部分再

加以體驗與強化。對於區別和處理負面內攝，他們的價值是無法衡量的。

　　一個九歲的女孩子從一張潦草的圖畫裡告訴我一個關於「凌亂頭髮的女孩」的故事。當她結束時，我問她：「那個故事和你生活的任何部分是有關的？」她答：「嘿，我不喜歡我的頭髮。」

老　師：指給我看，你怎樣看你的頭髮（她畫一個很大的臉孔和一頭凌亂的頭髮）。現在給我看看你希望你的頭髮是什麼樣子，（她畫了一個臉和一頭漂亮的金色的長髮）和你的亂髮說話。你要跟她說什麼？

女　孩：我恨你！為什麼你不能和她一樣（指向金髮）？

　　在這個會談裡面，我們誇大且努力在她的感覺上工作。她感受到肯定和接受。如果我說：「哦，你有一頭可愛的頭髮。」那我只是在否定她的感覺。所以，雖然我這樣想，這次我沒有把我的意見提出來。有時在這樣的會談裡，內攝的來源會出現。

老　師：有人喜歡你的頭髮嗎？

女　孩：沒有。有，我媽媽有時會。

老　師：有人和你一樣不喜歡它嗎？

女　孩：我爸爸。

老　師：你怎麼知道？

女　孩：他會說（聲音變成憤怒）「去梳你的頭髮！」和類似這樣的事。但他喜歡我姊妹的頭髮（開始哭泣）！

　　明顯地，由頭髮象徵了一個更深的拒絕。我們在開始時是以她想討論的議題為主。拒絕的議題自然會浮現。如果當時我問了更多關於拒絕的明確問題，她很可能會聳聳肩地說：「我不知道。」來表示她對處理這種沉重議題的抗拒。

　　雖然年紀很小的孩子已發展出很好的自我批判。他們常會自我批判，且做得比他父母還要好。這種批判的立場對健康的成長是非常有害的。孩子可能說「我應該要做得更好」。她認為這個願望的實現是超過他或她的能力和理解的。因此這個「成為更好」或「做得更好」的願望，可能會增加孩子的絕望感。而且每種大大小小的創傷，諸如沒有表達的感受，「未完成的事件」和許多特別的自責，對孩子來講都得付出代價。

　　我認為孩子對自己的負面信念的發展是不能被一個外在的媒介所改變的。自我接納自己的所有的部分，甚至是自己最討厭的，是不受傷害的健全發展的重要成分。這樣的自我接受來自於孩子對自己的愛，滋養的成長和發展，這個會跟認為自己是「壞的」自我一起出現，孩子都要接受、了解、安慰和愛它。當孩子接納和體驗到他們自己的各個部分而不被批判，他們就能成長和更加快樂。當我們挖掘那些最黑暗的部分，照亮他們，帶他們進入和自我滋養接觸，孩子就會經歷到整合。

　　我對十歲的 Andrew 談魔鬼的故事。我們談到魔鬼就像代表我們自己不喜歡的部分一樣，攔在我們的路上。

老　師：閉上你的眼睛並且想想你自己不喜歡的部分。選出其中的一
　　　　個把它畫出來，當你準備好之後。給它一個名字。

Andrew：（畫出一個卡通的畫，像有一雙很大的腿和手臂，上面有
　　　　繃帶、瘀傷、割傷和布滿黑點）這是我憎恨的部分。我常常
　　　　跌倒，撞到東西而受傷。

老　師：你就是那個部分，然後告訴我有關你自己。

Andrew：我是 Mr. Klutz，我常常衝撞到東西。我常常受傷。我的刀
　　　　傷和瘀傷布滿身體。

老　師：（我和 Mr. Klutz 談話，他告訴我有關每一個刀傷和瘀傷是從
　　　　哪裡來的）Andrew，你要和 Mr. Klutz 說什麼？

Andrew：我恨你！我希望你離去。你擋了我的路。你羞辱了我。你

讓我感到難過。（Andrew 對著 Mr. Klutz 做鬼臉和大聲地說）

在前幾次會談，我們討論過 Andrew 那有體育天分的父親對他有很高的期望，所以我們可以理解這種笨拙感覺是從哪裡來的。Andrew 已表達了對他父親的拒絕和要求的悲傷和憤怒。然而，他對自己的難過卻是一直持續著。

老　師：你希望你能怎樣？

Andrew：（描述一個柔軟的，有運動天分的，漂亮的幻想人物）

老　師：Andrew，想像你有一個守護神（fairy godmother）。而 Mr. Klutz 剛好割傷了自己或撞到一些東西，或從單車上跌下來，守護神此時出現了。她會對你說什麼？

Andrew：哦，我不知道。（我等著）我來看看。她可能說「不要難過，我喜歡你。如果沒有第一次的笨拙感覺，怎麼可能學到任何新的事物。」

老　師：你的守護神會不會批評你呢？

Andrew：我想不會。她可能說：「我喜歡你冒險（他自己的字眼），我喜歡你嘗試新的事情。不要擔心傷害到自己。那表示你在做新的事情，我喜歡你這樣。」

老　師：現在你的守護神消失了，你和 Mr. Klutz 在這裡。你可以對 Mr. Klutz 說同樣的話嗎？

Andrew：（重複他之前說的）

老　師：你說了以後感覺怎樣？

Andrew：哦！感覺很好。我真的試了新的東西！（深呼吸——通常是一種完成完形的訊號——大大的笑容）

我們談了一點有關這件工作發生過的事情。我肯定有更多的事會被完成。

十二歲的 Ellen 扯掉自己的頭髮，戴帽子來遮蓋禿了的部分。她是

一個可愛的孩子但卻看輕自己。她先天不足而且在頭七年的生命裡差不多一直在哭泣，直到她覺得比較好過。在一次會談裡，父母都在現場。

老　師：Ellen，看到這個洋娃娃嗎？想像她是妳，一個嬰孩，她正在生病和哭泣。你認為她感覺怎樣？

Ellen：可怕。

老　師：（對著父母）你們會對她說什麼？

媽　媽：（開始哭）不要哭，孩子，我希望妳沒哭。我希望妳沒有生病。我真的很擔心妳。

爸　爸：我們嘗試找出妳遇到什麼問題，我們愛妳。

老　師：Ellen，想像妳是這個嬰孩，妳可以說話，雖然實際上妳不能。妳會說什麼？

Ellen：哇！！救我！救我！我在生病！我在生病！

老　師：你認為那嬰孩怎樣看她自己？也許妳記不得。

Ellen：我不知道。

　　我對 Ellen 和她的父母解釋，一個孩子在生病和感到痛苦時，像她那樣，她埋怨她自己，感到自己是一個壞女孩。而且，她的父母感到焦急，除此之外，每聽到她的哭聲就會更感到厭煩；那嬰孩若感覺到這個部分，也就會更加地自責。

Ellen：是的！我記得我在四歲時感到很難過。就像我是一個壞女孩一樣。

老　師：對的，雖然妳只是個弱小的嬰孩，妳可能開始有那種感覺。如果妳能夠用時光機回去和她說話，妳會對她說什麼？

Ellen：我可以抱她嗎？

老　師：當然可以！

Ellen：（擁抱嬰孩）寶貝，不是妳的錯。妳是一個美妙的寶貝，妳

很可愛。我愛妳。（她搖著孩子）

媽媽：（對著老師）我們一直這樣對她講。

老師：很難讓她相信妳。現在她要對她自己說（Ellen真的融入，不斷重複地說孩子是好的，等等）。每一次妳內心感到難過，Ellen，記住，這就是妳的孩子自己的感覺。她需要妳抱她和愛她。

Ellen：是的！

　　這工作是開始讓 Ellen 學習多點去接受和照顧自己。

　　另一次我們談到有關所有 Ellen 能做到使她對自己的感覺更好的好事。我給她一份作業，嘗試去做每一件好事，直到下次會談時。之後有一天，她的媽媽惶恐地打電話給我說，Ellen 在學校裡做了一些錯事，沒辦法把她安撫下來。我說讓我和她通話。Ellen 歇斯底里地哭著。我堅定地對她說。

　　「妳現在可以做什麼，好讓那個令妳內在受傷的小女孩感到好點？」她淚眼含糊地說：「音樂。」「很好！」我說。

　　Ellen 稍後和我說，她放了一些她喜愛的唱片後她感到好了很多。Ellen 的父親或母親沒辦法為 Ellen 小時候發生過的事做任何彌補。只有 Ellen 現在能夠做得到。

　　看來，在幫助孩子學習自我接受和自我滋養的方法是有明確順序的。自從孩子有了一些在了解他們自己的感官、身體、情緒、智力的經歷後，換句話說，當他們在許多方面有了**自我**的經歷──他們就開始有足夠的自我支持，足夠的自我力量，客觀地去檢視一些他們所厭惡的部分，以及那些有關自我的錯誤訊息和怎樣在這個世界生存。之後，他們感到的力量和活力也能幫助他們接觸自我的滋養。目的是要去幫助孩子，帶著充分的覺察，讓他們真正能為自己做到自我滋養，而且確定這真正是他們的一部分。進行的順序如下：

　　*1.*孩子可以想像出一個守護神，或一些其他的愛的人物，像那種全愛理想的好媽媽典型，去對孩子厭惡的部分、年幼的孩子，

或向那原始信念的、整個吞下的、有瑕疵的自我意見的嬰兒部
分說話。

2. 孩子對厭惡的部分或小小孩哪部分說話。

3. 孩子對他或她自己說話

當孩子經歷這些程序，重要的是我跟他們一起檢查，當我們再繼
續下去時，他們所說的感覺是對和真實的。通常孩子能夠說得像一個
守護神一樣，但卻不能自己擁有這個「好媽媽」的部分。有時候我必
須在一開始，在他們可以自己去試以前，我先做孩子的守護神在講話
的這個部分。

我最早是和 Jack Roseberg 博士〔一位在加州威尼斯的治療師，《身
體，自我與靈性》（*Body, Self and Soul*）這本書的作者〕開始學習這種
工作的。他是第一個給我守護神這個概念的人，我對許多成人或青少
年的案主用了這個有力的工具。以下是對一個七歲的女孩使用這個方
法的摘要。

Angie 和我坐在地上，面前有許多木偶。

老　師：Angie，挑一個最能提醒你現在的感覺的木偶（她選了一個
　　　　看起來很憂鬱的綠色的狗。我選了另一個木偶，像一個木
　　　　偶，開始對她的狗說話）。嗨！

Angie：嗨！

老　師：你今天過得怎樣？

Angie：喔！沒怎樣。

老　師：我想知道是什麼讓 Angie 挑了你。

Angie：因為我看來很憂鬱。

老　師：你憂鬱什麼？

Angie：喔！學校。

老　師：你在學校有麻煩嗎？

Angie：是呀！讀書。

老　師：你為了這個而感到不舒服？

Angie：是。

老　師：（對 Angie 自己）關於這點，你想對你的狗說什麼？

Angie：你真笨！

老　師：（對著狗）你要說什麼？

Angie：（扮狗）好吧，我努力看看！（扮 Angie）但你很笨！

老　師：（對 Angie）我猜你感到笨，在你閱讀有困難的時候。

Angie：（含糊的）對的。

老　師：你的狗說牠會努力。我猜你努力之後還是不能達到，所以你自己有一部分是認為你很笨。

Angie：（點頭，然後做個鬼臉）

老　師：鬼臉是什麼意思？

Angie：我想我很笨。

老　師：Angie，挑另一個木偶，他可能讓你那隻努力之後仍覺得笨的狗感到愉快些，或者是一個守護神的木偶，或另外一些好心的木偶。（Angie 選了一個守護神的木偶）她會說什麼？

Angie：（守護神對狗）你很努力。我知道。你並不笨，因為你可以做其他事情。你的數學很好！你不可能又笨，數學又好。

老　師：（向守護神）你能夠對那隻狗說，你愛他即使他是笨的？

Angie：（扮守護神）我愛你，就算你是笨的。

老　師：這樣說，牠感覺怎樣？

Angie：嗯，我認為她不笨！我想她會在閱讀上有進步。她需要一些額外的幫助。

老　師：Angie，你這樣對你的狗說。（她說了，然後抱了那隻狗一下）

　　Angie 曾經被閱讀的焦慮所苦。在下次的會談裡她對我說：「我的家教昨天來了，但我什麼都不做。當時在我心裡我正擁抱著我的狗，牠那笨的部分，我做得很好！」

　　在我和孩子的工作裡，我知道有一天當他們長大成人後，他們還是會保存他們早期的抑制、干擾，與錯誤的內攝。在我和成人工作時，

他們帶著那些和童年時期一樣的模式，精神上的創傷，和內攝。所以
我和孩子工作，我發現我自己是在這個會延續發生的事件的起頭上工
作。

La Chapelle, R. (1975). *Demons*. Pure Diamond Press.

Oaklander, V. (1978). *Windows to our children: A Gestalt therapy approach to children and adolescents*. Highland, New York: The Gestalt Journal, 1988.

Perls, F. S. (1969). *Ego, hunger and aggression*. New York: Vintage Books.

Piaget, J. (1962). *Play, dreams and imitation in childhood*. New York: W. W. Norton.

Polster, E., & Polster, M. (1973). *Gestalt therapy integrated: Contours of theory and practice*. New York: Brunner/Mazel.

Rosenberg, Jack Lee, and others: *Body, Self, and Soul: Sustaining Integration*. Atlanta, Georgia: Humanics Limited, 1985.

第11章　完形取向的夫妻治療

❀*Joseph C. Zinker博士*　　著
❀*何麗儀*　　譯

緒論 ❊

　　所謂的伴侶（couple）是包括了願意對彼此許下鄭重承諾的兩個人，他們一起分擔生活中重要的任務：工作、朋友、孩子、家人相處、娛樂、愛與教育。他們帶著自己的故事來見治療者，他們對愛有不同的假設以及對婚姻、家庭、教養孩子、性的不同看法。而所謂的伴侶，也有不同的「標準」。他們也許是室友、工作夥伴，或只是單純的一個男人或女人，嘗試共同生活在一起。

　　我跟伴侶進行諮商工作時，我會根據他們獨特的背景、成熟度、感受知覺的角度來工作。有些夫妻雖然住在一起，但在心理層面上卻是有名無實（他們並未從原生家庭中獨立出來，而共同創造出彼此互動的雄厚基礎）；而有的則是有長而穩定的關係，他們也經歷許多考驗和調整。

　　在本章我要從愛情的發展脈落、合一（fusion）的主題、分化以及對互補和中間地帶（middle ground）的看法，來探討夫妻治療。我會以自己是這些夫妻系統中的「第三實體」（third entity），來說明一位完形治療師對夫妻諮商工作的價值議題[1]。

完形的婚姻觀

❖ 愛就是合而為一（*Fusion*）

人們最基本又強烈的夢想是與母親合為一體。這個夢想是如此地強而有力、甚至無法切割。你泥中有我、我泥中有你的這種合一經驗，是人們的一種渴望。

合而為一是一種非常引人而美妙的經驗，是愛情的首要原則。而「墜入情海」可說是心理學上的煉金術，透過對立的力量創造出精華，從合一中人們創造了新的自我（self）。

在生命剛開始時，這種合一就一般的感覺而言，還算不上是「愛」，這只是一種「需求」（need）。這樣的意像是不要分化的一種渴望——在一個人能說出「我愛你」、「我渴望某些事」之前——是一種沒有察覺的生理（physiological）感覺。在這個時候，如果與他人聯結的需求沒有趕上，那這個嬰兒，或這個孩子，他就受到了創傷。

漸漸地，這個巨大的渴望會透過文字來表達，這些文字在不同文化裡有不同的表達方式。佛洛姆（Erich Fromm）認為：當一個人無法嘗到與人聯結的經驗時，他就會染上酗酒、吸毒、或賭博，來體驗這樣的感覺[2]。不同的社會發展出不同的途徑來達到這種未能滿足的需要。所以，個人一生當中，在不同的時間，不同的發展階段上，對愛會有不一樣的意義。在青春期時，人們學會了用「我愛你」這個詞，來表示最基本的感覺。此時個體的發展是由內分泌（荷爾蒙）所支持，稍後，性的部分加入了，而且讓他／她的存在變得更為複雜。「我愛你」這個詞引起生理上的興趣、誘惑、暈眩和煩惱。但在認知的層面上，仍然有著非常普遍的定義，例如：

我要你。

我不能沒有你。

沒有你我會很空洞。

你是我的旭日。

你是美麗的。

沒有你我一無所有。

你是我最好的一部分。

總之，這是一種認識，沒有另一個人，我是不完整的，我不能靠我一個人而成為完整的自己。人是一種特殊的設計，這讓我們無法真正了解另一個人的全部。我們對另一個人多半存有一些想像，這種想像超乎要認清他／她真正是怎樣的一個人的好奇感。

直到年長，這個生命中最為基本的需求得到部分的滿足，而且人們開始獨立自主之後，「我愛你」才開始有不同的定義：

我要認識你。

我要你認識我這個人。

我要給你所需要的。

（不是把我要什麼投射給你）

我要和你坐下來一起交談。

我要從你的意見中獲得學習價值和感覺。

我要和你分享──唯有你是願聆聽時──我的意見和感覺。

是成人與成人之間的那一種。

聯結就像煉金術，把東西放在一塊創造了新的形式。在煉金術裡，我們的祖先把不同的金屬放在一起試著煉成「黃金」，我認為這就是用黃金做成的訂婚戒指與婚姻的由來。

在異性的生物學裡也有煉金術。男性和女性是截然不同的。而難

以抵擋的異性相吸，本來就是人類神祕的天性。

✤ 愛需要分化

如果一個人只和自己本身合一，那他註定失敗。如果胎兒一直待在子宮裡，他就會死去。如果一個年輕人和母親住在家裡，他／她在精神上或某些方面也會死去。

分離的發生是必然的。分離牽涉到分化。

分化的意思是兩個人已開始從合一分開，他們應該發展自己的自我。這就是，Jung 所謂的「個體化」。在完形的術語裡，這是界限的形成（boundary formation）。

在完形治療的理論中，我們認為能夠有恰當（親近）的接觸是因為有恰好的界限。你知道你不可能跟胡謅（mush）有什麼接觸。你也不能跟胡謅發生什麼衝突。你必須彷彿從心理同源的一滴水演化，發展成為具有你自己的意見、感覺、嗜好（選擇）和樂觀的一個獨立的有機體。

之後，當你能從你的界限和你的特質走出來時，你心中就如同有了一把火。這火不只在燃燒，它也在照明。

合一與分離的節奏

我深信雙人系統的運作是一種合一和分離的節奏。在日常生活裡，我們用自己的節奏，在不同的地方，不同的強度去碰觸對方。有時，我們以神魂顛倒的方式、有時卻以強烈的憤怒，但很多時候，我們只是以一點好的能量在彼此接觸。

接觸以後，我們又離開了彼此。之後我們又回來在一起──這種在一起又分開的過程，是讓兩人關係保持源源不絕的養液。

合一與分離的主題是持續一生的經驗。它以不同的形式和時間出現在夫妻之間的生活裡。

當他們第一次跌進愛河裡，他們經驗到合一的感覺。他們捨不得分離。他們坐在一起並且互相凝視。他們聲稱永遠永遠地愛著對方。

「沒有對方他們就活不下去」。稍後，他們開始為生計而奔波，他們各自以不同的方式有了更多的熟悉，分離的過程也在緩慢地形成。在這段時間裡，他們察覺到彼此強烈的差異，他們也會回歸到自我實現上。無論他們是在玩樂、度假、做愛、一起工作和撫養孩子，合一與分離都會同時發出。

當孩子出生時，合一變得更加困難。此時他們把孩子和家庭列入了，成為一個整體的系統。

當孩子長大和離開時，配偶又再次經歷到分離與孤單，此時這兩個成熟又獨立的成人可能選擇跟彼此有不同而深入的親密關係。稍後，生病和死亡面臨，挑戰分離，同時衝擊著他們對永遠合一的奇想，這一切會是一種超越的經歷。一個人能把自己帶進這個世界的方法，就是一次又一次地把自己交出來。

取得對自我（Self）的覺察

在治療的早期，治療師對工作的重點在於讓夫妻增進接觸，但又不致「陷入彼此之中」。

每個人都要學習去區分自己內在經驗跟外觀、察覺以及他人經驗的不同。所以，我們也許會個別問夫妻一些像「我覺得……」和「你看起來好像……」的句子。內攝、投射、和融合是這個階段的最常使用的抗拒接觸：「我覺得你好像很餓」，或是「我覺得緊張，而你看起來也好像很緊張」，或「你好像生我的氣」。

每一個人需要從對不同人的覺察（awareness of the other）中去取得對自我（self）的覺察。治療師支持個人的界限：「我感到疲倦，但你看起來精神奕奕。」當一個人不知道自己的內在差異時，是很難了解自己與別人的差異：「一部分的我感到疲倦，但另一部分的我卻說我應該把這張紙寫完。」有時完形治療師會請兩人一起來談，再安排個別晤談，好讓他們各自有機會探討個人在覺察、分化與界限三個部分的情形。

所以（渴望合一）的早期階段，這些夫妻要學習的是如何在表達

他們自己內在歷程的同時，也能好好看看和聽聽對方的情況。乍看來，這好像是一件簡單的事，實際上，對許多夫妻，卻是相當困難的。可能需要有更多時間、努力和訓練。這樣一個對偶的（diadic）系統很容易誘導出自己的投射。

在夫妻能體驗到「我們」之前，他們之間的接觸，需要明確地表示出來：

「我感到……。」

「我覺得……。」

「我要……。」

「我不要……。」

每個人輪流說出這些表達，但不必回應對方。唯有個人內在的洞察變得更為清晰，他們就能真正地關照到、甚至肯定他人的經驗。

承認差異

維護個人「我」（I）的需要，就像前述母親和孩子在合一後隨之出現。在經歷戀愛的感覺之後，兩人立場開始出現不同，再一次因自己的內在需求、掙扎以及其特殊才能而有所對抗。此時，兩人都要修正自己獨有的關係處理模式，兩人的關係才得以延續。

此時，衝突—接觸代替了融合—接觸。要分化就不可能沒有衝突。但很多夫妻受到好萊塢的影響，覺得衝突意謂著：「我們已不再相愛」或是「我們並不適合彼此」，因為他們或許永遠沒有看到衝突得到化解——接下來是表達在意——在他們自己的原生家庭裡，配偶也許會害怕，擔心關係的失敗。在這方面，完形治療師需要教導他們如何爭吵、如何解決與整合彼此的差異，但又不致失去彼此的自尊。

治療師肯定每一種經驗的發生，並鼓勵他們互相尊重彼此看事情的不同角度。在個別支持夫妻之後，治療師就轉而支持「我們」，鼓勵夫妻兩人一起找出創造性的整合之道，來處理他們之間的分歧。

在我的書裡，《完形治療的創造性歷程》（*Creative Process in Gestalt Therapy*），我提出這種工作模式——一種要求一個人去聽另一個

人的模式，去擁有其投射，並進一步妥協但又不致沒面子[3]。

解決衝突的熱度，使兩人各自抽離對方並更新其興趣，甚至再度提昇其熱情。分化在合一之後出現，這種節奏會一直持續下去。

有些差異雖無法和解卻又得接受。一個人要愛和尊敬其伴侶，並且要學習接受一個存在性的真實：並非所有的問題都能完全解決。好萊塢誤導我們相信了愛就是合一的神話，而人類成長的運動則讓我們誤以為人與人之間的問題都是能解決的。這股道德風迫使一些配偶心懷狂想地對彼此的差異性一再地磋商，結果弄得雙方疲憊不堪，對彼此的關係感到羞恥、挫敗與沮喪。

差異是成熟關係的要素。差異使關係存活。

❖ 互補與中間地帶

找尋一個人「更好的一半」

互補是差異中具有功能的部分，它是差異存活的方式。

從發展的觀點來看，一個人是在沒有察覺的狀態之下，挑選了他人的某部分特質來補足自己，這種特質本是他自己所無法接受，且在美學上亦是矛盾的。而這些特質也被賦與浪漫的形態。兩個一半的人組成了一個完整的生命體，以便能更為有力地面對世界的種種。

外向的人選擇內向的人來做為自己內在世界象徵性的樣貌。內向的人選擇外向的人因此能接近人們與環境中的事物。感覺型的人會找思考者，具體思考者會找理論取向者，等等。

互補的功能之所以被其他人接受，是因為在他自己的經驗裡那是缺乏的。稍後，這種被否認的（disowned）特質開始在他自己身上浮現後，他對自己的互補行為可能就會有懊惱、氣憤、煩躁和困窘的感覺。以前的浪漫現在看起來變得極為鄙劣。善於社交因而被批評為「高談闊論」，內省則被貶為「憂鬱」。

針對被否認的兩極進行實驗

有關這部分，完形治療師可以幫助他們對自己所否認的兩極進行實驗。內向的轉為外向的領域，另一半的行為就會失去他幽默的「漫畫家」特質。更有甚者，以前被號稱為「負責任」的人現在能夠退隱自省，且不再擔心配偶是否有好好地處理外在的事務。

有一些互補模式——無論是人格上、形式上——無論某一方的成長是如何不斷持續著，但其另一半的性格仍維持不變。在此，真正的互補（非神經症的，也沒有投射的）才是有用的，可以為夫妻的生活帶來變化與振奮。

夫妻雙方愈能充分地發展自我，他們各自兩極的部分也就愈豐厚而更有彈性，同時也就更能夠欣賞對方「瘋狂」或獨一無二的行為。

賞識平凡

生活是中庸的，不是極端的。大部分的生活是平凡的。只有當我們花時間去停下來，看與思時，生活的異常形態才會浮現。這就是夫妻的生活。雜務、上班、繳費、出差、打電話、晨浴、做飯、在長長一天的工作後，枕在另一半的臂彎裡休息。

互補強調出差異，而中間地帶即彰顯出相似點。若互補是提高了夫妻生活的阻力與刺激，那麼中間地帶就是提供了一個休息的地方，一個讓能量平衡而非提昇的地方——此時彼此的能量層次是和諧的。若互補會激發衝突，那麼中間地帶則是一個安靜融合的容器。

保持互補和中間地帶之間的平衡

夫妻的生存與成長是以互補和融合兩者來達到平衡的。差異的圖像只有在和諧、了解、妥協與平凡樂趣的背景下，才有意義。融合的圖像則是只有在彩色的、不同、活潑的討論，爭辯和情感表達的背景下，才有生命。

也許可以這麼說：婚姻的生存指數繫於融合與衝突之間，或者是

互補和中間地帶之間的比例。

當夫妻在治療中吵起來，完形治療師應該了解到：他們壓根兒沒想到他們有所謂的中間地帶。為了要取得平衡，也為了要讓配偶了解他們自己，治療師也許要探討夫妻的中間地帶：

> 你們是怎樣相遇的？（一個奇蹟式的問句）
>
> 你們喜歡對方什麼？
>
> 什麼是你們共同的信仰？
>
> 當事情順利時，你們喜歡在一起做些什麼？

回答這些問題可以提醒夫妻回憶起他們共有的背景，他們的忠誠、奉獻、友誼和辛勤的工作——或者治療師可能很快就會發現到，這對夫妻的中間地帶並不夠紮實，只是一片薄冰而已。事實上，治療師也許發現，他們並沒有用到自己最佳的判斷力來接近彼此。彼此又有一些自己都不承認的情緒而欺騙對方，或者他們之間只剩下貧乏的情誼。最後，治療師也許會發現這對夫妻根本缺乏完全的忠誠和摯愛這種感情。

治療師在當下就可以判斷這個特別的系統可以容忍多少衝突而不會破裂。他／她可能需要面質這對夫妻——問他們是否願意要開始建立一個足以支撐他們面對目前衝突的一個互相信任的基礎。

一對夫妻的中間地帶

在 Bill 與 Jean 的個案裡我介入他們的中間地帶，在他們的互補模式之間（參看表 11.1）。

Bill 和 Jean 都是正統的猶太人。這是一個重要的因素。Jean 曾經離開過 Bill 回到父母親那裡。她的雙親對她說：「回家去，你有小孩。你以為你可以離開他？你應該要去把問題解決掉。你已結婚，你要保住你的婚姻。」

結果，Jean 回家了。這對配偶去見猶太家庭服務中心的治療師，

但他們的問題沒有進展。他們到另一家之後再找過其他的,但情況仍然沒有什麼改變。

我要提出的是,他們的傳統也就是他們的中間地帶。維繫著他們的婚姻。在性方面他們相信純潔,生活上互相扶持且注重彼此。家庭生活是重要的,包括他們的原生家庭。在柏之吾(Passover),如果有一位住在芝加哥的窮兄弟,他的經濟能力無法供他去查德(Seder),那就有家人會替他支付機票,而且保證他一定會到查德和其他的家人一起。所以,一部分,這對配偶努力維繫家族傳承而堅持在一起。Jean又是一個雙親都進過集中營的孩子。奇蹟似地,雙親都活著出來。她無法想像在節日裡家人不能團聚的樣子。尤其他們有兩個小孩,這似乎是整個家庭極為重要的焦點,超乎兩個大人自己。

「為了生活而結婚」是他們另一部分的中間地帶。他們重視辛勤工作,以及下列(我認為)的舊式價值。

表 11.1

Bill 的互補模式	夫妻的中間地帶	Jean 的互補模式
具體的	猶太傳統	抽象的
思考取向	家庭生活包括原生家庭	感情取向的
邏輯型	聚焦於家庭多於個人	直覺型
外向的	結婚是為了生活	內向的
喜冒險的	強調辛勤工作	回應的
反叛的	摯愛、忠誠、犧牲、穩定、慷慨的舊式價值	自然會對新點子感到猜疑
需要力量和控制	社區參與	需要被聆聽／賞識(使用消極反應式的影響力)
投射	保守主義	內攝
需要被服侍	愛和關心孩子	需要服侍人
明顯的	著重性接觸和娛樂	神祕的

　　Bill 是一位顧問，旅遊全世界。有一次我看到他單獨一個人，我就問他：「你有沒有……被女人誘惑過？」他黯然地說：「當你結婚以後，你就不能再四處留情。」

　　另外一點是 Bill 與 Jean 的中間地帶價值都是奉獻、忠誠、犧牲、穩定、慷慨和參與社區。就他們這對個案而言，參與社區就是要去猶太教堂。

　　當我開始分析 Bill 和 Jean，或其他類似的夫妻，我了解到他們兩個人都有一個特別的中間界限好讓他們可以維繫在一起。他們在一起有如一個系統，其中似乎是涉及了兩個要素：一個是勞力分工，另一個是渾厚的中間系統，以平衡夫妻間互相照顧的需求。這是相當令人興奮的研究。我自私地也想要了解我跟我太太是如何做到維持二十八年的婚姻。

完形夫妻治療的過程

♣ 認識第三實體

　　一個完形治療師的最大的弱點是：我們的訓練著重在處理個人以及他／她在治療會心（encounter）中的行為。就算我們處理到治療關係的會心品質，我們也傾向閃過這樣的對偶本身的分析。我們聚焦在需要我們幫助的那個人，因此，當我們面對夫妻時，我們傾向於分別去看每一個個人，而沒有將另一個人放在對偶這樣的脈絡底下來一起思考。事實上，從一個人的完形轉移到兩個人的完形是很大的改變。

　　夫妻是一個系統，一個完形。它的內部有改變的空間：即兩個人的互動。完形治療師要聚焦在他們相遇的空間，而不是在他們的內部空間。這個系統有特別的界線，和系統內的個人界線是不相同的。

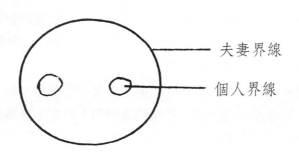

夫妻界線

個人界線

　　夫妻之間的界線界定了他們與世界的關係是如何的。舉例來說，某些夫妻的系統有非常薄的、極易滲透的界線，允許每個人的闖入並打擾他們的生活。另一類的配偶卻有非常厚硬的界線，祕密的生活，和其他人隔絕，他們不怎麼跟這個世界打交道、也極少付出什麼。

　　為了能夠看清楚這個系統，也就是這個第三和最大的實體，治療師一定要從這個系統移開，直到他／她的視覺能同時看清他們。注意他們在身體上的搖擺與傾斜——一個人和另一個人的關係——去聽聽他們以憤怒或是溫柔地脫離對方的和弦，去處理他們一起創造的能量，了解他們共同的覺察、行動與接觸的情況。治療師的介入通常是透過說話的方式：

　　「你們兩個太謹慎了，我看到你們好像用不穩的腳趾站在環繞你們的蛋上。」
　　「當你們開始邏輯性的爭論時，你們兩個就關上了店門。」
　　「當你，Leonard，開始談到你的工作，Jenny就開始彎腰往下看。」
　　「你們兩個讓我想到好像一個暴風雨前的寧靜湖面。」
　　「你們好像是一匹浸在水裡的河馬，在巨大的馬背上又坐著一隻小鳥。」

　　平衡的介入強調互動的特質。隱喻就是如此，但隱喻也同時預留給夫妻探索更多未知的可能性。隱喻是一個最有力的工具，提醒夫妻

注意他們是一個有機體；一個人是不能負起系統生存或失敗的整個責任（為了解決婚姻困難而只有一方來解決婚姻中的困擾，並不是這個模式所接受的）。

❖ 以空椅代表第三實體

治療師不能成為這個系統直接的倡議者，他／她應該在夫妻之間發展出一套有創造力的倡議方法。當夫妻處於危機時，兩極化造成他們只著眼於個人的需要，抱怨和攻擊對方。那是單調而重複的攻擊、反擊、合理化、藉口，否則就是徒勞無功地努力維護個人的自尊。

治療師要能發現自己在喃喃自語：「他媽的，誰在注意看這個房子？如果就是我，而且我還繼續說：『你的婚姻需要這個那個！』那麼，我只是正在把他們從圍繞著那個實體的所有權裡解除下來罷了。」在我跟夫妻的工作裡，我教他們用一張空椅子代表一個像實體一樣真實但又有所區隔的一個地方，他們可以輪流對著它說話。這個模式強制夫妻去想到他們是在一個系統裡，而不必各自用自我保護的方法來面對彼此。

我會教夫妻，如果他們陷入僵局，其中一人就要坐到那張空椅子上，以第三實體的角度說話。例如果Charlie在空椅上說話，那麼在他和Roberta說話之前，他應先對自己說話（那張他剛離開的椅子說話），那是預防Charlie利用那張第三實體的椅子做為父母的形象來向Roberta說教。Charlie應先對自己說說身為失敗夫妻的另一半，他做了什麼，之後才轉向 Roberta，向她說出在關係上她自己所疏忽的是什麼。

用空椅子代表第三個實體來說話，可以讓夫妻學習去看到彼此的貢獻。在某種意義而言，他們成為自己的觀察者以及自己的治療師。

完形治療師如能從累贅的擁護或反對的關係解脫出來，就能更有創造性地運用觀察過程、隱喻，以及報導出自己看到這對夫妻互動時的內在經驗。治療師可以運用分享個人經驗、講故事或矛盾的語言，來動員這個系統以更清晰的方式看到自己在當中的歷程。

❖ 價值

　　這樣一個完形系統取向療法是隱含一些很少被治療師明講出來的價值的──彷彿治療師是不抱任何價值似的。事實上，我們是有抱持一些價值的，但絕不是指我們認為夫妻在某個時候一定要做什麼，而是我們要怎樣才能讓夫妻以夥伴的關係來互相聯結。以下列舉的是過程取向完形治療師的價值觀：

> 尊重夫妻系統的原貌。
>
> 在當下工作。
>
> 站在夫妻系統的外面（不要靠任何一邊，或陷入系統本身）。
>
> 在夫妻的行動裡看出每一個人的貢獻。
>
> 強調互助和互補的關係：「你以壓抑她的方式來保護你的妻子，而妳用高明的技巧誘使妳的丈夫對妳做出不必要的保護。」
>
> 不必提及個體內在的衝突和個別的動機。
>
> 當他們陷入其他系統的危機時（孩子，父母──界限太鬆），要支持夫妻建立另一個次級系統；如果夫妻是在孤立的危險裡，就要幫助他們把界限放鬆。
>
> 阻止夫妻只注意從「為什麼」去找原因和結果，要鼓勵他們注意發生「什麼」和「如何」。
>
> 如果可能，請注意過程，而不要滿足於你的介入。
>
> 教導他們成為關係的擁護者（成為第三實體的「看門狗」）。
>
> 對夫妻做得好的事表示讚美。
>
> 對他們的痛苦、掙扎和困惑表示同情。
>
> 和他們分享你自己看到他們互動時的內在經驗。
>
> 支持健康的接觸和消退之間的韻律（教導他們互相尊重彼此間的界線）。

　　這些過程的價值對夫妻有何意義呢？即使懷抱這些價值觀，治療

師可以提供夫妻什麼樣的建議呢？以下是一些可能想法：

注意第三實體。

賞識彼此間的差異，用差異來豐富你自己的經驗。

尊重對方的界線（特定的需要、隱私）。

不要試著去改變對方，改變你自己；改變你跟對方互動的方式。

重視「乾淨」的爭吵——留在過程，而且學習去容忍挫折。

欣賞自己的融合（如同意、沉默的時候、做平凡的工作）。

拓展與問題共存的容量。

「用心」對他人，也對自己如此。

慈悲和憐憫（例如，學會委婉地說「不」）。

學會表達需要與接受「不要」。

只要第三實體沒有受到威脅，那就支持對方的需求，滿足他／她在兩人世界以外成長的需求。

培養你的幽默感和哲學感——尤其不要忘記娛樂。

當處於困難時，保護你系統的完整性，去找那些能幫助你得到安全的人（即治療師）（三角關係）。

❖ 夫妻治療中的經驗循環圈

　　討論過夫妻的發展與夫妻治療的理論架構後，現在我們來談談在夫妻工作上的一個明確的模式。這個模式是根據完形經驗的循環圈原理而建構，在《完形治療的創造性歷程》一書已有詳細的描述，在此不再贅言。然而在此，這循環應該被看成互動的事件而非個體內在的運作過程，所以夫妻的治療多多少少從感官知覺移到覺察，能量和行動，接觸，到最後解決，完成，到消退。這個過程適用於個別諮商的層次，以及和整個治療經驗的進行過程。

感知

在這個早期的階段，夫妻習慣密切地注意對方，但卻不是聽到或看到對方。他／她只是重複去聽自己的「錄音帶」，自己的辯駁。他們只顧著臚列自己內心中的清單，而無法運用感官知覺來認識外在世界。治療師讓夫妻面對面地坐著，彼此看著對方，而不是面向治療師。治療師鼓勵他們把所看到的伴侶表述出來。這模式延緩了他們一再重複地面質彼此，迫使夫妻一起停歇在身為人的存在經驗，並且一起分擔進退維谷的困境（他們若是坐著*面對*治療師，如此會輕易讓夫妻雙方自觀照自身的體驗跳開，而且落入期待治療師要裁奪對方是錯的這樣一個惡性循環中）。

在這個階段中，治療師開始鼓勵這對伴侶，去觀察對方說出或感覺到的部分是如何發生的。例如他／她用這些句子，「我們好像距離一哩這麼遠地坐著」或「我們彼此捏住了對方的呼吸」。完形夫妻與家族治療的模式是一種過程取向，這是清晰可見的。清楚觀察其本身的歷程教導夫妻最多的地方就在，他們需要學習有關他們系統裡失功能的部分（還有他們在一起做得很好的部分）。

自覺

清楚而敏銳的感知可以帶給夫妻之間清楚而敏銳的覺察。夫妻們常常沒有用言辭來表達自己內在的感受：有感覺是一回事，能夠直接說出來又是另一回事。這是大多數人所無法了解的，分享彼此的經驗需要很大的努力。相互的覺察也要花時間去聆聽與消化對方究竟說了什麼，才能再做回應。完形治療師會要求夫妻重複對方所說的話，以確認一方在回應之前是否確實知道對方在說些什麼。

關心另一個人的經驗要有好奇心，去問對方他感受到什麼，請他多說一些。「你今天有點沉默──我想知道你是否在擔心有些事，而沒有跟我分擔」。治療師會增強這個對別人好奇的主動過程。想去知道「這對你是什麼的情形」，是一種愛那個人的方式。

　　夫妻被支持鼓勵去清楚說出他們彼此的需要，以及他們自己本身的感受經驗。他／她的感受和願望如果不說出來就不可能會被滿足，而且，就算那些彼此相愛的人也不可能會完全知道對方的心意。

　　在這個過程裡最常有的抗拒是內攝和投射。Sonia Nevis[4] 指出，這些抗拒應該視為是系統層次而不是在個人內在的層次：「在系統裡能看到內攝的存在是，出現強迫餵食者（一個堅持對方把他／她的意見或訊息，要像「食物」一樣給吞下去的人）、吞食者（一個沒有經過咀嚼和吐出他／她不要的東西的人），和現場其他沒有阻止這樣情況發生的人。投射亦需要兩個人才可能成立：一個只給些許的訊息，而且不鼓勵發問，把疑問偏離掉，以及另一個會去猜測並填補這個空白……。」治療師的工作就是要去指出這些接觸的抗拒，以及造成錯誤溝通發生每個伴侶所扮演的角色。

　　這個階段的工作是要夫妻學習互相討論並同意彼此的意見、目標、感知，而且覺察到彼此扭曲的地方。治療師要強化他們創造清晰認知的過程，而且不要卡在重複地抱怨的過程裡。

　　治療師的介入是強有力的，陳述簡潔，而且總是紮根於正在進行的會談此一過程之中。介入有如（當頭棒喝），而且通常是以一個系統的說法來向夫妻表達。

能量和行動

　　當夫妻能對彼此的困境有清楚且一致的意見時，他們就能開始感到有能量去做一些可以滿足彼此需要的事。他們多數是在回家後才開始，而不是在治療的情境中進行。完形治療師常將他們的點子與能量轉化成生活事件，或許是個實驗，讓夫妻有「完成」的感覺，或者是落實需要表達的部分（治療師或許也可以邀請夫妻離開他們的家，在外面去做一些既安全又隱私的實驗。不幸的是，有許多夫妻不願行動）。而在成功實驗的最後，夫妻可以彼此慶賀已突破那些在此時看來是如此令人討厭的僵局，和一堆的不愉快。

　　在這個階段的會談中，（治療師）要確認在系統內彼此能量的交

換是公平的，沒有人能打垮對方（即使他允許自己如此）。婚姻中融合的發生，是當一方為了「和平之故」，或是為了避免爭執誰對誰非以及要確定有顧及對方想法的惱人過程，而「屈服退讓」。治療師也要注意到在這個階段裡常有的接觸干擾：迴射。夫妻恐懼衝突的發生，而共謀把能量向內而不是向對方表達。治療師要注意到這些不舒服的生理現象，教他們把能量（通常是憤怒），用安全且不具威脅性的方式，在治療室中表達出來。迴射的夫妻傾向於在他們（個別）自我的或他們自己這個系統的周圍，劃出一條很緊密的界線：「我們可以單獨處理，……我們不需要人幫忙」，他們說。他們變成孤立的夫妻，遠離他們社區的支持。治療師也許可以鼓勵這種夫妻，向他們所信任且敬重的朋友求助（或最少和其他夫妻分擔他們的感覺）。

接觸

積極地應用能量和實驗，使得夫妻彼此感到更為親密和愉快。甚至恰當地表達憤怒，也能帶出強而有力的接觸。再來是分享所發生的事，其困難所在，以及他們為共同創造出解決方法的貢獻為何。治療師要確認夫妻沒有太快跳進自我慶祝裡（融合），而逃避了好好咀嚼一些讓他們感到「不悅」或「羞於」表達的事情。治療師要確認真誠的接觸有在發生。治療師要增強夫妻能夠且成功的表達：「這次我們沒有做人身攻擊。」或「真棒！這次沒有被我們的慍怒卡住！」

解決，完成和消退

一些夫妻不能忘懷他們過去的經驗。此時，治療師會阻止夫妻一次又一次去思索在過程中那些錯誤是如何發生、以及早知道如此之類的過去。重點是要鼓勵他們往前邁進。此外，治療師也強調他們獨一無二的互補模式，這是他們兩人在過程中都有的非凡貢獻。在這個階段裡，治療師鼓勵夫妻擁有各自的界限。

在消退的階段裡，治療師教導夫妻：靜默是讓自己穩固（groundedness）的一種形式。相互的和諧感以及一點一滴累積的能量，都能

為將來所用。在完形循環的終點，治療師也要強調每一個伴侶個人獨立性和自我支持的重要性。

結論

　　以上的過程在每一次會談以及治療過程中都是真實（理想上）發生的。經過幾個月後，夫妻在治療開始時常會在覺察上卡住。在會談中要先拿出來討論，而非趕快做些什麼。當夫妻之間滿是自己的想法和解釋時，治療師會誘導他們在治療情境中更主動地去探索彼此相處的過程。因此，中期的會談是透過能量與實驗來發揮其影響力。會談可以結束的特點是美好與健康的接觸；因為已更清楚發生了什麼，所以解決之道就可以更快地找到，且兩人負起了自己經驗的責任。頭腦的清晰讓夫妻感到自己是有能力，而且有自信去創造出問題解決的實驗。在最後一次會談中，夫妻開始從治療撤退，讓自己不需再接受治療。他們從治療師那裡更確定自己的技巧和獨立感。這時候治療師的工作只需給夫妻「允許」，帶著他／她的祝福，回家去。

　　治療師希望在他／她的介入過程中達到什麼目的？如果不是挽救婚姻，那是否是幫助他們離婚？不，不是這樣。我們的假定是，在他們智慧的最深處，夫妻兩人都應該知道什麼人最適合他們。對我本人而言，我希望能教導夫妻：

- 怎樣超越他們自己，去看到他們的過程像什麼——去觀察他們自己。
- 怎樣開始、發展、並解決困境。
- 怎樣去進行良好的接觸，而且察覺接觸的干擾。
- 怎樣消退和休息，而不是執著於一些未完成的瑣事。
- 怎樣彼此支持而又不會失去自我。
- 怎樣向另一個人尋求養分，而且也能提供給對方。

> ● 怎樣增進每一個人持續的成長，而不致失去寶貴的親密。

　　這些是我對夫妻的完形工作的一些想法。最重要的是，不要被個人的爭執所勾住，而是要把夫妻看成一個為解決問題而掙扎的系統。當我發現我自己偏向他們其中一人時，我會邀請另一位治療師，來和我一起引導夫妻的會議。通常，我所討厭的那一方的有些行為，也是我自己身上所無法忍受的缺點。

　　跟夫妻一起工作是有收穫的，因為他們會產生很多的能量，且不像會將治療師耗盡。如果治療師能好好地維持他的界線，而沒有跟夫妻的系統混成一團，那這種情況就更容易發生。

註解

✿ 1　這些想法尤其受到我在克里夫蘭完形機構的同僚所影響。其中我特別要向 Ed 和 Sonia Nevis 以及 Wesley Jackson 致謝。

✿ 2　Fromm, Erich. *The Art of Loving*. NY: Harper & Brothers, 1956.

✿ 3　Zinker, Joseph. *Creative Process in Gestalt Therapy*. NY: Brunner/Mazel, Inc., 1977.

✿ 4　Nevis, Sonia and Zinker, Joseph. *The Gestalt Therapy of Couple and Family Interactions*. Cleveland, Ohio. Gestalt Institute of Cleveland, 1981.

Keirsey, David and Bates, Marilyn. *Please Understand Me*, Del Mar, CA: Promethean Books, Inc., 1978.

Jung, C. G. *Four Archetypes. Princeton, NJ: Princeton University Press, 1959.*

Jung, C. B. Psychological Types, Princeton, NJ: Princeton University Press, 1971.

Jung, C. G. *Symbols of Transformation.* Princeton, NJ: Princeton University Press, 1956.

Mayeroff, Milton. *On Caring.* NY: Perennial Library, Harper and Row, 1972.

Perls, Frederick, Hefferline, Ralph, and Goodman, Paul. *Gestalt Therapy*, NY: The Julian Press, Inc., 1951.

Polster, Erving and Polster, Miriam. *Gestalt Therapy Integrated*, NY: Brunner/Mazel, Inc. 1973.

Zinker, Joseph. ''Phenomenology of the Loving Encounter,'' in Stephenson, F. Douglas (ed.) *Gestalt Therapy Primer*. Springfield, Ill: Charles C. Thomas, 1975.

Zinker, Joseph. ''Complementarity & The Middle Ground: Two Forces For Couples Binding,'' Cleveland, Ohio. The Gestalt Institute of Cleveland, 1980.

第12章 完形團體歷程的理論與實務之概觀

❀*Mary Ann Huckabay*博士　著
❀黃進南　譯

　　在二次大戰期間，團體心理治療開始被廣泛地使用，它被視為是個別心理治療應用的一種權宜之計，其目的是在減少治療的療程和費用，同時對於愈來愈多需要治療的人們而言其適用性又較高。過了四十年，小團體理論和實務的新領域已經完全得到屬於自己的天地，不同學派的理論者和實務者已經在探索小團體獨特的可能性，以及使用小團體來增進個體的學習和改變而產生的問題和兩難。在二次大戰結束時，團體應用在以下的群體上不再是夢想：對組織的和管理的機構，對教育的和宗教的努力，對專業訓練方案（法律、醫學、心理學），對政治的公開討論以處理深奧人類差異的爆炸性問題，對人們尋求成長而非治療。

　　至今，團體心理治療比個人心理治療更適合達成一些「個人改變」的目標，這是沒有什麼好稀奇的。團體提供成員來跟社區的同儕一起，從他們的經驗與了解互相激盪出個人生命的深度與智慧。團體提供一個安全的港口，讓成員探索基本的生命議題，以及一個人在團體中去面對自己生命中不斷的選擇：何時參與和何時退縮，何時戰鬥和何時逃離，以及何時愛和如何愛（Glidewell, 1970）。這種多元的關係和不同的觀點提供了一致性的確認和真實的檢驗──此二者即是Sullivan所謂的人際互動中「並列的扭曲」（parataxic distortions）的妙方。Jourard認為案主的心理健康需要自我坦露，而這在團體中人們可以得到很好的練習，並且提供目睹人們如其所是地讓人類的需求真正「表現出來」。完形團體獨特地提供了在當下的實驗和活力更多的廣度，如此，

也匯集了團體的資源來增加創造力以俾使人們得以發展。

在此，我們的目的是在廣泛的團體工作中，找出完形學派一個支流的特殊貢獻，我們的目的是描述在Cleveland完形機構（GIC）[1]所教導和所運作的這類團體，這種取向的團體被認為是「完形團體歷程」（Kepner, 1980），這是統整三個不同但相關領域的理論貢獻為基礎：一般系統理論、團體動力文獻、古典完形理論。當大多數的完形實務工作者依據不同的理論基礎進行團體工作時，GIC 已經極力在統整這三個領域的團體工作，以發展和宣傳它的團體處遇理論和實務。

首先，我們將分別來看這三個領域，分別呈現每個理論架構中有助於我們了解小團體行為的重要元素。這章的前提是整合這三個理論架構，使我們了解小團體為何有效，什麼有效，以及如何有效。一般系統理論說明為何有效，解釋了團體運作的複雜性；團體動力理論提供了什麼有效，說明哪些重要元素要被觀察和注意；古典完形心理學說明如何有效，是聚焦在覺察團體正在發生什麼的一種方法。

在以下的章節，我們依據這些理論的假設來探討一套介入策略和選擇。我們假設讀者對完形治療的三個基本概念是熟悉的：抗拒理論（Perl, 1969, *Ego, Hunger and Aggression*）；實驗的概念（Polster & Polster, 1973, *Gestalt Therapy Integrated*），以及有機體感覺、覺察、啟動能量、接觸、消退、同化等自我調節的過程。

對完形團體過程的理論貢獻

❖ 一般系統理論（*General Systems Theory*）

一般系統理論提供所有三種理論的共同基本要素：有機體可以完全地被了解，當有機體被放在某一場域、某一脈絡、某一環境下看待時，有機體和環境間的關係在理論上、行為上都是非常重要的。這樣的理論假設乃是一般系統理論的基礎，這個概念架構包括了完形心理

學和團體動力。

　　歷史的脈絡。一般系統理論的原始推動力是來自一位理論生物學家 Von Bertalanffy，於 1950 年所撰寫，他在那相同的十年內，與一位經濟學者 Boulding、精神科醫生和心理學者 Miller、細菌學家 Ashby、數學家 Rapoport，和其他一群人聯合，他們共同的興趣在於探索生物學系統和化學力學系統之間的相異性和相似性（Berrien, 1968）。

　　一般系統理論的興起是針對牛頓學說和哥白尼學說限制的一種反應，它強調線性的因果觀、封閉系統的特性，和採取機械論傾向，對於現象分析簡化成最小可辨識的次部分。在二十世紀期間，隨著醫學、行為科學、資訊科學、神學和宗教的進步，已經注意到目前盛行的科學模式無法解釋生命的複雜性，以及開放的系統會主動和他們環境的互動。

　　一般系統理論架起了基礎來統整我們了解巨大且不同的現象，從無生物的排列，到生物系統，到系統中符號和認識論的層面。什麼是一個系統？一個系統是某一範圍中相互影響的集合體，互動的部分（次系統）是為了一些目的的達成。因此，這些次部分是極為相互依賴的，而且被組織去滿足某些特殊的目的，換言之，也就是完成特殊系統的功能。例如，繁衍提供了物種的生存和演進；宗教的存在解釋了一個文化對於未知的關係；團體和家庭的存在是為了讓他們的成員「成長」。Von Bertalanffy 在強調一個系統中相互依賴的特質時，簡單地界定系統是「一組彼此具有關係的單位」（Miller, 1965, p.200）。

　　雖然，事實上這些系統總是呈現一個單一或共同的目的，這些次部分也是具有功能性質的單位，而且也具有高度的內在相互依賴性；但是也有個事實，那就是所有的系統，所有的整體，都被涵蓋於更大的整體當中。系統就像中國的八寶盒（Chinese boxes），每一個盒子都放在比它更大的盒子之內，這些八寶盒可以藉由訊息和創造出不同能量狀態的重要能量界限來加以區隔開來。例如，當一個團體成員在稍後的夜晚和其情人討論時，我們發現在相同的團體內在脈絡下，很少精準地帶來相同的結果（valence）；同樣地，雖然房間內周圍環境

的溫度可能是華氏 65 度，但人類的體溫仍維持在 98.6 度左右。雖然，這是可能分別來看和分別運作的，猶如大小套裝成的系統（nested systems），但最終無論如何，系統的界定則是一個獨斷的知覺和概念的組合過程。而這也是真實的，為了要了解一個系統實際的母數，則是需要知道系統另外一面本質的一些事情；那就是，去充分了解你所工作的系統，你至少必須在系統中的某一層面來來回回（Feibleman & Friend, 1945）。例如，去了解一個群體，你需要了解這個群體的組織或社區脈絡，你需要去了解在團體中運作的一些次團體，以及他們的一些事情。

要解釋在小團體中所發生的，其中有五個系統概念是特別重要的：整體，開放和封閉的系統，熵和負向熵，平衡和同等（equifinality）。

整體。像完形的場域理論和團體動力皆包含於整體的概念中，一般系統理論是植基於整體大於部分之和的假設上；亦即，藉由單獨部分的一些少數知識來推論整體的特性、動物的複雜性，是不可能的。有一個比喻是最常被使用來解釋整體的性質，那就是有三個盲人，皆嘗試要描述他們所摸到的大象，一個摸到象牙的就說大象是平滑且硬的；一個摸到象尾巴的，就說大象是圓且長的，像是蛇或花園的水管；一個摸到象的側腹的，就說象是袋狀的、崎嶇不平，且多毛的。

因為，所有次系統有高度的相互依賴性，次系統的一個改變會影響整體和所有的其他次系統。在一個系統中的每個成員都會抑制和增強次部分的狀態，沒有一個次部分是不受影響的。我記得一個團體的成員 Nancy，大約有四個月的時間，她一直對要不要留在團體裡感到相當矛盾。最後，她對她的矛盾做了重要的處理，而且她開始逐漸進行一系列的實驗，以另一種方式「展現她的生命」（showing up for her life），而且更積極地釋放生命的其他部分。她決定繼續參加接下來六個月的團體，在她做完決定後的兩次聚會，有一個重要的討論是關於整個團體有給成員什麼和沒有給成員什麼的議題，最鮮明和廣泛討論的是團體如何對每個成員有不同的功能，以使成員的投入參與更深入。Nancy 個人工作和團體層面的持續工作之關聯是不會錯誤的：一個成

員特殊主題的解決（例如承諾或投入）創造了豐富的虛無（fertile void），在此，相同的問題在其他次系統或整體團體系統也產生了迴響。

　　如果有一個系統表現很好，有時它其他的次系統並不是如此。那就是，次系統的單獨表現通常是受到維持最佳全系統功能的各次系統間的關係性質來決定，例如一個籃球隊的效能不是依靠主力球員的個人表現，而是繫於所有球員表現的團隊工作。同樣地，一首交響曲的演奏，是需要對個別音樂家的技巧做必要的約束；而能夠維持的婚姻，可能需要其配偶的一方或雙方的妥協。

　　整體的原則中什麼是最重要的，以便能夠了解在小團體中發生的事？第一，它暗示了藉由知道團體中每個成員所發生的來了解團體的複雜性，是不可能的。它認為團體成員的行為會受到成員所處的團體環境所影響。它也認為將注意力擺在把團體發展成一個系統時，那麼個別成員的需求就被視為次要的。

　　開放和封閉的系統。開放或封閉的特質是依據一個系統和環境的關係。封閉系統是那些無活動力或非生命的系統，跟外在環境並沒有任何重要能量或訊息的交換。一個密封防臭的真空管是一個封閉系統的例子。大部分系統和某些生命系統呈現出某種程度的開放性，因為它們需要和其環境的往來中輸入和輸出重要的能量和訊息。沒有哪一個系統是完全開放或封閉的，而在人類社會系統中，這兩個構念構成了一個連續體的兩個虛構端點，其中代表了系統的滲透程度。這個系統開放或封閉的程度，端賴有機體內在和外在界限的特性：系統對它的次系統或環境愈封閉，就愈沒有訊息或重要能量得以跨越界線來輸入和輸出；而系統愈開放，系統就愈少在過濾或篩選。

　　滲透性界限的概念相對於團體的現象是非常重要的。每個成員和整個團體，每個成員和每個成員之間，或次團體之間的接觸界線，都是非常富有動力的；而這也是團體主要的焦點之一，以及團體帶領者著眼和介入的焦點。這些次系統界限的情況將決定系統內在自我調節的能力，這是與以下要討論系統另一個特性——關於熵（entropy）和負向熵（negentropy）。

熵和負向熵。所有開放的系統都有隨時間消弱、在它們的環境中喪失能量、逐漸變成沒有組織的傾向。一鍋子的熱水離開了熱源後，就會變冷。人類身體、器官和功能隨著長大變老而開始退化和毀壞。熵也可視為熱力學的第二定律，是系統理論對死亡的專門術語。奇怪的是，生命的系統同時呈現負向熵，或面對生命的一種力量，透過重要能量和訊息的吸收，而在某些變數中維持了系統的運作。團體成員願意且能夠分享他們所覺察的，是負向熵的例子；因為這訊息成了思想的食物，團體互動的穀粉，一個活生生的圖像和隨之產生的行動的資料庫。相反地，例如，團體規範不允許生氣或受傷害的表達，這表示那些存在團體中的情感是無法被加以處理和吸收的，這就會導致團體系統逐漸變得營養不良。

自我調節的概念將接著被討論，它基本上是有機體在改變場域中，透過維持負向熵來達到穩定狀態的傾向。

平衡或自我調節。生命系統也表現出維持穩定狀態的傾向。我們的身體運作維持體溫在華氏 98.6 度，家庭系統發展出隱含的規則和協定來維持個別成員間已知和可接受的界定，這個系統的任務和次部分（系統）間有清楚界限，文化的信念系統和社會化的存在，得以管理和控制那些不同人種地方、事情、包括訊息的影響，因而維持了文化的現狀。

團體就像家庭一樣，根據成員所賦與不同的角色來調節團體自己，並隱約地透過創造出力但未明說的規範，在團體情境中進行約束哪些行為是被允許的，哪些是不被允許的。

無論如何，上述所討論負向熵的概念，生命系統也超越了平衡的原則，生命系統不僅呈現出穩定和調節，而且是成長、精細，和進步的區分。矛盾的是，在開放系統中，平衡的真正概念是需要對環境的改變做不斷的調整。

同等：條條道路通羅馬。生命系統表現出意圖的、目的的或目標取向的行為。一隻貓偷偷走近鄰居家中去找甲蟲和老鼠，一隻猩猩會找到方法去取得懸掛著的香蕉，人類會去尋求一個情人或一份更好

的工作，而如果一條到達企盼的目標或結果是行不通時，我們會選擇另外一條。同等的概念意味著有很多路可到達相同的終點。

在團體的情境中，以下的例子可以釐清同等的原則：一個大團體的部分成員表示希望團體成員之間有更多的親近（closeness）。然後，這個團體在接下來的兩次團體課程中便開始了一系列的行動、介入和實驗，這些對團體的親近感和親密度是有影響的。在第三次團體中，繼續討論什麼樣的互動對團體有什麼樣的影響。有些的行動是比其他方式是更有效的。有些則是較為縝密且具覺察性。在團體的複雜情境中，是不可能決定以一個單一最好的解決方法或反應，來達到要親近的希望，最完美的解決是不存在的。然而，團體協助其成員希望更有凝聚力的能力則是有賴於必要的多樣性（requisite variety）；也就是說，行為和情感的廣度是存在於團體之中，用以反應團體運用想像力和創發性來即時表現的需求與能力。

❖ 團體動力的場域（The Field of Group Dynamics）

歷史的脈絡。第二次世界大戰期間，Kurt Lewin 在德國接受完形心理學場域理論的訓練，第一次使用「團體動力」這個觀點，來指出小團體就如同社會科學的特質有其本身的特性，它有描述和預測的特性，有目的，而且有過程。Lewin 在 1946 年 7 月於麻省理工學院建立了團體動力研究中心，他有一群同事同意舉辦一系列的討論團體，來探討康乃迪克州人種委員會（Connecticut Interracial Commission）團體內部緊張的處理。這個委員會的設立是要去執行新康乃迪克州公平雇用實務法案（*New Connecticut Fair Employment Practice Act*），他們的目的是集合一群不同領域的社區領袖——老師、商人、勞工代表，來探討如何更有效率地處理種族間的緊張。所以，這些社區領袖在另一方面可以幫助其他人改變他們的種族態度。主要的訓練方法是以討論生命的「回家」（back home）問題情境和角色扮演，來探索另外的解決方法。

雖然，Lewin 的主要任務已正在進行，但是他（以他一向堅持在

婚姻的行動和研究）也帶來有一群非參與研究的觀察者，在記錄每一個討論團體中發生的行為互動和動力。Lewin，也是團體的帶領者，和研究團隊每個晚上都聚會以討論新獲取的研究資料，當參與者知道有這種會後會（postmortems）時，有些人便要求要加入。一開始工作人員不願也不確定參與者聽到直接觀察他們自己的行為所產生的效果會是如何，但是工作人員最後還是同意他們的加入。

> 實際上，公開討論他們自己的行為和被觀察的結果，對參與者和訓練的帶領者雙方都有一種強烈的影響，這些交談無可避免地擴大到把參與者包括進來……，（當）成員要求或修正觀察者所潤飾的資料時。
> 當團體成員多少客觀地面對有關自己行為的資料時……，就有可能在對他們自己，別人對他們的反應，團體行為和一般團體的發展等得到有意義的學習。（Bradford, Gibb, & BenneM, 1964, p.82-83）

因為有這意外的幫助，第一個 T 團體因而誕生（原來稱為基本技巧訓練團體，而後來簡稱"T-group"）。因為它是對人類發展具有強而有力的方法學，所以，T 團體在最近的四十年已經發展，並且成為團體理論和實務的主流。

團體動力理論的主要要素。接下來介紹團體動力理論的五個主要要素：目標、規範、角色、團體發展的階段，和團體組成的層面。

小團體的目標和結果 在實驗教育的傳統之外，最清楚地說明小團體的目標者莫過於 Warren Bennis（1965），它包括：⑴擴大意識和選擇的了解；⑵靈性的探索；⑶人際互動關係的真誠；⑷權威關係的合作概念；⑸透過理性方法來解決衝突（Bennis，參見 Schein & Bennis, 1965, p.30-31）。

在別處，團體動力學者已經強調人工頭腦學的觀點，其極力主張一些對小團體發展性目標有所影響的因素，是非常類似於完形團體的

目標。例如，Mills（1967）提到團體的適應能力（增加訊息獲得管道的範圍、不同、有效性，以及接觸是超越目前的界限）和統整（分化層次部分但維持整體的單位）。

規範　規範是已說和未說的有力規則，在任何情境中，當然也包括在團體的情境中，管理人們的互動。規範會隨著情境脈絡的不同而不同，對於每一種情境脈絡而言，規範決定了什麼是可以被接受，什麼是不可以被接受的行為；規範決定了團體可以容許開放或揭露的程度，衝突如何被處理，成員和帶領者間的權力關係是如何被排列，在團體中可以引發或允許多少的新奇和差異。在這些規範中最有力量的規範，是這個規範是否允許團體成員公開地去檢視目前運作在團體中的這些規範。因為這是系統自我調節最重要的方法，也是最能決定整個團體系統健康與否的因素，在某一時期間，對於每一個成員而言，規範一定是主觀的。常常，曾經被視為有用途、目的的規範，會隨著團體發展而變得過時（obsolete）或失功能的。留下一些未檢視的規範，團體和它的成員們會被一組捆綁其行為的禁令所主導，結果就可能阻礙或干預了他們的目的。

角色　團體成員所擔任的角色是在團體過程中，用以描述成員參與團體的一組行為。團體演進而且分配給成員不同的角色，好讓團體功能得以發揮，例如，聚焦在團體的目標、團體表現的標準，確信所有的成員都能聽到、成員能表達很多不同的觀點，或在團體發展過程推動團體向前走。在團體中的一些角色就像是一齣戲劇的演員角色——他們的廣度和豐富說明了也限制了有利團體的人類可能性範圍。有時候，角色是隨團體發展的階段而變的，某些角色在某一時間點上是具有功能且突顯的，但後來可能是不需要的或不合時宜的。

就如同規範一樣，注意成員的角色是重要的，因為當角色被明白地言說時，這個角色也就愈容易被改變或是出自選擇的、有意識的安排。

團體發展的階段　有關團體發展階段的論述已經很多了，在此做一個簡短的摘述是可能的或適當的。我們涵蓋一個團體階段的討論，

因為階段理論可以讓我們知道什麼是可能和不可能，甚至在團體生命的不同點上。再者，了解團體階段可使帶領者有能力分辨什麼是被期待的，什麼是通例和特例，哪些是反常的和古怪的。最後，了解帶領者在每個階段所需要具備的行為，可以提供帶領者支持或聯結個人的／專業的發展，來計畫一個介入策略的模式。

團體發展的理論，就像那些個人的發展，在本質上是逐漸形成的。那也就是，在某一個階段所描述的問題必須在團體可以完全從事下一階段的任務、議題和問題之前，以某種方式呈現出來。這些的議題和問題是有關於成員內在的情緒狀況、成員和帶領者的關係、他們和團體任務的關係等等。因此，因為一個團體親密感的能力是有賴於一些之前情況的發展，例如，在團體形成的初期去期待團體達到高度的親密感或相互依賴，是不切實際的。就如同期待一個嬰兒在爬之前會走路，是不可能的。團體的發展階段包括像螺旋狀一樣，不斷地重複且進入更深的層面。因此，當一個團體達到一個初步的相互依賴，它將會重新循環到認同和歸屬（inclusion）的議題上，但會是更複雜和深入的。在每個後面的階段中，前面階段未完成的（residues）將會被偵測到，某些議題不是只有在團體發展過程中的某些特殊點才會出現而已。所有人類的議題都會在團體成員彼此有關聯時而呈現在團體中。不過，我們會說在某些特殊的時刻，某些議題都會有個對應的情緒表現和一個突出之處，而在那之前這些相同議題並沒有如此。

表 12.1 簡要摘述了一些作者們所描述的團體階段[2]。在此將更詳細地說明，因為階段理論是介入策略的重心，而介入部分將在本章的後面再談。

團體組成的層面　因為團體動力場域源自社會心理學和人類互動的脈絡背景，而不是個別心理學，其基本焦點或分析單位是兩個或更多的社會單位，這樣的焦點允許對二人、次團體、團體層面功能和過程做小心的探索，也讓我們對於所有團體層面如何相互影響有深入的了解。

表 12.1　團體發展階段

階段 1：歸屬（inclusion）、認同、依賴

階段 1 特徵如下：在團體中有關於一個人的認同：我願意、我能，我必須在這裡？還有誰和我一樣？我自己必須放棄什麼才能屬於這裡？我有多安全？

界限和界定的議題：在這團體中會有什麼任務／人物？什麼任務和什麼人不在這團體中？在這裡，誰被排除在外？

階段 2：影響、自主、反依賴

階段 2 特徵如下：對於權力和地位的關切。在這個團體中，誰有權力？為什麼？更多的問題得到更多的注意是因為誰說出來的，而不是說了些什麼。

團體和帶領者的關係，反依賴挑戰的假設和提供另外的行動。

黨派和次團體的形成是為了爭奪控制和地位，是衝突的和非融合的。

階段 3：親密、情感

階段 3 是有關於：對成員間人際距離問題的一個重要覺察。其著重於增進溫暖和凝聚力，以獲得一些一致性和團體思考。

階段 4：相互依賴

很多團體未進入這個階段，團體可能在發展到這個階段前，因時間因素而結束。在團體中成員的感情很少是穩定的，當成員來來去去時，團體的情況和特性就被改變了。當一個團體到達這個階段時，以下的描述是適當的：由於團體高度地發展成統整和分化，所以團體的表現是達到頂點的；因為有合作和親密，容忍和支持也因此產生，當成員間的彼此差異被公開化了，衝突是被接受的。這個團體已有足夠的必要多樣性去因應改變，也有能力去面對真正廣泛的多種情況。

為了達成目的，要先指出系統的四個層面：

- 個人內在的層面（intrapersonal level）。我們界定個人內在層面是關於自我系統內界限之間的動力與特性。例如，著眼於一個

人是在哪裡和如何經驗到對於害怕的覺察。

- 人際之間的層面（interpersonal level）。所謂人際之間的層面，其中的動力是發生在兩個個體之間，或一個個體和一個次團體或與整體團體之間。例如，兩個人發現他們彼此害怕對方，或是在團體中一個孤單的男人對所有女人陳述身為團體唯一一個男人是什麼樣子。

- 兩人或次團體層面（dyadic or subgroup level）。兩人之間或次團體層面本身所呈現的系統動力和特質。例如，一個年輕的、政治上積極的女性次團體，檢視她們共同的政治價值，是如何支持和阻止個人在這個團體中的冒險程度。

- 團體層面（group level）。團體層面係指動力和特質是存在於整個團體。例如，在研究所課程中的一個團體是已經被視為「瘋狂、抱怨的團體」，就不管在這團體中是否有單一個人的行為是被認為有好聲譽的。

❖ 古典完形理論（ Classical Gestalt Theory ）

歷史的脈絡。Firtz Perls 是第一位個別治療師，因為他的團體進行是在單次聚會中與團體中的某一個成員工作。他的團體模式開始於以便利的方式對眾多的臨床工作者示範他的理論和實務。對 Perls 而言，它幾乎是偶然發現的成果，因為個人化的學習是發生在那些目睹個人工作的時候，他從來沒有利用團體的運作來促使個體的改變（Kepner, 1980）。

完形理論和小團體現象的關係。雖然 Perls 並未說明此部分，但是從個別治療到團體層面現象的理論形成是容易的。有四個理論的假設是特別與團體工作有關的：有機體的自我調節、接觸、覺察，和強調此時此地。

有機體的自我調節　完形治療是受到早期完形心理學家 Koffka，Kohler 和 Wertheimer 的工作影響，這些學者發現人類的知覺是受到與生俱來的人類需求所管理而達成組織和統整的；那也是說，人們想要

從不完整或部分的刺激到完整或完全的模式，這是一個較小的、特殊的背景形成整個圖像的過程，並對整個圖像給與一個不同的意義，而不是各個部分的累積，這也是早期完形學者認為整體是大於各個部分的總和，他們發現注意或覺察停留在一個圖像（完形），直到它在環境下盡可能達到在「好的形」的狀態。

　　從有關知覺反應到視覺刺激的發現開始，到導致理論的發展，以及後來 Lewin 和 Goldstein 對動機和整體有機體功能的運用。健康人類功能的一組標準因而形成，即個人允許一個被承認的需求可以出現的能力（有機體的完形），啟動一個人和其環境來滿足這個需求，而且下一個最急迫的需求能夠取代已完成的需求（完形的毀壞）等等，不斷循環地進行。Goldstein 認為在這個過程中，有機體在自我調節時，其心理和生理上的存在是不可或缺的。當這個過程被打斷時、當人們「停留」在未滿足的需求或未完成事件時，他們就無法在生命中勇敢地、有智慧地進行新的體驗。

　　例如，在一位憂鬱成人女性的早期治療中，說到她的寂寞孤單，在治療過程中，她對自己的治療並沒有清楚的期望，也沒有要求過治療師做什麼。它變得很明顯的是，這女人如同一個小孩，已經有系統地學習到單獨地依靠自己，因為她自戀且有酒癮的母親是如此地自我沉迷，還有在生理上和情緒上也無法提供她什麼支持。這個女人可以從環境中得到接觸來援救她被打斷和未發展的需求。因此，治療的第一步是藉由探索她如何阻礙自己去獲得來自環境中無法提供給自己東西，來摧毀她過度發展的迴攝。例如，她是否能經驗到感覺？她如何理解自己的需要？她如何啟動能量去滿足自己所感覺到的需求？

　　同樣地，有一對已經在一起兩年的年輕戀人正在探索一起生活的可能性，每一次他們討論這個可能性時，最後總是以吵架和疏離來收場，而問題仍存在。治療師與他們工作，去探索他們如何打斷他們想要「改變並進入更親密的接觸」的興奮，並特別注意到他們共同抗拒接觸的智慧。

　　團體以各種不同的方式來呈現它朝向自我調節和整體性（wholeness）的特質。這個特質的運作是超越了任何團體成員的控制或影響，包括帶領者。例如，兩個團體成員間的親密會心可能會被打斷，因為更多急迫的需要是應先注意到一個沉默且缺席二次的成員，他在團體的歸屬，以重整團體疏離的界限。或者，是團體似乎無法聚焦在某成員探索搖晃婚姻的需求上，因為他被引發的情感並未在先前的團體工作中被照顧到。團體就像個別的一樣，只要有未完成事件存在就不能進行新的體驗。換個方式說，團體將會循著進入了目前的經驗，同時又回首在那未完成的地方，彷彿它是一個模糊又笨重的負擔。

接觸和接觸的界限　所有自我調節活動的位置、功能和「器官」即是在有機體和其環境間的接觸界限。就如同 Perls，Hefferline 和 Goodman 所描述的（見 Polster & Polster, 1973）：

> 接觸界限並不是有機體的一部分，它本質是有機體和環境兩者關係之間的一個器官。（p.102）

> 基本上，一個有機體藉由維持與環境的不同並生存在它的環境中，更重要的是有機體還把自己與環境的不同加以同化；在這界限上，危險是被拒絕的，困難是被克服的，而同化是被選擇和使用的。現在，被選擇和被同化的，總是新奇的；有機體持續地同化這種新奇，持續地改變和成長。例如，如同亞里斯多德常說的，「不喜歡」的食物可以變成「喜歡的」，在同化的過程，有機體依序地被改變。根本上，接觸是同化新奇的覺察和行為，以及拒絕不能同化的新奇。那些普遍的、總是相同的，或沒有差異的，不是接觸的目標。（p.100）

接觸界限對於個人工作是有用的，包括同化個案內在、個案和治療師間的差異。在互動團體中，接觸界限功能以相同的方式在運作，但又是如此地多層次。它包括每個成員自身內在的界限（例如一個女

人和她的舞台恐懼）；成員們之間（例如，一個男人在一個女性團體成員身上看到他母親最吸引人的特質，而她刻意地逃避他，因為她經驗到一種熟悉和危險的吸引——「男人虐待我」）；在不同的次團體中（例如，那些支持認同帶領者的成員們和那些覺得受制於帶領者集權的人之間）；個人和次團體之間（例如一位沉默、不積極成員和一群在團體中喧嘩的、有動能的三個人）等等。

因為成長可以而且也會發生在團體中的很多地方，所以更重要的是要有一些介入的方法來捕捉「大的、嗡嗡作響的混亂」的團體生命和附帶的可能性（James, 1890, p.224）。

覺察　無論如何，在接觸發生之前，有機體必須能覺察和能夠了解什麼是需要的，以及不要有什麼。在一個早期的工作坊中，Perls 曾說過只有三件事要注意：你現在覺察到什麼，你想要什麼，你將會做什麼。因此，覺察是基礎，是自我調節過程基本的原始資料。Perls 注意到覺察，或聚焦在實際正在發生的，就如同完形治療的核心所在，Perls 最初稱他的方法是「專注治療」（concentration therapy）。

個別有機體和團體有機體的覺察功能是相同的，雖然他們對觀察者而言，在「看起來」和「感覺上」是不同的。就如個體的覺察一樣，團體對自己本身的覺察，再加上如果所有的團體成員能夠開放注意一個更複雜和豐富的背景，那麼一個生動的圖像就能從這個更大的背景中浮現。

此時此地的重要性　Perls 曾說，對我而言，「除了現在，沒有任何是存在的，現在＝經驗＝覺察＝現實。過去已不在，未來尚未到，只有現在存在」（見 Fagan & Shepherd, 1971, p.14）。因為這樣的陳述，完形治療被誤認為是一種反歷史的治療，Perls 專注在目前正在發生的過程，並不表示他認為個人的過去歷史是不具價值的，而是他相信所有過去未完成的會在此時此地呈現。

同樣地，團體不需要注意成員的過去以搜尋未完成事務，因為一個人組織或打斷自己經驗的特有方式，將會在團體中的此時此地表現出來，在目前的脈絡中並引導它，過去歷史從更多此時此地的互動中

變成一個更大的背景。

❖ 一般系統、團體動力和完形理論間的理論聯結

在這三種理論間，要看到它們很多理論上相似的地方是很容易的。完形理論和一般系統理論共同的核心重點在於系統的自我調節或平衡，團體動力場域則是提供了規範和角色的主要方法，讓自我調節得以發生。

完形理論和團體動力理論從一般系統理論引用「系統開放」的觀念，所採取的假設是系統功能是由界限的完整性和清楚性所決定，但也是柔順的和可滲透的。在系統理論中，一個可滲透的界限是允許負向熵的進行或重要能量與訊息的輸入和輸出。在完形理論中，接觸界限的發展是允許接收那同化的，拒絕那未同化的。在團體動力理論中，可滲透的界限是允許一個更大的「資料庫」，以增加選擇和一致性的確認。

完形的傳統和團體動力的場域兩者皆強調一個此時此地的焦點。對於完形治療師而言，過去的歷史是有生命的且呈現在目前的情境；對於團體動力的訓練者而言，目前情境只有在能允許一致性的確認和現實檢驗下出現，因為此時此地的事件構成了只對團體有用的共同資料庫。

完形理論的焦點在結束（closure）——即有機體需要完成完形——這有些類似於團體動力主義者，聚焦在團體發展過程中連續和漸進的階段特性，在這兩個學派中皆主張團體在進入下一個階段時，有一些任務和需求必須被完成或解決。

一般系統概念中的同等（有生命的系統將會找到多重的途徑到達相同的終點，其中並沒有唯一最好的路徑）和被視為非調整（nonadjustment）治療的完形治療之間有一個理論上的關係。在有完形治療之前，所有治療師的目標在於協助調整自己，以達到一個外在界定的健康標準。但完形治療強調有機體的自我調節則改變了健康的基本定義，它認為有機體的健康快樂是有機體和環境間的創造性的交互調整，

透過接觸，兩者皆會被改變（Perls 等人，1951，第二冊）。

　　結束討論三個理論的每一種理論的貢獻後，接下來我們將在這些理論所結合的前提下，提出一些介入的策略。

完形團體歷程介入的方法

　　在本節中，以前面理論貢獻所形成的背景來討論團體過程介入的四個特殊方法，分別是：(1)完形團體過程工作的目標；(2)與階段有關的介入；(3)與層面有關的介入；和(4)調節系統的介入。

❖ 目標（Goals）

　　完形團體歷程方法的目標是去擴展團體的（和它的成員的）能力，來啟動團體和成員在團體內外獲得所需要的，並發展社會責任的能力──也就是對它的成員「負起責任」。這是藉由完成下列三個目標來達成的：(1)增進團體本身和所有成員的覺察；(2)對團體和成員增加有用選擇的範圍；和(3)發展有統整的、可滲透的和具彈性的重要界限，來增加團體接觸環境和它次部分的能力。為了完成這些目標，團體帶領者必須思索階段、層面和調節系統等相關的介入。在本節的其他部分，將討論以下的三種處遇。

❖ 與階段有關的介入（Stage-Related Interventions）

　　有些介入是特別適合於團體發展的特殊階段，表 12.2 呈現出與團體階段有關的帶領者目標和活動。

❖ 與層面有關的介入（Level-Related Interventions）

　　使用各層面的分析結構可以對帶領者的經驗和介入的選擇增加連貫性。工作必須發生在這個系統的所有層面，以使其在任何單一層面能擴大成長。團體現象是同時發生在這系統的所有層面，在某一瞬

間，帶領者選擇某一層面的介入，也排除了介入另一個不同層面的選擇——一個不同的選擇經常是同樣適當的。同等的原則（equifinality）在所有社會系統中運作：條條道路通羅馬，而團體朝向增進覺察、有選擇的和接觸。換言之，在各種不同的層面，經過一個無法預料的行為創新，朝向系統的自我調節。

表 12.2　與階段有關的處遇

	帶領者的目標	帶領者的活動
階段一 確認和依賴	1. 很快地建立成員之間的關係。 2. 蒐集成員下列問題的資料： 　(1)對自己和在團體中自我的認定。 　(2)團體中的其他人如何與我互動。 　(3)團體的歷程和目標。	1. 訂定和設立界限。 2. 鼓勵成員之間的人際接觸。 3. 對所使用的方法提供資訊。 4. 在系統中的所有層面上合理地工作。
階段二 影響和反依賴	1. 增加成員的分化和差異。 2. 增加成員的角色彈性。	1. 開啟在團體中運作之規範的覺察。 2. 鼓勵對差異和不滿的公開表達和挑戰。 3. 從成員中區分角色。
階段三 親密和相互依賴	1. 支持成員內和成員間真實接觸的發生。 2. 使團體成員能夠監控並維持他們自身為一個系統的功能。	1. 維持一個諮詢的角色，而且繼續不變。 2. 協助團體達到在某種的結束狀態。 3. 接受未完成的事務。

摘自 Kepner, 1980，「完形團體歷程」，刊載於 Feder 和 Ronall 主編之《超越熱椅：完形取向團體》（*Beyond the Hot Seat: Gestalt Approaches to Group*）。（New York: Brunner Mazel）

思索以下基於相同行為觀察，在系統不同層面的兩個介入的例子。

例子 1：一個團體成員在一個只剩下四個小時的週末工作坊中，表示他的心在其他的地方，他無法感受到真正的「進入團體，在剩下如此少的時間」。在個人／內在的層面，治療師可以問：「同時在這裡和不在這裡的感覺是什麼？」；在人際間的層面，治療師可以問團體的其他成員：「這是怎麼一回事，聽到John正在打包行李？」在團體層面，治療師可以說：「John，你可以對團體說些話，可能是目前選擇的掙扎：一方面『我們應該如何運用我們僅有的四小時』，而另一方面『在四小時內做什麼！我不要再看到這些人』。」

例子 2：對一個流淚的女人，治療師可以問她：「你現在正在做什麼阻止妳自己」或「現在在這裡，是否有一個人，妳想對他說話？」或「我感到奇怪，這個團體是否是一個讓妳感到安全而可以哭泣的地方？」帶領者穿梭在系統各層面的能力，透過增進覺察、增加反應模式和選擇，使團體更能掌控它的過程。在各個介入層面穿梭或創造一個平衡，也可以啟動系統的運作。有時候，只有在單一或配對的運作轉變成為團體層面時，個別或配對的工作才會變得清楚或可以同化。我回憶起有一個團體的兩個男人談論在越南的經驗，這是一個很有能量的討論，在我們的團體中，如果這兩個人間不斷出現不規則和獨特的互動，並使勇氣和冒險成為團體重要的主題時，團體此刻將出現一個比之前更深層的統整，也會增加團體更深入的信任和高度的凝聚力。

而最後，在系統各個層面的穿梭，支持了團體的穩定發展。因為團體是一個具有整體性的整合社會系統，在任何一個層面的發展可以支持其他層面的成長。相反地，在任何一個層面的發展不足也會阻礙了其他層面的成長。例如，一個女性團體正處於崩潰和不穩定中，直到異性戀的次團體和同性戀的次團體公開其立場並且在團體中一起探討，才化解了團體的危機。將團體視為一個整體性的介入將永遠影響團體中的個體；而同樣地，對個別成員的處遇也會永遠改變整個團體的複雜性。

表 12.3 呈現出帶領者在團體各個層面做介入的例子和目標，有很

多因素會影響帶領者在介入方面的選擇 [3]。

表 12.3　介入的層面：目標和例子

介入的層面	介入的目標	介入的例子
個人內在層面 存在於自我系統界限的動力和特性。	增強個體的感覺、覺察、能量流動、接觸和退卻的能力。	1. 藉由扮演身體姿勢的每一面或在疏離的兩邊之間有對話。 2. 透過說話，聚焦在她和她的結腸炎間的關係，首先以她自己的身分來面對她自己的疾病，然後變成腸道，再變成如食物般通過她的腸道。 3. 一個成員對每個團體成員說出自己想像他們在某一個特別議題上是如何看他的，這不是一個人際事件，而是接近被丟棄和投射自我的一種方式。
人際的層面 動力是發生在成員之間或一個成員和次團體或整個團體之間。	澄清存在成員和另一個成員間的界限（限制、再感受性、易受傷害、阻礙），在互動中產生影響、感情、資訊、滋養和鼓舞。啟動接觸通常是透過分化。	1. 兩個在一種詰問的互動中，被要求以我第一人稱的陳述彼此交談五分鐘。 2. 兩個在團體外變成好朋友的成員正在爭執他們花在一起的時間。其中一個女性渴望花更多的時間在一起，另外一個強烈地保衛自己僅有的一點時間。他們被邀請告訴對方，豐富及增進他們的友誼之價值是對彼此多麼重要。例如，「Jennie，你告訴 Alice 從她堅持自處時間的過程中會得到什麼；而 Alice，你告訴 Jennie，從她堅持要更多時間在一起的過程中得到什麼？」

（下頁續）

（續上頁）

配對或次團體層面		
配對或次團體本身就是一個系統，具有動力和特質。	發展和開啟兩人系統的意識或一個次系統有自己的生命，是大於它的個別成員，通常它透過清楚的聯結或共有的特徵。	1. 治療師做了以下的觀察：「提到午餐團（lunch bunch）；你們每週四都在一起吃飯，這樣的次團體如何影響其餘的人呢？」 2. 治療師對團體中的這兩個人說：「我注意到你們幾乎相互依靠彼此，很少在此找到像你們一樣的。你們可否分享一下這樣做的共同信念？」 3. 「Sharonh 和 John，我已經注意你們兩位都關心我們現在並沒有對新成員開放這個團體的問題。我也看到你們兩位提醒我們準時開始和結束，我奇怪的是你們兩位用這些方式在做我們的守門員，那是什麼樣的經驗？」
團體層面		
團體層面係指那些動力和特質是屬於整個團體的。	發展和開啟團體自己生命的意識，擁有自己的特性，並是大於部分的總和。	1. 兩個次團體正在形成時，團體要避免談論融入—排外的問題。治療師說：「我注意到允許的代價似乎是要做個人的工作」，那些尚未做個人工作的人說的很少，也沒有人直接對他們說話。另外一方面，Bob、Cindy、Carol 和 Greg 彼此交談很多。一個人是否一定要做一份個人工作，才能使自己「融入」（in-group）團體嗎？ 2. 對於「多刺」和好爭辯的成員有一個一致和幽默的說法。治療師可以說：「John 爭鬥的立場為團體做了什麼？它似乎吸取了我們很多的能量和注意力。」

摘自「介入的層面」，來自 1984 年，Cleveland 完形機構第二年研究後訓練課程的講義。

個人經驗，技巧和治療師的價值觀。在此部分，做介入的選擇是一種知覺，我們傾向根據當下出現的主要圖像來排出介入的次序，而最能引起我們注意的也常跟我們個人的經驗和訓練有關。那些長期做個人心理治療的人在團體的工作，比較可能會尋求為個人內在做介入的機會。那些從組織的、教育的、行政背景來到團體的治療師可能對較大系統的介入（次團體和整個團體）更為敏銳。

價值和一個做介入的選擇是有相關的，這個概念是值得再進一步討論的。Perls 把強調每個人對自己的重要性轉移到一個人對其他人有更多社會責任的重要價值觀，這已經在其他地方提過了（Kepner, 1980）。在前面已引用 Perls 所說的，只有三種自我調節的情況：注意你所覺察到的、你想要的、你將要去做的。從 1980 GIC 訓練的講義中比較這些情況：

> 第一，你需要知道你是存在的。第二，然後你需要知道你現在的感覺是什麼。第三，你必須清楚自己的感覺。第四，知道你沒有的但是需要的。第五，去要你所需要的。最後，發展對別人的責任。

信奉一個「更廣泛的生態學」（wider ecology），其滋養我們所處的社會和物理場域或環境的價值，對於團體心理治療實務有著重要的涵意。它表示對系統中的配對、次團體和團體層面的工作必須視為它們本身的目的，而它也開始縮短了 T 團體和治療團體的目標之間的差距。

評估哪裡有對工作有用的能量。在個人內在層面的工作線索，包括個體的行動或激動狀況、語言或姿勢的打斷、值得注意的情感或成員長期的沉默。在人際層面，當兩個人的互動出現僵在一個循環或死胡同中，兩個人冷漠的互動似乎是不適當的，或兩個人都正在投射時，這時是需要一個人際層面的介入。當團體中有很高或很低的能量時，當成員角色太僵化或團體被一個特殊問題分裂時，團體層面的介

入是適當的（Fredericson, training materials, Santa Barbara Gestalt Training Center, Calif）。

確認各層面在未來發展的需要。因為系統層面是相互依賴的，工作必須發生在系統中的所有層面，以擴大任何單一層面的成長。忽略系統中任何一個層面的發展，將會限制其他層面的成長潛能。例如，對性有很大焦慮的成員獲得安慰，將會影響團體處理性吸引的能力。

團體發展的階段。對系統特殊層面的一些介入是視階段而定的，尤其在團體第一階段的發展更是如此。人在治療團體中的工作就如同個別治療一樣，都是提供他們重要的收穫，雖然這樣的工作需要人際的互動，能夠使成員和他人的心靈上有重要的聯結。因此，人們渴望馬上開始工作，通常是在成員認識其他人之前，以及在由規範、角色和目的所形成複雜的團體氛圍形成之前。當一個團體成員一開始即要求做重要的個人工作時，那麼帶領者會面對一個選擇：如果允許聚焦在個人內在的工作上，但因為成員們正處於自己加入團體的過程，所以團體成員是無法有充分的專注力來支持這樣的個人工作，團體也無法適當成為或被界定為一個人工頭腦學系統，來包含、吸收和使用所出現的重要訊息。結果是團體沒能力去做全然的反應，而這就會讓成員感受到這不是一個處理個人工作的安全地方。

相反地，帶領者可能傾向去重新界定這個問題是屬於一個人際或團體層面的問題，這是基於一個假設：團體中問題的出現是以它最一般的形式存在，而不是以一個單一的成員。為了發現成員間的相似性和發展共有的資料庫（即支持團體形成界限的任務），帶領者可詢問誰有相同的感覺或認同這個成員。重新界定這個問題為人際的觀點，會引發對帶領者產生不可避免的依賴，將帶領者視為提供活動和影響的社交啟動者，而不是期待其他的成員；這可能讓一開始想要做更多內在心靈工作的成員感到挫敗。但就此刻團體的發展而言，也唯有系統中的人際間或團體層面可以維持任何重要的活動和注意力。

另外一個特定層面的介入是在風暴期的影響和反依賴，在這階段中，在人際和團體層面中會有更多的收穫，鼓勵成員間的人際接觸，

鼓勵成員和帶領者以開啟彼此差異和衝突的方式來支持團體的穩定發展。團體層面的介入，包括團體的規範和維持團體的角色（守門員、調和者、強硬的爭鬥者等等），可以讓團體去重視那些協助團體本身自我調節過程所創造的東西，同時也能摧毀不再有用的角色限制。

還有另一個階段，在團體結束時，某層面的介入是比另一個介入好些。在此，成員需要開始進行離開團體的過程，吸收在團體中所學的，以及團體對他們的幫助。依照這個任務，一個盛大的個人工作，去邀請成員在系統的人際層面進一步工作是沒有用的，或以任何新的資料來說明這個問題也是沒有用的，團體層面的觀察和人際的接觸可能是必須的，但它們應該在內在心靈的層面做個結束。

團體的形式和人數。一個精神分裂症的住院病人團體，要他們去分辨內、外在經驗是很困難的，在系統中較大層面做介入將會加重他們認同上的混淆。另一方面，由一群專門從事個別治療的治療師所組成的訓練團體，他們可能會對次團體和整個團體層面的發展最有需要。

抗拒的類型是明顯的。在處理抗拒分化的夫妻融合問題或一個融合團體，透過內在心靈的工作來支持每個人的界限，是比強調夫妻間或團體中已發展很好的「我們」感是更有效的。同樣地，當投射和迴射正在發生時（外化自己不想要的部分，內化那些要表達在環境中的衝動在自己身上），應該提供人際接觸的機會，以便獲得支持來瓦解那些抗拒。

團體可能會卡住的層面。當團體卡住時，通常可以藉由轉移團體的覺察到另一個層面來解決，而不是處理團體似乎卡住的地方。例如，對成員浮現的議題，似乎處理更深層的個人內在工作是適當的，但每一位成員似乎也很少有能量決意要冒險。身為帶領者，我必須問自己的是在團體層面是否有未完成事宜，或在團體層面是否有些發展任務需要注意的。有一個我帶領的團體成員似乎不能夠整合能量，來繼續處理她和父親之間一個相當有壓力的亂倫議題，直到團體處理了兩個成員之間尚未公開、正在發展的羅曼史。另一個例子是，唯有當

某成員的參與減少了,而且其一直不穩定的出席狀況,他終於被團體注意到他在參與著,兩個小組織或次團體長期即將爆發的衝突才會公開化。在此,我的假設就是直到圍繞團體本身系統層面的界限本身成為整體和完全,潛藏在隱含問題中的能量對於處理次團體衝突問題才是有幫助的。

　　介入調節性的系統。團體機制諸如規範和角色安排,包括了纏繞團體自我調節系統的「線」。如同之前在團體動力理論那一節所提到的,規範必須定期地檢視,以允許最大的覺察和選擇。例如,當成員經驗令人窒息和挫敗的團體衝突和成員分化時,真正具有禮貌的、深思的和暫時的規範就提供了基本的安全性。

　　同樣地,最初適合某個目的的團體角色變得僵化、刻板或強烈地控制某個團體成員。即使這些角色大部分都是因應團體的需求而產生,而不是出自成員個人的偏好時,同樣的情形也會發生。

　　一個團體,就像個人一樣,需要執行某些功能以使團體能夠通過覺察、啟動、接觸、和消退或完成等經驗循環圈。在團體的早期階段,端視人們是如何行動,一個人或許會帶來或被認為具有其中的某些功能。例如,在團體中的一個成員一開始提供能量使事情產生改變,而被「指派」成為這個角色,而其他成員,也可能是帶領者,依賴或運用這個人去啟動其他成員。有些成員具有覺察的功能,因為他們是特別好的觀察者,也是對自己經驗、所聽所見或對別人的感受等的報告者。有些人是開放的和照顧人的,容易帶來接觸或照顧者的功能;那些肯定或自發的人,在團體中則提供了衝勁和創造力。所有這些功能都是正向的,且能協助團體完成它的工作。然而,當一個人被確定具有這些功能而不是被視為有能力表達的功能時,則每個人的行為會變得一成不變。當角色變得有些固定,團體成員也一樣會抗拒任何一個想嘗試從被設定的角色改變的人,因為在系統中任何一個人的改變會影響在

系統中其他每個人的運作。（Kepner, 1980, p.20）

當團體具有規範時，帶領者需要邀請團體檢視團體角色安排的模式，其中的功能與限制。

前述總結了我們所討論的四個重要的完形團體歷程處遇：目標、階段、層面和調節性系統相關的介入。

結論

本章嘗試達成兩個任務：第一，透過三個不同但相關的領域：一般系統理論、團體動力和完形理論，拼湊出我們所了解的完形團體歷程的理論貢獻；第二，呈現出在做完形團體工作的一些介入策略和思考。

感謝

我感謝下列的人對本章初稿所給與的有益評論和建議：Jess Carlock，Isabel Fredericson，Joseph Handlon，Sybil Perlmutter，Susan Straley，和 Jean Westcott。

註解

1 在此很多思想的提出，是二十年以來 GIC 專業工作人員所共同努力的結果：Frances Baker，John Carter，Isabel Fredericson，Leonard Hirsch，Elaine Kepner，Carolyn Lukensmeyer，Ed Nevis，Claire Stratford，以及後面的 Richard Wallen，和 Joseph Zinker。

✿ 2　我感謝 Case Western Reserve 大學組織行為系的 Don Keller 所提供的 Bennis-Shepherd，Slater，Tuckman，Schutz，Srivastva 和 Obert 的摘要。

✿ 3　摘自 1984 GIC 第二年研究後訓練課程講義。

Aronson, E. (1972). *The social animal*. San Francisco: W. H. Freeman.

Beisser, A. (1971). The paradoxical theory of change. In J. Fagan & I. Shepherd (Eds.), *Gestalt therapy now*. New York: Harper Colophon Books.

Bennis, W. G., Berlew, D. E., Schein, E. H., Steele, F. I. (1973). *Interpersonal dynamics: Essays and readings on human interaction*. Homewood, IL: Dorsey. Third Edition.

Berggren, J. (1982). *Contact boundaries in Gestalt therapy*. Working Paper, Gestalt Institute of Cleveland.

Berrien, F. K. (1968). *General and social systems*. New Brunswick, NJ: Rutgers University Press.

Bion, W. R. (1959). *Experiences in groups*. New York: Basic Books.

Bradford, L. P., Gibb, J. R., Benne, K. D. (1964). *T group theory and laboratory method*. New York: John Wiley.

Buckley, W. (1967). *Sociology and modern systems theory*. Englewood Cliffs, NJ: Prentice-Hall.

Cartwright, D. & Zander, A. (1968). *Group dynamics research and theory* (3rd ed.). New York: Harper and Row.

Cohn, R. C. (1971). Therapy in groups: Psychoanalytic, experiential, and Gestalt. In J. Fagan & I. Shepherd (Eds.), *Gestalt therapy now*. New York: Harper Colophon Books.

Feibleman and Friend, 1945, "The Structure and Function of Organization," *The Philosophical Review*, 54: 19–44.

Glidewell, J. C. (1970). *Choice points*. Cambridge, MA: MIT Press.

Hare, P. A. (1977). Theories of group development and categories for interaction analysis. In R. T. Golembiewski & A. Blumberg (Eds.), *Sensitivity training and the laboratory approach* (3rd ed.). Itasca, IL: F. E. Peacock Publishers.

Harrison, R. (1977). Defenses and the need to know. In R. T. Golembiewski & A. Blumberg (Eds., *Sensitivity training and the laboratory approach* (3rd ed.). Itasca, IL: F. E. Peacock Publishers.

James, William, *The Principles of Psychology: Volume I*, New York: Henry Holt & Co., 1890.

Jourard, S. (1973). "Healthy Personality and Self-Disclosure," in Bennis, Berlew, Schein, and Steele, *Interpersonal Dynamics*, 3rd edition, Homewood, Illinois: Dorsey Press.

Keller, D. (1980). A summary of theories of small group development. Unpublished manuscript, Case Western Reserve University, Cleveland, Ohio.

Kepner, E. (1980). Gestalt group process. In B. Feder & R. Ronall (Eds.), *Beyond the hot seat: Gestalt approaches to group*. New York: Brunner Mazel.

Kingsbury, S. (1972). Dilemmas for the trainer. In W. G. Dyer, *Modern theory and group training*. New York: Van Nosstrand Reinhold.

Kolb, D., Rubin, I., McIntyre, J. (1984). Group dynamics. In *Organizational psychology: An experiential approach*. Englewood Cliffs, NJ: Prentice-Hall. Fourth ed.

Leupnitz, D. A., & Tulkin, S. (1980). The cybernetic epistemology of Gestalt therapy. *Psychotherapy: Theory, Research and Practice, 17*(2).

Lieberman, M. A. (1977). Up the right mountain, down the wrong path: Theory development for people-changing groups. In R. T. Golembiewski & A. Blumberg (Eds.), *Sensitivity training and the laboratory approach* (3rd ed.). Hasca, IL: F. E. Peacock Publishers.

Marmor, J. (1983). Systems thinking in psychiatry. *American Journal of Psychiatry 140*(7).

Miller, J. G. (1965). Living systems: Basic concepts. *Behavioral Science, 10*(3), 193–411.

Mills, T. M. (1967). *The sociology of small groups*. Englewood Cliffs, NJ: Prentice-Hall.

Nevis, E. C. (1987). *Organizational consulting: Gestalt approach*. New York: The Gestalt Institute of Cleveland Press.

Perls, F. S. (1969). *Ego, Hunger and Aggression*. New York: Random House.

Perls, F. S. (1971). Four Lectures. In J. Fagan & I. Shephard (Eds.), *Gestalt therapy now*. New York: Harper Colophon Books.

Perls, F. S., Hefferline, R., & Goodman, P. (1951). *Gestalt theory*. New York: Dell Publishing Co.

Peters, D. R., & Joslyn, L. M. (1977). Transference phenomena in laboratory training groups. In R. T. Golembiewski & A. Blumberg (Eds.), *Sensitivity training and the laboratory approach* (3rd ed.). Itasca, IL: F. E. Peacock Publishers.

Polster, E., & Polster, M. (1973). *Gestalt therapy integrated*. New York: Random House.

Schein, E. H., & Bennis, W. G. (1965). *Personal and organizational change through group methods: The laboratory approach*. New York: Wiley.

Shepherd, I. L. (1971). Limitations and cautions in the Gestalt approach. In J. Fagan & I. Shepherd (Eds.), *Gestalt therapy now*. New York: Harper Colophon Books.

Sullivan, Harry S. (1968). *The Interpersonal Theory of Psychiatry*. New York: W. W. Norton & Co., Inc.

Von Bertalanffy, L. (1967). General systems theory and psychiatry an overview. Presented at the 123rd annual meeting of the American Psychiatric Association, Detroit, Michigan, May 8–12, 1967.

Wallen, R. (1971). Gestalt therapy and gestalt psychology. In J. Fagan & I. Shepherd (Eds.), *Gestalt therapy now*. New York: Harper Colophon Books.

Wheelis, A. (1973). *How people change*.

Yalom, I. D. (1970). *The theory and practice of group psychotherapy*. New York: Basic Books.

Zinker, J. (1980). The developmental process of a gestalt therapy group. In B.

Feder & R. Ronall (Eds.), *Beyond the hot seat: Gestalt approaches to group*. New York: Brunner/Mazel.

第13章

完形的思考與
治療性環境

❀*Glaire Dennery Stratford* 社工碩士　著
❀*黃進南*　譯

　　完形治療原本的發展是一種個別取向的療法。雖然目前主要應用的層面仍將焦點放在個人上，但目前進行中的文獻已經開始探討將完形治療應用於團體、婚姻、家庭以及組織。正如同完形治療最基本的原則可以做為處遇和催化團體、婚姻、家庭與組織的根據，它也同樣地可以應用在發展學習性與治療性的互動式環境。這樣特別聚焦在複雜而較大的系統，其目的在於了解環境系統與個別發展兩者的問題。這樣一個治療性的環境可以支持個體改善受損的功能，增進個體的自然成長與個別發展。在本章中，我的意圖即在討論如何將完形治療的原則應用於生活情境裡的社會心理文化氛圍中，於這樣一個計畫的組織與行政層面，於整體的系統中，還有也應用於發生在這樣一個環境中的人際互動的轉換中。

　　在 Fritz Perls 發展這個新的心理治療方法時，他曾運用自己心理分析的訓練以及他對這些訓練的心得。在與其所屬當時的環境所盛行的智慧潮流相互呼應之下，諸如場地理論、知覺理論與存在哲學等，他發展出一個初步的系統，且被認為能替心理治療帶來新的可能性（Smith, 1976）。

　　在 Fritz 與 Laura Perls、Paul Goodman、Isadore From 等人高度的合作與互動下，這個初步系統逐漸強壯成為一棵結實的大樹。而這些根源促使目前的完形方法學（Gestalt methodology）將注意力放在有機體如何存在於其環境之中，發生於過去和現在的個人內在與人際之間的動力，以及經驗之背景、意義與品質的重要性。

然而，在心理治療的領域中，多數注意力仍將個人、婚姻或家庭視為圖像，而將生活環境中更廣泛的過程視為背景。為了將注意力轉向環境並使其成為圖像，可能要在現有環境中發展出各種不同存在歷程的意識。帶著此種意識，便可為處於治療環境中的個案與助人者做出有助益的選擇，為促進成長的挑戰提供支持和可能性。它也可能意識到那些在很多治療情境中可能會減弱該系統主要效果的微細有害力量。

這些覺察和選擇都可能適用於學習／治療環境的廣大範圍中，例如對精神疾病的醫療方案、團體生活安置、日間照護方案、庇護工作坊以及許多種教育方案。此外，完形概念對於工商業界各類較大系統情境的應用，也逐漸受到注意（Merry & Brown, 1987; Nevis, 1987）。本章主要起源自於我在精神醫療環境中的工作經驗，在那裡，我有機會用完形的實驗歷程概念來發展方案。

在心理治療領域，有關治療性環境及敘述其相關概念的文獻皆已發展許久。Maxwell Jones率先出版了論述1950年代時一個英國治療性社區的實施結果，其他人也在接下來的三十年中，陸續用各種不同的方式探討該處置方式（Jones, 1953, 1968）。傳統上，治療性環境必須致力於以下四個部分：建立正向期望、社區成員命運共融感、發展團體凝聚力、強調團體壓力並支持健康行為。此外，治療性環境的一個重要關鍵是每天或每週的社區會議，需以社區的角度來考量得失利弊，並以社區層面來做為特權及地位的決定（Kraft, 1966）。任何或每一個剛才所提到的治療性環境標誌，都可能被整合進入一個以完形概念所建立的環境當中。一個完形理論基礎提供一些額外且不同的有用因素，這些我們會在本章接下來的部分加以討論。

以完形為基礎的原則與態度

以下所列的四個基本觀念可做為從完形理論基礎，來思考治療性

環境的架構。在應用與影響方面，它們形成了一個程序的和互動的趨勢，這跟其他依據較為傳統的精神醫療或教育的思考是非常不同的。

1. 同時能注意到對環境的影響，以及對環境中個體的影響。
2. 從個人或人際層面的功能，尊重環境並視其為一個新且不同層面的系統。
3. 是一種期待並強調優點與健康的態度。
4. 包含執行過程，注意支持健康與發展的一致性歷程。

　　第一個基本原則是治療性環境的設計需要實務工作者對於影響環境與個案，都需給與同等的注意力。這是幾乎無庸置疑的一點。這個目標是在創造一個環境，以提供其中的人盡其可能地彼此交換、刺激與滋養，而其中的環境文化可使個體的成長與發展得以發生。注意力是放在環境的活力、成長與發展上的，而同時，此特殊方案的目標也就是放在環境中個體的活力、成長與發展。

　　與個體工作和設計一個治療環境，二者是有些重要的差異。完形理論總是從內在與人際的歷程來關注個人，並且假設個人的生命力需在其自我界限中進行交換。這個一般性的重點是支持個體提高其對自我負責的覺察。然後，完形心理治療就開始熟練地將注意力放在個體自我擊敗的模式上，去發展一個更大範圍的行為選擇，並鼓勵個體去尋找生命中更多元的滿足方式。完形心理治療期待未解決的過去經驗會以回應當前經驗的退化行為形式，帶到現在。這些塵封的素材與過時的習慣層層掩蓋了原始的經驗，必須透過精力充沛地與當下的經驗接觸後，才可以轉換成新的、且更好的方法來與自我及其周遭世界互動。

　　在治療性環境發展過程中，環境文化所提供、建議或要求其中的互動模式變成了圖像。因此，要強調的仍是存在環境中的有機體，以及其在界限間的交換。但是，環境還是介入的目標。舉例而言，在以治癒為導向的治療性環境中，必須透過對環境的注意來建立一個互動的歷程，而這將會支持修補其成員受損的內在歷程。許多進入治療方案的人們並沒有發展出強壯的內在自我調節過程。因此，期望他們同

時在環境提供不確切的訊息與非互惠的歷程下，來轉變自我擊敗模式，是很不切實際的，這是在許多「治療性環境」中普遍的狀況。一個在環境中負責的居民會提供一個治癒性的文化。

以一個缺乏療效的文化來做例子，一個社區會議可能會提供其成員一些相互矛盾的訊息。例如：「你有決定的權利與能力」，以及「我們（工作人員）不同意時將會禁止」；「這是一個正向鼓勵的系統」與「如果你做錯了，就等著當眾丟臉吧！」；「隱私受到重視」和「無處可藏」……此類矛盾的過程，可能會增加處於該系統中個案本來就失功能的自我保護模式的出現。

另外一個一致且具治療訊息的例子，如果期許個案的自我照顧與好好裝扮可以支持其自尊的發展，加上容易得到合適的衣服，使其在衣服的選擇、獲得注意與讚賞、提供好的楷模、不接受白天穿著睡衣到處亂跑、工作人員穿著適合上街穿的衣服，不穿白色外套、提供維持迷人外表技巧的學習機會，有展現個人特質的機會等等方面得到協助，就如同意識到害羞的無用也是一種刺激自尊的方式。在穿著打扮部分，如果只是單純地強調使病患穿上吸引人的衣服，那麼工作人員也許會被那些不合適的服裝給引噱發笑。如果強調做選擇技巧的發展，對吸引力具備辨識的能力，並且以外表自豪，則環境上的建議與支持將有不同的結果。顯然，在這樣的計畫當中，對領導能力的重視是一項關鍵的因素，且此項重點的傳遞模式亦在環境結構中扮演相當分量的角色。

重述第一項原則的重點，為了創造一個治療性的環境，必須要注意到會影響到上述例子中所提到的事情，以及環境中特定的一些人。

第二個基本原則是環境處理過程中的系統層面。藉由提高對環境特徵的覺知，實務工作者可以發現特定的處理歷程，而這個歷程對於某一文化的特殊個案群體是最有幫助的。這部分將在稍後做詳細的說明。然而，在剛開始時，重要的是要了解實務工作者最困難達成的部分，那就是缺乏在較大系統的層次上思考歷程的能力。當人們從個別諮商的實務改做家族治療時，必須要在意識上有所轉變，才能在家庭

系統的層次有所領悟並且概念化。這是一種類似於認知跳躍，來理解住院病患方案，中途之家或一間教室，將之視為一個整體並在所有層面上運作，包括行政處理，工作人員—病患，或教師—學生的互動。

　　舉個例子來說，如果一個計畫目標是要處理在行事上總是依賴且常被動接受他人意見的人（完形術語係指長期的內攝者），我們明顯會期望他們能對自己的行為做出決定，且支持他們表達意見，這些將會使他們更能區隔自己與他人，而且有更為主動積極的立場。此外，在對一致性與持續性的關注上，發展性目標的系統模式與針對該方案的行動計畫，會影響其中的每個參與者。鼓勵工作人員在計畫中行政部分的獨立性，也會影響到該方案內的病人或個案體驗自我決定的容許程度。對獨立行為的期待必須是植基於該系統的許多層面。在一個環境中，隱晦的訊息永遠比公開的訊息來得大聲，當未能聚焦於環境中的細微處，而且未能具備在整體系統層面思考的能力時，這個有最好意圖的計畫將有著破壞前述目標的風險。Perls（1973）常說，一個人應該把注意力放在明顯的地方。不幸地，一旦把重點放在病人的行為或「病狀」時，常常就看不到明顯的地方了，而病狀的背景在環境中就被忽略了。

　　對完形架構來說，第三項治療性環境的原則是，環境必須同時對健康和病狀或失功能的行為做反應。完形觀點視失功能行為是導因於無法與現在的情境接觸，而呈現知覺和行為有如時間錯亂的僵化模式。這種困境可以透過發展「安全的緊急」（safe emergencies）來治療的，即為一個新反應提供一個機會。在傳統的個別治療中，治療師習於創造一個使安全緊急可以發生的小環境。在此，治療師有意識地比較病患的失功能到理想過程之間，仍是有用的；但治療師要特別注意病患的優點與健康的部分，而這些是可以支持其新行為的選擇。治療師同時嚴密注意到哪些運作很好與哪些導致麻煩的態度，對一個健康環境的設計是不可或缺的。當一個無法看到人性中正向的環境時，是不可能使人發展自我的健康意識。一個為治療或學習而設計的環境，不應該引起人們比當初他們剛進入時感覺到更多無能、不適、無助或失去

控制。在個案進入一個治療性環境時，知道個案的優點是這個方向的重要一步。

一個環境中的人員只能知覺到病狀，或被訓練成只注意或只回應病狀，而對健康做平淡的反應，就界定上說，這個環境是沒有治療性的。然而，在大多數各領域心理健康專業的臨床訓練中，我們有系統地教導人們了解並對異常與病狀做反應；我們對於教導他們什麼是不好的比什麼是好的，有更多的興趣。

例如，我們的臨床記錄就是對病患失敗與缺點的一種相當不平衡的記載。很少對該病患的健康部分做實質的描述。對現實缺乏讚美訊息的貯藏庫，實際上是有害的。而我們卻天真地認為這樣記錄的存在，對人員的態度及該報告的議題並沒有多少影響。在一個較大系統中覺察有關個體優點的想法，是需要注意到書面資料和一個平衡記錄的撰寫。支持優點和現存技巧的覺察能力，是表現在將這樣的覺察帶入任何訊息系統的傳遞中，如此工作人員才會更注意到這樣的圖像，而且自然地將它反應給個案。

承續第二個與系統層面歷程有關的原則，是該計畫的優點及其問題能夠被一個平衡的方式來了解和敘述的程度，將會影響到個體如何知覺並維護其優點的程度。

對任何計畫而言，第四個基本原則是，系統的過程必須是內部一致且連貫的。也就是說，必須特別注意雙重訊息的存在與系統之「對等效用」（isometric exercises）。所謂「對等效用」係指當某些人員非常努力地工作以鼓勵個案的技能、自我界定，或發展特定的態度立場的同時，有些在該計畫之內的處理或做法也會對同樣的目標有破壞性的效果。在很多案例中，缺乏此意識或了解計畫的人員，會將複雜的壓力加在個案身上。這類系統上的模稜兩可是很普遍的，工作人員最常有的反應是感覺到該狀況的存在，但是覺得對改變環境是無能為力的。工作人員不說出來，如此一來就會造成較大系統的被動與否認的因素。常常，新進的工作人員最能表達這些矛盾，但是卻缺乏地位影響力來處理它們。一個健康的環境可使這一類表達更容易被聽到，並

能珍視最新的意見。許多計畫勸戒個案要為自己行為負責的同時，這個機構本身卻沒有為自己的「行為」負起責任。因此，個案常常經驗到一邊被沒有為自身行為負責的環境所包圍，一邊卻被要求在很多規則與限制的情況下要負起責任。於是個案經驗到一個雙重訊息，而工作人員們也將能量投入到二種互相排斥或矛盾的過程當中。這樣的雙重訊息在任何一個系統中都是無法完全避免的，只是有些系統的傷害性比其他少些。Erving Goffman 撰文討論完全機構（total institutions）時，有說到最糟糕的環境否定的例子（Goffman, 1961; 1963）。然而，許多處遇計畫都充滿了微小卻能避免的不一致例子，導致破壞其目標。在保護避免這些不一致的前提是一種在系統層面思考的能力，並在各種不同的層面來了解過程的同態性（isomorphism），包括正向和負向。

　　完形理論是以知覺與意義為基礎的。系統層面的覺察是依靠對足夠的個體有充足的意識，這種意識會提供了解存在文化中的一種特別知覺和知識。在治療性環境的例子中，整個系統對自我覺察的能力，知覺其內在過程的關係對它存在的理由，是很重要的。如果系統中沒有出現一個能思考後設歷程的人，在系統中會產生不健康的情境，這就是類似於一個個體未能覺察自我擊敗的模式一樣。當然這是完形組織顧問的工作（Nevis, 1987）。在工商業界，這種自我擊敗的過程會導致降低工作者的士氣以及投注於工作的能量，而使得生產力減少。在對人服務的領域中，其產生的結果是人們的幸福感，若是缺乏覺察就會變得更加嚴重。

　　能夠看到整個系統動力與個別參與的圖像總是有幫助的，而不需產生一個矛盾的兩極。那也就是說，環境中的某些因素可能會引起個案某些經驗及隨之出現的行為，但是不能就此免除個案對不受歡迎行為的責任。同時，個案在世界上有選擇行為的責任，但並不能免除治療團隊的責任，這包括個案與工作人員，他們都有責任使用該情境來做為認同以及被教導所缺乏的技巧。同樣地，個案對自己行為的個人責任亦不能免除工作人員該有的責任，工作人員要評估一個環境中的因素如何支持或阻礙計畫達到更大的目標，以及其他努力以教導所需

的技能。

　　舉個例子來說，在一個精神醫院中常有病患會展現「不適當」的性行為，然而那裡可能存在一個連工作人員都沒有意識到的信念系統，那就是，工作人員是可以有性慾的生物而病患應該是無性慾的。對病患的無性安排也許是工作人員焦慮的結果，因為在醫院中沒有機會發展病患的成人性生活。因此，病患表達性的感覺，這部分很自動地變成「不適當」的。所以，一個工作人員是否可以穿著性感的服裝來刺激一個病患表現「不適當」行為？有人將這個議題界定成病患方面的行為問題，但也可以界定成工作人員的人際遲鈍，或是把眼光放在環境議題上。這些都需要對工作人員與病患的需求有更清楚的覺察，以支持工作人員和病患發展出一個健康性生活的途徑。

設計與實現一個治療性環境

　　一個環境治療計畫尋求的是要被注意到，在生活的持續歷程中獲得益處，並以任何形式促進治癒。這假設是無論何種行為模式、不悅的情緒或在每日生活中的關鍵問題所引起的困難，都將在治療環境中變得明顯，而且成為一個與個案生活相關的積極力量，那就是其他個案及工作人員。這是好的，因為它允許對問題有更好的研究。這個治療環境一定會為很多熟練和不熟練的人，提供很多行為和經驗的向度，好讓他們以有建設性的方式來使用有效的技巧。過去的未竟事務在當前模式是有用的，在當前提供一個機會來加以體驗。在完形個別治療與社會／心理的治療環境中，前述所有假設皆適用於個案和治療師的雙人系統。完形方法學聚焦於經驗的細節，構築於經驗的基本架構。這些基礎包括了感覺、覺察、圖像形成、啟動能量、朝向慾望滿足的行動、以及接觸新的圖像，導致了需求的滿足並且跟先前的經驗同化。以一個流暢的方式通過這一系列過程，是健康過程的原型。這份過程原型的基模在文獻中被稱為「經驗圈」（cycle of experience）（Zinker,

1977）。

　　那些無法藉由通過這些過程而輕鬆改變的人，其生活會有一些困擾，而這些會反映在治療性的介入中。習慣性的中斷或抗拒順暢過程的人，在完形術語中被稱為失去知覺（desensitization）、內攝（introjection）、投射（projection）、解離（deflection）、融合（confluence）和迴射（retroflection）。用心理分析的術語則稱之為自我防衛機轉。所有這些「抗拒」歷程都有潛在的有利和不利的部分。例如，失去知覺對心理和／或情緒上的傷痛可以是有用的，也可能無用的，這需視狀況而定。當整個生活方式都是缺乏知覺時，就極為不正常；如果完全缺乏其中一種中斷／抗拒，此人（或系統）也是處於受損的狀態。如果某種抗拒在缺乏覺察下被過度使用，則生活困境便很可能會隨之而來。雖然 Perls 修正他對神經官能功能的注意，轉而注意過度依賴不再有用的特定反應上（Perls, Hefferline, & Goodman, 1951），但是一個人也可以將更嚴重的障礙界定為缺少某些健康歷程的必要調整基本技能（Stratford & Brallier, 1979）。

　　當以失去知覺的抗拒做為例子時，它可以被認為是無法透過去知覺來篩選出某些刺激，而導致刺激氾濫和缺乏能力來聚焦。因此，有些人陷入困擾是因為過於敏感和缺乏失去知覺的能力。而另一些人遇到困擾是因為他們對於無論是內在或外在的訊號都很遲鈍。一個治療性的環境應該能支持一些人對刺激重新敏銳起來（例如對自身或他人的難過或憤怒），並且能夠教導一些失去知覺的技巧（例如對真正或想像狀況的批評）。對我們每一個人來說，其中一個最基本的治療經驗就是被了解以及被看待成一個獨立的個體。治療性環境中的工作人員，以其能力來區分我們各自失功能的模式，並對每個人做有不同的反應，提供一個場域使各種不同技巧的發展任務能夠達成。因此，當一個計畫的程序太過僵化，也會把病患的問題視為太僵化；而當計畫不斷和迅速地轉變時，將會缺乏統整。對於彈性與一致性此一複雜的努力過程，乃是反映在尋求個人和系統的健康上。

　　治療師致力於以他們某種特定個人的模式來設計一個治療性的環

境。而在設計治療性的環境時，尤其是從每天規律的生活中，如何提供機會來練習一些更普遍需要而被遺漏的技能／抗拒去思索，是比較有用的。

發展技能意味著什麼？什麼樣的生活技能有考慮到在日常生活中遇到壓力時的韌性，以及能因應額外的壓力？以下建議列出了許多技巧，應該可以納入一個環境情境的教學規畫當中：

- 如何獨處
- 如何與人攀談
- 如何抱怨、抗爭，並在情緒上保護自己
- 如何直接以及如何間接
- 如何讓別人閉嘴
- 如何更小心、更具策略性地選擇戰場
- 如何道歉與如何不道歉
- 如何要求自己需要的事物
- 如何被其他人接受
- 如何在需要獨處時摒除其他人
- 如何放慢腳步，以及如何加緊腳步
- 如何找出能量來源
- 如何知道一個人的感覺，並且能說出那是什麼
- 如何在面對影響時較不脆弱
- 如何覺得自己有資格好好活著

上述每一項都包括一些歷程。例如個案說「我很抱歉」這句話時的意涵，遠比字面來得多；它包括對某些痛恨或生氣的釋懷，或者只是某種程度的道歉，或者把關係當作全部。在治療環境中教導一個特定的技巧時，都有一些的層面。例如：道歉必須包括一個特定的事件以及一個特定的對象，它也包含能目擊其他的道歉。它也包含在嘗試誠摯地道歉之前，先與幾個人討論。它當然包含了至少另一個人的見證與回饋。它會被允許人們犯錯，而且不再帶著蔓延的積怨。

另一個例子，很多進入精神醫療環境的人，終其一生都在為公民

權被剝奪的感覺而掙扎著，那是一種未被賦與任何真正平等的感覺，而這通常是被歸入低自尊的類別。有許多源於童年早期有害的以及根本缺乏的價值感，以致變成了特有的憂鬱狀態。在機構的情境中，反應這類困擾有一個困難的任務是因為機構的大小，而導致去個人化和缺乏個別化。然而，如果要被教導的「技巧」就是一種賦與權利的感覺，那麼這個機構必須被設計成夠小的居住單位，連同工作人員的一致性，這樣才能讓個案可以體驗到被看見、被注意且被認真地回應著。這些需求將是一個期待，個案一方面可以請求和要求他人，另一方面可以回應工作人員的請求和要求。這些都需要有心理空間，讓每位個案的自我得以擴展而延伸進入環境當中。

　　這些讓個案真正看到、聽到與感覺到的重要基本技巧，諸如：使用感官的覺察，知道自己的生理狀況並尊重來自身體不同部位的生理需求和訊息，能量的平衡消耗，事先思考，做出猜測，確認直覺與現實檢測等，必須被納入工作人員的訓練當中。工作人員探討自我改變歷程的意願，可以支持他們了解改變的道路上有許多步驟。透過與自己歷程的工作，他們變得更能了解個案，以及了解整個環境中具支持性的力量有哪些。文獻中關於工作人員發展及訓練方面的實驗結果，強調對於這樣的自我覺察是要從上往下給與強烈的支持（Jacobs & Spradlin, 1974）。

　　所有提供服務的計畫都是在壓力下增加效率，而且變得有成本效益。因為有提供資金的壓力，常常很少認為工作人員的自我學習是有價值的，對於最後結果所付出的代價也是很少感激的。雖然在所有層面都有持久的努力，但是沒有計畫可以有效地產生改變。

　　當這個工作是來自完形的基礎，它的目標就不單只是改變行為。行為的改變只是有機體自我調節的一個部分而已，改變的目的是朝向更好的體驗品質，還有創造更多與他人交換的互惠式滿足。因此，所強調的不單只是企圖消除某項行為，而是聚焦在企圖讓個案放棄某種曾使他們迄今賴以生存的行為模式。一個根據完形原則建立的環境，會支持個案發展更寬廣的生命腳本，使他感覺到更有效能而不會繼續

依賴舊的模式。在 Ernest Becker（1969）特別鮮明的界定下，他把症狀描述為「匱乏與聰明才智的合併」（p.14）。真正治療性環境的工作是採取人們天生聰明才智的長處，並提供更多資源來刺激這個創造力。一個治療性的環境會教導所缺乏的抗拒和防衛，以及其他的技能，如此才能使個案有更大的彈性選擇來面對壓力。你可以把健康界定為有彈性而非固著的狀態。我們總是面臨著千變萬化的環境壓力源，而唯有擁有不同反應的彈性腳本，才可以讓我們在瞬息萬變的世界中保持平衡。

在我們成為心理治療師的訓練中，多數是學習如何進行個別化的教導。在一個治療性的環境中，我們還可以另外在環境本身的歷程中，尋求方法來提供更多的機會。例如，起床、吃早餐和進入一天的活動等，總出現在每個人的日常行程中，如果有意利用這些活動來提供新行為的學習，那麼早餐就可以變成做選擇的機會，專注品嘗和享受的機會，與新朋友對話的場合，以及述說夢想的時間。如果這計畫的精神是想要有效率地餵飽一些人，早餐就變成個案團體與工作人員不再有互動的時間；而一個例行的工作也會習慣地進行著，一個促進順服和安靜的完全不同環境也因此形成。如果晚餐之後的時間被當成支持人們學習緩慢下來的時光，而這又可以促進其睡眠習慣，那麼這就可以避免在同一時間內任其興奮後隨之服用安眠藥的情況。一部分的治療環境設計必須要留意是否有支持個別選擇的方式。同時，由於他們過去做選擇是受到限制的，而且控制的能力是被削弱的，因此必須對選擇系統層面的活動有一些關照，以便為個體營造舒適與成功的經驗。

將人視為環境計畫的一部分

人是任何環境中的主要部分。我們在思考如何設計一個有治癒性質的環境時，工作人員部分所需的素質就變得與專業培訓和規範有關，反而跟其他品質的整體平衡更為有關。例如，一個雇用制度的方案，

其中的一個標準可能是直接與個案面對面而能避免雙重訊息的能力。另一個標準可能是不必採取控制，而是能與他人互動時採取主動的能力。再來就是享樂的能力，跟一些缺乏技巧去體驗樂趣或喜悅的人工作時，使其獲得樂趣的傳染力可以是主要的工具。行政管理很少把個人的能力、技能和風格特質，綜合成一個雇用工作人員計畫的基本部分。強調數量、規範與信貸準備金等跟客戶、資金與管理體系有關的需求，反而常重於系統內部的福利。提高這些向度的覺察，可以影響工作人員的雇用，而朝向反應內部與外在計畫性需求的平衡。以治癒為目標的雇用工作人員計畫，最好能包含較大範圍的年紀層與生活形態者，這樣可以使得所有的個案都能在工作人員中找到某個看來跟他們相似的人。否則，那些因為與眾不同而且被污名化的個案，往往不是感到孤單，就是感覺到他們自己與工作人員呈現那種「我們和他們」的關係，不知道誰是站在他這邊。所以，在這種狀況下，工作人員努力跟個案建立人與人之間的聯結，就是要對原先這個隱微而常存的系統動力做一反平衡。

　　包括各種不同形態的人會需要在方案內去處理因差異所產生的緊張。這示範了在這個環境中，有許多人內在的掙扎是跟他們內在願望與矛盾是有關的。許多選擇的面向總是存在於決定雇用工作人員的目標。做出必要的抉擇將強調某些向度並忽略其他的向度，系統將再度注意到內容與意義上的後設層面，藉由這樣的關注，將提昇符合系統層面現象的技能。最重要的是，它必須把環境想做特定的人力資源來處理特定的處遇目標。了解以下的事情是重要的：避免雙重訊息是要緊的事，能夠支持工作人員和個案間主動與被動的各種不同活動之平衡，提供興趣缺缺的族群發揮幽默的傳染力，即是一種健康環境的象徵。

　　通常一般認為心地善良、喜歡親近別人與常主動關心他人者，可以做一個好的工作人員。治療計畫可能有過多的人員具有母愛情操，或那些過度「專業」而令人感覺疏遠。John Enright（1976）曾討論到對半專業人員的需要，乃是因為許多專家都變成了「半人類」（parapeople）（p.66）。一個真實的治療性環境需有真實的個人接觸。有些個案需要親職再教育，而通常很多個案則是卡在自己沒有能力維護上下或下上以外的關係。發展與維持真誠同儕關係的能力常常是缺乏的。此外，重要的是，不管問題為何，要讓個案感覺到自己的意見與本來就具備的內在智慧受到尊重。一個環境若充滿專業人士，而他們是專家的行事總是顯得比個案更知道什麼是錯的與什麼需要修復，那麼其效果就常會是相反的。

呼應完形的概念，所有的工作都發生於內在或外在經驗的接觸界限上，一個治療機構應該注意工作人員的能力，以提供清晰而有活力的、與人接觸的機會，他們也有能力示範與自我的接觸。環境治療計畫常因造成工作人員耗竭此一現象而聲名狼藉，這通常是被歸因於持續跟有嚴重問題及困難的個案接觸所致。然而，很多時候，這樣疲倦的經驗乃是缺乏團隊合作或系統的矛盾所導致的結果。清楚且直接地以完形觀念與其他人互動，通常都是刺激且有活力的。它是一種必須要控制、要迴射的反覆經驗，或者是處理一個導致更加衰弱效果的複雜訊息的穩定經驗。

能有一個工作人員可以尊重最嚴重障礙個案其內在的智慧，這個重要性一點都毋須贅述。此種對自我決定的期待是完形治療的標誌。即使面對無法把信心置於自我調節內在歷程的個案群時，透過盡可能的自我決定，並在結構許可下訂出必要的限制，是其自我形象的最佳支持。這需要工作人員的思考是有彈性的，能夠轉換計畫以符合需求。抱持對事情該當如何，有著太固著完形的想法時，最後反而會失去治療的機會。這意味著我們在經營一個計畫時能「保持彈性」的話，那這樣的計畫就會是活潑與充滿活力的。

實驗

運用實驗是完形方法的標誌。透過轉變創造意義的方式與行為模

式來走過安全緊急的狀態，這種機會即是一種創新的實驗。完形方法學運用實驗來提供個案練習必要技巧的機會。我們把一個環境視為一個整體，該計畫本身可以對實驗能有多少開放程度便十分清楚；可能會發生一種後設示範，允許個案也期待另一些有希望的變化產生。即使對一個剛進入計畫的個案，也會從該計畫汲取一些有希望的期待氣氛。如果工作人員持續嘗試新的可能性，並看看他們從這些經驗中學到什麼，個案也會感覺自己宛如沉浸在一個實驗的氛圍中，這可以支持自己放下固著的期望。反之，在一個變得缺乏彈性的環境中，無論當下的安排看起來多麼有用，仍會有一個沉默的訊息發出：那裡只有一個選擇。

用一個簡單的方式舉例證明，透過實驗是可以多麼容易維護一個機制，只要留意一些阻礙任何計畫的眾多兩難困境，一個計畫的提出總是包括了長處與短處。通常會議的安排就是屬於這個類別。如果領導者鼓勵週期性的變化安排，而且對每一個實驗評量其優缺點，那麼其傳遞出來的訊息是沒有最好或唯一正確的方法，只有各種的可能性，而每一種可能性都包含對一些較大系統的組成的學習。這也鼓勵工作人員持續尋找平衡運用資源的方法。一個新的資源整合或安排通常可以減少負荷。管理者以及工作人員感覺到耗竭與絕望，由於資源匱乏而無法做出任何不同的事情；而此時工作人員要在跟他們自身問題有關的個案團體中喚起希望和能量，則猶如爬山一樣費力，這種狀況其實是普遍常見的。在方案的行政層面，工作人員特別有貢獻的是建立一種新可能性的開放氣氛。通常，計畫會受到政策和支持控制和績效的方法所束縛，經過一段時間，工作人員會發現一個計畫當初熱鬧又成功的登場，後來當它變得更有規模和可預測時，就愈來愈沒有效能了。

為特定個案設計的團體

　　治療性的環境需要考慮到所要處理的問題範圍，並且對該問題範圍是重要的主要學習任務，發展出一個診斷程序。例如，一個住院病患的短期心理治療方案，就是組成一個有共同問題的團體，成員都有嚴重的精神疾病，建立自我界限是其共同需要的技巧。其困難通常發生在沒有辦法分辨事實和解釋的不同，以及沒有辦法在一個人的界限內找出自己的意見、想法和感覺。他們經常的問題是未經任何個人的處理便內攝他人的訊息，以及將自我內在的訊息、感覺與觀點投射到別人身上。為了達到目的，一個有助益的環境要包括能夠分辨事實與解釋之間的不同，且會珍惜這樣的差異。而工作人員也必須學習小心謹慎地投入這樣差異。我看見焦慮水平以神奇的方式下降，用藥量也因此減少，只因為工作人員觀察到這個規則（由 Paul 與 Lentz 研究發表，1977，因為醫療需要將文件轉變成與環境和行為改變方法有關）。

　　接下來有一些例子，譬如：「我知道你累了，你現在需要去睡覺。」這句話會導致一些微妙的混亂，因為它將患者可能有的疲倦表達出來，並且傳遞出的訊息是別人比當事人更知道怎樣做才是最好的。他最好換句話說：「我們現在準備要把房間的燈關起來了，你現在真的累了嗎？」或是「我看到你的眼睛有點垂下來，你是累了？或是你覺得你的藥作用太重了？」有時候真正的訊息是工作人員感覺到疲憊，希望所有病患上床睡覺的時間到了。如果是這樣，身為一個工作人員最好有話直說：「我今天晚上真是徹底地累了。」這才是一種直接表達的能力。工作人員如果願意更清楚自身的感覺，不把自己的感覺投射給病患以免造成其混亂，就能支持病患感覺到安全（減少焦慮），並建立其個人的自我界限。跟人們述說他們有何感受，根據不充足的訊息來做出對他們內心狀態的假設，會加重人們的失能感（disempowerment），加深他們對自己感覺的混亂，並減少對自身界限的意識。顯

露母性的方法經常在這個方向犯錯，並且大意地減弱了治療目標（這不是暗示說慈悲與關懷就不是有力量的治療者，或是用冷淡的態度處理就是治癒）。

簡單地注意人際歷程與系統層面意識間的差異程度，在這個例子中，分辨事實和解釋的價值*已經存在情境中*。這個價值的存在通常會反應在該因素的定期評量，並把這個因素整合到工作人員的訓練程序當中，而且這樣程度的分辨也會發生在工作人員與工作人員間所有層面的溝通中。

大多數的計畫是針對在平常生活世界中無法運作良好且需要住宿安置的個案，主要的議題是界限的建立與影響力的測試。就我自己每天至少帶領一次團體治療且與住院病人接觸持續超過五年的經驗而言，不論這些團體的內容為何，其過程始終是聚焦在認同或界限與影響力的議題上。雖然這是多數進入環境情境者的主要問題，但是多數進入這些情境者除了這一部分有些脆弱外，他們多少仍具備一定程度的能力。一個有助益的情境可以了解他們的能力並予以回應，同時也能提供增強的機會與好的楷模。

在我的腦海中浮現一個經驗，那是一個日間留院方案，透過各式各樣的方法鼓勵那些離開機構的病患能建立更正向的自我形象。當時有一個現象被注意到，工作人員們經常在走過大廳時將目光移開以避免和病人有互動對話，或是會自然湊在一起聊天。他們對這樣的行為很少有所覺察，而且沒有意識到即使如此簡單的非語言訊息，也會對治療造成反向力量或負面影響。如果病患當中誰有勇氣去詢問工作人員是不是在逃避他（她），我想工作人員們會誠實地否認他們有在逃避，如此一來，一個積極製造瘋狂的經驗就會在這種典型的雙重困境中逐漸形成（Bateson, Jackson, Haley, & Weakland, p.252）。為了使這個狀況更健康，可以有幾種選擇：一個是提供工作人員討論的機會，探討為何進入公共空間會有不舒服的感覺，並且更直接地陳述這些不安，以使病人團體不會有系統地在自我形象的特定部分遇到糟糕的經驗。當一個方案可以注意並關注到這類問題時，可提供工作人員面對所有

接觸的互動，並跟其中所有的人們有完整的談話。

　　支持治療性環境的概念並不表示從此低估了個別治療的用處。然而，我們多數的生活技能與失功能的行為模式，都是從小以一種耳濡目染的方式蒐集而來，並吸收我們沉浸過的各種經驗。我們透過實例、與其他人存在的共同經驗及現實中龐大數字所支持的事實，學習到很多事。這種生活的混亂把人們推入環境治療的情境中，透過團體、個人與環境力量的整合影響，會比每週一小時或每天一小時的個別心理治療或減低基本目標的環境安排，更容易導致改變的發生。

　　當一個人真的進入治療性環境時，機構與個案的現有期望常會相互衝突或牴觸，而表示差異便是澄清界限的一個機會。再者，如果有一個規則是反對系統其他層面的差異表現，例如工作人員之間、第一線工作人員及督導級工作人員之間、或中間管理層級工作人員與領導階層之間，那麼它就很難在方案的臨床部分上強調差異。在治療環境中，如果差異可以被了解，那它就是一種健康的標誌。計畫中若有一系列健康的歷程，工作人員便能讓這些歷程持續下去，以使進入該計畫的人們能準備就緒（get on board）。期望人們可以準備就緒是治療性環境重要的一環，期望能夠影響他們自己，這個現象已有大量文件可以證明。在一個我曾工作過的住院病人單位中，病人和工作人員會在週日早晨共煮早餐。有句格言說「幻覺不足以做為不會炒蛋的藉口」。計畫在簡單的每天生活中被實施，用行動來支持人們嘗試新鮮的事物，支持人們感覺到這部分「正常」的生活，促成一個正向影響的循環。從一個簡單的經驗開始有好的感覺，可以降低焦慮，減少一些出現幻覺的壓力。

　　有一個類似的經驗，在一個我們帶領長期住院病患參加露營之旅當中，大多數的同僚都把注意力放在日常生活最基本的部分，在這樣的一個環境上，當危機出現了或被強調的時候，我們都互相需要面對它們。有完成簡單任務的樂趣，還有看到彼此較不制式或角色圍限的情況，這種情況允許每個人改變對自我及其他人的界定。

　　這並不意味著醫療無法降低思考混亂和集中困難的疾病，而是主

張在整合對內在和外在的過程中，會有伴隨特別有力地結合治癒的力量。正如同治療精神疾病的藥物醫療會影響內部經驗，注意外在現實壓力因素也可以影響對藥物處遇的需要。

　　先前提過的住院病人方案中，有一個強而有力的學習是，環境若是健康且具備彈性，而且對長處與問題皆用某些相等的方式來關注與回應時，便會為即便多年未改的失功能行為帶來正向的影響。

行政過程 ✣

　　行政過程就如同一個治療性環境一樣，要有更為明確的處遇過程。理想上，權力層級應該是清楚的，權責應該是清楚且伴隨著充分的賦權，以利於執行。把一個健康功能的完形模式牢牢記住，並把所有生存環境的成員視為重要的感應器。當他們整併了一些存在於系統各部分精華的訊息，而且在進入行動的過程中，能夠有足夠的覺察與能量的聚集來支持那項行動，那麼這樣的決定和行動步驟便很可能導致成功的結果。藉由完成經驗循環圈在系統層面的運作，便是個體在治療情境中學到並應用在他們個人化生活中的過程。

　　在一個治癒性的環境中，如果一個助手、工作人員或護士無法感覺能被心理治療師或醫師好好地傾聽時，病患也將不太可能會感覺到被傾聽。在一個教育環境中，如果一個助教不能感覺到被教師好好地傾聽，或是一個教師不能覺得被校長好好地傾聽，這個教育環境就不太可能支持孩子們的意見。這並不是說必須由環境中最缺乏經驗者做出關鍵性的決定，也並不表示階層不應存在。重點是將階層力量擺在一邊時，個人影響力的表達是能被聽到與受到回應的，這便是體驗個人的影響力。當階層是從上而下的單向溝通時，個案經常處於層級中最低階的位子，就會經驗到系統性的壓力，包含以定向的方式傳遞隱微或明顯的貶抑，以及不受重視的自我表達。一般而言，個案是會致力於形塑更加一致的生活、增能他們自己以克服日常生活的壓力，並

設法把人際經驗調整到更有效的方式。而這通常涉及了努力影響其他人，或是被其他人接納或拒絕的影響。本身就允許所有的成員都被聽見以及了解的系統，它自然就會影響所有的層面。

　　領導有一個重要的機會，就是要建立一個明智和尊重的運作方式，或是採用消極的處理。當負向的行政處理當道時，工作人員必須選擇打斷這個較大的過程，以在他們自己與系統層面中較低階者之間建立一個不同的處理。例如，如果負責病患照顧的工作人員與行政部門間的聯繫，完全是以書面傳遞的方式在溝通，而且預期有回應的時間通常是幾天或是數週後的事情。那麼，就會需要在該機構的治療情境做額外的努力，以建立一個面對面的互動機制，好盡可能地在最短的時間減少請求後回應的時間。通常，這些共同主題的一個小小變化是進一步的期望，從上而下的反應被預期比由下而上的反應來得慢些，而這會再度造成患者的無能感。不得不成為不連貫的一個點，或對抗一個較大的系統歷程，是很有壓力且容易導致工作人員的耗竭。而工作人員傳遞有害的行政處理給個案，也是一點都沒有幫助的。

　　管理衝突的模式在治療性環境中也很重要。在一個計畫的行政團隊中，潛在與不知道的衝突將不可避免地提高所有在下位者的緊張水平，而衝突的戲碼經常被其他階層的工作人員或個案團隊演出。它好像是每個階層提供一種尋求解決的可能方式。在行政子部門間未解決的衝突，會由其他層次的子部門把它演出來，並且在工作人員和個案間不斷地迴響著。系統的原理是一種更加強而有力的迴聲效應，從較大的系統到較小的系統，並順著該方向有放大的效果。最高階層的解決方式猶如為所有較下階層的鋪平道路，以利解決所有相似的問題。相反地，試著藉由改變較低階層來影響系統中較高的階層就困難許多。

　　清晰表達並知道沒說出來的感受，這種能力在較大的系統層次以及個人的層次一樣有效。在一般的系統層次中，說出先前未能表達部分的程度，會讓個案開始在空氣中感覺到它的存在，他們也能親自觀察和體驗。說出不可說的，清晰表達已經發生的，為感覺命名，為差異騰出空間等，都是強而有力的藥。體驗某人的影響可以支持真實及

有力的感覺。所有這些過程和規範的發展，並不是透過前鋒部隊在面對較大系統時所維繫的不連續過程來完成的，而是要透過行政風格、雇用工作人員的策略和程序的引進與支持。

　　要發展一個歷程意識並不是容易的事，前提是領導階層要能夠把系統設想成工具，並能注意過程中個人內在、人際間與較大系統各層次的迴響。第二個必要條件則是要小心地選擇工作人員並予以訓練。將這個治療性的環境設置在一個較大系統的範圍內是有必要的，這至少能夠容許環境可以反應出一些最重要的因素（當然最好不要）。持續注意該環境的健康，必然是某些人所組成小團體的主要任務，沒有這樣的警覺，這個環境將會倒退到下一個較大環境的主要過程。

　　特別有效的治療環境的一個標誌在於，它們很少能夠倖存很久的時間。嘗試在一個更大且沒有彈性的官僚作風中維持小小烏托邦的壓力，使得健康的治療環境是很少出現在提供公共服務的區域。呼應一些個人的直覺以及敏覺於小團體的治癒和健康，事實上它們持續地產生，存活一段時間，然後便消退。我們目前文化更瘋狂的是，並沒有支持次系統表現出正直。創發一個真正的治療性環境需要強而有力的領導與清晰的展望，包含能有管理複雜因素的技巧。可以提供這項領導能力的個體通常會自該項工作離開，因為生涯選擇或競爭性等個人因素，或是因為在次系統與較大系統間擔任阻礙的功能，是一種終將耗竭的無奈角色。

總結

　　治療性處遇的結合是為了以最有效的方式，來幫助多數有困擾的人。個別治療包含在一個小團體情境內的互動，以及對於一個更大文化的歸屬；前述項目皆植基於優點、留意非生產性的模式、並提供一些機會使人可以不害羞地學習，這些加起來便是最強而有力的治癒力量。在發展這項治療工具時，要特別注意發展心理社會的治療模式，

但是有關該領域的完形思考則被探索得不夠多。

　　基於完形原則有機體在環境中會同時強調過程與內容，會把健康視為圖像，以及有力量學會當前的經驗，這些都有利於治療性環境的設計。發展與維持這樣一個治療環境，有點像一個伐木工乘著一塊好木頭順河下游，需要一直保持平衡的行動，當然也需要有很好的彈性。一個有效率的環境是活生生、能夠呼吸的，且需要被好好照顧的。照顧的獎勵是形成人性尊嚴、尊敬和改變的小奇蹟。

Bateson, G., Jackson, D. D., Haley, J., & Weakland, J. (1954). Toward a theory of schizophrenia. *Behavioral Science, 1*, 251–254.

Becker, E. (1969). *Angel in armor, A post Freudian perspective on the nature of man*. New York: Free Press.

Enright, J. B. (1976). Gestalt awareness strategies in the training of people helpers. In J. Downing (Ed.), *Gestalt awareness*. New York: Harper and Row.

Goffman, E. (1961). *Asylums: Essays on the social situation of mental patients and other inmates*. Chicago: Aldine Publishing.

Goffman, E. (1963). *Stigma: Notes on the management of spoiled identity*. New York: J. Aronson.

Jacobs, A., & Spradlin, W. W. (Eds.). (1974). *The group as agent of change*. New York: Behavioral Publications.

Jones, M. (1953). *The therapeutic community*. New York: Basic Books.

Jones, M. (1968). *Beyond the therapeutic community: Social learning and social psychiatry*. New Haven, CT: Yale University Press.

Kraft, A. M. (1966). The therapeutic community. In S. Arieti (Ed.), *American handbook of psychiatry*. New York: Basic Books.

Merry, U., & Brown, G. L. (1987). *The neurotic behavior of organizations*. New York: Gestalt Institute of Cleveland Press/Gardner Press.

Nevis, E. (1987). *A Gestalt approach to organizational consulting*. New York: Gestalt Institute of Cleveland Press/Gardner Press.

Paul, G. L., & Lentz, R. J. (1977). *Psychosocial treatment of chronic mental patients: Milieu versus social-learning programs*. Cambridge, MA: Harvard University Press.

Perls, F. (1973). *The Gestalt approach*. Palo Alto, CA: Science and Behavior Books.

Perls, F. S., Hefferline, R., & Goodman, P. (1951). *Gestalt therapy: Excitement and growth in the human personality*. New York: Dell.

Smith, E. W. L. (1976). The roots of Gestalt therapy. In E. W. L. Smith (Ed.), *The growing edge of Gestalt therapy*. New York: Brunner/Mazel.

Stratford, C., & Brallier, L. (1979). Gestalt therapy with profoundly disturbed persons. *The Gestalt Journal, 11*(1).

Zinker, J. (1977). *Creative process in Gestalt therapy*. New York: Brunner/Mazel.

國家圖書館出版品預行編目資料

完形治療──觀點與應用／ Edwin C. Nevis 主編；
　蔡瑞峰、黃進南、何麗儀譯. --初版. --
　臺北市：心理, 2005（民 94）
　面；　公分. --（心理治療；67）
　含參考書目
　譯自：Gestalt Therapy：perspectives and applications

　ISBN 957-702-817-9（平裝）

　　1.諮商　　2.心理治療
　178.3　　　　　　　　　　　　　　　　　94014881

心理治療 67　完形治療──觀點與應用

主　編　者：Edwin C. Nevis
校　閱　者：卓紋君
譯　　　者：蔡瑞峰、黃進南、何麗儀
執行編輯：李　晶
總　編　輯：林敬堯
出　版　者：心理出版社股份有限公司
社　　　址：台北市和平東路一段 180 號 7 樓
總　　　機：(02) 23671490　　傳　　真：(02) 23671457
郵　　　撥：19293172　心理出版社股份有限公司
電子信箱：psychoco@ms15.hinet.net
網　　　址：www.psy.com.tw
駐美代表：Lisa Wu　Tel：973 546-5845　Fax：973 546-7651
登　記　證：局版北市業字第 1372 號
電腦排版：臻圓打字印刷有限公司
印　刷　者：東縉彩色印刷有限公司
初版一刷：2005 年 10 月